煤炭高等教育“十四五”规划教材
土地资源管理国家一流专业建设资助教材

地理学基础教程

主　编　闫庆武　李桂娥

中国矿业大学出版社
·徐州·

内容简介

地理学是研究地球表层各圈层间相互作用、空间差异与变化过程的科学，具有跨自然科学与社会科学的特点。自然地理学侧重研究"土、气、生、地、水"组成的各地理圈层物质运动及各部分之间的正负反馈作用，《地理学基础教程》比较系统地介绍了自然地理学的基础理论，基本能够满足高等学校非地理科学专业的"地理学基础"课程的教学要求。

《地理学基础教程》强基础重应用，在编写的过程中紧密结合地理科学发展的前沿问题，注重地理学与地理信息科学的交叉融合及地理学在各分支学科中的应用。教材内容体系比较完整，主要涉及地理学哲学、地球概论、气候学与气候、地质学与地貌、水文学、土壤地理、生物地理、综合自然地理等内容。

本书可以作为高等学校"地理学基础"通识课教材，特别是财经类或农学类院校土地资源管理专业、工科院校地理信息科学或测绘工程专业的"地理学基础"或"自然地理学"课程的教材，此外亦可以作为相关专业，如旅游管理、经济学、环境科学、国际贸易、管理学、地质学等专业的教学参考书，还可以作为相关科研人员的参考书。

图书在版编目(CIP)数据

地理学基础教程/闫庆武，李桂娥主编. —2版. —徐州：中国矿业大学出版社，2022.9

ISBN 978-7-5646-5380-4

Ⅰ. ①地… Ⅱ. ①闫… ②李… Ⅲ. ①地理学—教材 Ⅳ. ①K90

中国版本图书馆CIP数据核字(2022)第075257号

书　　名　地理学基础教程

主　　编　闫庆武　李桂娥

责任编辑　周　红

出版发行　中国矿业大学出版社有限责任公司

（江苏省徐州市解放南路　邮编221008）

营销热线　(0516)83884103　83885105

出版服务　(0516)83995789　83884920

网　　址　http://www.cumtp.com　**E-mail**：cumtpvip@cumtp.com

印　　刷　江苏淮阴新华印务有限公司

开　　本　787 mm×1092 mm　1/16　**印张** 14.5　**字数** 371千字

版次印次　2022年9月第2版　2022年9月第1次印刷

定　　价　36.00元

（图书出现印装质量问题，本社负责调换）

《地理学基础教程》第二版
编写人员

主　编：闫庆武（中国矿业大学）

李桂娥（中国矿业大学）

副主编：崔腾飞（中国矿业大学）

吴子豪（中国矿业大学）

杨　俊（中国矿业大学）

李效顺（中国矿业大学）

李晶晶（东北石油大学）

第二版前言

《地理学基础教程》(第二版)是国家一流专业、江苏省产教融合型品牌专业——中国矿业大学土地资源管理专业建设的系列成果之一,并于2021年被列入煤炭高等教育"十四五"规划教材。考虑到本书第一版的结构体系,结合学科发展及初版教材5年以来同行使用的反馈建议,为了保持教材的完整性,本版教材的结构没有变化。本次修订工作是在保持原有自然地理学大部分体系结构的基础上,删去了人文地理学的部分内容,注重去旧入新、删繁就简、结合实际,并修订了第一版的部分错误,同时在各章之间设立过渡段,说明各章节之间的联系。

本书此次修订工作由中国矿业大学、东北石油大学的骨干教师共同完成。全书共八章,其中,第一章"绪论"由中国矿业大学公共管理学院杨俊和闫庆武共同完成;第二章"地球与地球系统"由中国矿业大学环境与测绘学院崔腾飞和东北石油大学李晶晶共同完成;第三章"地壳与地貌"由中国矿业大学公共管理学院李桂娥和闫庆武共同完成;第四章"气象与气候"由中国矿业大学公共管理学院李桂娥和闫庆武共同完成;第五章"海洋与陆地水"由中国矿业大学环境与测绘学院崔腾飞和东北石油大学李晶晶共同完成;第六章"土壤与土地"由中国矿业大学公共管理学院吴子豪和李效顺共同完成;第七章"生物与生态系统"由中国矿业大学公共管理学院吴子豪和闫庆武共同完成;第八章"自然地理环境的整体性与自然区划"由中国矿业大学公共管理学院李桂娥和东北石油大学李晶晶共同完成。为方便读者系统掌握各章节知识,本教材还融合了一些实践案例供参考。全书由闫庆武、李桂娥统稿和整理。

本教材是编者多年教学和实践的结晶。在本教材编写过程中,笔者参阅了大量的国内外相关教材、专著和论文,在此对所有作者表示衷心的感谢。尽管在修订工作中尽了很大努力,但是书中疏漏之处在所难免,恳请广大专家和读者提出宝贵意见。

编　者

2022年1月

第一版前言

“仰以观于天文，俯以察于地理”，地理学是一个既古老又年轻的科学，主要研究地球表层中人-地系统的结构、功能、动态、地域分异规律及其优化调控，研究内容十分丰富，既包括自然科学方面的内容又包括人文科学的内容，具有跨学科、综合性的特点，这决定了地理学教育对于提高国民的综合素质具有不可替代的作用。特别是在移动互联、物联网、电子地图、数字地球等技术广泛应用的今天，包括大学生在内的国民必须掌握必要的地理科学知识。

地理学也是一门关于生活在地球上的人与他所处地理环境之间关系的学科，所涉及的范围包括人类生活的各种环境，即自然环境与人文环境。自然环境包括大气圈、水圈、岩石圈、生物圈、土壤圈等圈层，人文环境包括农业的分布、工业的分布、聚落的分布、文化与宗教的分布等。地理学的研究内容决定了它是一门介于自然科学与社会科学之间的“桥梁”科学，在许多综合大学与工科院校等高等学校中均开设诸如“地理学基础”的通识课程，以提高学生的综合素质，培养出既懂地理理论又懂高新技术的复合型人才，顺应大学教育中文理渗透的趋势。

本书是在中国矿业大学地理信息科学专业“地理学基础”讲义的基础上，依据现代地理科学的理论体系编写的。截至2016年年底，我国设有地理信息科学本科专业的学校达150余所，在这些学校中，有50%左右的学校是综合性大学和师范大学，50%左右的学校是工科院校（测绘、交通、矿业、农业）或经管类院校。在后者高校中，一般没有地理系，其GIS专业的培养计划中地理类的课程较少，许多学校地理类的课程仅保留一门“地理学基础”，如中国矿业大学等。鉴于上述形势，我们编写了本教材，其内容深度初步达到了高等学校地理教学的要求。

本书共分12章，主要内容包括地理学哲学、地球概论基础、气候学与气候学基础、地质学与地貌学基础、水文地理学基础、土壤地理学基础、生物地理学基础、综合自然地理学基础、工业地理学基础、农业地理学基础、人口地理学基础、聚落地理学基础、文化地理学基础等内容。每章的最后一节为GIS的应用案例。

在本书的编写过程中，参阅并引用了大量的国内外文献资料和网络资源；部分章节的案例资源来自一些主持或合作的项目；研究生黄珊、蒋龙、刘永伟、姜春雷、尹璐、黄园园、李俊刚、谭学玲、胡苗苗、李晶晶等参与了本书文字编辑与制图工作，在此一并感谢。本书的出版得到了中国矿业大学教材出版资金的资助。在此，向编写过程中给予帮助的学者和参考文献的作者表示衷心感谢。

由于编者水平有限，本书的内容涉及领域广泛，加之时间仓促，书中难免存在疏漏之处，恳请广大读者批评指正。

编　者

2017 年 2 月 16 日

目　录

第一章　绪　　论

第一节　地理与地理学

地理学是研究地球表层环境的科学，地球表层环境包括自然环境与人文环境两个层面。自地球上人类诞生之日起，人类便开始了对地球表层的认识和研究。从古到今，探究和协调人类活动与地理环境关系，是关系人类生存与发展的重大课题。当今世界，追求人类与地理环境的协调，实现可持续发展，已成为最强音。如何解决人口、资源、环境与发展的协调问题，需要专门的知识与学科，这个学科首推地理学或称地理科学。地理学是地理信息系统(GIS)的理论依托。有的学者曾预言，地理信息系统和信息地理学是地理科学第二次革命的主要工具和手段。如果说GIS的兴起和发展是地理科学信息革命的一把钥匙，那么，信息地理学的兴起和发展将是打开地理科学信息革命的一扇大门，必将为地理科学的发展开辟一个崭新的天地。

一、"地理"与地理学

地理一词，既有"地"(地球)的含义，又有"理"(原理、规律)的内容，是非常确切的概括。地指地球、地球表面(层)或地区(区域)；理，即事理，指事物、现象之间的内在联系或规律性。因此，地理的科学内涵可以概括为地球表面或某一地区各种事物和现象之间的内在联系。

地理学研究领域广，内容非常复杂。《大英百科全书》中地理学的定义为描述地球表面的科学。德国的赫特纳认为，地理学是研究地球表面上区域差异及空间上关联的科学。法国的马东南认为，地理学是研究自然、人文各种现象分布、分布成因及空间关系的科学。法国的白兰士认为，地理学是关于地方的科学，它研究各国的性质及潜力，研究与地方差异性相联系的社会多样性。美国的哈特向认为，地理学是描述和理解作为人类世界的地球各地方之间变异特性的科学。《现代汉语词典》(第7版)中地理学的定义为"地理学是研究人类生活的地理环境，以及人类生活与地理环境关系的学科"。我国高等学校地理教学指导委员会则认为，地理学是研究地球表层人地系统的结构、功能、动态、地域分异规律及优化调控的科学。吴传钧等认为，地理学是研究人地关系地域系统的科学。陆大道等认为地理学是研究地球表层的科学。总的来讲，现代地理科学是以综合分析自然、经济和社会诸要素及其相互作用的区域特性来研究人类活动与地理环境关系的科学。

二、地理学的研究对象

研究对象是指"行动或思考时，作为目标的人或物"。科学研究的区分，就是根据科学对象所具有的特殊矛盾性。因此，对于某一现象领域所特有的某一种矛盾的研究，就构成了某一门科学的研究对象。

王铮认为，地球表层是指由大气圈、生物圈、人群圈、土壤圈、水圈和岩石圈等六大圈层自上而下但又相互嵌合形成的地球圈层。一般认为，地球表层的上界是大气圈的对流层顶，下界是岩石圈的沉积岩底。地球表层系统的空间范围，可以约定为上至对流层上层（极地上空 8 km，赤道上空约 17 km，平均 10 km），下至岩石圈上部（陆地下 5～6 km，海洋下平均 4 km）；但这种定义是不严格的，实际上它是由六大圈层相互作用涉及的空间范围确定的，这个空间范围因作用、时间、地点不同而有差异，是动态的、模糊的。关于地球表层，有许多不同的提法，如地理壳、景观壳、地球表面（非几何面，有一定厚度）等。

我国相当多的地理学家（特别是人文地理学家），将地理环境作为地理学的研究对象。地理环境这一概念，是法国地理学家 E. 雷克吕于 1876 年提出的，他把地理环境理解为围绕人类的自然现象总称。在哲学、社会学、政治学中，地理环境指的是人生存的自然环境，因而有地理环境与社会发展关系的长期争论。地理环境涵盖人类存在的一切客观环境，包括自然环境和社会环境。白光润指出，地理环境是人类赖以生存和发展的基本环境，相当于地球表层的范围。吴传钧指出，所谓的地理环境有广狭两义，狭义的地理环境即自然综合体，广义的地理环境则指由岩石、土、水、大气和生物等无机与有机的自然要素和人类及其活动所派生的社会、政治、经济、文化、科技、艺术、风土习俗、宗教信仰和道德观等物质或意识的人文要素，按照一定规律相互交织、紧密结合而构成的一个整体，它在空间上存在着地域差异，在时间上不断发展变化。可见，地理学者对地理环境的理解，既包括自然的内容，也包括人文方面的内容。因而从地理学角度说，地理环境可视为地理壳、景观壳以及地球表层的同义语。

1980 年初中国地理学会第四次大会上，吴传钧提出人地关系地域系统的形成过程、结构特征和发展趋向是地理学研究的中心课题。地理学着重研究地球表层人与自然的相互影响与反馈作用。对人地关系的认识，素来是地理学的研究核心，也是地理学理论研究的一项长期任务，始终贯彻地理学的各个发展阶段。人地关系属于人与自然关系的范畴，但作为地理学理论的人地关系，它不同于一般的人地关系。

① 关于人地关系中的“人”。人地关系中的“人”，是指社会性的人，即在一定的生产方式下、一定的地域空间内从事各种生产活动和社会活动的人。在这个系统中，人在生物圈中之所以居于特殊地位，是因为人兼有生物属性和社会属性，具有认识、利用、改变、保护自然环境和认识、改变、控制自身的能力，具有活动的社会性。因此，人地系统具有自然与社会两种属性。

② 关于人地关系中的“地”。所谓“地”是指由自然和人文要素按照一定规律相互交织、紧密结合而构成的地理环境整体。地理环境是对应主体而言的，这里主体是人类社会。地理环境在人类活动的影响下不断变化着，在空间上存在地域差异。

③ 关于人地关系。人地关系就是指人类社会和人类活动与地理环境之间的相互关系。人类活动和地理环境存在着相互联系又相互作用的关系，双方通过物质交换过程而产生紧密联系。人类通过劳动，利用、改变环境，而同时地理环境能反作用于人类，制约着人类生存与生产，甚至起到促进或延缓社会发展的作用。人类活动和地理环境的关系并非一成不变的，而是随着人类社会的进化而不断变化，向广度和深度发展。人地关系作为一种理论思维也随时代而变化，需要以辩证法的观点，加以动态系统的分析，建立辩证唯物主义人地关系观，这对地理学的理论建树是极其重要的。

④ 关于地域系统。地域系统是分布在一定地域范围内的空间系统。

第二节 地理学的学科特点与分类

一、地理学的学科特点

地理学是在研究地球表面的过程中逐渐形成的,其理论、方法和手段是不断完善的。它具有下述特点。

(一) 综合性

作为研究对象的地球表层系统是一个多种要素相互作用的综合体,决定了地理学研究的综合性特点。地理学研究地球表层系统,不限于研究其各个要素,重要的是把它们作为统一的整体,综合地研究其组成要素及它们的空间组合。它着重研究各种要素之间的相互作用、相互关系以及地表综合体的特征和时空变化规律。当然,由于地球表面的复杂性,可以对某一要素进行单一的研究,但这种研究是在地理学综合性的基础上进行的。因此,地理学的部门学科与一些相邻学科虽然有着共同的研究对象,但在研究目的、内容和方法上是不相同的。地理学的部门学科之所以成为地理学的一部分,不仅因为其研究的客体是地球表面的一个有机组成部分,而且在方法论上有着共同的基础——综合性。因此,地理学是一门综合性的学科。

地理学的综合性研究分为不同的层次:两个要素相互关系(如气候和水文的关系,或土壤和植物的关系等)的综合研究,是低层次的综合性研究;多个要素相互关系(如地貌、水文、气候、植被和土壤的关系,或聚落、城市、交通、政治等关系)的综合研究,是中层次的综合性研究;地球表层系统全部要素(包括自然、经济、政治、社会文化)之间相互关系的综合研究,是高层次的综合性研究。层次不同,综合的复杂程度也不同,层次越高,复杂程度越大,综合的难度也越大。低层次、中层次的综合研究分别形成地理学的一些分支学科(如自然地理学、人文地理学等),这些综合研究不是地理学所独有的,生态学、社会学等学科也进行综合性研究。但是,高层次的综合研究,即人地相关性的研究,则是地理学所特有的。

综合性的特点决定了地理学的性质是一个横断学科。它与研究地球表面某一个圈层或某一个圈层中部分要素的学科,如研究大气圈的大气科学,研究水圈的水文科学,研究岩石圈的地质学,研究生物圈的生命科学,研究人类圈中社会经济、政治、文化、人口等要素的经济学、政治学、文化学、人口学,以至心理学、行为科学等,都有密切关系。地理学从这些学科吸取有关各种要素的专门知识,反过来又为这些学科提供关于各种要素及与其他现象间空间联系的知识。事实上,许多研究地球表面某一圈层或某一圈层中部分要素的学科是从地理学中分化发展而成的,如水文科学、海洋科学等。

(二) 区域性

地球表面自然现象和人文现象空间分布不均一的特点,决定了地理学研究的区域性特点。由于不同的地区存在不同的自然现象和人文现象,一种要素在一个地区呈现出的变化规律性在另一个地区不可能完全相同,因此研究地理区域就要剖析不同区域内部的结构(各种成分之间、各部分之间的关系),包括不同要素之间的关系及其在区域整体中的作用、区域之间的联系以及它们之间发展变化的制约关系。地理学区域性研究内容包括区域内部结构和区际关系两个方面。这两方面相统一的研究任务，其他学科是难以担当的，所以很多地理学者认为：区域研究是地理学研究的核心。地理学的区域研究根据研究对象的范围分为3个尺度：大尺度区域研究着重探讨全球或全大陆范围内的分异规律和内部结构特征，从而揭示全球或全大陆的总体特征；中尺度区域研究着重分析国家或大地区范围内区域总体特征和地域分异规律，以及该地区对大尺度区域分异的作用；小尺度区域研究着重揭示局部地区区域特征和分异规律，以及该地区对中尺度区域分异的作用。

（三）动态性

地球表面不断变化的特征，决定了地理学须以动态观点进行研究的特点。地理学研究既注重空间的变化，也注意时间的变化。地理现象无论是自然的或人文的，都是不断变化的。这种变化有周期性的，也有非周期性的；有长周期的，也有短周期的。用动态的观点研究地理学，要求把现代地理现象作为历史发展的结果和未来发展的起点，要求研究不同发展时期和不同历史阶段地理现象的发生、发展及演变规律。这不仅是地理学本身发展的需要，而且也是地理学在国家建设、区域开发中发挥作用的需要。特别是现代地理学已经有可能对于某些区域的未来发展提出预测，并根据预测结果进行控制和管理，以便满足人们对区域发展的要求。因此，时间和空间统一的观念，在地理学研究中越来越受到重视。

（四）多样性

地球表面的复杂性决定了地理学研究方法的多样性。现代地理学研究主要采用野外考察与室内实验、模拟相结合的方法。地理学的研究对象是地球表面，关于地球表面的属性和特征，大部分数据和第一手资料主要来自野外考察。随着航空遥感技术的飞速发展，气象卫星、地球资源卫星、航天技术的成果广泛应用于地理学，提高了野外考察的速度和精度。地理定位研究、室内实验分析和地理数据的电子计算机处理、各种地理现象的实验室模拟（包括物理模型模拟和电子计算机模拟）等迅速开展起来，不仅大大地提高了工作效率，还取得了大量过去所没有的资料和数据，促进了地理学的发展。

（五）软科学性

在计算机结构研究方面，其通常分成计算机硬件部分和计算机软件部分。借用类比，人们常将科学分为硬科学和软科学。硬科学是指能够正确分析、测验、计算的科学，如数理化、工程科学、技术科学等；软科学多指思想、理论、管理、计划等方面的科学，着重解决信息不完备的非程序化问题。地理学作为软科学，主要是指综合地理学在城市规划、区域规划和区域发展方略等研究中所起的作用。在区域发展方略研究方面，地理学可以把区域发展总战略和子战略有机地结合起来进行研究，并将其落实在区域地表结构上，同时还可以探讨某些战术性问题。因此，地理学表现出明显的软科学性，软科学可以解决硬问题。地理学所具有的这种软科学性的价值已愈来愈受到政府和国际社会的关注。

（六）工程性

所谓地理工程，是指人们对地理环境进行有目的的开发、保护、利用和改造的工作。目前，地理学已经进行了地理工程设计和建设，直接服务于一些具体问题的解决。

二、地理学的学科体系

（一）地球科学与地理学

地球是人类在宇宙中生存、发展的唯一家园。地球科学是研究地球系统并预测其未来行为的唯一科学。在六大基础自然科学之中，地学是不可缺少的重要环节。地球系统内存在不同圈层(子系统)之间的相互作用,物理、化学和生物三大基本过程之间的相互作用,以及人与地球系统之间的相互作用。因此,地球科学是一个庞大的超级学科体系群,根据实际研究的不同圈层、内容特色和服务目的,传统上将其划分为众多的一级和二级学科分类体系。表 1-1 为地球科学的学科分类体系。

表 1-1 地球科学的学科分类体系

按圈层范围划分		按学科交叉划分	
大气科学	大气物理学	地球物理学	固体地球物理学
	气象学		地磁与高空物理学
	天气动力学		地震学等
海洋科学	物理海洋学	地球化学	元素地球化学
	生物海洋学		同位素地球化学
	环境海洋学等		生物地球化学等
地理科学	自然地理学	地生物学	生态学
	经济地理学		生物地理学
	区域地理学等		古生物学等
地质科学	地球物质成分学	天文地学	行星地理学
	动力地质学		天文地质学
	历史地质学	数学地学	数学地质
	区域地质学等		数字地球等

表 1-1 的第一栏中,大气科学研究大气圈的组成、结构和气候过程;海洋科学研究水圈海洋部分的物理、化学、生物现象的运动过程;地理科学研究地球表层的地理环境及其发展演变规律;地质科学研究地球的物质成分、内部结构、外部特征、各圈层间的相互作用和演变历史。第二栏反映了地理学与其他基础科学之间的交叉渗透关系。

美国经济和社会学者鲍定(K. E. Boulding)认为,地理学通过采用新的研究方法,更明确了它综合不同社会科学和自然科学的任务。在各门学科里,地理学算是唯一以地球为一个整体系统作为研究对象的科学。地理学不同于物理学、化学、生物学等科学,其研究的基本单位不是研究对象的最小基点(分子、原子、细胞),而是庞大和相对完整的物质系统——地球。

(二) 地理学的学科体系划分

现代科学意义上的地理学是研究地球表层物质系统与人类社会、经济、文化系统在组成、结构、功能、空间特征和时间动态等方面相互作用与相互依存机理的学科体系。在长期的研究实践过程中,逐渐形成了一系列彼此独立而又相互联系的地理学分支学科,形成了十分庞大的地理科学体系。然而,由于地球表层系统的复杂性、不同学者的着眼点不同、地理科学与其他相关学科交叉渗透以及地理学快速发展等,目前学术界对地理科学体系的认识和具体划分仍存在很多分歧。按照西方国家传统的学科体系的一级划分,地理学可以分为自然地理学和人文地理学两大分支学科。

自然地理学(physical geography)研究地球表层物质系统及其要素的组成、结构、功能、空间特征、时间动态，以及各要素之间相互作用的机理。由于地球表层物质系统及其组成要素的运动与变化过程主要由自然力量和人化了的自然力量所驱动，受自然规律的支配，所以，自然地理学如气候学、地貌学、动物地理学、水文地理学、土壤地理学等，通常归属于自然科学的范畴。有的部门自然地理学已逐渐分化成为更细的部门，如地貌学中有河流地貌学、冰川冻土地貌学、黄土地貌学、岩溶地貌学等。

人文地理学(human geography)研究人类社会、经济、文化系统及其要素的组成、结构、功能、空间特征、时间动态和人地关系的原理。由于人类社会、经济、文化系统及其要素的运动和变化过程主要由人文力量所驱动，在很大程度上受人类所创造的社会形态、经济制度、文化传统等发展规律的支配，所以，人文地理学通常归属于人文科学的范畴。人文地理学可再分为经济地理学、城市地理学、人口地理学、政治地理学、文化地理学等。

钱学森(1986)认为，任何一门完善的科学都应该包括哲学、基础(基础理论)学科、技术(应用理论)和工程技术(应用技术)4 个层次。与之相对应，地理科学体系应该包括地理学哲学、地球表层学、地理学技术和地理工程技术 4 个层次。其中地球表层学即自然地理学，是探讨地球表层系统组成、结构及变化规律的基础理论学科；地理工程技术是地理科学直接改造客观世界的具体方法和手段；地理学技术是介于地球表层学和地理工程技术之间的“桥梁”，即在地理科学基础理论的基础上，所产生的指导生产实践的应用理论；地理哲学是更高层次的关于人地关系的认识论和方法论概括。

从以上关于地理科学体系的讨论可知，不管哪一种观点，自然地理学都是地理科学体系的重要分支学科，并且是一个庞大的学科群。它是地理科学体系中其他分支学科的基础性学科。例如，经济地理学着重研究某一特定地区生产力布局和地域生产综合体的形成条件与发展规律，而影响地区生产力合理布局的因素很多，其中自然条件和自然资源是非常重要的方面。因此，必须深入调查和了解研究地区的自然地理状况，否则就不可能制定出切合实际的生产决策。因此，人文地理学家也必须具有自然地理学基本知识、基本理论和基本技能。

三、地理科学主要的分支学科

(一) 地理学哲学、地理科学学、元地理科学

1. 地理学哲学

地理学哲学是地理学与哲学、科学哲学之间的边缘科学，研究地理学理论和概念中的哲学问题与逻辑思维，阐明地理学结论的哲学意义及地理学研究方法论中的逻辑思考过程，为地理学提供正确的思维方式。从最初的朦胧时期一直到 19 世纪中叶，地理学往往和哲学、历史学交织在一起；而近代地理学发展时期则经历了对哲学的独立和重新密切联系的过程。近代地理学深受哲学家康德和黑格尔的影响。康德最初的影响有积极的意义，但他从哲学“二元论”出发主张时空分离，导致地理学长期脱离时间而研究空间，最终加强了决定论思想。黑格尔的辩证法原则，特别是“分析”与“综合”这两个辩证法概念的提出，加强了地理学的哲学思考，有利于正确认识地理学的实质，但却否定了地理学中的实证论倾向。洪堡和李特尔的理论也反映出康德和黑格尔的影响。萌芽于古希腊时代，被孟德斯鸠所发挥的地理环境决定论的思潮，在反对神学、经院哲学中曾起着进步的积极的作用。在地理学最富哲学意义的人地关系的研究中，拉采尔接受了社会达尔文主义观点，思辨性地用决定论史观论述环境对人类社会的影响，把国家比喻成依附于空

间的有机体，国家的扩张、衰退完全由环境空间所决定，此后该观点被人地调节论所扬弃。20世纪20年代以自然科学为标志，其主要特征是以数量逻辑分析方法对科学知识结构作静态的逻辑分析，以代替地理学的传统描述。其显著影响始于50年代，一些地理学者借鉴哲学方法论构建地理学的理论体系。舍弗尔于1953年在《地理学中的例外论》中提出地理学家应采用实证主义方法的主张，继而1959年哈维在《地理学中的解释》一书中详细探讨了假说、规律、理论、模型的应用，从而确立了实证主义在地理学中的重要地位。其主要表现为寻求规律性的、实证的、类似于物理学和数学的表达方式的地理学，反映五六十年代的计量与理论运动，力图将研究重点侧重于区域方向空间联系与分异规律的探索，如邦基1962年发表的《理论地理》，认为地理学是空间联系和空间相互作用的科学。受其影响，中心地理理论体系、土地利用论、工业区位论、空间相互作用理论、城市社区理论陆续发展。70年代以来，西方实证主义地理学以空间组织为研究核心，模仿理化科学研究的方法论，发展了生态因子分析方法等。实证主义研究观点和方法发展到60年代末和70年代初，即受到兴起的人文主义地理学的挑战。人文主义地理学主张改变人作为空间奴隶的地位，把人作为地理学研究的出发点。在众多的人文主义哲学思潮中，对地理学影响较大的是现象学、存在主义和释义学。70年代结构主义盛行，强调地理研究要探究深藏于现象之后的本质。考察地理学的全部思想，可以看出，地理学家的理论和方法往往是这种和那种哲学观点的反映，而哲学也重视利用地理学的结论与观点以充实其哲学理论。中国的地理学者自50年代以来，致力于用马克思主义的科学哲学——自然辩证法指导地理学研究。地理学者深入研究地理学的逻辑结构和层次、地理学理论与其他科学理论的关系、地理学理论与客观世界及科学家的关系、地理学方法论的哲学基础。除了与“元科学”相应的“元地理科学”，其他都是科学哲学实质性内容在地理学中的反映，标志着地理学哲学研究进入一个崭新阶段。

2. 地理科学学

地理科学学是地理科学与科学交叉而形成的具有软科学性质的新交叉科学。它的研究对象是地理科学本身，不仅研究地理科学自身的发展规律，研究地理科学在人类社会发展中的地位和作用，而且还研究地理科学本身的结构、方法和功能，研究地理科学的分类及各门分地理学科之间的联系等。这是地理科学的主要研究内容，但又是最薄弱的。

3. 元地理科学

元地理从元理论角度研究地理科学，是关于地理科学理论的理论。它的理论由元理论和一般理论两个层次构成。一般理论是指对具体问题进行分析、解释、判断、理解、推断以及所形成的观点的集合。按照元理论的基本思路，将地理科学本身当作研究对象，那么作为研究地理科学本身的工具性的理论就是元地理科学。传统的元地理科学，包含地理学思想史、地理学哲学、地理学方法论等分支学科。现代元地理科学深受实证主义的影响，着重从形式化方面来建立地理科学的元理论。地理科学中的实证主义、人文主义和结构主义等均属于元理论。

（二）自然地理学、人文地理学

1. 自然地理学

自然地理学是研究地球表层自然环境的空间特征、演变过程及地域分异规律的地理科学分支学科，是地理科学中最具有自然科学属性的基础学科，是地理科学的基础，同时也是生态学、环境科学等相关学科的基础。在社会经济和科学技术快速发展的新时期,自然地理学与综合地理学、人文地理学、信息地理学的联系更加密切和广泛,其研究对象是地球表面的自然地理环境,包括大气对流层、水圈、生物圈和岩石圈上部。所属的分支按研究特点分为两组:一组是综合性的,包括综合自然地理学、古地理学等;另一组是部门性的,包括地貌学、气候学、水文地理学、土壤地理学、生物地理学(下分植物地理学和动物地理学),还包括新近发展起来的、同其他自然学科结合而成的一些边缘学科,如化学地理学、医学地理学,以及以特殊自然要素为对象的学科,如冰川学、冻土学等。

2. 人文地理学

人文地理学研究地球表面人类各种社会经济活动的空间结构和变化,以及与地理环境的关系,是地理学的基本学科之一。按研究对象其可以分为社会文化地理学、经济地理学、政治地理学、城市地理学等分支。社会文化地理学即狭义的人文地理学,包括人种地理学、人口地理学、聚落地理学、社会地理学、文化地理学等。经济地理学包括农业地理学、工业地理学、商业地理学、交通运输地理学以及新近形成的旅游地理学等。政治地理学包括狭义的政治地理学和军事地理学。城市地理学曾是聚落地理学的一部分,隶属社会文化地理学,经过近 20 年的发展,它的研究对象和内容远远超出了聚落和社会文化的范围,已成为人文地理学的一个独立分支。

(三) 区域地理学、部门地理学

1. 区域地理学

区域地理学研究地球表面某一区域地理环境的形成、结构、特征和演化过程以及区域分异规律,是地理学的重要组成部分。区域地理学可分为区域自然地理学和区域人文地理学,前者着重研究一定区域的自然地理环境结构及发展规律,后者着重研究一定区域的人文地理环境结构及发展规律。现代区域地理学强调自然地理和人文地理的统一,注重研究区域自然地理要素和人文地理要素的区域综合和空间联系。

2. 部门地理学

部门地理学研究地理环境各个要素的结构、分布、发展变化规律及人类影响的地理学人文分支学科,是地理学基本层次一系列分支学科的统称。地理学一般分为通论和区域两部分,通论包括普通地理学和部门地理学。部门地理学中有自然地理学与人文地理学两大部门。自然地理学的通论部分分为普通自然地理学与部门自然地理学,以区别于区域自然地理学。部门自然地理学是分别研究地球表层各个圈层的分科。人文地理学分支繁多,其主要分支经济地理学,根据研究对象与范畴的不同,又分为普通经济地理学、部门经济地理学和区域经济地理学。部门经济地理学是研究社会经济部门布局规律的科学。部门地理学取得显著进步始于 19 世纪后半期德国的新地理学,以洪堡、李特尔为代表的近代地理学新观念,在地理哲学上则有机械唯物论色彩,在这种观念的影响下,部门地理学得到了发展。20 世纪分析思潮有力地推动了地理学各个分支的发展,地貌学、气候学、水文学等都形成了独立理论,标志着地理学内部产生了深刻的分化。部门地理学通过对地理环境各因子的识别、研究,形成了对各个分支学科的深刻认识,引入了一些精确的定量方法,深化了地理的思维,使传统的描述地志学到区域地理学相形见绌,从而使地理学在理论和应用上取得了长足进步。目前,部门地理学与其他科学相结合产生的一系列边缘科学分支,正与横向科学相渗透构成地理学发展的前沿科学。而对这种学科融合,地理学界产生了争议,一些地理学者认为,部门地理学的研究是不充分的和有缺陷的,只能取得部门的科学结论,担忧盲目深化所产生的离心倾向可能导致地理学对象消失而移植于其他科学范畴,最终导致地理学的肢解。另一些地理学者认为,部门的分化与深化标志着研究的深入,反映了现代地理学分支学科超前发展,是地理学发展到一定阶段必然产生的,将对地理环境整体识别提供必要的部门地理学的科学依据,为新的综合奠定科学基础。目前的问题是地理学的科学综合,从理论到方法均没有跟上部门分化的步伐,这将有待于地理学的进一步创新。地理学研究自然与人文过程复合交错的时空运动,自成独特的科学体系,不会因部门地理学的发展而被解体。部门地理学与区域地理学同属现代地理学的重要支柱。

(四)理论地理学、应用地理学

1. 理论地理学

理论地理学研究各类地理现象在统一性的基础上所遵循的总体规律,其研究内容主要包括空间结构论、人地关系论和区位论等。

2. 应用地理学

应用地理学是运用地理学的理论、原则和方法解决实际的社会、经济和环境问题的学科。地理学各分支学科都有自己的应用方面,有的已成为专门的学科,如应用地貌学、应用气候学等。实际上,地理学的不少分支学科就是为了应用而发展起来的,如医学地理学、军事地理学等。应该指出,许多重大问题,如荒漠化、土壤侵蚀、环境管理与保护、土地利用规划等的解决与研究都不是一门学科所能单独胜任的。地理学由于是综合性的横断学科,特别适于这种应用性研究,研究各类地理现象在统一性的基础上所遵循的总体规律。

第三节 地理学的发展与演变

地理学的起源,是由于人要生存,要不断从自然界获取生活资料,因此要与自然界打交道,发生关系,从而观察自然界、认识自然界、适应自然界、利用自然界。在这个过程中,人们就要把对自然界的观察、认识记录下来,并逐步从零星的知识变成较系统的知识,这是一个漫长的过程。从宋朝开始直到明清,各地广泛开展编纂地方志,它是一种地区性的百科全书,包括了对各个地方自然地理和人文地理的记载,可以说是古代的地理信息库。古代地理学往往和哲学、史学、文学交织在一起,它的个性并不显著。后来到了中世纪的地理大发现,人们对地球是个球体的认识比较明确了。

一、国外地理学的发展

在欧洲经过文艺复兴、产业革命,近代的科学技术逐渐产生,地理学此时也有所发展。单纯地记录描述环境就不够了,而试图进一步解释环境和各种地理现象,于是近代地理学就开始诞生了。

德国地理学家洪堡说,地理学是关于地球表层的科学。所谓地球表层就是大气的下层、地壳的上层、水陆气相互作用的地带,包括大气圈、水圈、岩石圈、生物圈以及人类自身所构成的圈带(有人称为“智慧圈”)。地理学就是研究地球表层这5个圈层之间的相互作用。通过各方面地理知识的积累、系统化、数理化,由描述到解释,这就是近代地理学。到了1874年,德国柏林大学首先开设了地理学讲座。这一事件很重要,表明要培养地理方面的专业人才，客观社会对地理学有所需求，也标志着地理学在百科之林有了它独特的地位。在大学开设地理课，是近代地理科学确立的标志。中国是1921年才在国立东南大学（今南京大学）设立了地学系，因此，我国近代地理学的发展比西方迟了四五十年。

第二次世界大战以后，地理学通过和其他学科交叉，同时在方法手段上也有所革新，逐步形成现代地理学。现代地理学除了要描述、解释地理环境和人文现象以外，还要研究它们的规律性问题，所以它比近代地理学又跨进了一步。从整个发展过程来看，从“古代地理学”(ancient geography)到“近代地理学”(modern geography)再到“现代地理学”(contemporary geography)，它本身的内容和研究重点都在不断变化更新之中，同时，各国地理学存在地域差异性。各个国家由于发展的历史过程、民族构成、地理环境不一样，经济、文化基础不一样，因而它对地理学的要求不一样，地理学研究的重点也就不一样。于是，每个国家的地理学有着各自的特点，这是地理学本身的地域差异性。

近代地理学发展最早的是德国。德国的地理学重点是研究景观(landscape)，既包括自然景观，又包括人文景观。在自然景观方面，他们着重研究地貌；人文景观方面，他们着重研究聚落，也就是居民点，包括乡村和城市。德国学派的影响遍及中欧、北欧乃至东欧国家，包括俄罗斯在内，其影响是比较重要的。

第二个学派是法国学派，他们是以人地相关论为其指导思想，以区域作为其研究主体。德国一些地理学家把环境的作用看得比较重，这成为后来在美国发展为地理环境决定论的一个基础。法国学派并不把环境的作用当成决定性的因素，他们认为人与环境是相互作用的关系，人应处于更重要的主动地位。因而，自然界或环境只是提供人类活动的一种“机遇”(possibility)，它们相互关系不是谁决定谁。这种叫作“或然论”(possibilism)的学说为法国地理学派的理论指导思想。他们主张地理学应根据这一思想来研究各地区的人地关系，他们把区域作为地理研究对象。到目前为止，国际区域地理学的研究，法国的水平是比较高的。法国地理学派的特点，往往把地理学与历史学的研究结合起来进行。所以，在他们的大学里，地理系是放在文学院里，甚至以“史地系”的形式出现的。法国地理学派的影响主要遍及拉丁语系各国，包括法国、比利时、意大利、西班牙、葡萄牙，以及受到拉丁语系各国殖民影响的拉丁美洲各国。

第三个学派是英国学派，他们兼容了德国和法国学派的地理思想。他们讲求实用，英国是殖民帝国，殖民地遍及世界各大洲，他们要把地理学用来服务于国际贸易。因此，首先发展了商业地理学，研究各殖民地的自然条件、资源、生产情况等，为的是掠夺殖民地的资源来发展他们的本土工业。此外，还发展了应用地理学、城乡规划等研究。英国学派的影响就更广，大英帝国各成员国乃至所有英语国家都受其影响。

第四个学派是美国学派，发展较迟，他们的个性特点不太显著，可以说是包罗了西欧各国地理学说。较出名的地貌学家戴维斯提出过“侵蚀轮回论”。他认为地貌发展可分幼年期、青年期、壮年期、老年期，后来经过地壳变动、新构造运动，老年期地形可以更新为幼年期，又重新开始一个轮回。当时这一学说对地貌研究起了很大的推动作用。还有一些美国地理学家把德国人对环境影响的强调夸大成为“地理环境决定论”，这有一定的偏差。20世纪30年代一位地理学家哈特向写了一本书《地理学的性质》。他把德国、法国近代经典地理学理论加以系统的整理，得出一个结论，认为地理学研究的中心问题是“地域差异”。这无疑把古代地理学着重研究地理分布的内涵大大提高了一步。这个“地域差异”理论曾广泛传播到世界各国。

第五个学派是苏联地理学派，发展更迟。第二次世界大战以前，苏联是孤立的，其地理学的影响并无世界意义。第二次世界大战以后，随着苏联国力的增强，又出现了社会主义阵营。社会主义国家都按照苏联的模式来发展地理学，其中也包括中国。苏联地理学派的特点是特别注重自然地理。因为苏联地理环境并不太有利，位置偏北，气候寒冷，很多土地不能利用，所以他们很重视研究自然地理地域差异，对于自然区划、自然综合体研究得比较深入，且发展了德国景观的概念，即自然综合体和地理系统，并配合社会主义建设，着重发展经济地理学，提出地域生产综合体的思想。但是，苏联地理学有其弱点，就是受政治的干扰比较大。例如，批判人文地理学的多数分支，包括政治地理学、社会地理学、文化地理学，认为它们都是唯心主义的学术思想，甚至称之为"伪科学"(pseudoscience)。所以，他们的人文地理学未能健康地发展，只保留了经济地理学等少数分支。另外，他们对地理学过于侧重于自然方面，认为地理学基本上就是自然地理，认为经济地理学是经济科学的分支，并且说自然地理学是纯粹的自然科学，经济地理学是纯粹的经济科学。这就出现了地理学的"二元论"思想，对于发展地理学是很不利的。同时，苏联也开始强调社会经济地理学与自然地理学联系的必要性。

由于地理学本身发展阶段不一样，各国地理学存在地域差异性，各个小专业对地理学的看法也都是片面的，因而对地理学就难以形成一个全面而确切的认识。有人说，到现在我们全世界"没有一个统一的地理学"(there is no one geography)。世界各国的地理学不会完全相同，因为其工作重点不一样，也就各有其特点。那么，地理学到底应该怎样理解呢？有外国地理学家曾风趣地说："地理学家所做的就是地理学。"所谓地理学家所做的就包括他想做而又被允许做的。实际上这倒是说得比较确切的，比较实事求是的。

二、中国地理学的发展

(一) 中国古代地理学的发展

我国古代地理学是我国古代文化的重要组成部分，它与古代历史学、文学和哲学都有所联系，基本上没有受到外国学术思想的影响而自成一格。早在战国前后，我国就出现了《山经》《禹贡》等区域地理著作。从 2 世纪开始，我国各地编撰的各类区域地理志、地方志迄今保存有 1 万多种。我国古代地理的研究在许多方面均领先于国际水平，如公元 3 世纪裴秀对地图的编制，6 世纪郦道元完成我国第一部水文地理名著《水经注》，11 世纪沈括对流水侵蚀作用和海陆变迁规律的记述，15 世纪郑和大规模航海考察，17 世纪徐霞客对岩溶地貌的研究等。

(二) 中国近代地理学的发展

鸦片战争以后，外国侵略者纷纷派遣考察人员深入我国内地进行地理、地质和资源考察，扩大和促进了西方近代地理学在中国的传播，加速了中国地理学的近代化。地理学作为了解世界的主要内容和手段，19 世纪末在我国得到了迅速发展。许多外国地理著作被翻译成中文，介绍外国的地理环境、地理方法。新式学制的高等学校及中小学开始设置地理课程。特别是 1909 年 9 月中国第一个地理学术团体——中国地学会的创立，标志着近代地理学在中国的兴起。

1899 年，我国近代地理学的先驱张相文在上海南洋公学(上海交通大学的前身)开始教授地理课程，并在 1901 年出版我国第一本《初等地理教科书》和《中等本国地理教科书》，这是我国自编地理教科书的肇始。1908 年他编著的我国第一部自然地理著作《地文学》出版。继 1909 年他在天津发起成立中国地学会，把北方地学界的同行们组织了起来，1910 年 2 月创办会刊《地学杂志》。《地学杂志》上发表了不少具有近代地理学萌芽性质的文章，刊登的文章涉及自然地理、文化地理、医学地理、人口地理、城市地理、历史地理、经济地理、政治地理、军事地理等众多领域。至 1937 年停刊，《地学杂志》共出刊 181 期，刊登文章 1 520 余篇。

1921 年，我国近代地理学的奠基人和现代气象事业的创始者竺可桢在国立东南大学创办地学系，开始培养地理专业人才。1934 年他联合丁文江、翁文灏、胡焕庸、张其昀、黄国璋等人在南京发起成立了中国地理学会，并创办了《地理学报》。这标志着中国近代地理学的蓬勃发展。

1937 年日本侵华战争爆发，《地理学报》由南京迁至重庆，而《地学杂志》则被迫停刊。1941 年中国地理研究所成立，克服了当时的战乱及经费短缺等各种困难，在四川和陕西等地组织了多次综合性的区域地理调查，逐渐积累了资料和建立了地理专业研究队伍，成为以后地理科研队伍的中坚。

（三）中国现代地理学的发展

第二次世界大战之后，科学技术进步及战后城市建设、经济发展、生产力布局等社会经济发展的需要，促使地理学与其他学科相结合，于是地理学在理论建树和研究方法上都有所提高，从而跨入了现代地理学的发展阶段。中华人民共和国成立后，社会安定、经济复兴，为地理工作的开展创造了良好的条件。1950 年中国地学会与中国地理学会合并组成新的中国地理学会，理事长是黄国璋。1953 年召开合并后的中国地理学会第一次全国会员代表大会，推选竺可桢为理事长，而后他更是长期担任中国地理学会理事长，关心地理学各个领域的学术交流活动，尤其强调地理学为农业服务。此后，我国地理事业的规模和队伍迅速壮大，中国地理学会也得到快速发展。

与此同时，我国地理学界还出版了《中华人民共和国国家自然地图集》《中华人民共和国国家农业地图集》《中华人民共和国国家经济地图集》《1∶1 000 000 中国土地利用图》《中国人口地图集》《中国历史地图集》《中国综合自然区划》《中国自然地理丛书》《中国农业地理丛书》《中国国家人文地理》《中国自然资源丛书》等系列图书和各分支学科的专著，并且取得了一大批科研成果，其中不少成果达到了国际先进水平。地理学出现了空前繁荣的局面，跨入了现代科学的行列。

三、地理学的发展趋势

美国国家研究院在 1993 年专门成立了"重新发现地理学委员会"，其主要针对此前十年来地理学这门学科在美国经历的一场复兴，首次对美国地理学发展进行了综合评估，并于 1997 年出版研究报告 *Rediscovering Geography: New Relevance for Science and Society*。我国在 2002 年 12 月由学苑出版社出版了中译本《重新发现地理学：与科学和社会的新关联》，书中围绕地理学家用以观察世界的三个"透镜"——地方的综合、地方间的相互依赖、尺度间的相互依赖，展示了地理学思维和方法如何为一般科学认知作出贡献，并提出地理学研究应该集中研究的 6 大课题：弄清复杂系统中的不平衡和动态；扩大全球化概念（包括经济、人文、政府和文化等）；建立地方-全球连续系列；利用纵向数据进行比较研究；加强地理技术对决策的影响；加强地理教学。

此外，美国国家科学院专门成立了"未来十年地理科学战略研究方向委员会"，通过提出21世纪初地球面临主要问题和研究倡议来决定地理科学在未来十年怎样才能为推动科学和社会发展作出最大贡献。该委员会主要关注深刻改变人类和地球表面自然环境特征的影响因素，同时深入思考地理科学如何才能为理解和研究这些变化作出贡献。带着这个任务，该委员会遴选出了4个主题和11个高度优先的研究方向，这些研究方向具有明确的社会意义，且对地理学科的核心概念至关重要。

第一主题为怎样理解和响应环境变化。持续增加的人口、城市化、工业化和气候变化改变了地表环境并大量消耗自然资源。虽然已有研究证明了气候变化、土壤侵蚀、栖息地丧失和水质退化的事实，但对人类自身在其中所起的作用未曾充分考虑。地理学家正采用地理信息系统、遥感和地理空间可视化等技术来分析自然过程和格局随时间的变化，以弄清自然和人类对环境变化的各自贡献。更全面地了解自然和人为因素引起的地表变化、物种和基因多样性分布以及不同生态系统对环境变迁产生的脆弱性变化，是开展环境科学研究、风险管理和生态修复的基础，同时也可以指导旨在提高环境可持续性政策的制定。这一主题下主要有3个战略方向：我们如何改变地球表面的自然环境；我们如何更好地保持生物多样性与保护濒危的生态系统；气候和其他环境变化将如何影响人与环境耦合系统的脆弱性。

第二主题为如何促进可持续发展。据预测到2050年地球上的人口将达到100亿左右，其中的绝大多数人口增加将出现在城市。许多城市将为容纳快速增长的人口不懈努力，而城市向农村地区的扩张将改变生物地球化学循环、水文系统、气候、野生动物栖息地以及生物多样性。对变化的人口空间分布、形成不同聚落形式的过程、日益增加的城市人口面临的可持续性挑战等方面的研究对于认识更加拥挤的世界所面对的挑战十分关键。确保地球上不断增长的人口可获得相应的食物资源就是其中的挑战之一。由于当前出现的饥饿不是因为全球的食品匮乏，而是因为地理环境的不同和食品分配制度的低效或不公平，要解决100亿人口的吃饭问题的挑战，需要更好地认识地理要素对农业生产和分布系统、变化的食物消费偏好等方面的影响。人口数量的扩张和流动性的日益增加会使卫生保健的战线拉长，对疾病的治疗和预防的标准会随居住地的不同而有所变化。利用空间分析、地理信息系统和疾病扩散空间模型，地理科学有助于理解全球化、人口迁移、环境条件、土地利用、经济状况以及政府政策对健康和传染病扩散的影响。通过人们的日常生活来分析疾病和卫生保健方式，对认识和理解不同人群的疾病行为和变化是非常重要的，这些信息对制定能够改善全人类福利水平的政策非常必要。该主题下主要有3个战略方向：100亿人在地球上如何生存和分布；我们如何在未来10年和更长时期内可持续地养活每一个人；人口居住地是如何影响人类健康的。

第三主题为如何认识和应对经济与社会的快速空间重组。在过去的数十年内，从人口迁移到货物运输，全球流动性明显增强，并对交通运输、通信、经济甚至政治冲突的形式产生影响。现在迫切需要通过深入评估单个地方的发展，以及利用地理信息系统和地理空间信息等开展大尺度的空间研究，来了解流动性增强的原因和后果、流动性的地区差异、虚拟（如互联网及其他媒介）流动性与实体流动性之间的关系。全球化也加剧了许多地区间的经济差距，提高了人们对贫困和社会动荡状况的关注。地理学阐明这种不平等格局，以及在不同的空间尺度上产生这些格局的过程，可以为理解贫困和消费方式之间的联系，以及变化的社会经济环境的不平等影响提供解释。面对经济和社会的剧变，主导二战后时代的地缘政治架构已然崩溃，现实提出了对强势政府和团体的领土议程、边界变化的重要性，以及资源匮乏在合作与冲突中的作用等开展扩展研究的需要。这一主题下主要有3个战略方向：人口流动、物资交流及思想传播如何改造世界；经济全球化如何影响不平等；地缘政治变化如何影响和平与稳定。

第四主题为如何使技术变化更有利于社会和环境。自古代起，观察、制图和描绘地表环境一直就是地理学研究不可或缺的一部分，在今天的地理学研究中仍占据着中心地位。提供地理信息的网络资源已成为人们日常生活的重要部分，它使得公众既是地图绘制的来源又是地图绘制的对象，但地理信息的激增又引发了公众对个人隐私保护的担忧。地理学观测、分析和可视化地球表面人类与自然特征变化的技术和工具的最新进展，将在解答上述科学问题以及推动地理科学发展中发挥重要作用。该主题下主要有2个战略方向：我们如何更好地观察、分析和可视化这个不断变化的世界；公民制图和绘制公民地图的社会影响是什么。

关于中国地理学的发展前景，既要联系中国社会经济发展的需求和国家建设可能对地理学提出的任务，又要联系中国地理学的现有基础和国际地理学研究的前沿和发展趋势。也就是要立足于我国的基本国情和独特的地理条件，结合国家社会经济持续发展和生态环境建设的需求，加强地理科学的基础理论和应用开发研究，并与国际地理科学研究接轨，在国际地理科学领域占据应有的地位，由一个地理大国变为世界地理强国。为此，应加强下述领域的研究工作。

(1) 基础理论建设

当前我国地理科学的理论建树是最薄弱的环节，加强基础理论研究是当务之急。地理学研究的对象是地理环境，而地理环境的变化主要受自然地理过程和人类活动的制约，因而人地关系地域系统的研究就成了地理研究的核心，也是地理学基础理论的重要组成部分。当然，研究人地关系的学科除地理外，还有哲学、社会科学和生物科学等，而以地域空间为单元来研究人地关系的只有地理学一家。地球表层人类社会系统和地理环境系统在同一地域内组合成一个巨系统，它的组成要素复杂而多样，它的空间结构跨度大并具有多层次性和明显的地区差异性，加上人类活动的时序性，因此综合研究不同社会发展阶段人地关系地域系统的动态变化规律及其差异特征，必须采用定性和定量系列指标，运用综合集成的方法来解决。与此同时，要加强方法论研究，完善技术手段，开发并整理出一套适用于地理学研究的方法和手段，使地理科学逐渐成为可持续发展的基础理论学科。

(2) 地理环境的变化与保护研究

当前，人类正面临着全球性的人口、资源、环境与发展问题的严峻挑战。近20多年来，我国地理工作者对土壤、水和大气等方面的环境、环境污染以及全球变化进行了研究，取得了可喜的进展，但存在着单纯从自然地理角度研究和环境的宏观研究与微观研究相脱节的现象。因此，要鼓励人文地理工作者积极参与环境问题的研究，加强自然与社会经济相联系、微观研究与宏观研究相结合，提高环境研究的层次和质量，从不同的时空尺度深入研究人地系统协同作用的形成过程、发展趋势和演变规律，环境整治过程中的地理环境变化、区域环境承载力、生态脆弱带土地利用、环境污染调控与减轻自然灾害等问题。

(3) 地区资源系统的综合研究

从资源的总量而言，我国是资源大国；但就人均而言，却是资源小国；加上资源开发利用技术落后和浪费严重，从资源合理利用而言，又是资源利用的弱国。因此，在我国合理利用资源、节约利用资源应成为今后的主要方针。地理工作者对土地资源、水资源和能源等问题进行了较多的单项研究，今后要加强对地区自然资源系统的研究，即以地区为单元，综合研究该地区的资源系统，研究资源系统的结构、资源的技术经济评价、资源开发前景、资源开发与生态，以及如何利用当地资源系统来发展生态经济、发展资源与能源的节约型经济等。同时，还要研究发展代用资源。例如，为了解决吃饭问题，不能仅限于耕地，而要广辟食物来源，加强饲料生产，发展饲养业，向草地、林地、内陆水域和海洋索取多种食物。地理工作者不能限于“陆军”，今后还要建立“陆军海战队”，加强对海洋环境和海洋资源的研究。

（4）区域综合发展研究

区域地理研究最能表达地理科学地域性和综合性相结合的特点，要在以往广泛开展的全国及各省区综合国土规划的基础上，运用系统论的观点，把区域作为一个系统单元来进行动态研究。例如，可以根据资源优化配置和有效利用的原则，研究如何配置生产力，从而促进地区经济的合理分工与协调发展，以形成有利于发挥地区优势和区域协调的经济体系；对不同类型地区的社会经济可持续发展提出相应的模式，为决策部门提供科学依据。

（5）地理信息系统与技术研究

地理信息系统是 20 世纪 60 年代初崛起的地理信息科学，我国的地理信息系统研究则始于 80 年代初。遥感技术的出现扩大了地理信息采集的途径，开辟了新的地理信息源，增加了地理分析的信息内容，它的空间分析功能为地理学的区域综合分析与定量分析提供了可靠的技术保证。由于地理信息系统具有全新的地理学信息的载体，它的出现和发展对地理科学的发展已经并将继续产生巨大的影响，促进了地理科学体系的发展。应进一步加强地理信息系统的理论和应用技术、专题与区域性应用的研究，提高地理信息系统的广泛应用，促进地理科学的现代化进程。

思　考　题

1. 什么是地理学？
2. 地理学的研究对象有哪些？
3. 地理学的学科性质有什么特点？
4. 地理学的学科特征有哪些？
5. 简要回答现代地理学的发展趋势。

主要参考文献

[1] 陈发虎，吴绍洪，刘鸿雁，等. 自然地理学学科体系与发展战略要点[J]. 地理学报，2021，76(9)：2074-2082.

[2] 陈发虎，张国友. 中国地理学的发展[J]. 科技导报，2020，38(13)：12-18.

[3] 郭达志. 地理信息系统原理与应用[M]. 徐州：中国矿业大学出版社，2002.

[4] 刘云刚，陆大道，保继刚，等. 如何回归地理学：我的思考与实践[J]. 地理研究，2018，37(6)：1049-1069.
[5] 陆大道，刘彦随，方创琳，等. 人文与经济地理学的发展和展望[J]. 地理学报，2020，75(12)：2570-2592.
[6] 陆林. 人文地理学[M]. 北京：高等教育出版社，2004.
[7] 毛明海. 自然地理学[M]. 杭州：浙江大学出版社，2009.
[8] 美国国家科学院国家研究理事会. 理解正在变化的星球：地理科学的战略方向[M]. 北京：科学出版社，2011.
[9] 王恩涌，赵荣，张小林，等. 人文地理学[M]. 北京：高等教育出版社，2000.
[10] 伍光和，王乃昂，胡双熙. 自然地理学[M]. 4 版. 北京：高等教育出版社，2008.

第二章　地球与地球系统

地球位于宇宙这个有序、完整统一的总系统中，是一个由不同状态和不同物质的同心圈层所组成的球体。地球是太阳系中一颗普通天体，与其他天体之间通过能量和物质交换保持着密切的联系。地球与地球系统主要研究地球在宇宙中的位置，地球的形状、大小、圈层结构、表面形态以及其运动规律。

第一节　宇宙中的地球

一、宇宙和天体

宇宙是一个巨大无比的物质世界，包含着无数的天体和极其广阔的空间。现代大爆炸理论认为，宇宙是130多亿年前大爆炸形成的。宇宙中存在着无数的天体，根据它们各自的特点可分为恒星、行星、卫星、流星、彗星和星云等六类。

恒星质量很大且能发光，我们凭肉眼能看到的天体，99%以上为恒星。从地球上看，恒星的相对位置似乎是固定不变的，但实际上，一切恒星都在不停地运动。行星自己不发光，质量也远小于恒星，并且绕恒星运动，例如地球便是绕着太阳这颗恒星运动的行星之一。卫星质量比行星更小，绕行星运动，并随着行星一同围绕恒星运动。流星的质量比卫星还小，也不发光，流星在星际空间穿行，当接近地球，受到地球引力作用时，可以改变轨道，甚至陨落。当流星进入地球大气层后，因与大气摩擦，迅速增温至白热化，发生燃烧，绝大部分流星在到达地面以前就已完全烧毁，少数能落到地面上成为陨石。彗星是一种很小的，但具有特殊外表和轨道的天体，其主要成分为气体和冰粒，它由彗核、彗发和彗尾三部分组成。星云是一种云雾状的天体，主要成分是氢，其次是氦，还含有一定比例的金属元素和非金属元素。星云包含了除行星和彗星外几乎所有延展型天体，作为银河系组成部分的银河星云是极端稀薄和高度电离的氢和氦的混合物。

鉴于用普通的长度单位，甚至用地球和太阳的平均距离(约 $14\ 960\times10^4$ km，称为天文单位)，都难以表示宇宙空间的距离，因此人们用光年作为计量天体间距离的单位。光年是指光在一年中传播的距离(约 $94\ 600\times10^8$ km)，是由时间和光速计算得到的。

星系是由大量恒星和星云构成的天体系统，可分为银河系和河外星系。银河系是一个由约1 500亿颗恒星和大量星际物质组成的普通星系，主体部分状如铁饼，称之为银盘。包围在银盘外围稀疏的恒星等天体构成一个圆球状的空间区域，称之为银晕。银河系之外其他星系统称为河外星系。相互邻近的星系结合成星系群，比星系群更加庞大的天体系统称为星系团，而目前已知宇宙的总体则称为总星系。

二、太阳和太阳系

银河系直径约有 1×10^5 光年，包含约 $1\ 500\times10^8$ 颗恒星，太阳只是其中之一。太阳位于距银河系中心（银心）约 27 000 光年、距边缘约 23 000 光年的地方并以每秒约 250 km 的速度绕银心运动，大约 2.5 亿（2.5×10^8）年可绕行一周。

太阳是一个炽热的发光球，它的内部不断进行着巨大的热核反应。太阳表面温度高达 6 000 K，中心温度更高，达 $1\ 500\times10^4$ K。在目前已知宇宙中，太阳是一颗中等大小的恒星，直径约为 140×10^4 km，相当于地球直径的 109 倍，表面积约为地球的 12 000 倍，体积约为地球的 130×10^4 倍，质量约 1.989×10^{27} t，相当于地球的 33.3×10^4 倍，占整个太阳系质量的99.86%。质量很大的太阳，以其巨大的引力维持着一个天体系统绕着它运动。这个天体系统就是太阳系，太阳位于太阳系的中心。

太阳系包括 8 个大行星、67 个卫星和至少 50 万个小行星，还有少数彗星。8 个大行星中，距太阳最远的是海王星，约为 30 个天文单位。8 个大行星按其物理性质可以分为两组：水星、金星、地球和火星，体积小而平均密度大，自转速度慢，卫星数少，称为类地行星；木星、土星、天王星和海王星，体积大，平均密度小，自转速度快，卫星数多，称为类木行星。它们的物理性质见表 2-1。

表 2-1　太阳系行星物理性质比较

行星	赤道半径 /km	扁率	质量（地球＝1）	密度 /(g/cm³)	恒星日长	赤道对轨道倾斜	卫星数
类地行星							
水星	2 440	0	0.05	5.43	58.6 d	<10°	0
金星	6 073	0	0.815	5.24	243 d	6°	0
地球	6 378	0.003 4	1.00	5.52	23 h 56 min	23°27′	1
火星	3 398	0.005 2	0.11	3.94	24 h 37 min	24°55′	2
类木行星							
木星	71 492	0.062	317.94	1.33	9 h 50 min	3°4′	16
土星	60 000	0.108	95.18	0.70	10 h 14 min	26°45′	23
天王星	25 559	0.01	14.63	1.24	15 h 30 min	97°53′	17
海王星	24 750	0.026	17.22	1.66	约 24 h	28°48′	8

太阳系中行星和卫星绕太阳的运动，具有以下几方面的共同特征：① 所有行星的轨道偏心率都很小，几乎都接近于圆形；② 它们的轨道面都近似地在一个平面上，对地球轨道面（黄道面）的倾斜也都不大；③ 所有行星都自西向东绕太阳公转；除金星和天王星外，其余行星的自转方向也自西向东，即与公转方向相同；④ 除天王星外，其余行星的赤道面对轨道面的倾斜都比较小；⑤ 绝大多数卫星的轨道都近似圆形，其轨道面接近母星的赤道面；⑥ 绝大多数卫星包括土星环在内，公转方向都和母星的公转方向相同。有关行星轨道运动的资料见表 2-2。

表 2-2　行星轨道运动资料

行星	轨道半长轴（天文单位）	公转周期	平均轨道速度 /(km/s)	偏心率	对黄道面倾斜
水星	0.387 1	87.7 d	47.89	0.205 6	7°0′

表 2-2(续)

行星	轨道半长轴（天文单位）	公转周期	平均轨道速度 /(km/s)	偏心率	对黄道面倾斜
金星	0.723 3	225 d	35.03	0.006 8	3°23′
地球	1.000 0	365.25 d	29.79	0.001 7	
火星	1.523 7	686.98 d	24.13	0.093 3	1°51′
木星	5.203	11.862 a	13.06	0.048 3	1°18′
土星	9.539	29.457 72 a	9.64	0.055 89	2°29′
天王星	19.218	84.013 a	6.81	0.047 2	0°46′
海王星	30.057 9	164.79 a	5.43	0.008 5	1°46′

三、地球在天体中的位置

曾经有一个很长的时期，人们认为地球是宇宙的中心，一切天体都绕着地球运行。直到1543年哥白尼的《天体运行论》发表，“日心学说”创立，地心说这一错误观念才逐渐被抛弃。浩瀚的宇宙根本不存在中心，太阳只是太阳系的中心，而太阳在银河系中也只是旋涡臂上的一个小点，一颗普通的恒星罢了。地球则只是太阳系中一颗普通的行星。

地球沿着椭圆形轨道绕太阳运行，太阳处在椭圆的焦点之上。每年1月初地球和太阳最接近，距离约为14 710×10^4 km。地球的这个位置称为近日点。7月初地球离太阳最远，距离约为15 210×10^4 km，这个位置则称为远日点。日地平均距离为14 960×10^4 km，这个数字被确定为一个天文单位。

地球并不是孤立地存在于宇宙空间的，它和其他天体或宇宙空间通过能量和物质交换保持着密切的联系并相互影响。例如，地球表面以太阳辐射能为最主要的热量来源；海、陆、大气和有机体中的许多过程，都以这种辐射能为基本动力。水能、风能都是由太阳能转化来的。当代地球上最重要的能源——煤和石油，则是长期积累的化石化了的太阳能。太阳还把各种带电粒子流传送到地球上。具有极高能量的宇宙线，从宇宙空间侵入地球的大气上层，对地球上的极光、磁暴，以及大气中的某些气体分子从分子状态转变为离子状态等一系列现象，都产生影响。陨石从星际空间落到地球上，或地球大气外层的气体质点扩散到星际空间，都表明地球与星际空间存在着直接的物质交换。至于地球在月球和太阳引力的影响下形成潮汐，以及大气和地壳的弹性变形，就更为人们所熟知了。

第二节　地球的形状、大小和结构

地球的形状和大小是地球科学的基本课题之一。地球形状问题也是人类最古老的世界观的基本内容，是人类对于宇宙认识的一个组成部分。人类认识地球形状和大小的历史过程相当复杂，并且充满了唯物论和唯心论的斗争。

古代人类活动的范围有限，且又缺乏精确可靠的观测手段，因此产生过许许多多关于地球形状的错误认识。例如，古巴比伦人认为宇宙是一个闭合的箱子，大地是这个箱子的底板；古希伯来人认为大地是一块平板；古印度人认为大地是四只大象背负的半球；古希腊人认为大地是由一条大洋河(river of ocean)环绕的圆盾；古俄罗斯人认为大地是由三条鲸驮着的圆盾；

等等。我国古代则有“天圆地方”的说法，并且认为这个方形大地是从西北向东南倾斜的。

随着人类社会生产力、科学技术和航海交通的发展，人们的活动范围逐渐扩大，视野日益开阔，大地的球形观念逐步形成起来。在西方，毕达哥拉斯学派最早明确指出大地为球形，但大地球形说的真正奠基者乃是古希腊学者亚里士多德。在我国，早在公元前 2000 年就出现过大地球形的传说，而第一个明确主张大地球形的则是东汉时期的张衡（公元 78—139 年）。但是，在经历了 15 世纪末和 16 世纪初的地理大发现之后，尤其是环球航行成功之后，大地球形观念才最终得到证实，并从此深入人心。恩格斯高度评价地理大发现的丰功伟绩，认为这才是真正发现了地球。

从“非球”到“球形”，是人类认识地球形状的一大飞跃。但是，球形观念只是地球形状的第一个近似观念。19 世纪以来，人们进一步知道了地球是一个赤道突出、两极扁平的椭球体；近年来，有些人认为地球实际上是一个“梨状体”。

一、地球的形状及地理意义

大地测量中所谓的地球形状，是指一种假想的、用平均海平面来表示的、平滑的封闭曲面，即大地水准面。所以，这里所说的地球形状就是指大地水准面的形状。

人类很早就掌握了大地球形的简单证据。例如，一个人沿南北方向旅行时，发现星星在地平线上的高度不断变化，一些星星出现了，而另一些星星不复可见；驶离海岸的船只，总是船身首先从岸上观察者的视野中消失；月食出现在月球表面的地影总呈圆形；日出前和日落后天空中出现曙暮光；等等。后来，科学的发展提供了更丰富的证据，人们的认识也随之不断深入。

现代精密测量结果告诉我们，通过赤道的地球直径比通过两极的直径长 42.5 km。这就证实了地球不是正球体，而是一个两极比较扁平、赤道部分相对突出的椭球体；通过两极的地球断面是椭圆形而不是正圆形；椭球体的最大圆周在赤道上，而不在通过两极的椭圆上（图 2-1）。由于地球两极扁平，那里的地面曲率就比赤道地面曲率小。从图 2-1 中可以看出，两极附近 5°弧的弧长大于赤道上 5°弧的弧长；相应于前者的圆半径比相应于后者的圆半径大。

地球两极扁平的程度称为地球的扁率 a，可用下式计算：

$$a=b-c/b$$

式中，b 为地球赤道半径，即椭球体半长轴；c 为地球两极半径，即半短轴。

地球半长轴与半短轴的关系如图 2-2 所示。

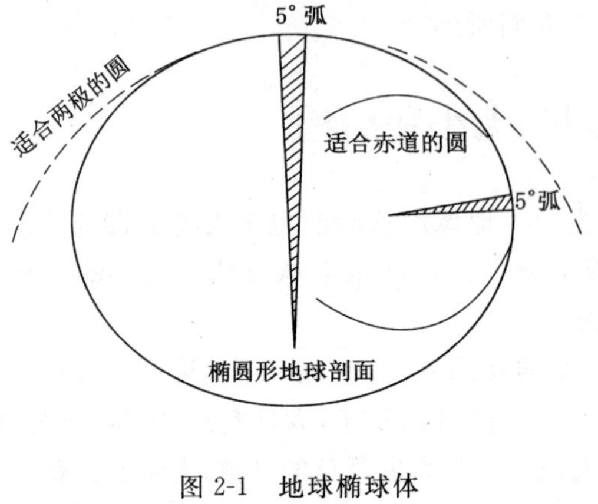

图 2-1　地球椭球体

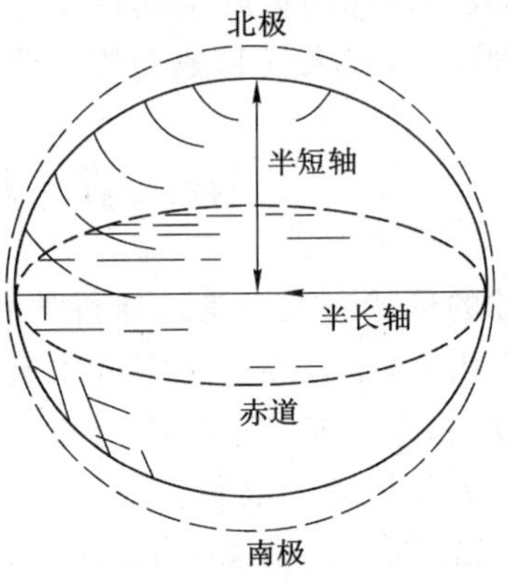

图 2-2　地球的半长轴与半短轴

虽然椭球体一词比较接近真实地反映了地球的形状，但是椭球体曲面与大地水准面仍然有一些微小的差异。大地水准面以海平面为基准，在大陆部分，它因重力减小而上升，在海洋部分又因重力增大而下降。所以，大地水准面实际上是一个不规则的起伏表面。在南北两半球，椭球体不同程度地偏离大地水准面，且两极的偏离幅度最大。

整个地球的形状，从通过两极、垂直于赤道平面的断面来看，呈现梨形。如图 2-2 所示，这个“梨形体”和标准椭球体相比较，南极凹进 24 m，北极高出 14 m，赤道至 60°S 之间高出基准面，而赤道至 45°N 之间又低于基准面。考虑到所有这些起伏相对于地球的巨大直径来说，毕竟太微小，因此我们仍主张把地球形状视作旋转椭球体。

地球的形状具有非常重要的地理意义。我们知道，太阳辐射是地球表面最主要的能量来源，而太阳同地球的平均距离长达 $14\ 960\times10^4$ km。这样，就可把投射到地球表面的太阳光线视为平行光线。当平行光线照射到地球表面时，不同纬度地区的正午太阳高度角将各不相同。地球赤道面与黄道面的交角，决定了太阳正午高度角有规律地从南北纬 23°27′之间向两极减小。太阳高度角大时，单位面积获得的太阳辐射能就大；反之则小。因此，太阳辐射使地表增暖的程度也按同样的规律降低，从而造成地球上热量的带状分布和所有与地表热状况相关的自然现象(如气候、植被和土壤等)的地带性分布。

二、地球的大小及其地理意义

1975 年 9 月，国际大地测量与地球物理学联合会推荐了一批有关地球大小的数据，其中，地球赤道半径 a 为(6 378 140±5) m，极半径 c 为(6 356 755±5) m，总面积 $5.1\times10^8\ km^2$，总体积 $10\ 820\times10^8\ km^3$，总质量 5.98×10^{27} g。在实际运用中，常常把与地球体积相等的正球体半径作为地球的平均半径，即 6 371 110 m。地球的经线周长为40 008 548 m，赤道周长为 40 076 604 m。

地球的巨大质量和体积，使它能够以强大的地心引力吸引着周围的气体，保持一个具有一定质量和厚度的大气圈。地球上的物体至少需有 11.2 km/s 的速度才能脱离地球，而大气中气体微粒的运动速度最快也只及上述数字的 1/7，这就保证了地球的大气不致逸散。而如果地球没有如此大的体积和质量，就不可能有这样的大气圈，因而也没有海洋和河湖，没有风，也没有生物。没有大气层的保护，地表平均温度将比现在低得多，气温日较差和气温年较差将比现在大得多，紫外线辐射将强得多……总之，我们的地球将呈现完全异样的景象。

三、地球的圈层结构

数十亿年前，刚从太阳星云中分化出来的原始地球是一个接近均质的物体，其中主要由碳、氧、镁、硅、铁、镍等元素组成的各种物质没有明显的分层现象。地球圈层的分化过程同整个地球的温度变化过程有密切的关系。放射性元素的辐射能量在地球内部的积累，使那里的温度逐渐升高，因而物质具有可塑性，加以重力的作用，物质便发生分异，逐渐形成性质不同的圈层。

原始地球的铁元素，因为温度超过了它的熔点而以液态出现。液态铁由于密度大而流入地心，首先形成地核。重物质向地心集中的同时发生压缩，压缩功转变为能量又使地球局部增温和熔化。而物质的对流还伴随着大规模的化学分离。最后，地球内部就分化为地核、地幔和地壳三个圈层。在上述分化过程中，地球内部产生的气体经过“脱气”形成了地球最外圈的大气圈。地球形成之初，其原始大气主要是由二氧化碳、一氧化碳、甲烷和氨组成的。微生物和绿色植物出现后，最终形成了以氮和氧为主要成分的现代大气。地球上的水主要是从大气中分化出来的。早期大气含有大量水汽。由于温度逐渐降低以及大气中含有大量尘埃微粒，一部分水汽便凝结成液态水降落到地面，然后汇聚在洼地中，形成原始水圈。后来，由于水量增加和地表形态变化，原始水圈逐渐演变成为今天的海洋和河湖沼泽。在原始的地壳、大气圈和水圈中早就存在着碳氢化合物，后来原始生物出现并逐渐扩展到海洋、陆地和低层大气中，形成了生物圈。地球自外部到内就可分出大气圈、水圈、生物圈、地壳、地幔和地核六个圈层，其中前三者称为地球的外部圈层构造，后三者称为地球的内部圈层构造。

(一) 地球的内部圈层构造

根据地震波在地下不同深度传播速度的差异和变化，地球固体地表以内的构造可以分为三层，即地壳、地幔和地核。

地壳下部，地震波的传播发生突变，说明那里存在着一个界面。1909 年，南斯拉夫地震学家莫霍洛维契奇首先发现这个不连续分界面，通称莫霍洛维契奇面(简称莫霍面或 M 界面)。地壳是指地表至莫霍洛维契奇面之间厚度极不一致的岩石圈的一部分。大陆的地壳平均厚度为 35 km，但各地差异很大。我国青藏高原的地壳厚度达 65 km 以上。大陆地壳最表层为风化壳，其余则自上而下分为沉积岩层、硅铝层和硅镁层。沉积岩层是不连续的，其厚度一般为4～5 km，少数地方可达 10 km。硅铝层化学成分主要是硅和铝，岩石组成主要为花岗岩和花岗闪长岩。硅镁层化学成分主要是硅和镁，由玄武岩质的岩石构成。海洋地壳厚度为 5～8 km，上部为疏松沉积物，中部为固结沉积物和玄武岩，下部为硅镁层。

莫霍洛维契奇面以下，深度为 35～2 900 km 的圈层称为地幔。地幔分上下两层。上地幔深度 35～1 000 km，主要由橄榄岩质的超基性岩石组成。上地幔上部在 60～250 km 处为岩浆的源地，称为软流圈。下地幔深度为 1 000～2 900 km，其下界为以美国地球物理学家姓氏命名的古登堡面。其组成物质除硅酸盐、金属氧化物及硫化物外，显著特点是铁、镍物质大量增加。2 900 km 深度以下至地心为地核，主要由铁、镍等致密物质组成。地核分为两层，地表以下 2 900～4 980 km 为外地核，一般认为外地核呈熔融态。4 980～5 120 km间有一个厚度为 140 km 的过渡层，5 120 km直到地心则为内地核，内地核可能呈固体(图 2-3)。

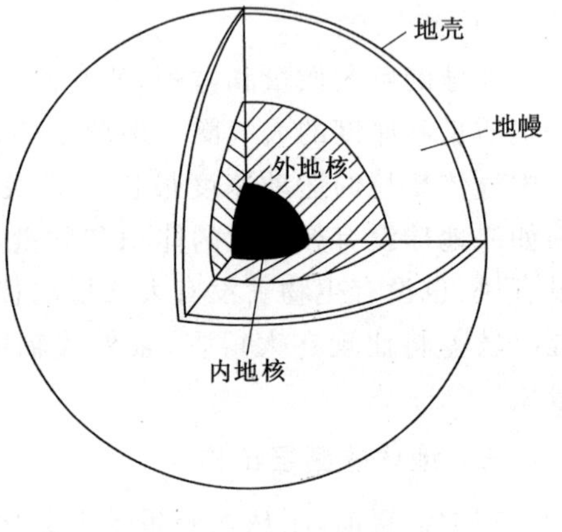

图 2-3　地球的内部构造

(二) 地球的外部圈层构造

地球的外部圈层构造是指地球固体表面以上的圈层构造，包括大气圈、水圈和生物圈。

大气圈是指环绕地球最外部的气体圈层，其下部边界为地球海陆表面，上部边界在高空 1 200 km 处。因大气的密度向宇宙空间是逐渐过渡的，随高度升高，大气密度逐渐减小，故大气上界也是相对的。大气圈自下而上其物质组成和性质有较大的变化，据此可将其分为对流层、平流层、中间层、暖层、散逸层等层次。

地球大气的主要成分为氮(78%)和氧(21%),其次为氩(0.93%)、二氧化碳(0.03%)和水蒸气等,此外还有微量的氖、氦、氪、氙、臭氧、氡、氨和氢。地球大气富含氧气是生命活动的结果,而它对于生命的进一步发展有着重要的意义。

水圈是指海洋、河流、湖泊、冰川、沼泽、地下水等水体所构成的一个连续圈层。由于海洋约占地球总水量的97.2%,因此水圈主要由海洋构成。水与大气及地表岩石中的各种物质相互作用,产生各种沉积物、矿物及可溶性盐。水还作为最活跃的营力促进地貌的发育。同时,水也是地表最重要的物质和参与地理环境物质能量转化的重要因素。

生物圈是指地球生物及其分布范围所构成的一个极其特殊又极其重要的圈层。在地理环境中,生物圈并不独占任何空间,而是分别渗透于水圈、大气圈下层和地壳(即岩石圈表层)。生物圈的质量很小,约相当于大气圈的1/300、水圈的1/7 000或上部岩石圈的1/1 000 000。但是,生物圈对于改变地球的地理环境却起着重要的作用,生物所生产的物质是人类的重要财富。

上述地球构造中的同心圈层,在分布上有一个显著的特点:在高空和地球内部,它们基本上是上下平行分布的;但在地球表面附近,各圈层却是互相渗透甚至互相重叠的。这一特点赋予地球表面一系列独特的性质。地球表面这个特殊的圈称为地理圈或地理壳,是自然地理学的研究对象。

第三节　地球的运动

一、地球的自转运动

法国物理学家傅科在1851年通过科学实验证明了地球旋转的事实。地球绕地轴旋转,称为地球自转。地球的自转方向为自西向东,地球上的东西方向即是以地球的自转方向来确定的,因此正确认识地球的自转方向是十分必要的。地球的自转方向,可以通过右手法则认记:设想右手握住地轴,大拇指指向北极,则四指环绕方向为地球自转方向。地球自转一周的时间即自转周期,叫作一日。但由于观测周期采用的参考点不同,一日的定义也略有差别。如果取春分点为标准,则春分点连续两次通过同一子午面的时间,叫作一恒星日。如果取太阳为标准,则地球上同一地点连续两次通过地心与日心的连线所需的时间,叫作一个太阳日。地球不但自转,还绕太阳公转,公转轨道又呈椭圆形,所以一年中的太阳日并不等长,取一年的平均值就得到一个平均太阳日,即24小时。这是地球平均自转360°59′的时间,其中59′是地球公转造成的。所以,它比一个恒星日长3分55.909秒。

地球自转速度包括线速度和角速度两种。赤道上线速度最大,为464 m/s,到60°N和60°S处几乎减少一半,到两极则为零。不同纬度的线速度 L 可用下式表示:

$$L=464\times\cos\varphi$$

式中,φ 为纬度。

自转角速度除两极点外,到处都是每日360°,每小时15°。地球自转速度并不是永远固定不变的。据推测,在地球形成的初期,自转周期仅有4 h。而现在已经计算出,距今约5亿年前的寒武纪晚期,自转周期为20.8 h,至泥盆纪增至21.6 h,石炭纪为21.8 h,三叠纪为22.7 h,白垩纪为23.5 h,始新世为23.7 h,目前为24小时。我们知道,活的珊瑚每天分泌碳酸钙,形成躯壳上的细小日纹。现代珊瑚每年有365条日纹,而五六亿年前的珊瑚化石每年却有四百多条日纹。这就说明当时地球自转速度比现在要快得多,即当时的一天要比现在短。

地球自转速度并不是一直在变慢,也有以变快为主的阶段,但减慢是主要趋势,而减慢的原因则是多种多样的。康德指出,月球和太阳引潮力造成的潮汐从东向西冲击地壳,而地球自转方向为自西向东,潮汐与地壳摩擦产生的阻滞地球自转的力,将减慢地球自转速度。也有人认为,地球自转速度减慢是太阳活动的影响以及地球不断膨胀和增人的结果。但是,地球自转速度变化的根本原因仍然在于地球的内部,地球上密度大的物质在重力作用下不断向地心集中。据估计,每秒约有 5×10^4 t 铁从地幔进入地核,这种运动将使地球自转加快;而火山爆发、岩浆活动等过程使地幔物质流向地表,当然也会引起自转速度的变化。

除了长期的变化之外,地球自转还有季节变化。每年3～4月,地球自转速度最慢,8月最快。但季节性日长变化不超过0.5～0.6 ms。自转的季节性变化可能与地球上纬向风速、洋流和冰雪分布的季节变化有密切关系,因为它们影响地球质量分布于转动轴线间的距离,进而影响地球的转动惯量。当转动惯量增大时,转速将减慢;反之,转速将加快。

二、地球的公转运动

地球按照一定的轨道绕太阳运动,称为公转。地球公转的周期为一年。"年"的时间也因参考点不同而有差别。地球连续两次通过太阳和另一恒星的连线与地球轨道的交点所需的时间为365天6小时9分9.5秒,称为一个恒星年。而连续两次通过春分点的平均时间为365天5小时48分46秒,则称为一个回归年。由于恒星参考点是天球上的固定点,因此只有恒星年才是地球公转的真正周期。由于春分点每年向西移动50.29′,所以回归年比恒星年短(古人将它们称为岁差)。

地球公转方向也是自西向东。从地球北极高空看来,地球公转和自转都如图2-4所示,呈逆时针方向。实际上,围绕太阳旋转的绝大多数行星和几乎所有的卫星都按同样方向运动。

地球轨道是一个椭圆,太阳位于椭圆的两个焦点之一上。椭圆的最长直径叫长轴,最短直径叫短轴。长短轴之差称为焦点距。1/2焦点距与半长轴之比,称为椭圆偏心率。偏心率愈接近于零,椭圆即愈接近圆形。地球轨道偏心率约为0.017或1/60。

图2-5表示地球公转轨道。大致1月3日,地球最接近太阳,此时的位置称为近日点;

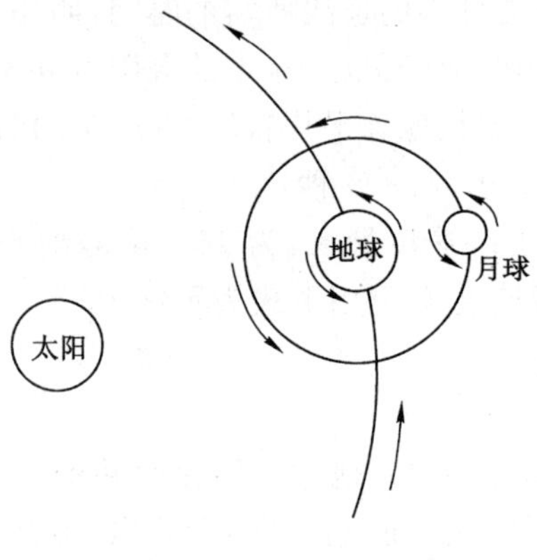

图2-4　地球、月球的自转和公转方向

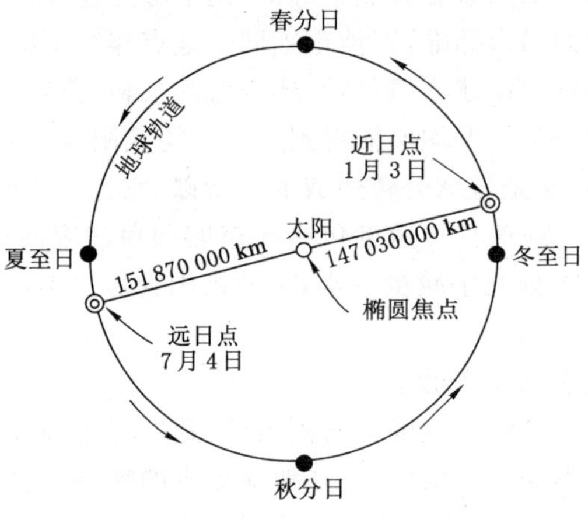

图2-5　地球公转轨道

大致 7 月 4 日，地球离太阳最远，此时的位置则称远日点。根据开普勒定律，在单位时间内，地球与太阳的连线在地球轨道上扫过的面积相等。所以，地球公转速度在近日点时最大，在远日点时最小。

地球轨道面是在地球轨道上并通过地球中心的一个平面。地轴并不垂直于这个轨道面。也就是说，对地球轨道面而言，地轴是倾斜的(图 2-6)。太阳位于地球轨道面上，从地球上看来，太阳好像终年在这个平面上运动，这就是太阳的视运动。

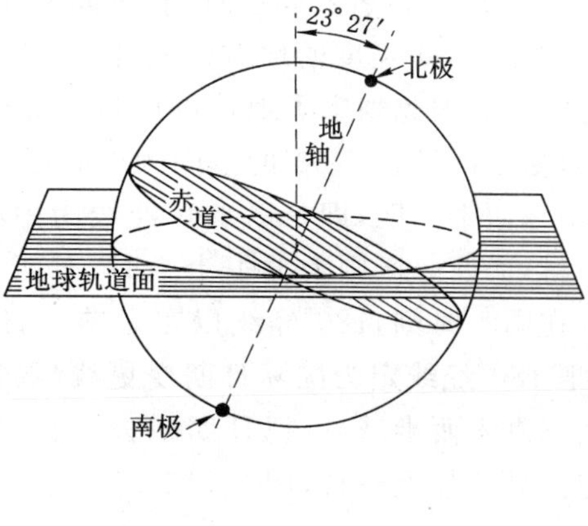

图 2-6　地轴的倾斜

太阳视运动的路线叫作黄道，黄道所在的黄道面和地球轨道面是重合的。地轴与地球轨道面约成 66°34′交角，因而赤道面与黄道面的交角即黄赤交角为 23°26′。赤道面和黄道相交的两个点称为春分点和秋分点。地轴的倾斜方向是固定不变的，因此，太阳光只能直射地球上 23°26′N 和 23°26′S 以内的地方。

黄道全圈为 360°，我国将黄道全圈以 15°为单位划分，得到 24 个节气，24 节气所表示的正是太阳在黄道上的位置。

三、地球的运动对自然地理环境的影响

(一) 地球自转对自然地理环境的影响

① 地球绕轴自转是确定地理坐标的基础。如果没有两个极点，就几乎不可能建立统一的地理坐标。

② 地球自转决定昼夜更替，并使地表各种过程具有昼夜节奏。地球是不透明的，任何时候，太阳都只能照射地球的一半，使地球表面产生昼和夜的区别。如果地球只有公转而没有自转，那么昼夜更替的周期将不会是一日而是一年。在这种情况下，与地表热量平衡相联系的一切过程，包括气压、气流、蒸发、水汽凝结以及有机界的状况，都将发生和现在全然不同的变化。比如，巨大的昼夜温差将会引起十分强烈的风暴，过度的炎热和严寒将会造成生物的死亡，等等。

③ 地球自转使所有在北半球做水平运动的物体都发生向右偏转，在南半球则向左偏。这一现象可以用地球自转的线速度来解释。物体自赤道一点向北运动，是从线速度较大的纬度转移到线速度较小的纬度，由于惯性的作用，它必然超越其出发点的经线；向南运动时，情况正相反，它自线速度较小的纬度转移到线速度较大的纬度，所以便落后于其出发点的经线，结果仍然是向右偏转。当物体沿东西方向运动时，实际上是沿纬线的切线方向运动，即仍由高纬向低纬运动，故运动方向仍将发生偏转。

科里奥利首先发现地球自转情况下运动物体的偏转力，因此称之为科里奥利力。科里奥利力 D 可用下式表示：

$$D=2vW\sin\varphi$$

式中，v 为运动物体的速度；W 为地球自转的角速度；φ 为运动物体所在的纬度。

地表某一点的角速度和纬度正弦值的乘积，只影响运动物体的方向，而不影响其速率；而运动物体的速度却决定着偏转力的大小。当物体静止不动，即 v 等于零时，偏转力也等于零。科里奥利力对气团、洋流、流水的运动方向和其他许多自然现象有着明显的影响，例如北半球河流多有冲刷右岸的倾向，高纬度地区河流上浮运的木材也多向右岸集中。

④ 地球自转造成同一时刻、不同经线上具有不同的地方时间。一个地方正当正午的时候，距它 180°经度的地方却正当午夜。这说明，地球表面每隔 15°经线，时间即相差 1 小时。人们据此划定了地球的时区。全部经度 360°，分为 24 个时区。以本初经线为中心，包括东西经各 7°30′的范围为中时区。东西另外各 15°经度为东一区、西一区；如此类推，至东西十二区，即是以 180°经线为中心的时区。这样，如中时区为正午，东一区为下午一时，而西一区则为上午十一时，东西十二区正值午夜。午夜是前一日与后一日的分界。在同一时刻，180°经线以东是前一日的结束，以西却是次一日的开始。经过国际协议，把 180°经线定为国际日期变更线（局部地方有所调整）。自西向东越过这条线，即从东半球进入西半球，应把日期减去一日；自东向西越过这条线，即从西半球进入东半球，则应把日期加上一日（图 2-7）。

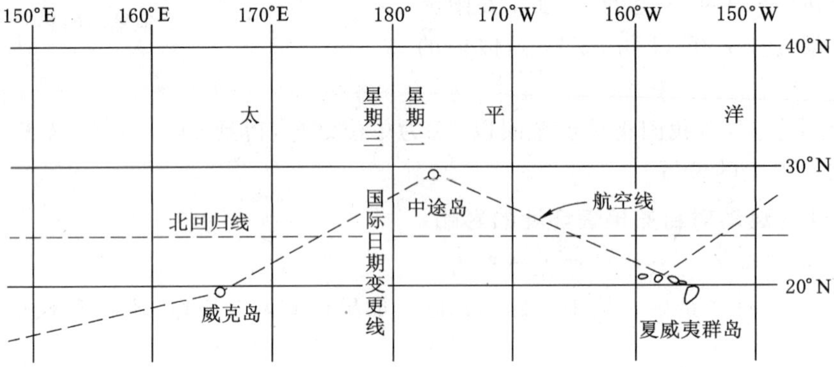

图 2-7 国际日期变更线

⑤ 由于月球和太阳的引力，地球体发生弹性变形，在洋面上则表现为潮汐。而地球自转又使潮汐变为方向与之相反的潮汐波，并反过来对它起阻碍作用。潮汐摩擦阻力虽然要 40 000年才能使地球的一昼夜延长一秒，但对地球的长期发展却具有不可忽视的意义。

⑥ 地球的整体自转运动，同它的局部运动，例如地壳运动、海水运动、大气运动等，都有密切的关系。大陆漂移、地震、潮汐摩擦、洋流等现象都在不同程度上受到地球自转的影响。

此外，当地球自转加快时，离心力把海水抛向赤道，可以造成赤道和低纬度地区的海面上升，而中高纬度地区海面则相应下降。

（二）地球公转对自然地理环境的影响

① 地表各种自然地理现象和过程出现四季变化。在地球公转的过程中，由于地轴和地球轨道面之间始终保持 66°34′的夹角，所以太阳光线直射地球的位置在一年当中出现周期性的变化，从而使自然地理现象和过程出现春、夏、秋、冬的季节更替。

② 地表不同的纬度地带，一年内的太阳高度角、昼夜长短和气温状况周期变化出现不同。

在任何地点，太阳在天空的位置都以当地正午时为最高。太阳光线与地平面间的夹角称为太阳高度角。当太阳位于春分点和秋分点时，光线与地轴垂直。如图 2-8 所示，赤道上任一地点 B 的正午太阳高度角都是 90°。因为 X 角等于 X' 角，所以赤道以北 A 点的太阳高度角 50°等于 $90°-X$，即是太阳光线与地平面南向的夹角。赤道以南 C 点的太阳高度角 34°，则是太阳光线与地平面北向的夹角。

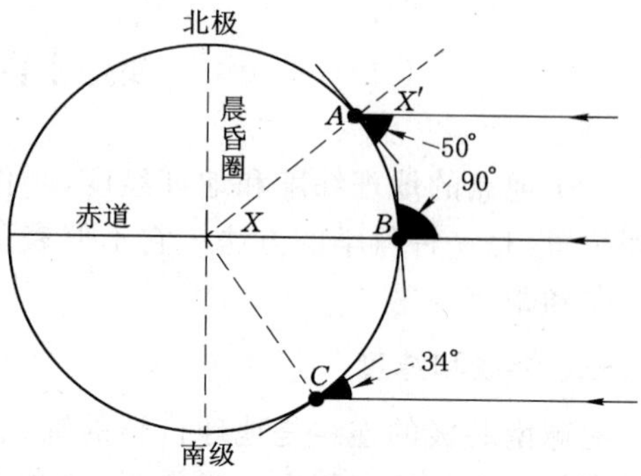

图 2-8　阳光与地轴

春分(3 月 20 或 21 日)和秋分(9 月 22 或 23 日)时，太阳位于春分点和秋分点。由于阳光直射赤道，阳光的照射圈，即昼夜分界的晨昏圈，正好切过两极，而且所有纬线圈都被晨昏圈等分为二，因此南北半球各纬度上的白昼和夜晚长度都是 12 小时。

冬至(12 月 22 或 23 日)和夏至(6 月 21 或 22 日)的情况却有所不同。图 2-9 中的箭头表示太阳光线，A 角为 53°N 的正午太阳高度角。冬至日，太阳直射 23°26′S 线(即南回归线)，切过南极圈(66°34′S)，南极圈内整日处于晨昏圈的向太阳一侧，而北极圈内却处于晨昏圈的背太阳一侧，因而产生了如下的结果：第一，北半球夜晚比白昼长，南半球相反；愈向两极，昼夜长度愈悬殊。第二，在赤道两侧的相应纬度上，昼夜相对长度恰好相反。第三，北极圈内夜长 24 小时，南极圈内昼长 24 小时。而在南极，太阳整日位于地面以上 23°26′。

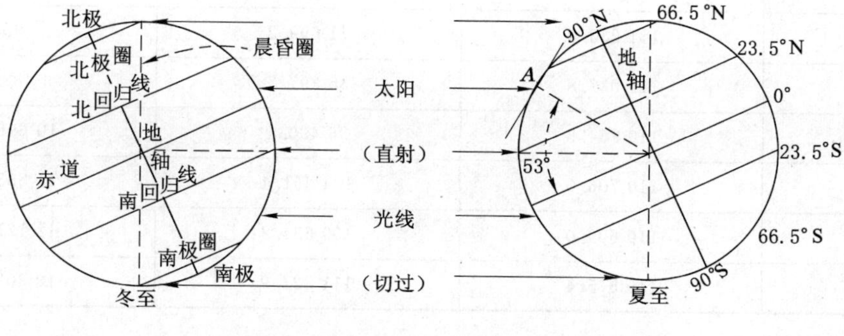

图 2-9　冬至与夏至太阳光照射图

夏至日情况恰好与冬至日相反，太阳直射 23°26′N 线(即北回归线)，切过北极圈(66°34′N)。北极圈内整日都在晨昏圈的向太阳一侧，昼长达 24 小时；南极圈内却在背太阳一侧，夜长 24 小时；南半球夜晚比白昼长，北半球相反。赤道两侧的相应纬度上，昼夜相对长度也恰好相反。

通常按照地表有无太阳光直射以及极昼、极夜现象将全球划分为“五带”，即热带、南温带、北温带、南寒带和北寒带。

第四节　地理坐标

一个地点的地理纬度和地理经度，叫作它的地理坐标。用地理坐标来表示特定地点的地理位置，是一种科学的方法。它不但表示一个地点的位置，而且还可以表示各个地点之间的方向和距离。

一、纬线和纬度

地球南北极的连线是地球自转的轴线，即地轴。地轴的中点叫地心。通过地心并和地轴垂直的平面与地表相交而成的圆，就是赤道。赤道把地球分为北半球和南半球。所有与地轴相垂直的面，都和地表相交而成圆，就是纬线。很明显，所有纬线都是相互平行的。赤道是最大的纬圈，由此向北或向南，纬圈的半径都有规律地减小。按下列公式很容易求出不同纬度上经度1°的弧长 L(km)：

$$L=111.2\times\cos\varphi$$

式中，φ 为当地纬度。不同纬度上经纬线各1°的长度和面积见表2-3。

表2-3　经纬线每1°的长度和面积

纬度/(°)	纬度1°长/m	经度1°长/m	经纬1°面积/km²
90	111 700.0	0.0	54.44
80	111 665.8	9 934.5	2 165.68
70	111 657.5	38 118.5	4 260.54
60	111 417.1	55 802.8	6 217.30
50	111 233.0	71 699.2	7 795.21
40	111 037.8	85 397.7	9 482.20
30	110 854.8	96 490.4	10 696.29
20	110 706.0	104 651.4	11 585.39
10	110 609.0	109 634.7	12 127.43
0	110 575.4	111 323.9	12 309.54

一地的纬度就是该地铅垂线对赤道面的夹角。赤道的纬度为零度，由赤道向两极，各分为90°，北半球的称北纬，南半球的称南纬。但是，上述位于地心的夹角是不可能直接测量的，必须利用仪器进行间接测量。为此，首先应了解关于天球的概念。

从地球看来，那些极其遥远的天体似乎嵌在一个很大的球体之上，这个假想的球体叫作天球。延长地轴线与天球相交的两点，就是天极。因为天球与地球的距离是无穷大的，所以，地球上的所有平行线都将在天球上相交。也就是说，地球表面任何一点与天极的连线都和地轴平行，而这条线与地平面的夹角，就等于该地铅垂线对赤道面的夹角，即该地的纬度。例如天北极位于地球北极的正上空，地球北极的纬度为90°。赤道上与地轴平行的直线在天北极与地轴相交，但此线和地平面的夹角为零度，故赤道上的纬度为零度。在实际测量时，在北半球通常是以接近天北极方向的恒星——北极星的平均位置作为天极，测出其高度角，该高度角就是各地的地理纬度。

二、经线和经度

所有通过地轴的平面，都和地球表面相交而成为圆，这就是经线圈。每个经线圈都包含两条相差 180°的经线，一条经线只是一个半圆弧。所有经线都在两极交会，所以经线都是呈南北方向，长度也彼此相等。由经线和纬线构成的经纬网(图 2-10)，是地理坐标的基础。

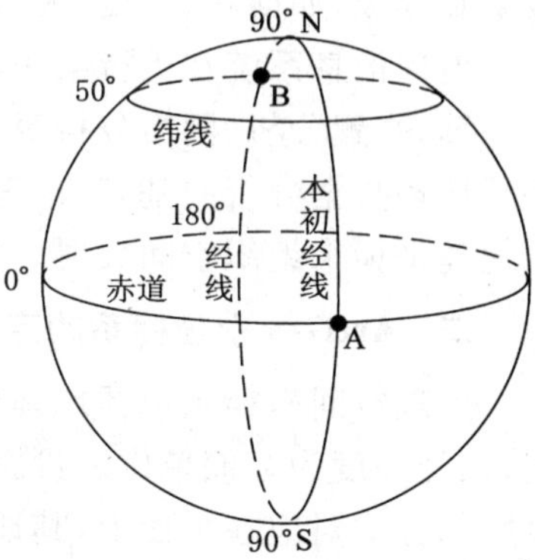

图 2-10　经纬线

最初，经线的起始线是不统一的。1884 年经过国际协议确定以穿过伦敦当时的格林尼治天文台的经线为本初经线，或称本初子午线。本初经线是经度的零度线。由此向东和向西，各分 180°，称为东经和西经。东经和西经 180°，是重合的，通常把它叫作 180°经线。由此可知，某一地点的经度，就是该地所在经线与本初经线之间的角距，亦即这两个经线平面在地轴上的夹角。

在实际工作中往往凭借无线电信号来确定某个地方的经度。世界上许多电台每天多次报告格林尼治时间或电台所在时区的时间。根据测点的地方时间与格林尼治时间或另一已知位置的地方时间的差值，即可求出两者的经度差和该地点本身的经度。

现在情况已大大不同于过去，只要携带一套卫星地面定位仪，无论置身何地都可以既快捷又准确地测定当地的经度、纬度和海拔。

第五节　地理信息系统及坐标系

一、基本概念

地理信息是有关地理实体空间分布、性质、特征和运动状态的信息，它是对表达地理特征和地理现象之间关系的地理及环境数据的解释。而地理数据则是各种地理特征和现象间关系的符号化表示，包括空间位置数据、属性(特征)数据和时域特征数据三大部分。

地理信息系统有时又称为“地学信息系统”或“资源环境信息系统”，它是一种特定的十分重要的空间信息系统，是在计算机硬件、软件系统支持下，对整个或部分地球表层(包括大气层)空间中的地理分布数据进行采集、存储、管理、运算、模拟、分析、显示和描述的技术系统。地理信息系统处理、管理的对象是多种地理空间实体数据及其关系，包括空间定位数据、图形数据、遥感图像数据、属性数据等，用于分析和处理在一定地理区域内分布的各种空间现象、环境特征和过程，解决复杂的规划、决策和管理问题。

地理信息系统在分析处理问题中使用了空间数据与属性数据，并通过数据管理系统将两者联系在一起共同管理、分析和应用，从而提供了认识地理现象的一种新的思维方法。地理空间数据是指以地球表面空间位置为参照的自然、社会和人文景观数据，可以是图形、图像、文字、表格和数字等，由系统的建立者通过数字化仪、扫描仪、键盘或其他通信系统输入 GIS 中，是系统程序作用的对象，也是 GIS 所表达的现实世界经过模型抽象的实质性内容。

属性数据即常说的非几何属性,是与地理实体相联系的地理变量或地理意义。属性分为定性和定量两种,前者包括名称、类型、特性等,如岩石类型、土壤种类、行政区划等;后者包括数量和等级,如面积、长度、人口数量等。

地理信息系统在进行某一具体问题的空间数据计算和操作时,如面积、空间变化等指标的计算,叠置分析、网络分析等空间分析,必须是基于相同的地理坐标系,故坐标系统是正确进行地理数据分析的基础,这里地理信息系统的“地理”是指广义的地理坐标参照系统,也即按地理坐标来组织空间数据。

二、ArcGIS 中坐标系的定义和转换

地理空间坐标系包括地理坐标系统和投影坐标系统。地理坐标系统是一种球面坐标系统,以经纬度为存储单位。投影坐标系统是一种平面坐标系统,是将地球曲面上的各点通过投影的方式对应在平面上,其地图单位通常为米。我国大多数已建、在建和待建的各种地理信息系统中都采用了与我国基本图系列一致的地图投影系统,即大比例尺图为高斯-克吕格投影,中小比例尺图为 Lambert 投影。1954 北京坐标系、1980 西安坐标系、1984 世界大地测量系统(WGS-84)坐标系、2000 国家大地坐标系(CGCS2000)坐标系我国先后使用的主要的地理坐标系统。中华人民共和国成立前我国没有统一的坐标系统,中华人民共和国成立后,由于缺少必要的资料,将苏联坐标系引申到我国,定名为 1954 北京坐标系,简称北京 54。现有的很多数据都是北京 54 坐标系,但受当时技术条件限制,存在明显的累积误差、点位精度较低、现势性差等问题。为克服这些问题,1980 年前后我国建立了新的坐标系,大地原点设在陕西径阳县永乐镇,位于西安市西北方向约 60 km,称之为 1980 西安坐标系(简称西安 80),现在测绘部门所做的基础地理数据大都以此为标准。WGS-84 坐标系是一种国际上采用的地心坐标系,它以地球的质心作为坐标原点,即要求椭球体的中心与地心重合。WGS-84 坐标系能满足精确推算轨道与跟踪观测的要求,其建立对于卫星大地测量、全球性导航和地球动态研究等具有重要意义。目前,GPS 所采用的坐标系统为 WGS-84。面对空间技术、信息技术及其应用技术的迅猛发展和广泛普及,在创建数字地球、数字中国的过程中,需要一个以全球参考基准框架为背景的、全国统一的、协调一致的坐标系统来处理国家、区域、海洋与全球化的资源、环境、社会和信息等问题,CGCS2000 坐标系是全球地心坐标系在我国的具体体现,其原点为包括海洋和大气的整个地球的质量中心,Z 轴指向 BIH1984.0 定义的协议极地方向(BIH 国际时间局),X 轴指向 BIH1984.0 定义的零子午面与协议赤道的交点,Y 轴按右手坐标系确定。

地理变换是一种在地理坐标系(基准面)间转换数据的方法。ArcGIS 中提供了投影定义和转换工具集,ArcToolBox/DataManagementTools/Projections and Transformations 提供了最常用的投影定义和转换工具。

已知数据集所采用的坐标系统,只是数据没有定义任何空间参考,即数据源中的空间参考显示为 Unknown 时,就要先利用 Define Projection 来给数据定义一个地理坐标系,然后再利用 Feature /Project 或 Raster/ProjectRaster 工具对数据进行投影变换。图 2-11 为 GIS10.5 下矢量投影变换界面示意图。

当数据已有空间参考,但是来自不同地图投影的图幅时,则利用 Feature/Project 或 Raster/ProjectRaster 工具直接对数据进行投影变换。图 2-11 中新生成的要素类中的坐标已经过重新投影计算到指定的平面直角坐标系统下。

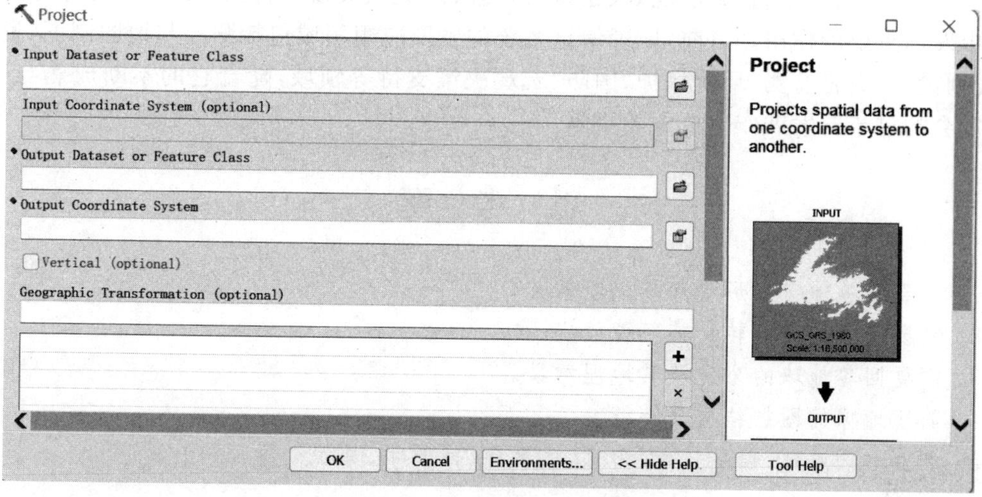

图 2-11　投影变换界面示意图

当两个数据间的地理坐标系不同时，如 1954 北京坐标系与 WGS-84 之间转换，二者的椭球体不同，基准面也不同，若要获得较高精度的结果，首先需要向当地测绘部门申请获取两个坐标系之间的变换参数（这组参数不是全国统一的），ArcGIS 中并没有提供这两种坐标系之间的地理变换方法和参数，在实际使用中，需要先确定两个基准面之间球心的调整参数，“创建自定义地理变换”（ArcToolBox/ Data Management Tools/ Projections and Transformations/ Create Custom Geographic Transformation），然后再进行投影变换的操作。

地理信息系统的一个基本原则是用在一起的地图图层必须基于相同坐标系，随着地理信息系统的广泛应用，越来越多的地理信息系统项目使用不用的坐标系，若要将这些项目中的地图数据放在一起使用，那使用前必须先经过处理，进行空间坐标系的转换，这属于一个地理信息系统项目的前期任务。

三、地理信息系统的发展与应用

地理信息系统是 20 世纪 60 年代开始迅速发展起来的新兴学科，是传统科学与现代技术相结合的产物。它既是一种有着广泛用途的科技手段，又是一门新兴的边缘性学科，具有多学科交叉的特征。它与测绘学、遥感、地理学、地图制图学、计算机科学技术等学科关系紧密，为各门涉及空间数据分析的学科提供了新的技术方法。空间分析是地理信息系统的核心，而地理学作为地理信息系统的分析理论基础，可为地理信息系统提供空间分析的方法和观点。

1963 年，加拿大测量学家诺基尔·汤姆林逊首次提出了地理信息系统这一术语，并建立了世界上第一个地理信息系统——加拿大地理信息系统。经过短短 30 多年的发展，逐步形成了地理信息系统这一新兴学科，并促进了地理信息产业和地理信息学的形成和发展。地理信息系统在国际上经历了 20 世纪 60 年代的开拓期、70 年代的巩固发展期、80 年代的技术大发展期和 90 年代的用户普及时代四个阶段，虽然我国起步较晚，但发展较快、势头良好。

地理信息系统的数据采集、存储、处理和分析等强大功能，使其在处理和解决各种复杂的资源与环境、农林水利、城市规划、建设与管理、防灾减灾规划决策，以及社会与经济发展问题中发挥重要的作用。目前，地理信息系统的主要应用领域包括测绘与地图制图、资源管理、规划设计、灾害监测、环境保护、国防、宏观决策支持等领域，随着它的不断成熟与完善，将为社会的进步与发展作出更大的贡献。

思　考　题

1. 简要回答地球的形状及其地理意义。
2. 简要回答地球自转及其环境效应。
3. 简要回答地球的公转及其地理意义。
4. 简述地球的圈层结构及特征。
5. 专业名词解释：恒星日、太阳日、恒星年、回归年、黄赤交角。

主要参考文献

[1] 蔡运龙. 综合自然地理学[M]. 3 版. 北京：高等教育出版社，2019.
[2] 弗兰克・普内斯，等. 地球[M]. 重庆：重庆出版社，1990.
[3] 郭达志. 地理信息系统原理与应用[M]. 徐州：中国矿业大学出版社，2002.
[4] 黄秀珍，张远智，董雯雯. 浅谈 ArcGIS 中坐标系统的转换[J]. 林业调查规划，2012，37(1)：6-9.
[5] 伍光和，王乃昂，胡双熙. 自然地理学[M]. 4 版. 北京：高等教育出版社，2008.
[6] 闫磊，张海龙. ArcGIS 地理信息系统：从基础到实战[M]. 北京：中国水利水电出版社，2021.

第三章　地壳与地貌

地壳是陆地硬表面以下到莫霍面之间由各类岩石构成的壳层，在大陆上平均厚度为 35 km，在大洋下平均厚 5 km，地壳的活动对自然地理环境的形成与发展有重大意义。地貌是指地球表面形态，即地形。地表形态多种多样，它的发生、发展是地球内力与外力在地表一定的地质、地理条件下相互作用的结果。本章将在认识地壳的物质组成及其演变的基础上，学习各类地貌单元的特点、形成过程及演变规律。

第一节　地壳的物质组成

地壳的物质组成可从元素、矿物和岩石三方面来说明，各种元素化合为矿物，各种矿物集合为岩石，它们彼此相关又各有特点。

一、地壳的化学成分

在 108 种已知化学元素中，自然界存在 92 种，并有 300 余种同位素。1924 年，克拉克与华盛顿依据来自世界各地的 5 159 个岩石样品首次测定了 16 km 厚度内地壳中的 63 种化学元素的平均质量百分比(即元素的丰度)，所获数值后来被命名为克拉克值(表 3-1)。其后半个世纪中，一些学者重新测定后对克拉克值进行了修正，但除碳的排序后移外，其余主要元素丰度并没有大的变化。克拉克值表明氧与硅两元素共占地壳总质量的 74%左右，铝、铁、钙、钠、钾、镁 6 元素共占 24%左右，即八大元素的丰度共占 98%，其他所有元素不超过 2%，许多元素的丰度仅在 $n\times10^{-6}$ 或 $n\times10^{-7}$，甚至 $n\times10^{-11}$ 以下，例如金和铂均在 $n\times10^{-9}$ 量级，银则在 $n\times10^{-8}$ 量级。高丰度元素的地球化学行为对地壳的矿物组成将发生积极影响，而地壳中尤其是地表某一局部环境中某些元素的相对富集则将造成环境污染，危害人类和其他生物。

表 3-1　地壳中主要元素的克拉克值

元素		O	Si	Al	Fe	Ca	Na	K	Mg	Ti	H	P	C	Mn	S	Ba
质量/%	1	46.71	27.69	8.07	5.05	3.65	2.75	2.58	2.08	0.62	0.14	0.13	0.094	0.09	0.052	0.05
	2	46.60	27.72	8.13	5.00	3.63	2.83	2.59	2.09	0.44	0.14	0.12	0.03	0.10	0.05	
	3	46.30	28.15	8.23	5.63	4.15	2.36	2.09	2.33	0.57	0.15					
	4	49.13	26.00	7.45	4.20	3.25	2.40	2.35	2.25	0.61	1.00	0.12	0.35	0.10		
	5	47.00	29.00	8.05	4.65	2.96	2.50	2.50	1.87	0.45	—	0.09	0.02	0.10		
	6	46.40	28.15	8.23	4.63	4.15	2.36	2.09	2.33	0.57	—	0.11	0.02	0.10		

注：1. 据克拉克与华盛顿；2. 据 B. 马逊；3. 据刘英俊；4. 据费尔斯曼；5. 据维诺格拉多夫；6. 据泰勒。

二、矿物与岩石

（一）矿物

矿物是单个元素或若干元素在一定地质条件下形成的具有特定理化性质的化合物，是构成岩石的基本单元。自然界中单质矿物为数极少，而化合物构成的矿物则占绝大多数。大部分矿物为晶质固体，亦有少数呈液态和气态，如自然汞、石油与天然气。

气体升华、液体或熔融体直接结晶、胶体凝固及固体再结晶作用是自然界矿物形成的四种主要方式。矿物的形态、光学性质和力学性质，既是矿物的特征，也是鉴别矿物的依据。

矿物单体形态有一向的柱状或针状，两向延伸的板状和片状，三向等长的立方体、八面体等；集合体形态有纤维状和毛发状、鳞片状、粒状和块状。坚实集合体称为致密块状，疏松的则称土状。放射状、簇状、鲕状和豆状、钟乳状、葡萄状、肾状和结核状等，都是特殊形态的集合体。

矿物光学性质包括透明度、光泽、颜色及条痕。透明度分透明与不透明两类。光泽分金属光泽、半金属光泽与非金属光泽三类，后者又分金刚光泽、玻璃光泽、油脂光泽与松脂光泽、丝绢光泽、珍珠光泽、土状光泽等。颜色由矿物化学成分与内部结构决定，如黄铜矿、孔雀石、辉钼矿分别呈铜黄、翠绿和铅灰色。条痕是锐器割划矿物后其粉末的颜色。

矿物的力学性质包括硬度、解理、断口、弹性等。矿物的硬度通常采用摩氏硬度计确定，分十级测定其相对硬度，而以滑石、石膏、方解石、萤石、磷灰石、正长石、石英、黄玉、刚玉与金刚石分别作为硬度 1～10 的代表矿物。解理是指矿物受外力作用沿一定结晶方向分裂为解理面的能力。其可分为极完全解理、完全解理、中等解理、不完全解理和极不完全解理五级。断口是矿物受打击后形成的断裂面，主要有贝壳状、参差状、锯齿状、平坦状四类。此外，一些矿物如云母薄片和石棉纤维具有弹性，绿泥石与滑石具有弯曲后恢复原状的挠性，自然铜、金、银等具有金属键的矿物还具有延展性，可被锤击成薄片或拉长成细丝。

在已知的 3 000 余种天然矿物中，硅酸盐类与其他含氧盐类各占 1/3，而质量分别占 75%和 17%，其他氧化物、氢氧化物、硫化物及硫酸盐、卤化物与自然元素共占矿物种类的 1/3 和地壳质量的 8%，可见硅酸盐类与其他含氧盐类是地壳的主要造岩矿物，控制着岩石的性质。主要造岩矿物包括石英、钾长石、斜长石、云母、角闪石、辉石和橄榄石七种。

（二）岩石

岩石是地质作用形成的具有一定产状的地质体，主要由造岩矿物按一定的结构和构造集合而成。其中由可供开采的有用矿物组成的集合体，称为矿石。岩石中矿物的结晶程度、颗粒大小和形状以及颗粒间相互关系的特征，称为岩石的结构。岩石中矿物的组合形状、大小和空间上相互关系和配合方式，称为岩石的构造。结构和构造是识别岩石的重要特征之一。岩石按其成因可分为岩浆岩、沉积岩和变质岩三大类。

1. 岩浆岩

岩浆岩是由岩浆在地下结晶或喷出地表凝固而成的岩石。岩浆是来自上地幔软流圈及地壳局部地段的一种成分复杂的高温熔融状物质，主要成分为硅酸盐以及部分金属硫化物、氧化物和挥发性物质（如 H_2O、CO_2、H_2S 等）。在地壳深部处于高温高压状态的岩浆，由于温度和压力的变化便会发生运动。当岩浆沿着岩石圈破裂带上升而侵入地壳中时，称为岩浆侵入活动；由此冷凝结晶而成的岩石称为侵入岩。当岩浆喷出地面时，称为火山活动或喷出活动；由此冷却凝固而成的岩石称为火山岩或喷出岩。岩浆的活动和冷凝的整个过程统称为岩浆作用。

岩浆岩按其化学成分和矿物组成的不同可分为四类：

① 超基性岩。二氧化硅含量小于45%，含铁、镁较多，含钾、钠甚少。主要矿物为橄榄石和辉石，代表岩石为橄榄岩。

② 基性岩。二氧化硅含量45%～52%，主要矿物为辉石、钙斜长石，亦有少量橄榄石和角闪石，代表性岩石为辉长岩、玄武岩。

③ 中性岩。二氧化硅含量52%～65%，主要矿物为角闪石与长石，兼有少量石英、辉石、黑云母等，代表性岩石为闪长岩、安山岩、正长岩与粗面岩。

④ 酸性岩。二氧化硅含量大于65%，含钾和钠较多而含铁、镁较少，主要矿物为长石、石英和云母，代表性岩石为花岗岩与流纹岩。

由岩浆冷凝固结而成的岩体在地壳中有一定的产状，即有一定的形状、大小和与围岩接触的关系，以及形成时的深度和构造等地质环境。根据岩体在地壳中形成的深度和方式，可分为喷出岩体和侵入岩体，后者又可再分为深成岩体和浅成岩体。按岩体的形状及其与上覆岩层的关系，可分为整合侵入体（如岩盆、岩盖、岩床、岩鞍）和不整合侵入体（如岩株、岩瘤、岩脉）。侵入岩体与喷出岩体产状示意图如图3-1所示。

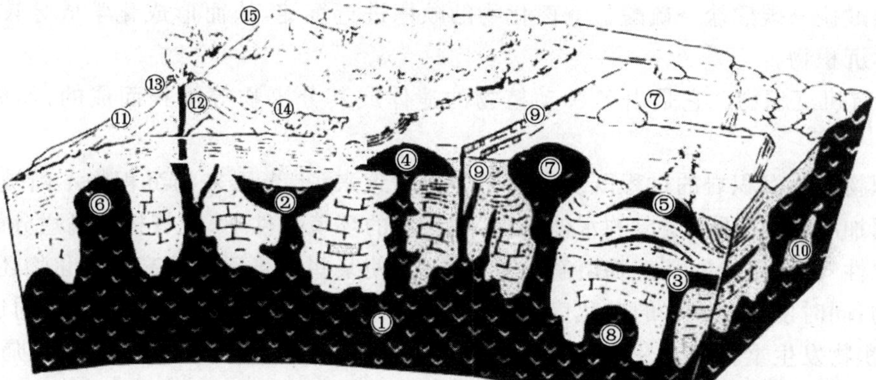

侵入岩：① 岩基；② 岩盆；③ 岩床；④ 岩盖；⑤ 岩鞍；⑥ 岩株；⑦ 岩浆底辟；⑧ 岩瘤；⑨ 岩脉；⑩ 捕虏体。
喷出岩：⑪ 火山堆；⑫ 火山颈；⑬ 火山口；⑭ 熔岩流。

图3-1　侵入岩体与喷出岩体产状示意图

由于岩浆岩的形成条件和产状不同，矿物的结晶程度和颗粒大小以及矿物集合体的形状和组合方式等特征也各异。这些特征都充分反映在岩石的结构与构造上。

岩浆岩常见的结构有：① 喷出熔岩因快速冷却而来不及结晶形成的玻璃质结构。② 熔岩内部冷却缓慢形成的隐晶质结构。③ 岩浆在地下缓慢冷却充分结晶而形成的显晶质结构，依晶体的大小又可分为粗粒、中粒、细粒和微晶结构。④ 岩浆在侵入过程中，前期因冷却较慢，从中先结晶出一些粗大的晶体，称为斑晶；后来则冷却变快结晶成细粒或微粒的晶体，称为基质。因此，在基质中存在斑晶的结构称为斑状结构，又称不等粒结构。

岩浆岩常见的构造有：① 块状构造，即岩石中各种矿物的排列无一定方向和特殊的组合，大致呈均匀的块体。② 斑杂构造，即岩石中矿物的成分和结构呈不均匀分布，在颜色和粒度上杂乱排列。③ 流纹构造，即岩石中保存有熔岩流动的形迹，其中矿物和气孔等呈定向排列。④ 气孔构造，即熔岩中大量气体逸出时形成大小不等的孔洞。⑤ 杏仁状构造，即喷出岩中的气孔为次生矿物所充填。

岩浆岩根据其结构、构造和产状的特征又可分为深成岩、浅成岩和喷出岩三种。

2. 沉积岩

沉积岩是由成层堆积的疏松沉积物经固结而成的岩石。这些沉积物是包括沉积于陆地或海洋中的岩矿碎屑、胶体和有机物质等的总称，是形成沉积岩的物质基础。

沉积物的来源主要是成岩石在地表风化的产物；其次是火山喷发的沉降物以及生物成因的各种有机物；此外，尚有少数来自宇宙的降落物。这些物质在地表条件下经过不断的迁移、分异和重新组合等一系列复杂过程，并在一定的环境中沉积富集起来。按沉积物的成因和性质可分为以下各类：

(1) 机械(碎屑)沉积物。这是由岩石风化和火山喷发而沉降的颗粒物质，在外动力的搬运、沉积过程中，按颗粒的大小、比重、形状和矿物成分进行分异(或分选)而形成的不同粒级组成的各种沉积物，如砾、砂、粉砂和黏土等。

(2) 化学沉积物。这是通过化学迁移溶解于水体中的各种物质，由于其溶解度、离子浓度和化学成分以及外界条件等的不同形成的各种化学沉积物。在水域环境中，通常可按氧化物→硅酸盐→碳酸盐→硫酸盐→卤化物的顺序进行沉淀，从而形成化学成分较为单一的各种化学沉积物。

(3) 有机沉积物。它是由各种动植物的遗体或其分泌物等堆积而成的，如泥炭、珊瑚礁等。

沉积物变为沉积岩的过程既复杂又多样。大致来说，当原来的沉积物不断被新的沉积物覆盖而加厚时，它便与上层的水体隔离，在厌氧的环境条件下，使有机质腐烂分解，并产生各种还原性气体；使碳酸基矿物溶解为重碳酸盐；使某些金属元素的高价氧化物还原为低价的硫化物；同时使软泥中水的矿化度增加，介质亦由酸性的氧化环境变为碱性的还原环境。因此，沉积物发生重新组合及形成新的次生矿物，胶体亦经脱水陈化为固体，碎屑物也经压缩、胶结等作用，固结成为岩石。在埋藏很深的条件下，由于温度和压力的提高以及受深层水分的影响，沉积物也可产生压溶、交代和重结晶等作用，使沉积岩体进一步压固和使晶粒变粗。图 3-2 所示便是沉积岩形成的大致过程。这种过程皆发生于地球表层，与自然地理环境的关系非常密切。

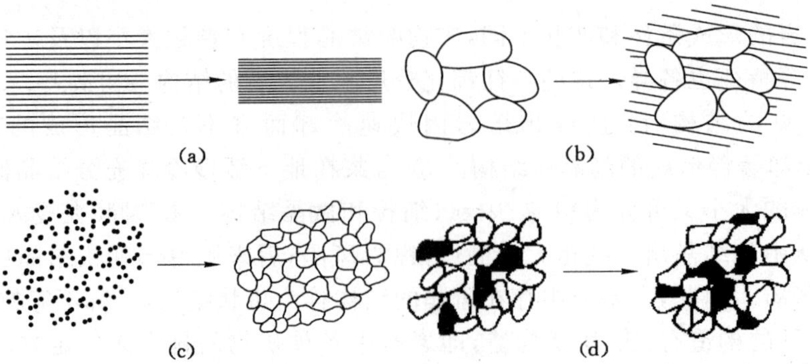

图 3-2　固结成岩作用的几种途径(据夏邦东等，1992)

(a) 压固作用；(b) 胶结作用；(c) 重结晶作用；(d) 新矿物生长

沉积岩的物质组成与岩浆岩最不相同之处是富含次生矿物和有机物质以及存在化石。沉积岩的产状以呈层状产出为其最突出的特点。岩层在垂直和水平方向上的变化，皆能很好地反映出沉积物当时的沉积环境以及沉积岩形成时的性质。

沉积岩具有多种构造，其中最突出的是层理构造和层面构造。层理是指岩石的成分、结构、粒度、颜色等性质沿垂直于层面方向变化而形成的层状构造。它表明岩层是按一定的顺序和形式，一层叠一层构成的。简单的构造形式是由两种有关的岩石构成互层，如砂岩与页岩、灰岩与页岩。复杂的构造形式是由层次更多而且不断重复层系或层系组构成的。层理通常可分为：

① 水平层理，即各层之间皆呈水平排列。一般认为它是形成于较平静的水域环境，如湖盆、海湾。

② 波状层理，即其细层呈波状起伏，但其总的层面是大致平行的。它是由波浪的振荡运动或介质在单向前进运动中形成的。

③ 交错层理，即层面互不平行，细层倾斜并相互交错。它是在物质移运方向多变的情况下形成的，在河流相、滨海相及三角洲相中可见。

层面构造系指上、下层面中留下的与岩石成因有联系的各种印模和痕迹，如上层面中的波痕、雨痕、干裂，下层面中的槽模、沟模等。

沉积岩的结构特征和类型对岩石的分类和命名具有重要的意义。沉积岩主要的结构类型有：碎屑结构、泥质结构、化学结构和生物结构。

3. 变质岩

地壳中原有的岩石，因构造运动、岩浆活动或地壳内的热流变化等内动力的影响，其矿物成分和结构、构造发生不同程度的变化，统称为变质作用。由变质作用形成的岩石称为变质岩。

变质作用是岩石在较高的温度和一定的压力条件下在固态中进行的变化。所以，它既不同于表生作用，也不同于岩浆作用。它的岩性一方面受原岩的控制而具有一定继承性；另一方面也因受变质作用而具有自己的特点，如含有新的变质矿物、变余结构和定向构造等。

控制变质作用的因素主要有温度、压力和地壳内的热流。首先，当温度小于 200 ℃和有少量液相存在时，矿物可以基本不变。随着温度的升高，岩石孔隙中液体的量增多，反应强度也增大，因而新的矿物组合过程出现。当温度大于 700 ℃时，岩石中很多易熔组分变为液相，固体岩石和液态层相混在一起，从而产生介于岩浆岩与变质岩之间的过渡型混合岩。这种岩石是超变质作用的产物。其次，地壳中的高压亦能使矿物晶格构造的体积缩小，形成原子结构较紧密的新矿物。但仅有静压力是不足以使岩石性质发生完全变化的，大部分的变质岩是定向的地应力作用的结果。所以，发生于地壳中的每次大规模的构造运动，都能使大陆地壳的一些地方产生新的变质带。此外，构造运动和岩浆活动不仅形成高温高压，而且也常带进或产生一定的热液，它们对原有矿物的变质也起到重要的催化作用。总之，变质作用和变质岩的形成是地球内动力作用的一种表现形式和上述诸因素相互制约的结果。

根据变质作用的性质、范围和主导因素，变质作用类型及其所形成的各种变质岩可分为以下几种(图 3-3)：

① 动力变质作用。主要在构造运动引起的定向压力作用下，原岩发生碎裂、变形和一定程度的重结晶作用。这种变质作用主要发生于断裂带。依应力的性质、强度和压碎结构

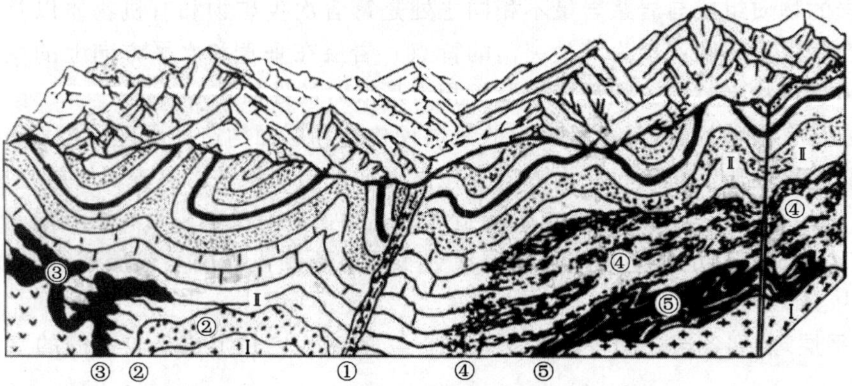

① 动力变质作用带；② 接触变质作用带；③ 交代变质作用带；④ 区域变质作用带；⑤ 超变质作用(混合岩化)带。

图 3-3 变质作用和变质岩的类型示意图

的特点不同，原岩可形成构造角砾岩、碎裂岩、糜棱岩、千糜岩等。

② 接触热变质作用。主要因侵入体与围岩接触，围岩受热后矿物发生重结晶、脱水、脱碳，形成变晶结构和新的岩石构造。例如，黏土岩变质为角岩，灰岩变质为大理岩，砂岩变质为石英岩等。

③ 接触交代变质作用。岩浆结晶晚期析出的挥发性物质和热液，通过与围岩的交代作用，使接触带的岩石发生变质。如碳酸盐岩与中、酸性岩浆接触交代变质产生的矽卡岩等。

④ 区域变质作用。主要由于区域性地壳活动导致较大空间的变质作用。其影响因素多而复杂，广泛出现于古老结晶基底和造山带中，使岩石形成不同程度的片理构造和不同类型的递增变质带。常见的岩石类型有板岩、千枚岩、片岩、片麻岩。

⑤ 超变质作用。在深度区域变质的基础上，由于地壳下沉或深部热流继续上升，原岩发生局部重熔、交代、注入等混合岩化作用，从而形成岩性介于变质岩与岩浆岩之间的各种混合岩，如混合花岗岩。

第二节 构造运动与板块构造学说

一、构造运动的特点与基本方式

构造运动主要是指地球内动力作用所引起的地壳的机械运动，但经常涉及更深的构造圈。它使地壳发生变形和变位，形成各种地质构造，并促进岩浆活动和变质作用，对地表的自然地理环境也有重要的影响。

构造运动具有普遍性、永恒性、方向性、非匀速性、幅度与规模差异性等特点。地壳自形成以来，任何区域和任何时间，构造运动都在不断进行。快速的构造运动如地震常造成灾难性后果，缓慢构造运动很难凭感官觉察到，如地壳的升降和板块的移动，它们在漫长的地质时期中也显示出极大的变化。即使缓慢的构造运动其速度也不是均速进行的。例如喜马拉雅山的变化就说明了这一点。据研究，大约在 3×10^{8} 年前，这里只是一个海峡(古地中海)，约在 4×10^{7} 年前开始上升，当时以平均每年约 0.05 cm 的速度慢慢升高。后来，上升的速度加快，1862—1932 年间，上升的速度增为平均每年 1.82 cm。据长期观测，目前还以平均每年 2.4 cm 的速度加快上升。

构造运动规模与幅度的差异性很容易理解。洋脊几乎涉及整个海洋,单个的转换断层通常只波及 100 km 级范围。青藏高原的整体隆升发生在 2×10^{6} km^{2} 级广大区域内,而柴达木盆地的相对下沉区不过占其 1/20。同样,自古近纪(老第三纪)以来喜马拉雅山的隆升幅度已超过 10 000 m,而黄土高原不超过 2 000 m。

构造运动的基本方式有两种:水平运动和垂直运动。水平运动是地壳或岩石圈块体沿大地水准面切线方向的运动。它使岩层发生水平位移,相邻块体因水平运动而相互分离、分裂,或相向汇聚,或侧向错位,年速度通常只有数毫米至数厘米。垂直运动是指其垂直于地表即沿地球铅垂线方向的升降运动,它使岩层发生隆起与拗陷。陆地上的海相沉积,高山上的海洋生物化石,山地与高原上的多级古夷平面,分水岭上的古山谷冰川遗迹,山坡上的阶地与河流冲积物,不同地层间的古剥蚀面,海底的陆相地层及相应矿产,冲积平原上的埋藏古土壤与埋藏阶地等都是地壳升降运动的证据。

水平运动和垂直运动是构成地壳整个空间变形的两个分量,彼此不能截然分开,但也不能等同起来看待。它们在具体的空间和时间中的表现常有主次之分,在一定的条件下还可彼此转化。

二、板块构造学说

板块构造学说是现代最引人注目的全球性构造理论。它是在大陆漂移、海底扩张等学说的基础上继承、发展而来的学说。因此讨论板块构造问题须从大陆漂移学说开始。

1915 年,魏格纳(A. L. Wegener)根据大西洋两岸陆地轮廓具有相似性,某些动物种属相同,非洲与南美发现同一种古生物化石,非洲南部与南美布宜诺斯艾利斯出现同样的二叠系地层,挪威与苏格兰间的一条加里东褶皱带没入大西洋后重现于北美的加拿大与美国,印度、澳大利亚、非洲、南美洲与南极等现代气候差异极大的地区均发现石炭纪-二叠纪冰川遗迹等理由提出,中生代地球表面存在一个统一大陆即联合古陆。侏罗纪后联合古陆开始分裂并各自漂移,逐渐形成现今的海陆分布格局。

由于当时对洋底地壳认识的局限性,魏格纳虽然提出了地球自转离心力与日月引潮力对古陆分离的可能影响及花岗岩壳在玄武岩壳上漂移的假设,毕竟没有也不可能对大陆漂移的原因及驱动力等问题做出令人满意的解释。因此学说提出后即遭到不少人反对并被淡忘。直至 20 世纪 50 年代以后,海洋地质与地球物理研究迅速发展,尤其是古地磁方面的发现才使大陆漂移说再现生机。

各大陆岩石现代磁纬度、地磁极同古磁纬、古磁极的巨大差异,表明大陆发生了显著的位移。古磁极移动轨道既是复原古大陆的证据,也是大陆漂移的证据,迪茨(R. S. Dietz)与霍登(J. C. Holden)据此绘制了新的大陆漂移图,而布拉德(E. C. Bullard)等应用电子计算机技术成功进行了大西洋两侧陆块的拼接。

海底扩张说始于 20 世纪 30 年代末,尤其是第二次世界大战结束以来的海底考察,发现海洋虽然历史悠久,海底却很年轻,几乎根本不存在时代早于侏罗纪的地层,海底沉积物很薄,火山也较少。这表明海底年龄仅有数亿年。迪茨(1961)和赫斯(H. H. Hess,1962)据此各自提出了海底扩张假说。据傅承义(1974)概括,其要点为:

① 年速度为 1 cm 至数厘米的地幔物质对流是地壳运动的最主要动力。

② 对流发生在岩石圈下厚达数百千米、强度很小的软流圈内,对流产生的拽力并不作

用于地壳底部，而是作用于 70～100 km 深的岩石层底部。

③ 海底为对流循环顶端。对流由发散区向外扩张，并在数千千米外汇聚流入地下。海岭热流较高，为对流上升区，海沟为下降区。海岭两侧地形崎岖，死火山与平顶山离海岭愈远而年龄愈老均系海底扩张的结果。

④ 对流形态取决于地球内部结构而与大陆的位置无关。大陆处于压应力作用下因而形成褶皱、逆掩断层等挤压型构造，海洋盆地则处于张应力形态之下。大陆只是随硅镁层漂移。

⑤ 海底及其沉积物在对流汇聚区下沉，一部分受挤压、变质而与大陆熔接，另一部分则沉入软流层。

⑥ 海底年龄仅有 2 亿～3 亿年，整个海底 3 亿～4 亿年即可更新一次。

⑦ 地球体积基本恒定，海洋盆地面积也基本上不变。

愈来愈多的证据证实海底确实在扩张。例如，古地磁测定结果表明洋底地磁正反向磁极异常带在大洋中脊两侧呈对称分布，同位素定年法测定的地层倒转年代表明其年代也是自大洋中脊向两侧呈对称变化。

板块构造学说产生于 20 世纪 60 年代后期，它将海底扩张、大陆漂移、地震与火山活动等地质现象纳入一个统一的理论体系之中，用统一的动力学模式解释全球构造运动过程及其相互关系，是海底扩张假说的具体引申。

板块构造学说的立论依据在于，地表岩石圈并非浑然一体，而是由被诸如大洋中脊、岛弧、海沟、深大断裂等构造活动带所割裂的几个不连续的独立单元，即板块构成的。几大板块的相互作用是大地构造活动的基本原因。由于板块的强度很大，主要的变形只能发生在其边缘部分。换言之，即板块内部比较稳定，各板块间的接合部才是活动带。因此，大陆边缘并不是板块的边界，海岭、岛弧和大断裂才是板块边界所在。

对流带动板块由大洋中脊或海岭向两侧扩张，在岛弧地区或活动的大陆边缘沉入地下软流层完成对流的循环，如图 3-4 所示。

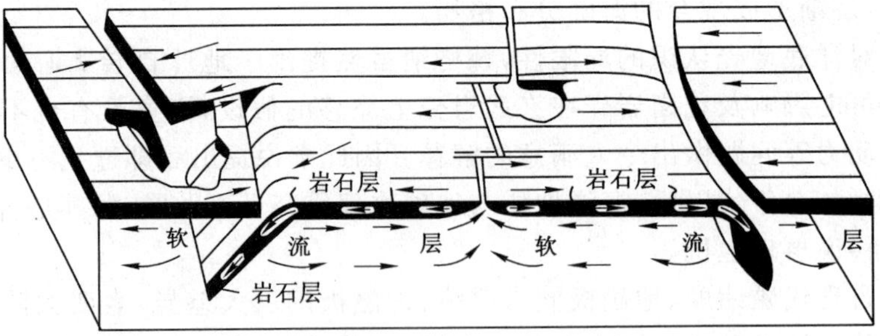

图 3-4　表示板块模式的立体图(据 B. Isack、J. Oliver 和 L. R. Sykes，1968)

板块的边界有三种类型：

(1) 扩张(或增生)型边界

该边界多见于新地壳增生的地方，喷出物多为玄武岩；以张应力产生的正断层和节理为主；地震震源较浅，烈度也不大。如美洲板块与非洲板块之间的边界等。

(2) 俯冲(或汇聚)型边界

该边界多见于两个板块汇聚、消减的地方。其又可分为两种：① 岛弧海沟型边界，即质量较重的大洋地壳俯冲到较轻的大陆地壳之下重返地幔；俯冲一侧皆为深长海沟，被挤压抬升的一侧则形成岛弧和海岸山脉；多为火山、地震、超深断裂及叠瓦式逆掩构造。如太平洋板块与亚欧板块之间的边界。② 地缝合线型边界。当两个大陆板块汇聚时，在原弧沟系中发生碰撞，于是产生大规模的水平挤压，褶皱成巨大的山系，多强烈地震分布。板块拼缩的速度每年多在 5 cm 以内，如印度洋板块与亚欧板块之间的边界——喜马拉雅山系。

(3) 转换断层(或次生)型边界

这类边界中物质既不大量增生也不发生减少，而只是由于前两类边界的活动导致板块间的其他部分做剪切向水平错动成为板块的分界。它仅见于大洋地壳中，以浅震为主，亦有少量玄武岩喷出。

三个板块相邻接的地点称为板块的三连接合点。这个点可随板块的运动而位移。其中一个大的活动板块及其边界条件与应力场不相适应时，将会导致板块边界的全球性大调整。现代的构造活动大多发生在这种定义的板块边界上，目前还可粗略地测定各板块移动的速度和方向，并可合理地解释各种大地构造现象和其他许多特征，如地磁、地震、火山、地热、岩浆活动、洋底地形、大洋的成因和年龄、大陆漂移等。

关于板块运动的驱动力问题目前尚未得到圆满解决，有待深入研究。但是这一学说的基本原理，即板块存在大规模的水平运动，板块可以增生也可以消减的论点却得到愈来愈多的证实，充满着强大的活力。

三、构造运动与岩相、建造和地层接触关系

从地层的岩性、岩相、厚度与接触关系上，都可发现构造运动的痕迹。沉积岩的组分、结构、构造与化石特点也能综合反映地层的岩相古地理情况。沉积厚度也可大致反映地壳沉降的幅度。

(一) 岩相

沉积岩的岩相通常分为海相、陆相和过渡相三大类。它们又可再细分，如海相可分为深海相、浅海相，陆相可分为河流相、湖泊相、沼泽相、滨海相等。地壳上升时岩相从海相向陆相转变，沉积物粒级增大，厚度变小，形成海退层序。反之，地壳下沉则形成海侵层序。升降频繁，沉积物类型复杂多变；构造运动相对稳定时，沉积物类型也相应简单化。浅海相地层厚度极大，说明地壳大幅度下沉，深海相地层很薄甚至缺失，则表明该地区曾经历大幅度上升直到成为陆地。

(二) 沉积建造

彼此有共生关系的地层或岩相的组合，或岩性大致相同的沉积物组合，就是沉积建造。一个建造相当于大地构造旋回的一定阶段。基本建造类型有以下三方面：

① 地槽型建造。主要由海相地层组成，厚度很大，无沉积间断或仅有极短间断，是产生于强烈构造下降区的建造。岩浆岩与火山碎屑岩分布较广。

② 地台型建造。以陆相碎屑沉积为主，厚度不大，未受强烈构造变动，地壳升降幅度较小的地台上的建造。岩浆岩分布较少。

③ 过渡型建造。兼有地槽型与地台型建造的特征但以碎屑岩占优势，陆相沉积与潟湖相沉积分布广泛，海相沉积只见于剖面下部。

(三) 地层的接触关系

主要分为整合、假整合与不整合三类，可以清楚反映构造运动的某些特点。

① 整合。指相邻新老地层产状一致且相互平行，时代连续，没有沉积间断，表明两种地层是在构造运动持续下降或上升而未中断沉积的情况下形成的。

② 假整合。又称平行不整合，指两相邻地层产状平行但时代不连续。表明曾发生上升运动致使沉积作用一度中断，而后下沉堆积了上覆新地层。

③ 不整合。又称角度不整合，指上下两地层产状既不一致，时代也不连续，其间有地层缺失。表明老地层沉积后曾发生褶皱与隆升，沉积一度中断而后再下沉接受新沉积。

上述三种接触关系均系沉积岩间的关系。侵入岩体与围岩间，后期沉积岩与前期侵入体间，也存在一定的接触关系，即：① 侵入接触。指侵入体与围岩的接触关系。侵入体边缘有捕虏体，接触带界面不规则，围岩有变质现象，表明围岩形成在先，岩浆活动或构造运动在后，即围岩老而侵入体新。② 侵入体的沉积接触。指后期沉积岩覆于前期侵入体所形成的剥蚀面之上的接触关系。表明侵入体形成后曾因构造上升而遭受剥蚀，而后下沉堆积了上覆新地层，上覆地层年轻而侵入体老。

第三节　内营力与构造地貌

内营力是指地球内部能量(物质运动)所产生的作用力，主要表现为地壳运动(垂直运动、水平运动、褶皱运动和断裂运动)、岩浆活动和地震。岩层或岩体经构造运动而发生的变形与变位称为地质构造。地质构造是地壳运动的形迹。引起地质构造的力主要有压应力、张应力和扭应力三类，分别形成压性、张性与扭性构造。层状岩石受地应力作用后，构造变动表现最明显，主要有水平构造、倾斜构造、褶皱构造和断裂构造四种类型。地壳运动是地貌形成的一个重要因素。受地质构造控制并能反映构造特点的地貌，称为构造地貌。根据构造与地貌的关系，可以从构造来解释地貌，也可以从地貌来分析构造。

一、水平构造及其地貌

水平岩层虽经垂直运动而未发生褶皱，仍保持水平或近似水平产状者，称为水平构造。在水平构造中，新岩层总是位于老岩层之上。在未受切割情况下，同一岩层形成高原面或平原面，受到切割而顶部岩层较坚硬时，则形成桌状台地、平顶山或方山。软硬岩层相间时形成层状山丘或构造阶地。我国新近系红色砂砾岩产状平缓，遭受侵蚀后常形成顶平、坡陡、形状奇特而多样化的丹霞地貌(图 3-5)，不仅东部地区，中西部也同样发育此类地貌。

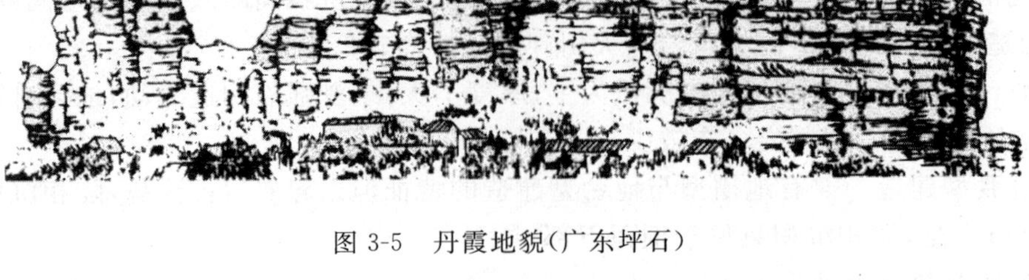

图 3-5　丹霞地貌(广东坪石)

二、倾斜构造及其地貌

岩层经构造变动后层面与水平面形成夹角时，即为倾斜构造。褶曲、断层或不均匀升降运动都可造成岩层的倾斜。岩层在空间上的位置称为岩层产状，它可用走向、倾向和倾角三要素确定(图 3-6)。倾斜构造上部岩层比较坚硬时，经过剥蚀作用常形成单面山与猪背岭等典型地貌。单面山山脊走向与岩层走向一致，两坡明显不对称，与岩层倾向相同的山坡(即顺向坡)坡面平整、坡较缓且坡体较稳定，与倾向相反的山坡(即逆向坡)坡面不平整、坡度较陡且坡体不稳定。猪背岭因岩层倾角一般大于 40°，因而脊峰更突出，但两坡较对称。在较大范围内如果岩层倾角由陡至缓逐渐减小，在地貌上可能依次出现猪背脊、单面山，以及台地和方山等一系列与构造有关的地貌类型。

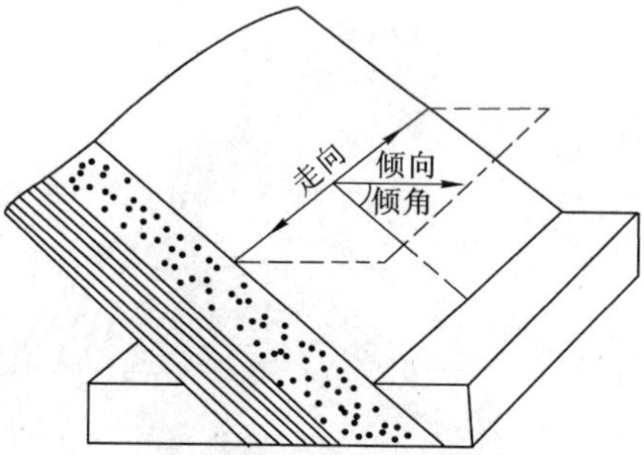

图 3-6　倾斜岩层的产状要素

三、褶皱构造及其地貌

岩层在侧向压应力作用下发生弯曲的现象称为褶皱，其中的单个弯曲则叫褶曲。褶皱能直观地反映构造运动的性质和特征。

褶曲包括若干形态要素或几何要素，例如，褶曲岩层的两坡称为翼，使两翼呈近似对称状态的假想面称为轴面，褶曲岩层的中心称为核，轴面与岩层层面的交线称为枢纽，其倾斜则称倾伏(图 3-7)。褶皱有两种基本类型，即上凸的背斜和下凹的向斜，两者并存且共用一个翼。背斜核部的岩层相对较老，两翼岩层则较新，向斜则相反。背斜为山，向斜为谷，这种保持或顺应构造形态发育的地貌，称为顺地貌。背斜被侵蚀为谷，而向斜则为山丘，这种原生构造形态与次生地貌形态不相协调的现象，称为逆地貌或地貌倒置。

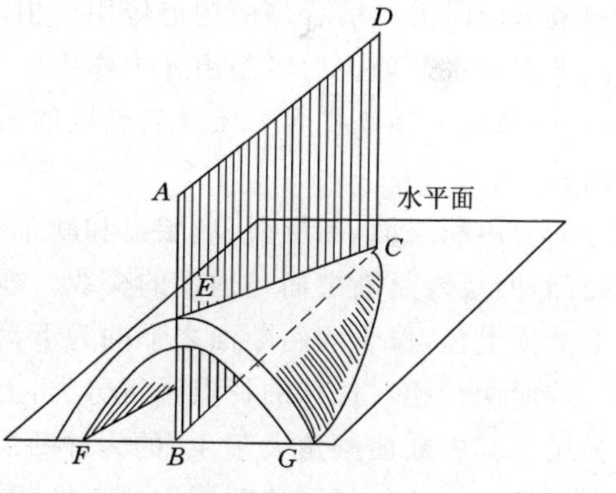

核：*B*；两翼：*EF* 与 *EG*；轴面：*ABCD*；

轴：*BC*；枢纽：*EC*；倾伏端：*C*。

图 3-7　褶皱形态要素示意图

在自然界，褶曲的产状和形态多种多样，规模有大有小。按轴面产状褶曲可分为四类：① 轴面直立，两翼岩层倾向相反而倾角相近者称为直立褶皱；② 轴面倾斜、两翼岩层倾向相反、倾角不等者为倾斜褶皱(图 3-8)；③ 轴面倾斜，两翼倾向相同者为倒转褶皱(图 3-9)；④ 其一翼地层层序正常，另一翼地层层序颠倒，轴面产状近于水平，两翼上下重叠且一翼地层层序倒置，核部张裂发育者为平卧褶皱。依据枢纽的产状，褶皱可分为水平褶皱与倾伏褶皱两种类型。依据横剖面形态，褶皱又可分为尖棱形、扇形、圆弧形、箱形等多种形态类型。此外，按照褶曲的长宽比也可进行分类，当长度为宽度的 10 倍以上时褶皱称为线状褶皱；长度为宽度的 3～10 倍时称为短轴褶皱;不足3倍则上凸者为穹形褶皱,下凹者为盆状褶皱。各种形态的褶皱在受到剥蚀后形成不同的构造地貌,如短轴褶皱易形成之字形山脊,穹状构造发育为穹状山丘等。

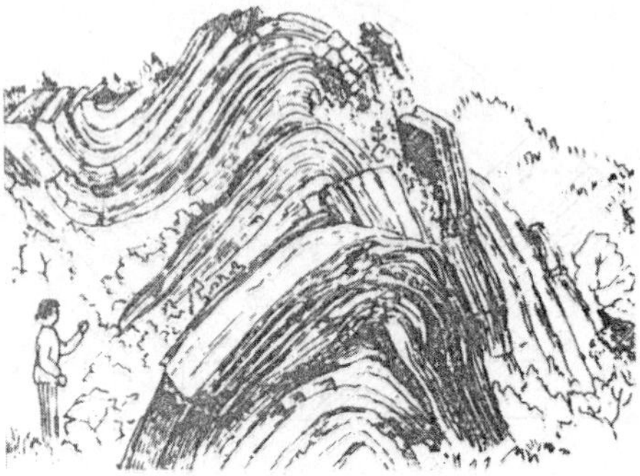

图 3-8　倾斜褶皱(四川开江)

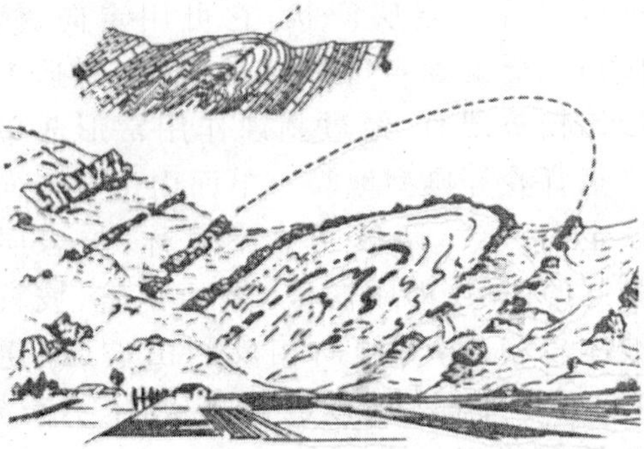

图 3-9　倒转褶皱(广西桂林)

四、断裂构造及其地貌

岩石因所受应力强度超过自身强度而发生破裂,使岩层连续性遭到破坏的现象称为断裂,虽破裂而破裂面两侧岩块未发生明显滑动者叫作节理,破裂而又发生明显位移的则称断层。节理面可光滑平直,亦可粗糙弯曲,有张开的也有闭合的。按成因节理可分构造节理与非构造节理两类。前者是由构造作用产生的,与褶曲和断层有一定的成因组合关系,如背斜轴部出现的张节理。后者是由外力作用产生的,如风化、重力等形成的裂隙。在重力和风化作用下,节理可逐渐扩大。风景名胜区的所谓"试剑石""一线天"等,绝大多数即是张开的节理面。

断层由断层面、断层线、断层盘和断距等要素组成。断层面是岩层或岩体发生断裂时的破裂面,断层线是断层面与地面的交线。断层面两侧的岩块称为断层盘,其中位于倾斜断面之上的为上盘,位于倾斜断面之下的为下盘。两盘的相对位移则是断距。

按照两盘相对位移的特点进行分类,上盘相对下降的断层是正断层,上盘相对上升的是逆断层。其中断面倾角大于40°的为冲断层,小于25°的为逆掩断层。沿断层走向即在水平方向上发生位移的是平移断层。两盘沿断面某一点发生旋转的是枢纽断层。断层面直立的是垂直断层(图 3-10)。

若干断层常常构成巨大的断裂带,其中断层的组合形式非常复杂。例如,数条产状相同的平行正断层组合为阶状断层,正断层与逆断层相间分布时上升盘形成地垒,下降盘形成地堑,平移断层形成一系列错动带等。

断裂构造与地震、褶皱、岩浆活动等常有成因上的联系,其分布也常与地震带、褶皱带、岩浆活动带相接近。断层的规模有大有小,大者如东非裂谷、北美西部的圣安德列斯断层等。各种规模的断层组合在一起呈带状分布时,称之为断裂带。其中有些深大断裂带广达全球,深达上地幔,如岩石圈各大板块间的一些边界就是由各种深大断裂带构成的。

在野外工作中主要依据断层摩擦光滑面(即镜面)、断层擦痕,与擦痕方向垂直的陡缓坡连续过渡的小陡坎(即阶步)、拖曳褶曲、构造线不连续、断层角砾岩与磨砾岩、断层泥、密集节理、地层的重复与缺失等地质现象,断层崖、断层三角面、断层悬谷、错断山脊等地貌现象,以及泉水带分布、地下水矿化度等水文地质现象对断层进行判别。

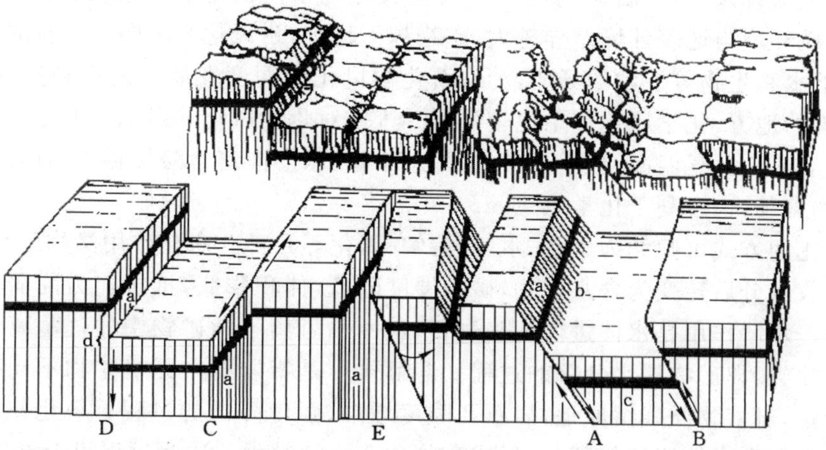

a—断层面;b—断层线;c—断盘;d—短距;A—正断层;B—逆断层;C—平移断层;D—垂直断层;E—枢纽断层。

图 3-10　断层要素与断层主要类型

第四节　外营力及其地貌

外营力是指地球表面受大气、水的运动以及生物作用产生的力,其能量来源于太阳能,主要表现为风化作用、地表水和地下水的作用、冰川作用、风的作用、波浪作用等。外力作用对地表不断地进行侵蚀、剥蚀,并把破坏了的物质带到低地和海洋中堆积起来。总的趋势是力求夷平高地、填平低地,因而形成各种侵蚀地貌和堆积地貌。

一、风化作用与块体运动

风化作用(风化)是指地壳表层岩石和矿物在太阳辐射、大气、水及生物作用下,其物理性质和化学性质发生变化,并形成新物质的过程。风化作用能为其他外力侵蚀创造有利条件,加速地貌的发生、发展和堆积物的形成。

(一) 风化作用的类型

岩石的风化一般包括物理、化学和生物三种作用与过程。

物理风化又称崩解,其特点是岩石破碎为碎屑状态,物理性质发生显著变化(如裂隙、孔隙和比表面的增加等)。影响物理风化的因素很多,主要是地表水热条件的变化和生物作用等,但也不能忽视内力作用的影响。岩石在形成过程和受构造作用后就已存在着裂隙和节理网,而且愈接近表层破裂愈甚。裸露的岩石由于受太阳曝晒和昼夜温差急剧变化的影响,岩石内部和表面以及各种矿物之间胀缩不均,形成裂纹,天长日久地反复进行,岩石表层就会逐步解体而层层剥落,这种现象称层状剥离作用。岩石裂隙中的水结成冰将会产生很大的冻胀力,当它超过了岩石抵抗破坏的强度时,可使岩体劈裂成石块,这种现象叫冰劈作用或称冻融风化。生物的机械破坏作用也广为存在,如植物的根对岩石的穿透、挤压,动物对岩石的穿孔和搬移等。

化学风化又称为分解，是指岩石和矿物在大气、水和生物等作用下发生化学分解，其化学成分和矿物成分发生变化形成新物质的过程。岩石的矿物学性质是影响化学风化的一个重要因素。一般说来，当岩石矿物进入与其生成环境不同的地表环境时，就变得不稳定起来。而且生成环境与地表环境差异越大，矿物越不稳定，耐风化力越弱。岩石的裂隙和孔隙是大气、地下水和生物等活动的场所，为岩石化学风化向深度发展创造有利条件。因此，节理、断层密集的地方，化学风化作用也较强烈。气候对化学风化的影响主要是温度和湿度的影响。气候湿热地区气温高，化学反应快；降水丰富，水溶液富含酸类物质，有较强的风化作用能力；生物繁茂，也有利于化学风化。

化学风化的方式可归纳为水化、水解、溶解、氧化等几种。水化作用又称为水合作用，是岩石矿物吸收水分后转变为含水矿物，矿物硬度降低，体积膨胀，抵抗能力削弱并对周围岩石产生压力。水解作用是水体进入地表岩石，水中的氢离子与矿物中的盐基离子发生反应形成可溶性盐类，即矿物遇水分解的过程。溶解作用是指岩石中无机矿物不同程度溶解于水中并被带走，难溶物质残留原地，岩石孔隙度增加、强度降低的过程。氧化作用是矿物被大气中的游离氧和水体溶解氧氧化，形成高价化合物的过程。这些过程很少单独进行，多是相互配合，以各种组合方式同时进行作用的。

生物在风化中除机械的破坏作用外，对化学风化也有很重要的作用。生物的生命活动过程，如光合作用和呼吸作用产生的氧和二氧化碳，是化学风化中的两个重要反应剂。植物通过根的分泌与吸收，对周围矿物的分解与元素的迁移也有不小的作用。生物的残体和排泄物经微生物的分解转化，可形成各种具有高度化学活性的可溶于水的化合物，它对化学风化的加速进行也是一项极重要的因素。微生物参与矿物元素的氧化、还原和淋滤，均对化学风化有促进作用。

（二）风化壳

风化作用的残留矿物、次生矿物及可溶性物质统称风化产物。风化产物虽经风化与剥蚀而依然残留原地覆盖于母岩表面者，即是风化壳或称残积物。

风化壳的形成，不仅取决于风化的发育程度，而且还与介质剥蚀作用的强度有关。厚层风化壳的形成，除应具有利于风化作用的气候、岩性和构造等条件外，还必须具有有利于风化产物残留原地的地貌、植被、水文与水文地质条件。如地势起伏不大、植被覆盖较好、地表径流作用不强、地下水埋藏较深以及水垂直循环作用强烈进行的地段，才有利于厚层风化壳的发育。

风化壳的基本特征主要有：① 由于各地风化作用强度与风化产物就地残留的条件不同，风化壳空间分布上呈现不连续性，厚度差异也很大；② 组成物质以黏土和碎屑为主，也包括少量残存液体；③ 结构疏松，表层分散性强，分解程度高，粒轻细，中下层相反，但不具有类似沉积岩的层理；④ 发育和保存均较好的风化壳，可以划分为强度风化、中度风化和微风化三个层带。

高温多雨的热带、亚热带地区，不但水分多、温度高，而且植物生长终年处于旺盛状态。因此，化学风化和物理风化以及生物作用都非常强烈。风化作用几乎全年都在强烈进行，矿物分解最为彻底。风化壳可达最大的厚度。铁锰氢氧化物以及铝的氢氧化物，还有高岭土和多水高岭土类的新生黏土矿物，都是这个地区具有代表性的风化产物。富铝型酸性风化壳和硅铝铁型酸性风化壳为典型的风化壳类型。前者主要分布于热带部分地区，铝和铁都非常富集，常形成铝和镍等风化矿床。后者广泛地分布于热带和亚热带地区，铁铝分离不如前者显著，硅和铝形成高岭土类黏土矿物。

在湿润的温带森林区，无论水分循环和生物循环都相对减弱，低温影响加强。淋溶作用相对较缓，除碱与碱土金属淋失较强外，其他阳离子淋失不明显，硅酸仅部分淋失，高岭土等黏土矿物为代表性产物。风化壳的厚度也较薄，颜色主要呈棕色或黄色，形成的是硅铝黏土型弱酸性风化壳。

在水分较少的半湿润或半干旱的森林草原和草原地区，广泛分布着碳酸盐型中性至微碱性风化壳。由于淋溶作用较弱，水的垂直运动自上而下与自下而上交替进行，形成颜色不深、厚度不大、主要含钙质的风化壳。

干旱地区化学风化更加微弱，只有最易迁移的氯和一部分钠离子与硫酸根离子被淋失，钙镁碳酸盐的聚集比半干旱地区更加显著，钙镁碳酸盐成为这个地区稳定的产物。主要黏土矿物是伊利石和蒙脱石，因而形成颜色浅、土层更薄、含碎屑的富钙化碱性风化壳。

寒带和高山带以及荒漠地区，由于物理风化占优势而化学风化极微弱，剥蚀作用超过缓慢的风化作用，因此粗岩屑的残积便成为这些地区的典型特征。

（三）块体运动与重力地貌

块体运动是指岩体或土体在重力作用及地表水、地下水影响下沿斜坡向下的运动。根据其运动的速度和性质，可分为崩落、滑动和蠕动等几种，并相应地形成各种地貌。

陡峭斜坡上土体、岩体、岩层，由于重力作用而发生突然的、快速的下移运动，称为崩落。崩落在山坡上部形成崩塌崖壁，而在坡下则形成岩堆（倒石堆），如图 3-11 所示。

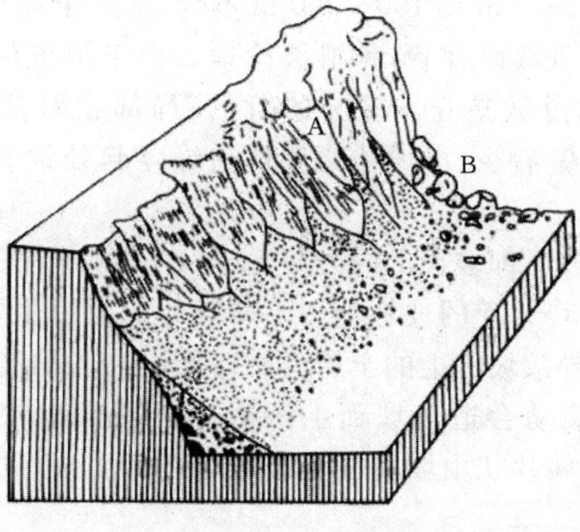

图 3-11　崩落形成的地貌（据 E. B. 桑采尔）

崩落多发生在岩石破碎的陡坡上。在寒冷和干旱气候地区，由于物理风化强烈，岩石裸露破碎，崩落作用比较普遍。在松散堆积物组成的坡地上，其坡度只要大于碎屑物的休止角，崩落即可发生。崩落使坡面上部后退，岩堆则使坡面下部前伸，于是坡度变缓。山坡上大规模的崩塌称为山崩。如 1911 年帕米尔的巴尔坦格河谷的山崩，约 40×10^{8} m^{3} 的土石体从 600 m 高处崩塌下来，堵塞河谷，形成长 76 km、宽 1.5 km、深 262 km 的大湖。

浸湿的岩体、土体或碎屑堆积物，在重力作用下，沿滑动面发生整体下滑的现象叫作滑坡。滑坡由滑坡体和滑动面组成(图 3-12)。滑坡只有在由重力引起的下滑力大于其内部软弱结构面上的抗滑力时才能发生。因此,坡体滑落必须具备一定的内在因素和诱发因素。内在因素包括地层岩性、地质构造、坡体结构和有效临空面等;诱发因素包括降水强度、地下水、地震、地表径流对坡麓的冲淘、坡面加积作用,以及人为在坡地上蓄水灌溉、建房筑路时破坏坡地稳定性等。斜坡形态产生滑坡的斜坡坡度,一般为 20°～40°,过陡的斜坡,其重力作用主要表现为崩落。

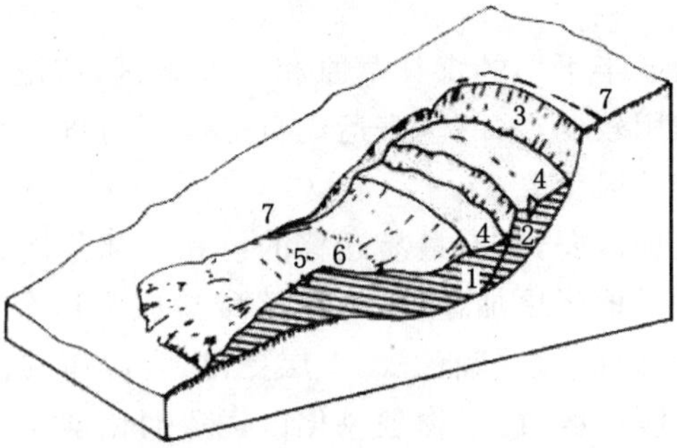

1—滑坡体;2—滑动面;3—滑坡壁;4—滑坡阶地;5—滑坡垄丘;6—滑坡洼地;7—滑坡裂缝。

图 3-12　滑坡形态示意图(据 D. J. 伐尔奈斯)

滑坡体和滑动面均可形成滑坡地貌。位于滑动面之上的滑坡体,常表现为旋平转运动,使水岩层内倾、树木歪斜,成为“醉林”。随着滑坡体的下滑,一系列滑坡地貌形态随之形成(图 3-12)。这些形态是辨认滑坡的重要标志。滑坡壁是滑坡体下滑后,在滑动面上端与滑坡体间所形成的陡壁,高 1～2 m 到 100～200 m 不等,多呈半环形、内凹形。由于滑坡的分级下滑,滑坡体因而被分割成阶梯状,称滑坡阶地。由于滑坡体的推挤,在滑坡体的前缘常形成小型隆起形态,称滑坡垄丘。垄丘的背后,局部相对低凹的地方,常有积水或沼泽,即为滑坡洼地。滑坡壁后缘、滑坡体两侧及前缘隆起处常有各种形式的裂缝,即为滑坡裂缝。

蠕动主要是指土屑蠕动,即坡面上的岩屑、土体在重力作用下,顺坡发生极缓慢移动的现象。蠕动主要出现在 15°～30°的坡地上。土屑蠕动的原因主要是土层冻结与融解、干与湿和温度等因素的变化,导致坡地上的土屑时胀时缩。在胀缩过程中,受重力的作用,土屑向坡地下方逐步移动。蠕动会造成坡面上层或碎屑层发生弯曲及斜坡上物体变形(图 3-13),在青藏高原可形成鳞片状山坡和蠕动泥石流。

图 3-13　坡地上的蠕动现象(据 A. K. 洛贝克)

二、流水作用与流水地貌

地表流水是最主要的地貌外力之一，它具有侵蚀、搬运和堆积三种作用，这三种作用主要受流速、流量和含沙量等因素制约。流速、流量增加或含沙量减少，将导致侵蚀作用加强；反之，就发生堆积。由地表流水作用塑造的各种地貌，统称流水地貌。地表流水可分为坡面流水、沟谷流水和河流三大类。

（一）坡面流水地貌与沟谷流水地貌

坡面流水是雨水或冰雪融水直接在地表形成的薄层片流和细流，出现的时间很短。细流在流动过程中时分时合，没有固定流路，因而能比较均匀地冲刷地表松散物质，被冲刷下来的物质，成为江河泥沙的主要来源。

坡面流水的侵蚀强度主要受降水性质、地形、坡面组成物质和植被等的影响。在一定的地形条件下，如果地表物质疏松、植被稀疏、降水量多且强度大，坡面流水的侵蚀就强烈。地形条件对坡面侵蚀的影响也很大，坡度、坡长和坡面水层厚度（反映水量大小）是坡面流水进行冲刷的动力条件。它们决定水层的重力沿坡面的分力，即反映水流动能的大小。

坡面流水冲刷下来的物质，或汇入沟谷与河流，或在缓坡、坡麓与洼地堆积下来，成为坡积物。坡麓堆积围绕着山麓接连地成片分布时，形似衣裙，称为坡积裙。坡积物的物质组成和结构，与坡地的岩性和流水作用的性质有密切关系。它一般由亚黏土夹杂一些砂粒和细小的岩屑组成，颗粒的分选性和磨圆度很差，层理不明显或具顺坡倾斜的粗略层理。

坡面细流顺坡而下时，流速、流量加大，并转变为线状集流，形成冲刷能力增强的沟谷水流，称沟流。沟流比较集中，有较固定的流路，其侵蚀能力较坡面流水有显著增强，是形成沟谷地貌的主要营力。

岩性软弱、植被稀少与降水强度大，对沟谷的形成与发展起着促进作用，对谷坡形态也有很大影响。沟谷通常较短小，纵剖面上陡下缓，多陡坎、壶穴，横剖面多呈 V 形。但在水平岩层分布的地区，由于产状水平并富有垂直节理，常形成直立或阶梯状的沟坡。规模较大的沟谷，在沟头有汇水盆（集水盆），沟口往往具有冲出锥（冲积锥）。冲出锥是由间歇性洪流携带的物质不断地堆积而成的，呈半圆锥形，锥顶与沟口相连的地段，坡度较大，锥体逐渐向外倾斜，坡度亦变缓，分选较差，磨圆度不好，有不规则的层理。冲出锥在干旱或半干旱地区分布很广，其他地区也有发育。我国黄土地区，由于植被稀疏，土质松散，降雨强度大，沟谷发展很快（图 3-14）；我国南方在植被受到破坏的厚层红土风化壳上，沟谷也很发育。

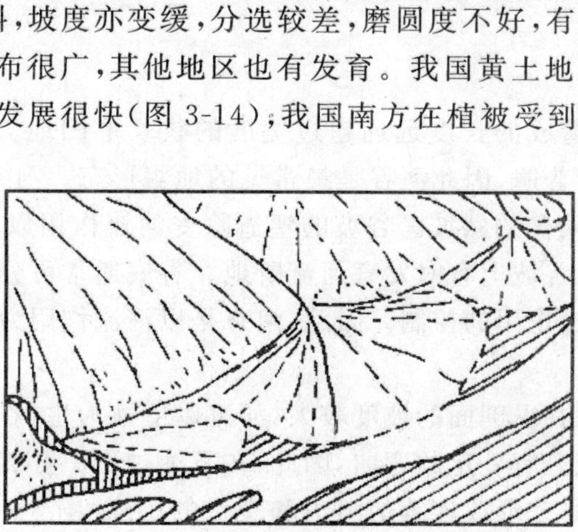

图 3-14　冲出锥

泥石流是山区常见的一种突发性灾害，历时短暂，含有大量泥沙和石块等固体物质，并与水混合组成固液两相流。有些地方称之为“山洪”“龙扒”等。

泥石流发生必须具备三个条件：固体松散物质储备丰富，坡面坡度与沟谷纵比降较大以及充足的水分，如我国西南、西北等一些山地地区。这些地区，一般有大量的松散堆积物和暴雨、径流等水源供给，在合适的地形条件下，当其中的土屑物质的水分过多并达到流塑状态时，泥石流即可发生。

按泥石流的形态特征、运动性质和物质组成，可将泥石流分为黏滞性泥石流和稀释性泥石流两种。黏滞性泥石流（结构型泥石流）是典型的泥石流，以黏土、碎屑物质为主，固体物质含量超过水所能饱和的程度，呈可塑性流动。黏滞性泥石流所形成的泥石流扇，扇面上出现许多向外扩散的条状垄岗和岛状岗丘，其组成物质大小混杂，不显层次，有时大石块成堆集结，并常出现泥球、泥块、泥包砾或碎屑球等物体。稀释性泥石流（紊流型泥石流），其固体物质含量较低，运行能力较大，具有紊流性质，石块的搬运呈滚动或跃移的形式。在缓坡停积区，常有分支散流，形成泥石流扇，扇面较平缓，倾斜度较小，沟槽两侧有高起的堤岸，沉积物有一定的分选性和较明显的层理。

泥石流沟谷和泥石流扇是泥石流作用形成的主要地貌类型。泥石流沟谷上段为松散物质区，中段为通过区，下段为山口堆积区。堆积区形成独特的泥石流堆积地貌——泥石流扇，如图3-15所示。与洪积扇不同，泥石流扇横剖面显著上凸，扇面发育辐散式龙岗或岛状丘岗，物质分选差，不显层理。

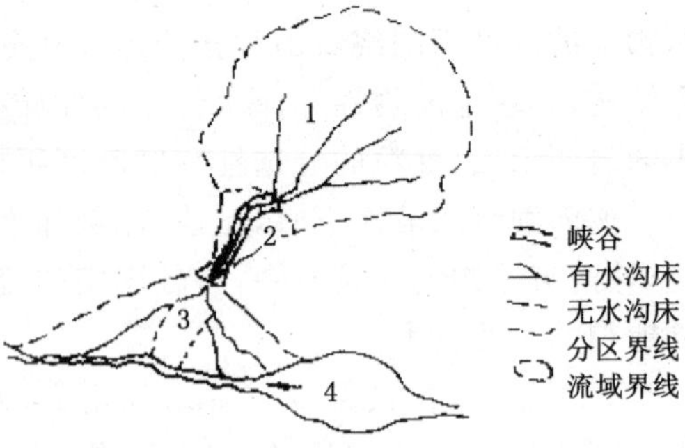

1—泥石流供给区；2—泥石流通过区；3—泥石流堆积区；4—泥石流堵塞河流而成的深潭、宽谷。

图 3-15　泥石流流域示意图

泥石流具有很大的危害性。它以巨大的破坏力摧毁途中的建筑物，埋没农田、森林，堵塞江河，冲毁路基、桥梁和城镇、村庄。对于泥石流的防治，最根本的措施是进行水土保持，同时还可根据泥石流的特性和破坏强度，修建有关拦蓄或疏导泥石流的工程等。

（二）河流地貌

河谷是由河流作用造成的长度远远超过宽度的狭长形凹地。河流在陆地表面分布很广，特别在湿润地区更为普遍，因此河谷是最常见的地貌形态。河谷包括谷坡与谷底两部分（图 3-16）。谷坡即河谷两侧的斜坡。谷坡的塑造除受河流作用以外，还受风化、重力、坡面流水和沟谷流水等作用，谷坡上有时发育河流阶地。谷底通常可分为河床和河漫滩两部分。而谷底的塑造主要受河流作用的控制。因此，河谷是以河流作用为主，并受坡面流水和沟谷流水等长期作用的产物。

在河谷发育的初期，其纵剖面的坡度较大，河流以下蚀为主，谷地深切成V形谷或峡谷[图 3-17(a)]。由于河流总有一定的弯曲，因此，在下蚀过程中必然会有旁蚀，在凹岸进行冲刷，在凸岸发生堆积，这样就形成连续的河湾和交错的山嘴[图 3-17(b)]。河湾既向两侧扩展，又向下游移动，最终将切平交错山嘴，使谷地变宽，谷底发生堆积，形成河漫滩。这时，河谷从峡谷变为宽谷[图 3-17(c)]。

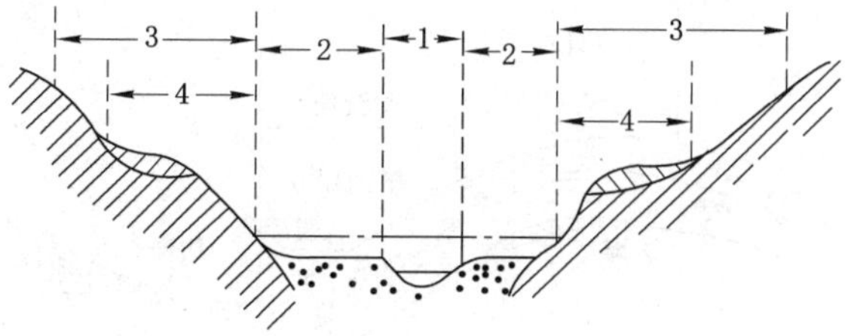

1—河床；2—河漫滩；3—谷坡；4—阶地。

图 3-16　河谷的结构

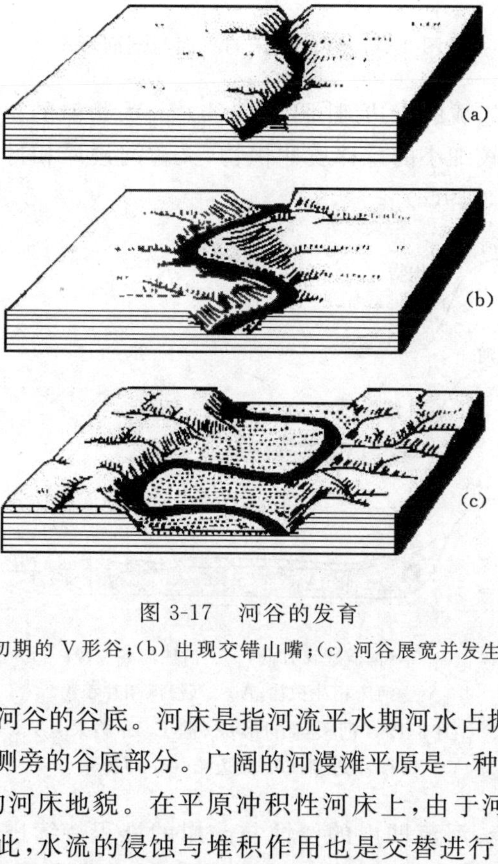

图 3-17　河谷的发育

(a) 初期的 V 形谷；(b) 出现交错山嘴；(c) 河谷展宽并发生堆积

河床与河漫滩都位于河谷的谷底。河床是指河流平水期河水占据的河槽；而河漫滩是指洪水时期被洪水淹没的河床侧旁的谷底部分。广阔的河漫滩平原是一种冲积平原或泛滥平原。

深槽与浅滩是常见的河床地貌。在平原冲积性河床上，由于河床水流能量的集中与分散是沿河更替进行的，因此，水流的侵蚀与堆积作用也是交替进行的。这样，沿河就交替分布着深槽与浅滩。如在弯曲河床上，深槽位于弯段，浅滩位于过渡段(图 3-18)。

边滩多位于弯曲河床的凸岸，在枯水期常露出水面，可发育成为河漫滩。边滩是环流作用的产物，当水流通过弯道时，在惯性离心力的作用下，水流趋向凹岸，使凹岸水位抬高，从而产生横比降及横向力。这种横向力从水面到河底相同，但由于惯性离心力引起的横向力向河底递减，这样就产生表流向凹岸和底流向凸岸的横向环流。在环流作用下，凹岸及岸下的河床受侵蚀，使岸坡发生崩塌而后退，同时形成深槽。被蚀下的物质，由底流带到凸岸，一部分堆积下来形成小边滩[图 3-19(a)]。边滩的出现，又促进环流运动，使边滩进一步发展。随着旁蚀的不断进行，河谷逐渐增宽，边滩也不断扩大，在过去曾是河床的地方，也为边滩所

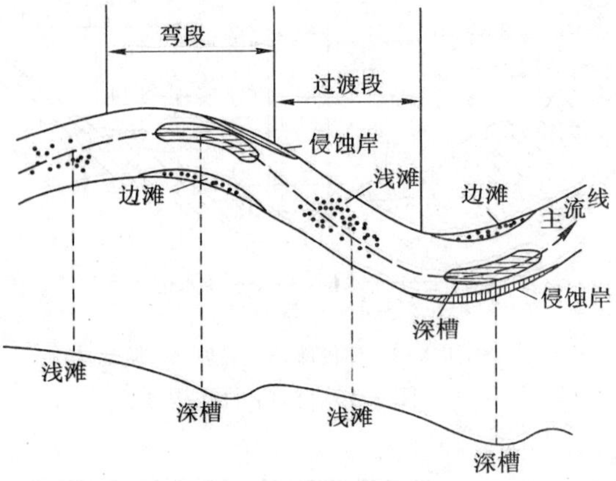

图 3-18　弯曲河床的平面与剖面形态

占，出现了一块由冲积物组成的大边滩[图 3-19(b)]。大边滩的粗粒推移质冲积物(又称河床相冲积物)上覆盖了比较细小的悬移质冲积物(又称河漫滩相冲积物)，形成二元结构，边滩就发展成为河漫滩[图 3-19(c)]。

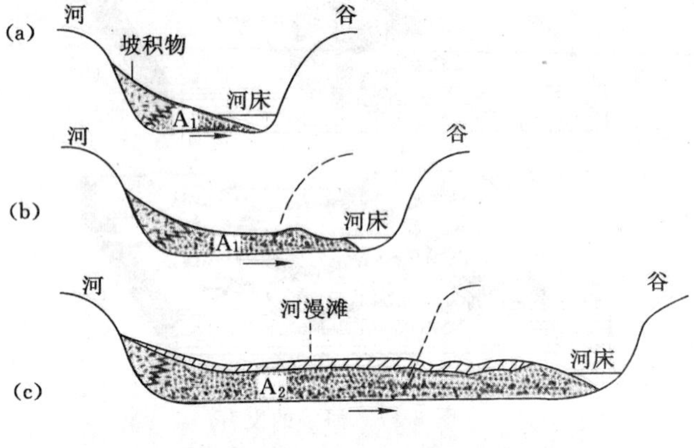

→河流迁移方向；——前期河谷位置；

A_1—河床相冲积物；A_2—河漫滩相冲积物。

图 3-19　河漫滩的形成(据 E. B. 桑采儿)

(a) 小边滩；(b) 大边滩；(c) 河漫滩

河漫滩或冲积平原上，河流凹岸的侵蚀与凸岸的堆积持续进行，可形成自由摆动的河曲。河曲两相邻凹岸间的曲流颈逐渐被河流旁蚀而变窄，曲流颈一旦被洪水冲决，就产生自然的裁弯取直，被裁去的河湾与河流隔绝，形成牛轭湖。由于地壳上升，河流切入河曲地段的基岩，自由河曲即转变为深切河曲。深切河曲的曲流颈被切穿，曲流颈与废弃河曲间的山丘即成为离堆山。

心滩位于河心，心滩进一步发展便成为江心洲。心滩的形成往往与复式环流作用有关。由于河床横剖面形态多不规则，水流往往被河床地貌分离成两股或数股主流线，因而形成复式环流。在河底受两股相向的底流作用的地段，被流水推移的泥沙就在那里堆积下来，逐渐形成心滩。心滩继续堆积淤高，并高出中水位以上，洪水泛滥时，在顶部可盖上悬移质泥沙，便成为江心洲。

河口三角洲是在河流和海洋的共同作用下，以河流挟带的丰富泥沙为主，并在河口地区的陆上和相邻的水下形成的、平面上呈三角形的堆积体。快速沉积作用是三角洲沉积的基本特征。因此，三角洲沉积体向海方向延伸，形成三角洲平原。三角洲沉积从平面上和剖面上都可以分为三个带。从平面上看，由陆向海依次出现三角洲平原带、三角洲前缘带和前三角洲带（图 3-20）。

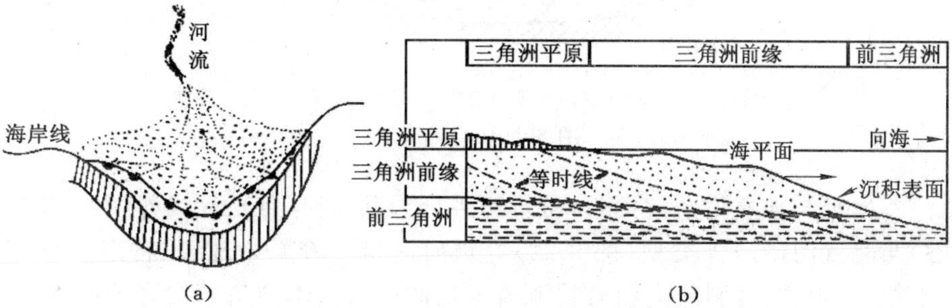

图 3-20　三角洲沉积分带示意图

(a) 平面图；(b) 纵剖面图

三角洲平原带为三角洲的陆上沉积部分，由河流沉积物组成。河流到达下游常形成许多分流，呈放射状向海方向伸展。三角洲上河流分汊的原因，主要是由于在河口处有大量砂质沉积物沉积下来，形成河口砂坝，河口两侧形成水下天然堤，因而使河流分流，促使三角洲进一步向海外增长。三角洲平原的沉积常包括分流河床沉积、天然堤沉积、决口扇沉积、沼泽沉积等。三角洲前缘带呈环状分布，沉积物为分选好、成分纯净的砂质沉积物，可分为分流河口砂坝、三角洲前缘席状砂两类。前三角洲带沉积物为富含有机质的泥质物质，呈暗色，具细纹理。它是由河流搬运来的黏土悬浮物质和胶体溶液在海底沉积而成的，属海相沉积。根据三角洲的形态特征，前三角洲可分为鸟足状三角洲、尖头状三角洲、扇形三角洲、多岛型三角洲四类。

洪积扇是指干旱或半干旱地区的季节性或突发性洪流在山谷出口处因比降显著减小，水流分散、水量减少而形成的扇形堆积地貌。扇顶坡度约 5°～10°，物质较粗，主要是砂砾，分选较差；扇缘坡度 1°～2°，堆积物逐渐变细，分选也变好，一般多为砂、粉砂和亚黏土、黏土，常夹有较粗物质的透镜体，出现近于水平的层理。扇缘低地常有泉水出露的，因而形成绿洲。地壳上升或气候变化可使洪积扇遭受切割，形成洪积扇阶地。

典型的洪积扇多半是干旱区水文变幅较大的山地河流形成的。至于水文变幅较小、规模较大的河流或较湿润区的河流，多半形成冲积扇或冲积-洪积扇。实际上，洪积扇与冲积扇之间没有明显的界线，主要是发育环境不同，即分别由常年径流和间歇性洪流形成。

谷底由于河流下切侵蚀而相对抬升到洪水位以上，呈阶梯状分布于河谷两侧，即为河流阶地（图 3-21）。阶地由阶地面和阶地坡组成。前者是原先河谷谷底的遗留部分；后者是后期河流下切而成的。两者共同反映河流阶地的形成过程。阶地的高度一般指相对高度即阶地面与河流平水期水面之间的垂直距离。河谷中常有多级阶地，其中高于河漫滩的最低一级阶地，称第一级阶地，其余依次类推。根据阶地的组成物质和结构，可分为侵蚀阶地、堆积阶地和基座阶地三类。

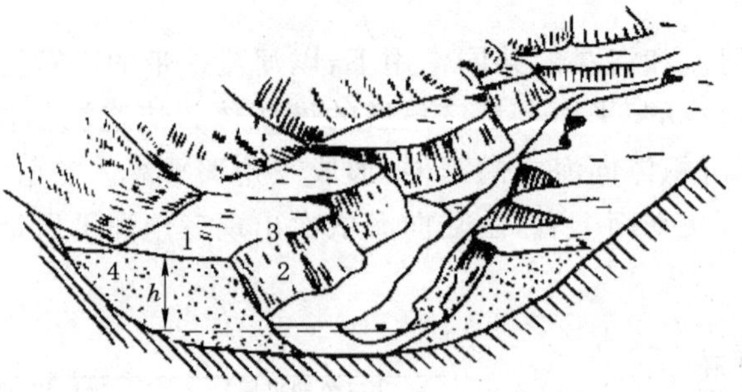

1—阶地面；2—阶地坡；3—阶地前缘；4—阶地后缘；h—阶地高度。

图 3-21　河流阶地

根据河谷发育与地质构造的关系，可将河谷分为顺向河（谷）、次成河（谷）、逆向河（谷）、先成河（谷）与叠置河（谷）等类型（图 3-22）。顺向河指顺着原始地面、构造面发育的河谷，海滨倾斜平原、火山锥、背斜或向斜两翼顺着岩层倾向及沿着向斜槽发育的河谷属于这一类型。次成河指沿着背斜两翼或轴部软弱岩层及构造破碎带发育的顺向河支流河谷，背斜谷、单斜谷和断层谷皆属此类。逆向河指次成河进一步下蚀，在逆着岩层倾向的斜坡上发育的河谷，因其流向与岩层倾斜方向相反，故称为逆向河。河流形成以后，流域内发生局部地壳上升，河流下蚀速度又大于地壳上升的速度，所以河流仍能保持原来的流路，故称先成河。河流原先在松散堆积物上流动，后因流域内地壳整体上升，河流不断下切，基本上还保持原来的流路切入基岩之中，则称为叠置河，河谷与地质构造不协调是其显著特征。

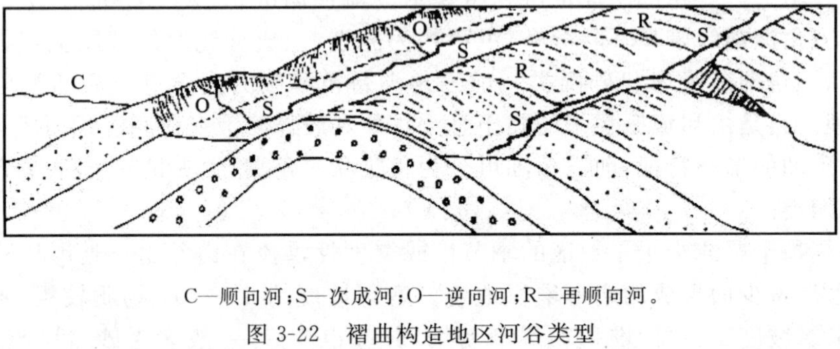

C—顺向河；S—次成河；O—逆向河；R—再顺向河。

图 3-22　褶曲构造地区河谷类型

河流劫夺（袭夺）指一条河流溯源侵蚀导致分水岭外移，从而占据相邻河流流域的过程。使分水岭发生移动的原因很多，其中最主要的是侵蚀基面的高低及其所处的位置。分水岭地区的地质、地貌情况也对分水岭的移动有一定的影响。河流通过分水岭外移发生劫夺后，劫夺河在劫夺点附近的谷地走向必然发生急剧转折，形成劫夺湾。由于劫夺河位置较低，在劫夺点上下段，河床高差较大，常形成裂点、急流。劫夺河因水量增大，下蚀作用加强，多形成阶地或谷中谷（图 3-23）。河流劫夺以后，形成劫夺河与被夺河。被夺河的下游，因上游改道，源头截断，称为断头河。被夺河与断头河之间，原为过去被夺河的河谷部分，河流劫夺后，这里就成为分水地带，称为风口，风口以下即为断头河。我国河流劫夺的实例很多，如四川西部的大渡河，原南流由安宁河注入金沙江，现改向东流，注入岷江，现在大渡河与安宁河之间的分水岭叫菩萨岗，其上有明显的宽广老谷（风口），老谷内有古河流沉积的砾石层。

(a)

(b)

图 3-23　河流劫夺

(a) 劫夺前；(b) 劫夺后

三、岩溶作用与喀斯特地貌

(一) 岩溶作用

岩溶又称喀斯特。岩溶地貌是由岩溶作用所形成的，岩溶作用主要是指水对可溶岩石的溶蚀、冲蚀、崩塌和堆积的总称。岩溶作用有物理的，也有化学的，但以化学溶蚀作用为主，物理作用为次。岩溶作用的空间十分广阔，既在地表也在地下，从而造成了丰富多彩的地表与地下地貌。我国岩溶地貌分布广泛，以广西、贵州和云南最为普遍。

岩溶作用主要是水与可溶性岩石之间的一系列化学反应过程。这种过程又为机械侵蚀和重力崩塌等创造了条件。就水对石灰岩的溶解而言，当水中含有 CO_2 时，溶解能力就会提高。CO_2 与水化合成碳酸，碳酸电解析出 H^+，与石灰岩中的 CO_3^{2-} 发生化学反应：

$$CO_2 + H_2O \longrightarrow H_2CO_3 \longrightarrow H^+ + HCO_3^-$$

$$H_2CO_3 + CaCO_3 \longrightarrow Ca^{2+} + 2HCO_3^-$$

该化学反应过程是可逆的。当水与空气中的 CO_2 含量减少，碳酸含量亦减少，$CaCO_3$ 将发生沉淀。湿热气候条件下，土壤中 CO_2 含量比空气中高数十倍，且反应速度很快，因而岩溶作用强，喀斯特地貌分布广。

可溶性岩石可分为碳酸盐类(石灰岩、白云岩、泥灰岩等)、硫酸盐类(石膏、硬石膏)和卤化物盐类(岩盐、钾盐)。卤化物盐类的溶解度最大，硫酸盐类次之，碳酸盐类最小。但喀斯特地貌却主要发育在碳酸盐类岩石尤其是石灰岩分布区。石灰岩的矿物成分以方解石为主。泥灰岩中除方解石外还含有大量不溶解黏土。白云岩以白云石为主。一般说来，石灰岩比白云岩易受溶蚀，白云岩又比泥灰岩易受溶蚀。因此石灰岩最易喀斯特化，尤其是节理发育、厚度、质纯和位于区域性断裂带的石灰岩，喀斯特作用最强。

岩溶作用主要取决于水的溶蚀能力和岩石的化学性质及透水性。在湿热气候区，雨量丰富，地表水和地下水流量大，流动快，故岩溶作用强烈。相反，在干旱和寒冷地区，岩溶作用减弱。

(二) 喀斯特地貌

岩溶作用在地表和地下均可形成喀斯特地貌。地表喀斯特地貌主要有石芽与溶沟、喀斯特漏斗、落水洞、溶蚀洼地、喀斯特盆地与喀斯特平原、峰丛、峰林与孤峰。地下岩溶地貌主要有溶洞与地下河、暗湖(图 3-24)。

溶沟与石芽指可溶性岩石表面沟槽状溶蚀部分和沟间凸起部分。溶沟是地表水沿岩石

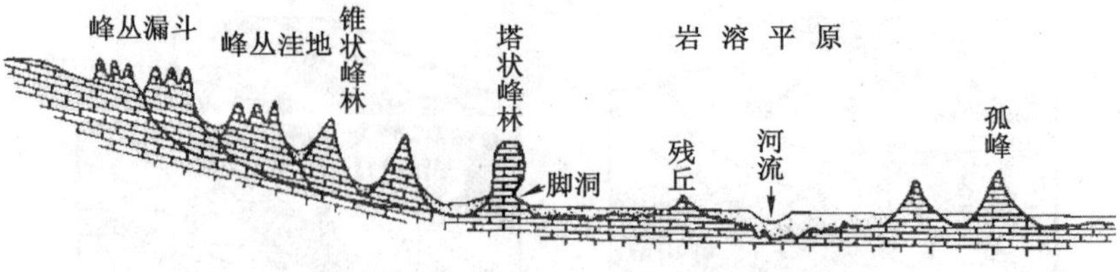

图 3-24 喀斯特地貌类型及其分布示意图

裂隙溶蚀、侵蚀而成的，底部常填充有泥土或碎屑。在热带厚层的纯石灰岩地区可发育成形体高大的石芽，称为石林。云南的路南石林最为典型。喀斯特漏斗由流水沿裂隙溶蚀而成，是一种碟形或倒锥形洼地，宽数十米，深数米至十余米，底部有垂直裂隙或落水洞与地下河相通。落水洞是流水沿裂隙溶蚀、侵蚀而成的，多分布在较陡的谷坡、山坡两侧和谷地、洼地底部。落水洞进一步发展，形成深达数十米至数百米的井状管道，称为竖井。溶蚀洼地主要是溶蚀作用形成的小型封闭洼地，面积约数平方千米，一般认为它由岩溶漏斗溶蚀扩大或相邻的漏斗合并而成。喀斯特盆地是大型的喀斯特洼地，又名坡立谷。其面积约十余至上百平方千米，边缘较陡并有峰林分布，底部平坦，地表覆盖溶蚀残留的红土，有少数孤峰残丘，并有泉水和暗河出没。岩溶盆地多分布于地壳相对稳定的地区，喀斯特盆地不断扩大形成喀斯特平原。峰丛是成簇相连或同一基座而峰顶分散的石灰岩山峰。峰丛内部的洼地、漏斗和落水洞很发育，在地貌上成为峰丛-洼地组合类型。峰林是成群或分散的石灰岩山峰，通常是峰丛进一步发展的结果。孤峰是孤立分散的石灰岩山峰，是峰林进一步发展的结果。

溶洞又称洞穴。地下水沿岩层裂隙、落水洞向下流动，同时进行岩溶作用，扩大空间，形成大小不一、形态多样的管道和洞穴。起初它们多数是孤立的，随着岩溶作用的不断进行，它们逐渐沟通，小溶洞合并为大溶洞，形成一个统一的地下水面。以后如果地壳上升，则河流下切，地下水位下降，使洞穴脱离地下水面而成为干溶洞。地下水从干溶洞顶的裂隙渗出，遇到温度升高、压力降低、水分蒸发时，水中 $CaCO_3$ 沉淀从而形成自洞顶向下增长的钟乳石。水滴从钟乳石上滴到洞底，$CaCO_3$ 沉淀而形成自下而上增长的石笋。钟乳石和石笋相接则形成石柱。暗湖即岩溶作用形成的地下湖。它与地下河相通，起着储存和调节地下水的作用。

岩溶地貌的发育受自然地理因素，特别是生物气候因素的影响，因此，岩溶地貌具有一定的地带性。气候湿热的热带地区，高温多雨，微生物作用强烈，植物茂盛，水中含有大量的 CO_2 和有机酸，因此，地表和地下的岩溶作用都很强烈，而且河水经常泛滥，所以溶蚀洼地、岩溶盆地、岩溶平原和锥状、塔状峰林等地貌都比较普遍。亚热带因气温仍较高，雨量较多，岩溶作用也较强烈，以岩溶丘陵和溶蚀洼地为主要特征，地下岩溶也较发育。温带季风气候区，气温较低，有一定量的降水但较集中，因而不利于地表岩溶发育。温带干旱区降水量小，地面植物稀少，所以地表岩溶不发育，但地下岩溶作用则较强烈，因为干旱地区地下水富含 SO_4^{2-} 等，有利于岩溶作用的进行。寒带和高原寒冷气候下，冻土发育，地表水下渗不深，水中 CO_2 含量较多，地表发育小型溶沟和浅洼地，在永冻层以下常有地下水流和通道，溶洞仍有发育。

四、冰川、冰缘作用与冰川、冰缘地貌

冰川作用包括冰川的侵蚀、搬运和堆积作用。冰川本身就是一种地貌，也是寒冷地区重

要的地貌营力，可塑造一系列冰川地貌。冰缘作用是指发生在冰缘环境下的侵蚀、搬运、堆积作用。冰缘原指冰川边缘地区，现已泛指不被冰川覆盖的气候寒冷地区，大体与多年冻土分布范围相当，所以冰缘地貌又称冻土地貌。

（一）冰川作用

冰川在运动时能对地表进行侵蚀。但冰川运动的速度缓慢，每年只有数十米至数百米不等。冰川各个部分的运动速度并不一致，其中从粒雪盆（雪线以上的积雪盆地，即冰川的补给区）出口到冰舌上部这一段速度最快；在横剖面上则以冰川中部为最快。实际观察还证明，冰川表面运动速度最快，且自冰面向底部递减（图 3-25）。

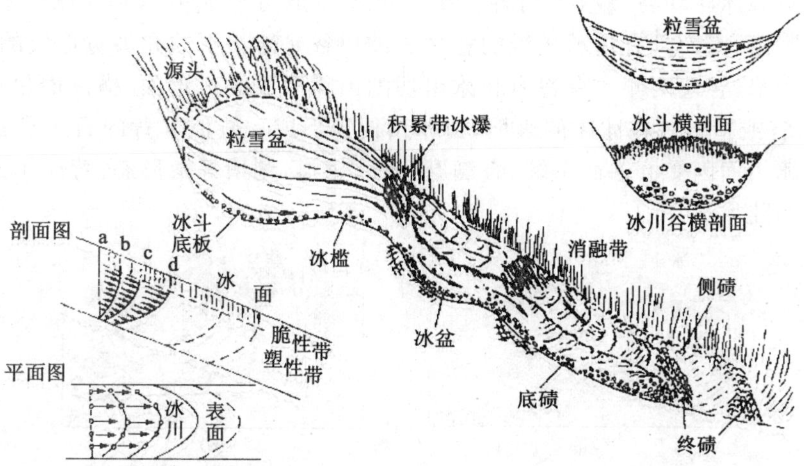

图 3-25　山谷冰川垂直分带与冰川运动（据 A. N. 斯特拉勒）

冰川运动的速度有季节变化和日变化，一般是夏季快、冬季慢，白昼快、夜间慢。在粒雪盆中冰川有向心运动和下沉运动，在冰舌部分有侧向运动和上升运动。冰川运动是由可塑带的流动和底部的滑动组成的。而冰川滑动则是产生侵蚀作用的根本原因。冰川主要依靠冰内尤其是冰川底部所含的岩石碎块对地表进行侵蚀。在冰川滑动过程中，它们不断锉磨冰川床，这种作用通常称为磨蚀（刨蚀）作用。另外，冰川下面因节理发育而松动了的岩块和冰冻结在一起，冰川运动时岩块被拔起带走，这就是拔蚀（掘蚀）作用。

冰川的搬运能力是惊人的。大陆冰川可以把大片基岩搬走；山岳冰川的搬运能力也不小。喜马拉雅山中即有直径 28 m、质量超过万吨的大漂砾。

冰川通过磨蚀、拔蚀、雪崩和山坡上的块体运动获得大量碎屑物质。这些碎屑被冰川携带而下，通称运动冰碛。其中，出露于冰面的叫表碛；夹带在冰内的叫内碛；在冰川底部的叫底碛；位于冰川两侧的叫侧碛（图 3-25）；两支冰川汇合则形成中碛。由于冰川的消融或负荷过多，被搬运的物质就堆积下来成为冰碛物。冰碛物往往是由漂砾（特大的石块）、砾石、砂和黏土组成的混合堆积物，因此有人把冰碛物称为冰砾泥。但由于冰川活动区岩性的影响，冰碛物的成分和粒度可有较大的差别。冰碛物缺乏分选，不显层次，但其中可夹有冰水形成的砂砾透镜体。冰碛物中常含有大量砾石，磨圆度差，多呈次棱角状。冰碛石表面常有冰川搬运时砾石与基岩或砾石之间相互刻磨而成的擦痕、刻槽及磨光面。

（二）冰川地貌

冰川地貌分为冰蚀地貌、冰碛地貌和冰水堆积地貌三类。

冰蚀地貌主要有冰斗、冰川谷、羊背石等。冰斗是山岳冰川作用的结果（图 3-26）。冰斗呈剧场形状或围椅状，三面环以陡峭的岩壁，开口处为一高起的冰槛（岩槛），因而冰斗底部是一个洼地。山坡集水盆中的多年积雪斑洼地岩石因冻融作用频繁，崩解为岩屑，并在重力和融雪水联合作用下搬运到低处，积雪斑后缘逐渐形成一个陡坎，雪斑下的地面也逐步蚀低成为洼地，这就是雪蚀洼地。积雪演化为冰川后，冰川对底床的磨蚀作用使底床加深，在前方造成坡向相反的冰槛，陡壁受冰川的拔蚀作用而后退变高，就成为冰斗。冰斗按其分布位置可分为谷源冰斗和谷坡冰斗两种。相邻冰斗后退可形成刃脊和角峰（图 3-26）。冰斗发育于雪线附近，因而具有指示雪线的意义。冰川谷是冰川下蚀和展宽形成的槽谷，谷底自上游向下游变窄，谷地两侧常有谷肩和冰川切削山嘴而成的三角面，横剖面呈 U 形或槽形，故又称 U 形谷或槽谷。在冰床的表面，由冰川侵蚀形成一些似羊背的石质小丘，称羊背石。羊背石的迎冰川面因受磨蚀而平缓，布满磨光面、擦痕、刻槽等微形态；背冰川面因受拔蚀多为参差不齐的陡坎。

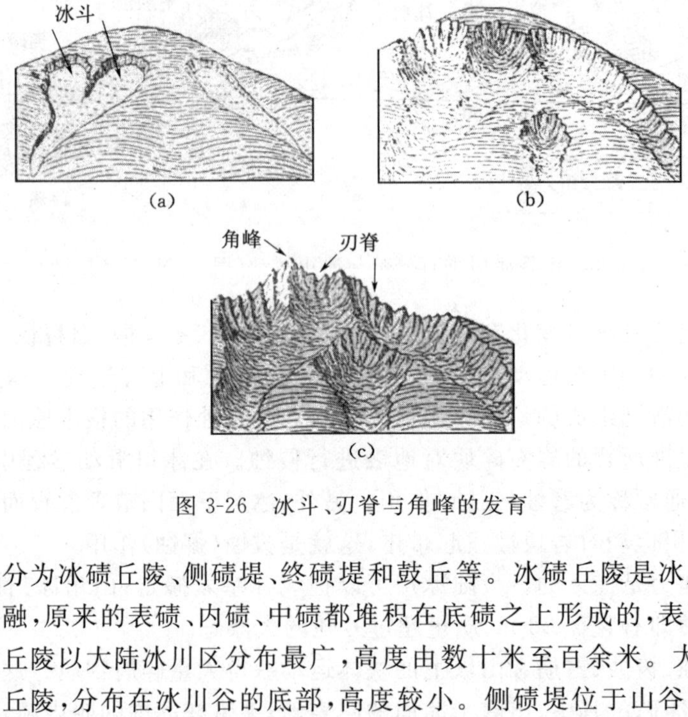

图 3-26　冰斗、刃脊与角峰的发育

冰碛地貌可分为冰碛丘陵、侧碛堤、终碛堤和鼓丘等。冰碛丘陵是冰川后退过程中，由于冰体的逐渐消融，原来的表碛、内碛、中碛都堆积在底碛之上形成的，表面丘陵起伏，洼地常常积水。冰碛丘陵以大陆冰川区分布最广，高度由数十米至百余米。大规模的山岳冰川区也能形成冰碛丘陵，分布在冰川谷的底部，高度较小。侧碛堤位于山谷冰川的两侧，常形成条状岗地，两条侧碛汇合形成中碛堤，它位于冰川谷的中间。终碛堤又称前碛堤，位于冰川末端，呈弧形，常与侧碛堤相连。终碛堤是冰川补给与消融处于相对平衡时，冰舌末端位置变动不大，大量冰碛物在此堆积而形成的。鼓丘是高数十米、长几百米的流线形丘陵。平面上呈蛋形，长轴与冰流方向平行。迎冰面（后坡）陡，背冰面（前坡）缓，大部分鼓丘完全由冰碛物组成，有的则有一基岩核心。鼓丘成群分布在大陆冰川终碛堤内侧不远的地方。山岳冰川区则很少见。

冰水堆积地貌主要有冰水扇、冰水排泄平原、季候泥、蛇形丘等。冰水作用主要是将冰碛物进行再搬运和再堆积，因此冰水堆积物有的具冰川作用的痕迹。冰前河流将大量碎屑物质堆积于终碛堤的外围，形成冰水扇，许多冰水扇联合成外冲平原；在山谷中形成冰水排泄平原，经后期切割则成冰水阶地。在冰川区域，湖泊往往是冰川作用的产物。其中有的是冰蚀作用形成的，有的是冰积物堆积阻塞局部冰融水的结果。冰水湖泊中的沉积，有明显的季节变化，夏天冰融水增多，携带颗粒较粗的泥沙入湖沉积，颜色变浅；秋季冰融水骤减，冬季湖泊封冻，悬浮的黏土胶粒沉淀，颜色较深，形成季候泥，亦称纹泥。蛇形丘是一种狭长而曲折的岗地，蜿蜒伸展如蛇形，故名蛇形丘。蛇形丘两坡对称，丘脊狭窄。大的蛇形丘长达数十千米，有的还爬上高坡。蛇形丘主要分布在大陆冰川地区。

冰川地貌类型具有明显的组合规律。山岳冰川地貌由山顶至山麓，地貌组合依次为：① 冰斗、刃脊、角峰带位于雪线以上，为冰蚀地貌带。② 冰川谷、侧碛堤和冰碛丘陵带位于雪线以下、终碛堤以上，为冰蚀-冰积地貌带。③ 终碛堤带位于山谷冰川末端，为冰积地貌带。④ 冰水扇和外冲平原带位于终碛堤以外，为冰水堆积地貌带。大陆冰川地貌组合以终碛堤为界，堤内以冰碛地貌为主，以冰碛丘陵为代表；堤外以冰水堆积地貌为主，以冰川外冲平原为代表。

（三）冻土

凡处于零温或负温，并含有冰的各种土（或岩），称为冻土。温度状况相同但不含冰的，则称为寒土。冻土按其处于冻结状态的时间长短，可以分为季节冻土和多年冻土两类。一两年之内不融化的土层称为隔年冻土，是上述两类冻土之间的过渡类型。

多年冻土可分为上、下两层，上层为夏融冬冻的活动层，下层为多年冻结层。活动层在冬季冻结时，能和下部的多年冻结层完全连接起来的，称为衔接多年冻土。在这种情况下，活动层又称季节融化层。活动层在冬季冻结时不与下部多年冻结层衔接，中间隔着一层融土的，则称为不衔接多年冻土。在这种情况下，活动层又称季节冻结层。多年冻结层距地表的深度，称为多年冻土的上限。多年冻土在地球上的分布表现出明显的纬度地带性和垂直地带性规律。无论在水平方向或垂直方向上，多年冻土带都可以分出连续冻土带和不连续冻土带。在北半球，多年冻土从中纬向极地厚度不断增加，上限逐渐缩小。北纬48°附近的多年冻土南界，地温接近0 ℃，冻土层厚度仅1～2 m。连续多年冻土带南部，年平均地温约为−3～5 ℃，冻土厚度可达100 m。北极附近岛屿的年平均地温降至−15 ℃，冻土厚度达到1 000 m以上，上限趋近地面。

中低纬高山高原区冻土的分布，则表现为随海拔高度而变化。海拔愈高，地温愈低，则冻土愈厚，而上限深度愈小。地下冰的存在是冻土的最基本特征。冻土中的地下冰，根据成因和埋藏形式可以分为组织冰、洞脉冰、埋藏冰等类型。土层中的水分冻结所形成的组织冰是分布最广、含量最多但冰的聚合体最小的一类地下冰。洞脉冰是地表水注入土、岩垂直裂隙和洞穴冻结形成的，可分为脉冰和洞穴冰两种。由于地表水周期性注入，因而在裂隙中多次重复冻结，这样形成的脉冰叫作复脉冰。它具有垂直条带状构造，每一条带代表一个年层，常伸入多年冻土层内，年代愈长，裂隙愈扩大，所以复脉冰也被称为冰楔。埋藏冰是地表冰体（河冰、湖冰、冰川冰等）被堆积物掩埋后形成的，通常呈透镜体。我国多年冻土区地下冰分布很广泛，有的地方地下冰厚度很大，如青藏公路风火山最厚单层地下冰可达5 m，昆仑山垭口夹于沉积层中的冰透镜体，最厚可达10余米。地下冰的数量、分布及其与土中其他组成要素的位置关系不同，会形成不同的冻土构造类型。

除地下冰外，冻土中还有一部分液态的地下水。根据地下水与冻土层的位置关系，多年冻土区的地下水可以分为冻结层上水、冻结层间水和冻结层下水三类。地下水与整个冻土层有密切的关系，一方面冻土影响着地下水的运动，另一方面地下水的存在对冻土的温度、厚度变化也产生明显影响。

（四）冻土地貌

由于温度周期性地发生正负变化，冻土层中的地下冰和地下水不断发生相变和位移，使土层产生冻胀、融沉、流变等一系列应力变形，这一复杂过程称为冻融作用。冻融作用是寒冷气候条件下特有的地貌营力，它使岩石遭受破坏，松散堆积物受到分选和干扰，冻土层发生变形，从而塑造出各种类型的冻土地貌。

1. 石海与石河

基岩经过剧烈的冻融风化，岩石崩解，产生大片巨砾岩屑，堆积在平缓的地面上，形成石海。石海线与雪线有密切的关系，这是因为雪线附近气温在 0 ℃上下波动频繁，有利于岩石的冻融崩解。当山坡上冻融崩解产生的大量碎屑物充填凹槽或沟谷，而岩块在重力作用下顺着湿润的碎屑垫面或多年冻土层表面发生整体运动时，就形成石河。大型的石河称石冰川（图 3-27）。

图 3-27　石河

2. 构造土

构造土是多年冻土区广泛分布的一种微地貌形态。由松散堆积物组成的地表，因冻裂作用和冻融分选作用而形成网格式地面，单个网眼呈近于对称的几何形态，如呈环形、多边形。根据组成物质和作用性质的差别，构造土可分为泥质构造土和石质构造土两类。泥质构造土也称多边形土，是土层冻结之后，温度继续降低，引起地面收缩或土层干缩，产生裂隙而成的。多边形径长从 1 m 左右到 200 m。通常规模愈大，反映形成时的气温愈寒冷。石质构造土中最典型的是石环。

3. 冻胀丘与冰椎

地下水受冻结地面和下部多年冻土层的阻遏，在薄弱地带冻结膨胀，使地表变形隆起，称为冻胀丘（图 3-28）。冻胀丘在平面上呈圆形或椭圆形，周边坡度很陡，顶部扁平，表面裂隙交错。内部有冰透镜体的称冰核丘。冰丘多分布在地下水位较高、地形较平缓、土层较厚、土质较细的地区。冰椎是在寒冷季节流出封冻地表和冰面的地下水或河水冻结后形成的丘状或椎状冰体。

4. 热融地貌

热融地貌是指由热融作用产生的地貌。热融地貌分为热融滑塌和热融沉陷两种。由于斜坡上的地下冰融化，土体在重力作用下沿冻融界面移动，就形成热融滑塌。大型的热融滑塌体长达 200 m 左右，宽数十米。平坦地表因地下冰的融化而产生各种负地貌，称热融沉陷。由热融沉陷

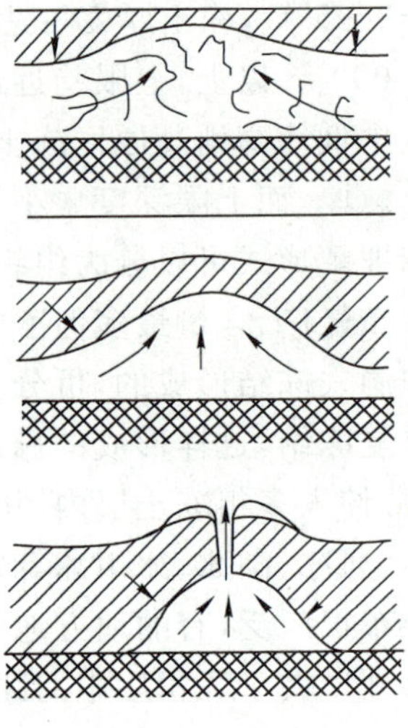
图 3-28　冻胀丘的生成

形成的地貌有沉陷漏斗(直径数米)、浅洼地(径长数百米)、沉陷盆地等。这些负地貌积水时就形成热融湖。我国西藏高原多年冻土地区,热融湖分布很广泛。

五、风沙作用与风沙地貌

风沙作用指气流沿地表流动时,对地面物质的侵蚀、搬运和堆积等过程。风沙作用形成的地貌称为风沙地貌或风成地貌。地表特征、风动力状况是风沙作用及形成风沙地貌的基本条件。平坦的地面以及开阔的内陆盆地有利于气流的运行,同时盆地内一般堆积有比较丰厚的碎屑物质,为沙丘的形成提供了重要物质来源。形成风沙流除有丰富的沙源外,还要有强劲的风力。风的作用以干旱地区最为活跃,因此那里的风沙地貌也最普遍。在非干旱地区,只要有丰富充足的沙源、平坦裸露的地表和一定强度的风力,也能形成各种风沙地貌。

(一) 风沙作用

风对地表细粒物质的作用有以下三种形式:风蚀作用、搬运作用、风积作用。

风蚀作用包括吹蚀作用和磨蚀作用。风吹地面,由于风压力和气流紊动作用而引起沙粒吹扬,这种作用称为吹蚀。在干旱地区,并不是所有的风都能进行吹蚀的,只有当风力达到使沙粒移动的临界速度时才能起作用,这种风称为起沙风。起沙风与沙粒粒径、地表性质等因素有关。就沙粒粒径来说,以 0.1～0.25 mm 为主的干燥裸露的沙地,起沙风速一般为 4～5 m/s(离地面高 2 m 处的风速)。起沙风通过所挟带的沙粒,对地面进行磨蚀,如与岩石表面发生摩擦和在孔隙中旋磨。

起沙风挟带沙粒运动就是风的搬运作用。它往往是通过风沙流而表现出来的。风沙流是含有沙粒的运动气流。风沙流运动是一种贴近地面的沙粒搬运现象。

当风力减弱或风沙流前进遇到障碍物使风速减小时,沙粒发生堆积,这种现象称为风积作用。风力堆积的碎屑物称为风积物。风积物的主要类型有风沙堆积和风成黄土。风沙堆积通常就是风成沙,往往组成各种沙丘。风积物的主要特征有:粒级多为黏粒到沙粒,粒度非常均一,分选很好,磨圆度高,矿物成分以石英为主,也有少量的长石和各种重矿物颗粒。

(二) 风沙地貌

风沙地貌分为风蚀地貌和风积地貌两类。

1. 风蚀地貌

风蚀地貌主要有风棱石与石窝、风蚀柱与风蚀蘑菇、风蚀洼地与风蚀盆地、风蚀残丘与雅丹地貌。戈壁砾石迎风面经长期风蚀被磨光磨平后在瞬时大风中发生滚动,新的迎风面再次磨光磨平,两个或多个迎风面间就形成风棱。依据棱的数目,风棱石可分别称为单棱石、三棱石、多棱石等。石窝是一种直径约 20 cm 或 1～2 cm,深 10～15 cm 的圆形或椭圆形小洞或凹坑,通常出现于迎风崖壁上,密集时犹如蜂窝,由风沙旋磨岩石裂隙而成。

风长期吹蚀垂直与水平裂隙均较发育的基岩,形成一些孤立的石柱,称为风蚀柱。风进一步磨蚀其基部则形成风蚀蘑菇(图 3-29)。由松散物质组成的地表,经长期吹蚀后在局部地方形成的凹地,称为风蚀洼地或风蚀坑。风蚀洼地呈椭圆形或马蹄形,背风坡较陡。洼地达一定深度后,或遇坚硬岩层,或近地下水位,都不利于继续加深,故风蚀洼地通常很浅。但风蚀盆地规模很大。风力侵蚀年轻而相对坚固的沉积物,可形成外形宽窄不一、底部崎岖不平但走向多与盛行风向平行的谷地,即风蚀谷。风蚀谷不断扩展,使谷间地不断缩小而形成岛状高地或孤立小丘,称之为风蚀残丘。形态与风蚀残丘近似但由蚀余松散土状堆积物如河湖相地层形成的一类特殊风蚀残丘，称为雅丹地貌。这种地貌在塔里木盆地的罗布泊地区最为典型。

图 3-29　风蚀柱与风蚀蘑菇

2. 风积地貌

风积地貌主要是指各种类型的沙丘。根据沙丘形态与风向的关系，沙丘可分为三种基本类型，即横向沙丘、纵向沙丘与多风向形成的沙丘。横向沙丘走向与起沙风合成风向垂直或交角不小于60°，主要包括新月形沙丘、新月形沙丘链及复合新月形沙丘链三类。新月形沙丘是在单风向作用下由沙堆演变而成的，状如新月，弧形凸向主风向，其两翼顺着主风向延伸，迎风坡凸而平缓（10°～20°左右），背风坡位于两翼之间，凹而较陡（28°～33°左右）。两个以上新月形沙丘连接起来，构成新月形沙丘链（图 3-30）。规模巨大的沙丘链，在迎风坡上往往叠置着次一级新月形沙丘或沙丘链，因而形成复合新月形沙丘链（图 3-30）。纵向沙丘是指走向与起沙风合成风向平行或夹角小于 30°的沙丘，通常称为沙垄。它的规模因地而异，在我国西北一般高十余米至数十米，长数百米至数千米。在有些规模巨大的沙垄上，发育着密集而叠置的新月形沙丘链，形成复合纵向沙垄。多风向形成的沙丘包括金字塔形沙丘、蜂窝状沙丘、格状沙丘、星状沙丘、反向沙丘等。

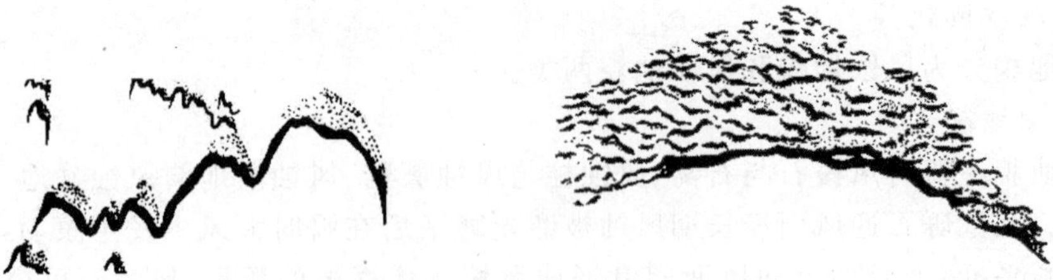

(a)　　(b)

图 3-30　新月形沙丘链与复合新月形沙丘链

(a) 新月形沙丘链；(b) 复合新月形沙丘链

沙丘的移动是通过组成沙丘的沙粒在迎风面的吹扬和在背风面的堆积来实现的。沙丘移动速度与风速有关，因为当风速大于起沙风速时，搬运的沙量随着风速的增大而迅速增加。沙丘移动速度还受沙丘体积（高度）的影响，在风力相同的情况下，沙丘体积愈大，移动速度就愈慢。另外，沙丘移动还受植被、沙丘的水分和下伏地面等因素的影响。

黄土是第四纪不同时期形成的土状堆积物，主要是风力搬运堆积而成的。黄土分布在比较干燥的中纬地带，我国黄土主要分布在黄土高原。黄土多呈灰黄色、棕黄色和棕红色；

以粉沙为主，细沙和黏土的含量都较少；黄土缺乏层理，有明显的垂直节理，孔隙度大；黄土湿陷性强，抗蚀性弱，极易遭受流水侵蚀。黄土中有多层埋藏古土壤，同时又存在沉积间断，下伏古地形起伏虽远逊于现代，但对地貌发育的影响仍较显著。

流水是黄土地貌形成和发展的重要营力。此外，重力剥蚀、潜蚀和风蚀等对黄土地貌也有一定的影响。黄土地貌可分为沟谷地貌和沟间地地貌两大类。

按地貌形态特征，黄土沟谷可分为细沟、浅沟、切沟、冲沟和河沟等几种。细沟是由坡面上的一些集中细流冲刷而成的，随着地面水流汇集成较大的股流，冲刷力增大而成浅沟，浅沟横剖面呈宽浅的 V 形。流水进一步集中和侵蚀，浅沟变为切沟。切沟纵剖面起伏较大，横剖面呈尖锐的 V 形，有明显的沟缘，流水下切非常活跃。切沟进一步发展成为冲沟。若冲沟停止下切，沟坡受侧蚀而变缓，则形成 U 形河沟。河沟纵剖面较平缓，横剖面略呈梯形，有时发育曲流和阶地。

黄土沟间地地貌主要是塬、梁、峁。这些地貌类型分布在冲沟、河沟等大沟谷之间，并由大沟谷分割而成。塬是黄土覆盖的范围较广的平坦高地。梁是长条形的黄土丘陵。我国黄土地区当地所指的梁，一种是梁顶较窄，呈明显的穹形；另一种是顶部较平的平顶梁。梁的形成多与条状古地形有关。峁是穹状的黄土丘陵。我国黄土地区所指的峁，峁顶面积不大，呈明显的穹起，整个外形很像馒头。

六、海岸与海底地貌

海洋与陆地相互作用的地带称为海岸带。一般将海岸带分为海岸、潮间带与水下岸坡三个部分(图 3-31)。海岸是岸线以上狭长的陆上部分。它的上界是激浪作用达到的地方。潮间带是高、低潮海面之间的地带，高潮时淹没，低潮时出露。水下岸坡是低潮线以下直到波浪有效作用的下界。

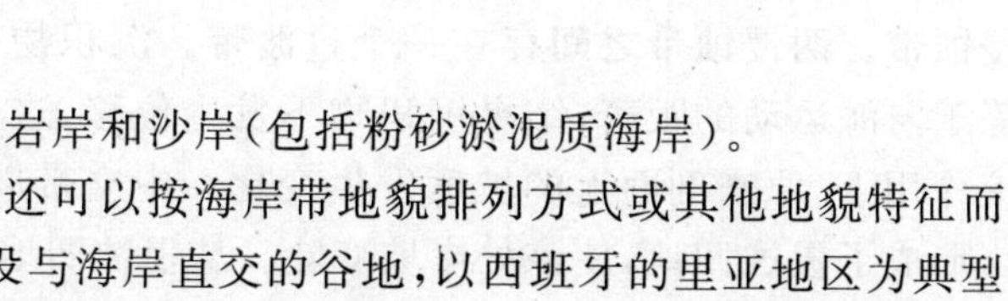

图 3-31 砂砾质海岸的基本结构

(一) 海岸

通常把海岸分为岩岸和沙岸(包括粉砂淤泥质海岸)。

岩岸(山地海岸)还可以按海岸带地貌排列方式或其他地貌特征而分为以下几种：① 里亚式海岸，为海水淹没与海岸直交的谷地，以西班牙的里亚地区为典型。我国山东半岛的荣成湾一带海岸亦属此类。② 达尔马提亚式海岸，为海水淹没与海岸平行的谷地，以亚得里亚海的达尔马提亚海岸为典型。③ 峡湾海岸，为海水淹没山地古冰川 U 形谷，挪威西岸表现得最为典型。④ 断层海岸，这种海岸沿断层分布，岸线平直。我国台湾东岸属于这类海岸。⑤ 岩溶海岸，为海水淹没海岸的岩溶山地。我国大连市黑石礁一带属于岩溶海岸。上述前三种山地港湾岸由于水深而岸线曲折，常被开辟成优良海港。

沙岸大部分属平原海岸，还可以分为：① 三角洲海岸，分布于河流入海三角洲沿岸。② 淤泥堆积平原海岸，例如苏北海岸。③ 潟湖岸，沿岸有潟湖分布。④ 江湾海岸，为海水淹没平原河口形成的溺谷海岸。这种溺谷常在河口形成横向沙嘴，甚至封闭河口成为潟湖。秦皇岛两侧即有不少未封闭的溺谷。⑤ 三角湾海岸，溺谷经潮流和波浪的强烈冲刷而扩展形成喇叭形，成为三角湾海岸。

此外，低纬度区还有珊瑚礁海岸和红树林泥滩海岸。我国的海岸类型相当复杂，山地港湾岸有复式排列的特点，这是因为我国沿海的构造地貌排列方式除与海岸线大致平行的北东、北北东走向外，还有北西走向的，两者互相交叉。北东走向的较宽广深大，北西走向的多伸入大陆。我国平原海岸的主要类型是淤泥堆积平原海岸、三角洲海岸和三角湾海岸等。淤泥质堆积平原海岸分布于辽东湾、渤海湾和莱州湾，以及辽阔平直的苏北海岸。长江、黄河和珠江等河口发育着我国最大的三角洲海岸。钱塘江口就是三角湾海岸。

（二）海岸地貌

海岸地貌的形成和发展是海岸带的动力与陆地相互作用的结果，包括海蚀地貌和海积地貌。海岸带的动力主要是波浪、潮汐和沿岸流，其中以波浪作用最为普遍、活跃。

变形波浪及其形成的拍岸浪对海岸进行撞击、冲刷，波浪挟带的碎屑物质的研磨以及海水对海岸带基岩的溶蚀，统称为海蚀作用。海蚀作用在海岸带形成各种海蚀地貌，主要包括：① 海蚀穴。在有潮汐的海滨，高潮面与陆地接触处，波浪的冲掏作用形成槽形凹穴，沿海岸线断续分布。② 海蚀崖。其指海蚀穴被拍岸浪冲蚀扩大，顶部基岩崩塌，海岸后退时形成陡壁。③ 海蚀拱桥与海蚀柱。两个相反方向的海蚀穴被蚀穿而互相贯通，称为海蚀拱桥（或海穹）；海蚀崖后退过程中遗留的柱状岩体，称为海蚀柱。④ 海蚀台。波浪冲掏崖壁，形成海蚀穴，悬空的崖壁在重力作用下崩塌，崩塌下来的石块遭受侵蚀搬运，海浪又重新冲掏崖壁下部，形成新的海蚀穴。这种过程不断进行，即形成海蚀台，在其宽度增大到波浪的冲蚀作用范围之外时，才停止发展。

海岸带的松散物质，如波浪侵袭陆地造成的海蚀产物、河流冲积物、海生生物的贝壳、残骸等，在波浪变形作用力推动下移动，并进一步被研磨和分选，形成海滨沉积物。由于地形、气候等影响而使波浪力减弱，海滨沉积物就会堆积下来，形成各种海积地貌。海积地貌根据形态表现，可以归纳成四大类：① 毗岸地貌，如海滩（包括泥滩）等；② 接岸地貌，如各种沙嘴；③ 封岸地貌，如拦湾坝、连岛坝等；④ 离岸地貌，如离岸坝等。

横向移动为主的海积地貌主要包括海滩、水下堤和离岸坝。

波浪加上重力的作用，使岸坡上半部的物质不断向岸移动，岸坡下半部的物质不断向海移动，形成上下两条侵蚀带。两侵蚀带之间存在一个过渡带。沉积物在每次波浪周期运动中，向岸运动的距离等于向海运动的距离，结果沉积物不发生位移，这一地带就称为中立带[图 3-32(a)]。在波浪作用下，原来剖面上的坡度发生变化。中立带以下的下部侵蚀带，由于物质不断向海搬运，形成了侵蚀凹地，使该处岸坡变陡。从侵蚀凹地下移的物质在岸坡更下部波浪作用微弱的海底堆积下来，形成水下堆积台，使岸坡下部海底变浅、变缓。中立带以上的上部侵蚀带，由于物质不断向岸搬运，也形成侵蚀凹地，使该处岸坡变缓。从侵蚀凹地上移的物质堆积在岸边，形成沿岸海滩[图 3-32(b)]。

海岸坡度的变化，也使波浪推动力和重力分力随之发生变化。中立带范围向下和向上不断扩大，最后使岸坡发育成为一条凹形曲线。该曲线上每一点的物质在每次波浪运动中，前进速度与回返速度的差值，正好为重力所抵消，结果只在原地做来回运动。当海岸剖面发育到具有上述曲线时，即称为平衡剖面[图 3-32(c)]。

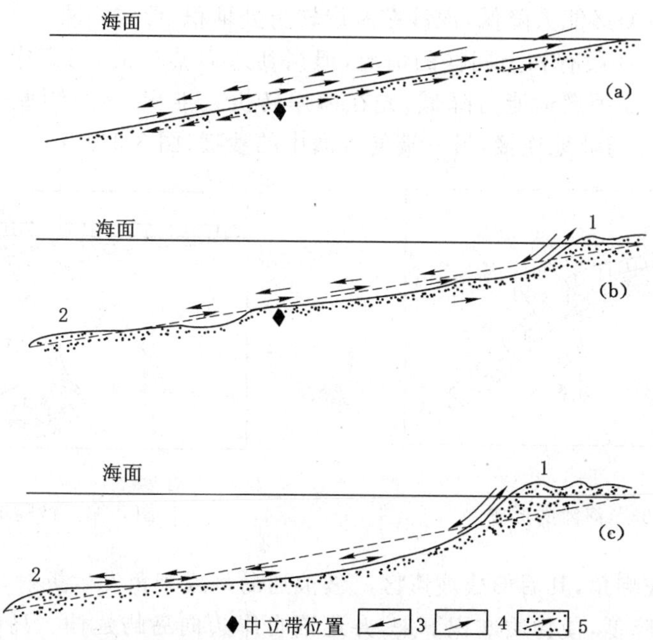

1—沿岸海滩；2—水下堆积台；3—沉积物离岸移动的相对数量；
4—向岸移动的相对数量；5—一个完全的波浪运动之后的总移动量。

图 3-32　松散沉积岸平衡剖面的形成

海滩是断续地由水下岸坡沉积物组成的。每当暴风浪作用时，沉积物可以在海滩外缘形成一条条垄岗状堤，称为滨岸堤或沿岸堤。滨岸堤的组成物质一般较粗，可以是沙质或砾质的，也可以是含大量贝壳的贝壳堤。

波浪还可以对沉积物发生分选作用。大小混杂的碎屑物质在波浪分选作用下，粗粒物质上移，细粒物质下移。这是因为在相当深的地方，底流的力量不足以推动砾石离开原地，而波浪只能掀起细沙。被掀起的细沙在重力作用下向下移动。在水浅的地方，波浪作用比较强烈，砂砾被搅混并向上移动；拍岸浪挟带着砾石，使之沿斜坡向上运动。沉积物经过分选，形成由粗粒物质构成的滨岸堤和由细粒物质构成的水下堆积台。

水下堤和离岸坝是物质横向移动所形成的另一类海积地貌。如前所述，当波浪愈接近岸边时，由于海底变浅，摩擦加强，在相当于两个波高的深处局部破碎，形成破浪。此时，由于损失部分能量，因而沉积一部分物质，造成堤状堆积地貌，称为水下堤（水下沙坝）。水下堤不断升高，露出水面，即成为离岸坝（岸外沙坝）。在离岸坝与海岸之间常常形成潟湖，这类潟湖呈长条状，以离岸坝与海隔开，但仍有水道同海沟通。

纵向移动为主的海积地貌包括海滩、沙嘴等。

在港湾式海岸可以发生一些分段的泥沙流。波浪进入港湾式海岸浅水区，发生折射，导致自岬角流向海湾内部的沉积物做纵向移动。海岸凹进处，由于波能辐散，在港湾尽头发生海滩沉积，而海岬前方则被冲蚀形成海蚀崖，成为泥沙流的起点。泥沙流沿岸移动，如海岸方向改变，使波浪作用力减小，则发生堆积，形成多种海积地貌。

在凹形海岸，如图 3-33 所示，AB 段海岸与波浪前进方向的夹角大致为 45°，并且有一股泥沙含量达到饱和的泥沙流从 A 点向 B 点移动，但当到达 B 点以后，由于海岸方向改变，夹角大于 45°，泥沙流搬运能力降低，泥沙在海岸转折处堆积，形成海滩。

在凸形海岸，AB 段有如上同样的情况，但当到达 B 点以后，因海岸与波浪前进方向的夹角小于 45°，泥沙流因搬运能力降低，先在海岸转折处堆积，然后顺原来岸线的方向逐渐向外伸长，形成一端与陆地连接，另一端伸入海中的沙嘴(图 3-34)。

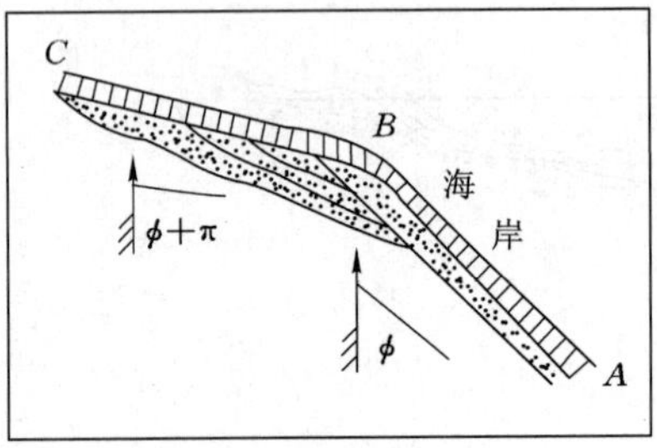

图 3-33　海滩的形成

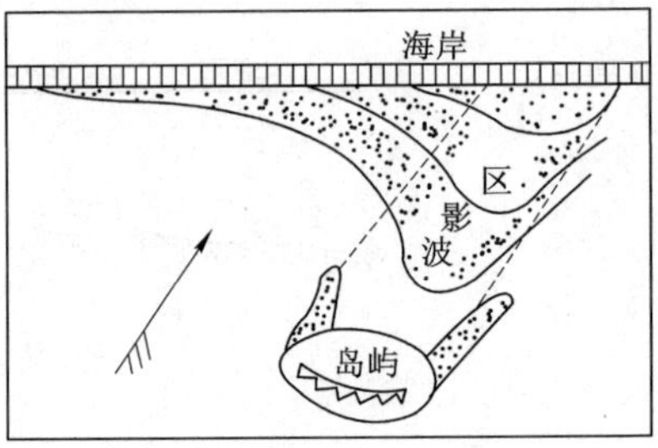

图 3-34　沙嘴的形成

岸外有岛屿或岬角，其后形成波影区。波浪遇岛屿或岬角发生折射，进入屏障后方时已经减弱，搬运能力降低，使物质堆积下来，并逐渐自岸边向岛屿延伸。岛屿向海的一面受到冲蚀，同时在岛屿后方形成一个或两个沙嘴，最后彼此连接成为连岛沙坝，岛屿变为半岛。这样的岛屿称为陆连岛。例如，山东省烟台市的芝罘岛便是一个陆连岛。

基岩砂砾质海岸是主要在波浪作用下形成的地貌。在粉砂淤泥物质来源丰富、潮汐作用强烈的地方，则形成粉砂淤泥质海岸地貌。这种海岸由粉砂和淤泥组成，含有大量的水分，地势平缓，宽度很大。粉砂淤泥质海岸可分为上、下两部分：下部为涨潮时淹没、落潮时露出的部分，称为泥滩，表面分布有涨落潮冲刷形成的潮沟网；上部位于平均高潮面以上，只有特大高潮时才淹没，多生长盐生植物，称为湿地(草滩)。潮水沟道迂回曲折，沟坡平缓，沟道内沉积有厚层淤泥。

七、火山地貌

火山地貌在地表分布很广。裂隙式喷发在海底形成洋脊和洋盆，在陆上则形成大面积的玄武岩高原，如巴西南部高原、印度德干高原、埃塞俄比亚高原、我国内蒙古东南部的玄武岩高原等。中心式喷发形成的火山地貌，常见的有如下几类(图 3-35)：

① 灰渣火山锥。主要由火山碎屑物在喷口周围堆积成的锥形体，如菲律宾的马荣火山。

② 富硅质熔岩穹丘。流动性小、富含硅质的熔岩形成的穹丘，如腾冲火山中的覆锅山。

③ 基性熔岩质。流动性大的基性熔岩流反复喷出堆积而成的盾状体，如夏威夷火山。

④ 次生火山锥。古火山锥再喷发使锥顶破坏和扩大成环形凹地，并在其中再产生新的火山锥，如维苏威火山。

⑤ 复合火山锥。多次喷发的火山碎屑和熔岩呈层状混合堆成的火山锥，或巨大火山锥上生长的许多小火山锥。如意大利埃特纳火山高达 3 700 m 的大火山锥上分布有 300 多个小型岩渣火山锥。

⑥ 破火山口。有些爆炸式喷发的火山，喷发时堆积物很少却形成一个大的爆破口。如

1815 年印度尼西亚坦博拉火山爆发，火山上部大约失去 170 万 t 物质。又如 1833 年喀拉喀托火山爆发，重开一个深约 300 多米的大坑，致使海水突然灌进火山口。

⑦ 火山塞。填塞在火山喷管中的大块凝固熔岩，在火山锥被剥蚀后露出地表，形如瓶塞，如美国怀俄明州的“鬼塔”。

⑧ 火山口湖。火山口积水可形成湖泊，如白头山的天池。

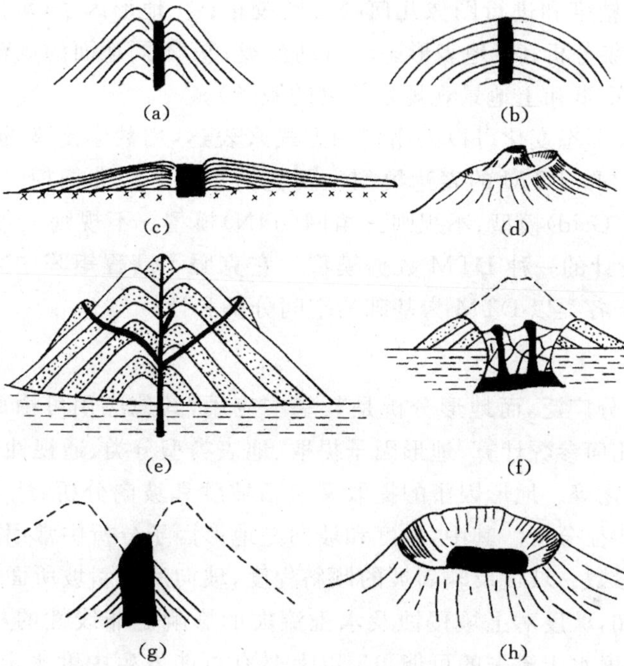

图 3-35 火山地貌的各种形态

(a) 灰渣火山锥；(b) 熔岩穹丘；(c) 基性熔岩质；(d) 次生火山锥；(e) 复合火山锥；(f) 破火山口；(g) 火山塞；(h) 火山口湖

第五节 DTM 分析及应用

一、DTM 的概念与作用

数字地面模型(digital terrain model，DTM)是描述地面诸特性空间分布的有序数值阵列，它可用二维区域上的一个有限项的向量序列来表示，即：

$$K_p = f_k(u_p, v_p)(k=1,2,3,\cdots,m; p=1,2,3,\cdots,n)$$

式中，K_p 为第 p 号地面点(可以是单一的点，但一般是某点及其微小邻域所划定的一个地面单元)上的第 k 类地面特性信息的取值；u_p、v_p 为第 p 号地面点的二维坐标，可以采用任一地图投影坐标，如经纬度、矩阵的列行号等；$m(m \geqslant 1)$为地面特征信息类型的数目；n 为地面点的个数。

DTM 所描述的特性可以是任何类型的空间分布特征，如降雨量、土壤厚度、矿床埋藏深度或厚度、大气污染浓度、地形高度等。在多数情况下，所描述的特性是地面高程 H，它

的空间分布由 x、y 平面坐标系统来描述，也可用经度和纬度来描述海拔 H 的分布，这种 DTM 可称为数字高程模型(digital elevation model,DEM)。

数字地面模型的用途广泛，主要包括：① 空间分布对象的模拟及可视化表达；② 在国家地形数据库中存储数字地形图的高程数据；③ 在道路等工程设计中计算挖填土石方量；④ 显示三维地面景观；⑤ 线路、坝址的自动选定，以及库容、淹没损失的计算；⑥ 与遥感图像复合，以提高分类精度和进行图像几何畸变的校正；⑦ 地形因子(坡度、坡向、粗糙度等)的自动提取，进行地貌分析；⑧ 地表形态的自动分类；⑨ 不同地面的比较和统计分析；⑩ 越野通视情况分析(为军事和土地景观规划等目的服务)。

一个地区的地表形态变化可以采用多种方式来表达，用数学定义的表面或点、线、影像都可以用来表示 DTM。DTM 的表达模型主要包括数学分块曲面模型、随机分布模型、等值线模型、规则格网(Grid)模型、不规则三角网(TIN)模型。不规则三角网(TIN)是专门为产生 DTM 数据而设计的一种 DTM 数据模型。它克服了高程矩阵中冗余数据的问题，而且能更加有效地用于各类以 DTM 为基础的空间分析和计算。

二、应用案例

DTM 的应用十分广泛，而地形分析是其基本应用，其他应用可由此推演、扩展。地形分析的内容有三维几何参数计算、地形因子提取、地表类型分类、通视性分析、地形剖面图的绘制、地形三维可视化等。地形因子的提取又包括坡度和坡向分析、地表粗糙度的计算、高程变异分析和谷脊特征分析。其中，坡度和坡向是地形因子分析中常用的两个参数，也是两个相互联系的地形参数。坡度反映斜坡的倾斜程度，坡向反映斜坡所面对的方向。

由一般研究可知，坡度对土壤侵蚀及水土流失的影响是非线性的，当山体的坡度在 5°以上时，就有发生轻度水土流失的可能，15°以上时有可能发生中度水土流失，坡度大于 25°的坡地应该属于严格保护区(禁耕区)。《中华人民共和国水土保持法》明确规定，禁止在 25°以上陡坡地开垦种植农作物。开垦坡度在 25°以下、5°以上的荒坡地，必须经县级人民政府行政主管部门批准。所以，在数字高程模型分析中，可以以坡度 5°、15°、25°为界限，划分基于坡度因子的低生态敏感区、中生态敏感区、高生态敏感区以及非生态敏感区。

下面以徐州市为例了解 DTM 在实际分析中的应用。

在评价徐州市的空间开发生态敏感性时，坡度即可作为衡量生态敏感性分析的主要自然生态因素之一。根据徐州市地形等高线和高程点的矢量数据，运用 GIS 的地形分析功能对坡度因素做单因子的评价。利用 GIS 对地形特征进行提取前，需激活软件中的 3D 分析扩展模块(“自定义”→“扩展模块”→“3DAnalyst”)，然后由高程点、等高线矢量数据生成 TIN(“ArcToolbox”→“3DAnalyst 工具”→“TIN 管理”→“创建 TIN”)，最后将 TIN 转换为栅格形式的 DEM(“ArcToolbox”→“3DAnalyst 工具”→“转换”→“TIN 转栅格”)，建立起徐州市数字高程模型。在 DEM 的基础上进行进一步的分析，利用 ArcGIS 空间分析工具中的“坡度”即可提取坡度的大小。

以坡度 5°、15°、25°为界限，划分基于坡度因子的高生态敏感区、中生态敏感区、低生态敏感区以及非生态敏感区。徐州市整体地势较平坦，坡度较缓，绝大部分为低生态敏感区和非生态敏感区。其分类结果如表 3-2 所示，其中非敏感区面积为 10 671.44 km^2，占研究区的 94.5%；低敏感区面积为 223.72 km^2，占研究区的 2.0%；中敏感区面积为 126.89 km^2，占研究区的 1.1%;高敏感区面积为 273.09 km^2,占研究区的 2.4%。中敏感区和高敏感区主要分布在徐州市域中部,位于徐州市主城区的北端和南端。

表 3-2　基于坡度因子的生态敏感性分类结果

生态敏感性类别	生态敏感指数	面积/km^2	占规划区比重/%
非敏感区	1	10 671.44	94.5
低敏感区	3	223.72	2.0
中敏感区	5	126.89	1.1
高敏感区	7	273.09	2.4

思　考　题

1. 沉积岩形成的大致过程是怎样的?
2. 简述变质作用的类型及形成的相应岩石类型。
3. 什么是向斜与背斜、正断层与逆断层?
4. 风化壳的基本特征是什么?
5. 滑坡和泥石流的发生条件是什么?分别形成哪些地貌形态?
6. 主要的冰川地貌类型有哪些?
7. 简述风沙作用与风沙地貌。

主要参考文献

[1] 郭达志.地理信息系统原理与应用[M].徐州:中国矿业大学出版社,2002.
[2] 郭力宇.自然地理学应用案例[M].徐州:中国矿业大学出版社,2018.
[3] 李继红,宁静,梅晓丹,等.自然地理学原理与实践[M].北京:科学出版社,2016.
[4] 刘敏.现代自然地理学理论、方法与进展[M].北京:科学出版社,2019.
[5] 毛明海.自然地理学[M].杭州:浙江大学出版社,2009.
[6] 宋春青,邱维理,张振青.地质学基础[M].4 版.北京:高等教育出版社,2005.
[7] 汤国安,杨昕.ArcGIS 地理信息系统空间分析实验教程[M].2 版.北京:科学出版社,2012.
[8] 王孝磊,刘福来,李军勇,等.前寒武纪俯冲和板块构造的渐进式演变[J].中国科学:地球科学,2020,50(12):1947-1968.
[9] 吴正.地貌学导论[M].广州:广东高等教育出版社,1999.
[10] 伍光和,王乃昂,胡双熙.自然地理学[M].4 版.北京:高等教育出版社,2008.
[11] 杨克诚.GIS 软件实验指导书:基于 ArcGIS Desktop[M].昆明:云南大学出版社,2009.
[12] 姚金龙,赵国春,韩以贵,等.晚新元古代—早寒武世现代板块构造与现代地球系统的建立[J].西北大学学报(自然科学版),2021,51(6):1007-1018.
[13] 张井飞,张九辰.问题驱动:板块构造理论“登陆”与中国学界的回应[J].自然辩证法通讯,2022,44(1):49-56.

第四章　气象与气候

连续包围地球的气态物质称为大气。大气是自然环境的重要组成部分和最活跃因素，在地理环境物质交换与能量转化中是一个十分重要的环节。大气层中天气系统的生成与消亡、发展与运动，是全球气候的基础。气候也是自然地理系统的重要组成部分，它主要通过热量循环和水相变化对自然地理系统的形成和演化发生作用；此外，人类活动主要在大气圈底部进行，大气圈是人类生存环境的重要组成部分之一。

第一节　大气的组成与结构

一、大气的组成

大气是由多种气体组成的混合物，可以分为干洁空气、水汽、悬浮尘粒或杂质几部分。

通常把大气中除了水汽和固体杂质外的混合气体称为干洁空气，简称干空气。其主要集中在从地面到 90 km 处，是地球大气的主体，主要成分是 N_2、O_2、Ar、CO_2 等，此外还有少量氢、氖、氦、氪、氙等稀有气体。其中，N_2、O_2、Ar 三者占整个干洁空气容积量的 99.97%。

N_2 约占大气容积的 78%。常温下 N_2 的化学性质不活泼，不能直接被植物利用，只能通过豆科植物根瘤菌部分固定于土壤中。N_2 来自于地球形成过程中的火山喷发，它是地球上生命体的基本成分。O_2 占地球大气质量的 23%，按容积比占 21%。O_2 来源于水的离解、光化学反应以及植物的呼吸，丰富的 O_2 是动植物赖以生存、繁殖的必要条件；O_2 可助燃，使有机体腐败，起氧化作用。

CO_2 只占整个大气容积的 0.03%，多集中在 20 km 高度以下，主要来源于有机物燃烧、腐烂和生物呼吸过程。CO_2 在水温低的情况下易溶于海水，是绿色植物光合作用中不可缺少的物质。CO_2 很少吸收太阳的短波辐射，但能透过太阳的短波辐射而强烈地吸收地面长波辐射和反射长波，对地面起保温作用。大气中的 CO_2 就像温室的玻璃外罩一样，能使太阳的短波热辐射透过大气层射入地面，而地面增温后向宇宙发出的长波热辐射却被二氧化碳吸收并反射，致使大气增温，这种现象称为二氧化碳的温室效应。根据全球实时碳数据，全球的二氧化碳排放量主要来自电力（39%）、工业生产（28%）、陆运（18%）、航空（3%）、船运（2%）以及居民消耗（10%）等。随着全球气候变化对人类社会构成重大威胁，越来越多的国家将“碳达峰、碳中和”上升为国家战略，提出了无碳未来的愿景。“碳达峰与碳中和”简称双碳，其中，碳达峰的意思是排放的二氧化碳达到最高值以后，渐渐地从高处往下降；碳中和是指企业、团体或个人测算在一定时间内直接或间接产生的温室气体排放总量，然后通过植物造树造林、节能减排等形式，抵消自身产生的二氧化碳排放量，实现二氧化碳“零排放”。

水汽在大气中含量很少，但变化很大，其变化范围在 0～4%之间，水汽绝大部分集中在低层，有一半的水汽集中在 2 km 以下，3/4 的水汽集中在 4 km 以下，10～12 km 高度以下的水汽约占全部水汽总量的99%。大气中的水汽来源于下垫面的蒸发，包括水面、潮湿物体表面、植物叶面等。由于大气温度远低于水面的沸点，因而水在大气中有相变效应。水汽含量在大气中变化很大，是天气变化的主要角色，云、雾、雨、雪、霜、露等都是水汽的各种形态。水汽能强烈地吸收地表的长波辐射，也能放出长波辐射，水汽的蒸发和凝结又能吸收和放出潜热，这都直接影响到地面和空气的温度，影响到大气的运动和天气变化。

大气中除了气体成分以外，还有很多液体和固体杂质、微粒。杂质是指来源于火山爆发、尘沙飞扬、物质燃烧、流星燃烧所产生的细小微粒和海水飞溅扬入大气后而被蒸发的盐粒，还有细菌、微生物、植物的孢子花粉，多集中于大气的底层。

液体微粒是指悬浮于大气中的水滴、过冷水滴和冰晶等水汽凝结物。大气中杂质和微粒聚集在一起，能直接影响大气的能见度。但它能充当水汽凝结的核心，加速大气中成云致雨的过程；它能吸收部分太阳辐射，又能削弱太阳直接辐射和阻挡地面长波辐射，对地面和大气的温度变化产生一定的影响。

随着人类社会生产力的高度发展，各种污染物大量地进入地球大气中，这就是人们所说的"大气污染"。大气中的主要污染物包括粉尘微粒、硫化物、氮化物、卤化物、碳氧化物和氧化剂。其中影响范围广，对人类环境威胁较大的主要是煤粉尘、二氧化碳、一氧化碳、碳化氢、硫化氢和氨等。悬浮在大气中的大量微小尘粒、烟粒或盐粒的集合体，例如空气中的灰尘、硫酸、硝酸、有机碳氢化合物等，使大气混浊，容易导致能见度恶化。如果水平能见度小于10 km时，一般将这种非水成物组成的气溶胶系统造成的视程障碍称为霾(haze)或灰霾(dust-haze)。

二、大气的结构

大气的下界是地面，上界则说法不一。按其物理性质来说大气是不均匀的，由于地球引力场的作用，大气的密度随高度增加而迅速减小，并逐步过渡到宇宙空间的星际气体物质。在理论上，当压力为零或接近于零的高度称为大气顶层，但这种高度不可能出现，因为在很高的高度渐渐到达星际空间，不存在完全没有空气分子的地方。气象学家认为，只要发生在最大高度上的某种现象与地面气候有关，便可定义这个高度为大气上界。因此，过去曾把极光出现的最大高度(1 200 km)定为大气上界。物理学家、化学家则从大气物理、化学特征出发，认为大气上界至少高于1 200 km，但不超过3 200 km，因为在这个高度上离心力已超过重力，大气密度接近星际气体密度。所以在高层大气物理学中，常把大气上界定在3 000 km。

大气的物理性质在垂直方向上是不均匀的，按照其各种特性的差异将大气层分为若干层次。按照分子组成，大气可分为两大层次，即均质层和非均质层。均质层为从地表至85 km高度的大气层，除水汽有较大变动外，其组成较均一。按大气电离状况，可分为电离层和非电离层。在气象学中，通常按照温度和运动状况将大气圈分为对流层、平流层、中间层、热层和散逸层(图4-1)。

对流层是大气的最低层，其厚度随纬度和季节而变化，在赤道附近为16～18 km，在中纬度地区为10～12 km，两极附近为8～9 km，夏季较厚，冬季较薄。这一层的显著特点是：① 气温随高度升高而递减，大约每上升100 m，温度降低0.6 ℃。② 密度大，空气对流运动显著。由于贴近地面的空气受地面发射出来的热量的影响而膨胀上升，上面冷空气下降，故在垂直方向上形成强烈的对流，对流层也正是因此而得名。③ 天气现象复杂多变。由于对流层受地面影响显著，水汽多集中在这一层，主要天气过程如雨、雪、雹的形成均出现在此层。

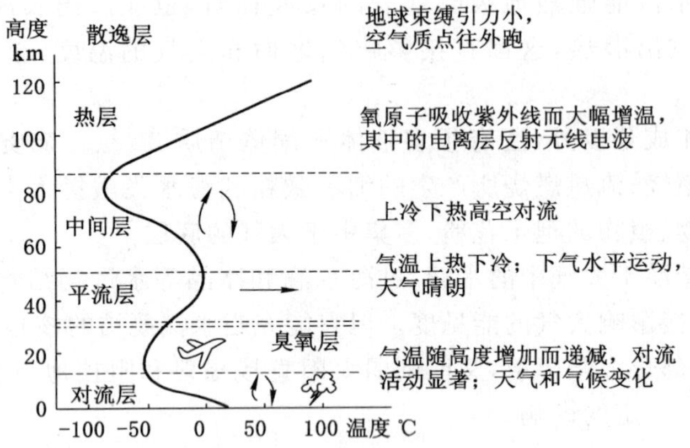

图 4-1 大气的垂直分层

平流层是指从对流层顶到约 50 km 的大气层。在平流层下层，即 30～35 km 以下，温度随高度降低变化较小，气温趋于稳定，所以又称同温层。在 30～35 km 以上，温度随高度升高而升高。平流层的特点是：① 空气没有对流运动，平流运动占显著优势；② 空气比下层稀薄得多，水汽、尘埃的含量甚微，很少出现天气现象；③ 在高约 15～35 km 范围内，有厚约 20 km 的臭氧层，因臭氧具有吸收太阳光短波紫外线的能力，故使平流层的温度升高。

中间层是指从平流层顶到 80 km 高度的大气层。这一层空气更为稀薄，温度随高度增加而迅速降低。到顶部出现高层大气观测温度的最低值，达到－83～－113 ℃。因下层气温比上层高，所以空气有对流运动，因而又称为高空对流层。

热层是指从 80 km 到约 500 km 的大气层。本层有两个特点：一是这一层温度随高度增加而迅速增加，到顶部气温可达 800 ℃，这是由于太阳辐射中的紫外线被该层大气中氧原子吸收而增温。层内温度很高，昼夜变化很大，热层下部尚有少量的水分存在，因此偶尔会出现银白并微带青色的夜光云。二是由于太阳紫外线和宇宙射线的作用，氧和氮的分子被分解为离子，大气处于高度电离状态，所以又叫电离层。电离层能反射无线电波，在远距离无线电通信中具有重大意义。

热层以上的大气层称为散逸层。这层空气在太阳紫外线和宇宙射线的作用下，大部分分子发生电离，使质子的含量大大超过中性氢原子的含量。逃逸层空气极为稀薄，其密度几乎与太空密度相同，故又常称为外大气层。由于空气受地心引力极小，大气密度已经与星际非常接近。逃逸层是地球大气的最外层，该层的上界在哪里还没有一致的看法。实际上地球大气与星际空间并没有截然的界限。逃逸层的温度随高度增加而略有增加。地球大气层在这一层逐渐过渡到星际空间，地冕也存在于这一层。

第二节　大气的热力状况

一、大气的热能

地球气候系统的能源主要是太阳辐射，它决定地球、大气的热状况，从而支配其他的能量传输过程。地球气候系统内部也进行着辐射能量交换。因此，需要研究太阳、地球及大气的辐射能量交换和其他地-气系统的辐射平衡。

自然界中的一切物体，只要温度在绝对温度零度以上，都以电磁波的形式时刻不停地向外传送热量，这种传送能量的方式称为辐射。物体通过辐射所放出的能量，称为辐射能，简称辐射。辐射以电磁波的形式向外放散，是能量转换为热量的重要方式。

（一）太阳辐射

太阳辐射是地球和大气能量的主要来源。太阳辐射在大气上界的分布是由地球的天文位置决定的，称之为天文辐射。由天文辐射决定的气候称为天文气候。天文气候反映了全球气候的空间分布和时间变化的轮廓。除太阳本身的变化外，天文辐射能量主要决定于日地距离、太阳高度角和昼长。太阳辐射中 99％的能量在 0.15～4 μm 波长范围，其中0.4～0.76 μm 为可见光区，大于 0.76 μm 的为红外区，小于 0.4 μm 的为紫外区。其中，可见光占太阳辐射总能量的50％，并以0.47 μm 附近最强，红外区占 43％。相对于地球辐射而言，太阳辐射波长较短，故称太阳辐射为短波辐射。表示太阳辐射能强弱的物理量，即单位时间内垂直投射在单位面积上的太阳辐射能，称为太阳辐射强度。在日地平均距离上，大气上界垂直于太阳光线的 1 cm^2 面积内，1 min 内获得的太阳辐射能量，称为太阳常数。国际气象组织 1981 年推荐太阳常数的最佳数值为 1 370 W/m^2。

到达地表的太阳辐射同大气上界的太阳辐射有很大差别(图 4-2)。这是因为大气对辐射有吸收、散射、反射等作用，太阳光谱中不同的波长将受到不同程度的削弱。吸收作用主要削弱紫外和红外部分，对可见光影响较小。散射和反射作用受云层厚度、水汽含量、大气悬浮微粒粒径和含量的影响很大。太阳辐射通过大气时遇到空气分子、尘粒、云滴等质点

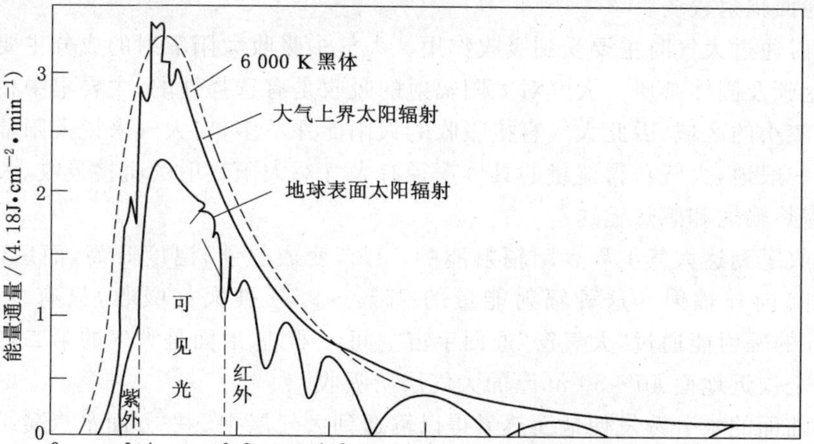

图 4-2　大气上界太阳辐射能量曲线及到达地表的能量曲线

时，都要发生散射。但散射并不像吸收那样把辐射能转变为热能，而只是改变辐射方向，使太阳辐射以质点为中心向四面八方传播开来。经过散射之后，有一部分太阳辐射就到不了地面。如果太阳辐射遇到的是直径比波长小的空气分子，则辐射的波长愈短，被散射愈厉害。雨后天晴，天空呈青蓝色就是因为辐射中青蓝色波长较短，容易被大气散射的缘故。如果太阳辐射遇到直径比波长大的质点，虽然也被散射，但这种散射是没有选择性的，即辐射的各种波长都同样被散射。如空气中存在较多的尘埃或雾粒，一定范围的长短波都被同样散射，使天空呈灰白色。有时为了区别有选择性的散射和没有选择性的散射，将前者称为散射，后者称为漫射。

经大气削弱后到达地面的太阳辐射有两部分：一是直接辐射；二是经大气散射后到达地面的部分，称为散射辐射。两者之和即是太阳辐射总量，称为总辐射。总辐射有明显的日变化和年变化，一天之内，夜间总辐射为零，日出后逐渐增加，正午达最大值，午后逐渐减小。一年之内，夏季总辐射最大，冬季最小。一般是纬度越低，总辐射越大，反之越小。但在我国，年总辐射量最高的地区是海拔高度大的西藏（212～252 W/m^2），干旱少云的新疆、青海、黄河流域次之（159～212 W/m^2），而云、雨较多的长江流域与华南大部却较低（119～159 W/m^2）。

到达地面的太阳辐射只有一部分被地面吸收，另一部分则被地面反射出去。地面对入射太阳辐射的反射取决于地面的反射率（r）。而 r 又取决于地面的性质。一般地，陆地表面的反射率约为 10%～30%，且随着太阳高度的减小而增大，深色土的反射率比浅色土的小，粗糙土的反射率比平滑土的小；水面的反射率随着太阳高度角和平静度而变，太阳高度角愈小，其反射率愈大，波浪起伏的水面，其平均反射率为 10%，比陆地的稍小。尽管总辐射相同，地表吸收并不相等，这是导致近地面温度分布不均的原因之一。

（二）地面和大气辐射

地球表面在吸收太阳辐射的同时，又将其中的大部分能量以辐射的方式传送给大气。地表面这种以其本身的热量日夜不停地向外放射辐射的方式，称为地面辐射。与太阳短波辐射相比，地面的辐射属于长波辐射。地面的辐射能力，主要决定于地面本身的温度。由于辐射能力随辐射体温度的增高而增强，所以，白天，地面温度较高，地面辐射较强；夜间，地面温度较低，地面辐射较弱。

地面辐射通过大气时主要受到吸收作用。大气中吸收太阳辐射的成分主要是水汽、氧、臭氧、二氧化碳及固体杂质。大气对太阳辐射的吸收是有选择性的，主要集中在太阳辐射光谱两端能量较小的区域，因此大气直接吸收的太阳能并不多，对大气来说太阳辐射不是主要直接热源。一般地，大气获得能量的具体途径有大气对太阳辐射的直接吸收、大气对地面辐射的吸收、潜热输送和感热输送。

地表吸收了到达大气上界太阳辐射能的 50%，变成热能，温度升高，而后以大于 3 μm 的长波（红外）向外辐射。这种辐射能量的 75%～95% 被大气吸收，只有少部分波长为 8.5～12 μm 的辐射能通过“大气窗”逸回宇宙空间。可见，地面是大气的第二热源。地面长波辐射几乎全被近地面 40～50 m 厚的大气层所吸收。

海面和陆面的水分蒸发使地面热量得以输送到大气层中。一方面水汽凝结成雨滴或雪时，放出潜热给空气；另一方面雨滴或雪降到地面不久又被蒸发，从空气中吸收热量，这个过程交替进行。全球表面年平均潜热输送约为 2 760 MJ/m^2，占辐射平衡的 84%，可见，地-气间能量交换主要是通过潜热输送完成的。换言之，大气依靠水汽凝结释放潜热而得到的能量最多。

陆面、水面温度与低层大气温度并不相等，因此地表和大气间便由感热交换而产生能量输送。在地球表面能量转换过程中，当地表温度高于低层大气时，将出现指向大气的感热输送。反之，感热输送方向将指向地面。

大气吸收地面长波辐射的同时，又以辐射的方式向外放射能量。大气获得热能后依据本身温度向外辐射，称为大气辐射。由于大气本身的温度也低，放射的辐射能的波长较长，故也称之为大气长波辐射。其中一部分外逸到宇宙空间，一部分向下投向地面，即为大气逆辐射。大气逆辐射的存在使地面实际损失略少于长波辐射放出的能量，地面得以保持一定的温暖程度。这种保温作用，通常称为“温室效应”。据计算，如果没有大气，地面平均温度将是−18 ℃，而不是现在的 15 ℃。

（三）辐射平衡

任何一个物体都能不断地以辐射方式进行着热量交换。地面、大气与其他物体一样，都在不断地进行着这种热量交换。在某段时间内，物体的辐射收支差值称为辐射差额。当收入大于支出时，辐射差额为正值；反之，为负值；若收支相等，则称为辐射平衡。差额为正时，物体有热量盈余，温度将升高；反之，则温度降低。

地面辐射差额为地面所吸收的太阳总辐射及地面放出的长波辐射之差，以公式表示为：

$$R_g=(Q+q)(1-a)-F_0$$

式中，R_g 为地面辐射差额；$(Q+q)$是到达地面的总辐射，即直接辐射和散射辐射之和，a 为地面对总辐射的反射率，$(1-a)$为地面的吸收率；F_0为地面的有效辐射。

当地面收入的热量多于支出的热量，则地面温度不断升高；反之，则地面温度不断下降。一般最高温度出现在从升温转为降温的转折点上，最低温度出现在从降温转为升温的转折点。因此，晴朗无云的天气里，地面温度最高值并不出现在太阳高度角最高的正午，而是在午后一点钟左右；最低温度出现稍迟于日出时刻。由于地面热量传输给大气，需要有一定时间，所以气温日变化的最高、最低稍落后于地温日变化的最高最低，这就是地面辐射差额的日变化情况。地面辐射差额年变化因纬度而异，纬度愈低辐射差额正值的月份愈多；纬度愈高，辐射差额保持正值的月份就愈少。

如果把地面和对流层大气看成一整体来研究此系统的辐射差额，能更清楚地看出辐射差额随纬度分布的情况。地面和大气吸收的太阳辐射减去返回宇宙的地面和大气的长波辐射称为地气系统净辐射(R_S)。图 4-3 为全球辐射平衡图解。

在地气系统中，收入部分是由地面和大气所吸收的太阳辐射所组成的，而支出部分则是辐射到宇宙空间去的地面和大气长波辐射。地气系统辐射差额是随纬度增高而由正值转变为负值的，在 35°S 到 35°N 之间的地气系统辐射差额为正值，在此范围以外的中、高纬度地区为负值。辐射差额的这种分布，也正是引起高低纬度之间大气环流和洋流产生的基本原因。大气层均匀地包住了整个地球，使整个地球就好像处在一个温室之中。白天灼热的太阳发出强烈的短波辐射，大气层能让这些短波光顺利地通过而到达地球表面，使地表增温。晚上，没有了太阳辐射，地球表面向外辐射热量。因为地表的温度不高，所以辐射是以长波辐射为主，而这些长波辐射又恰恰是大气层不允许通过的，故地表热量不会丧失太多，地表温度也不会降得太低。这样，大气层就起到了调节地球表面温度的作用。这种作用就是大气的保温作用。

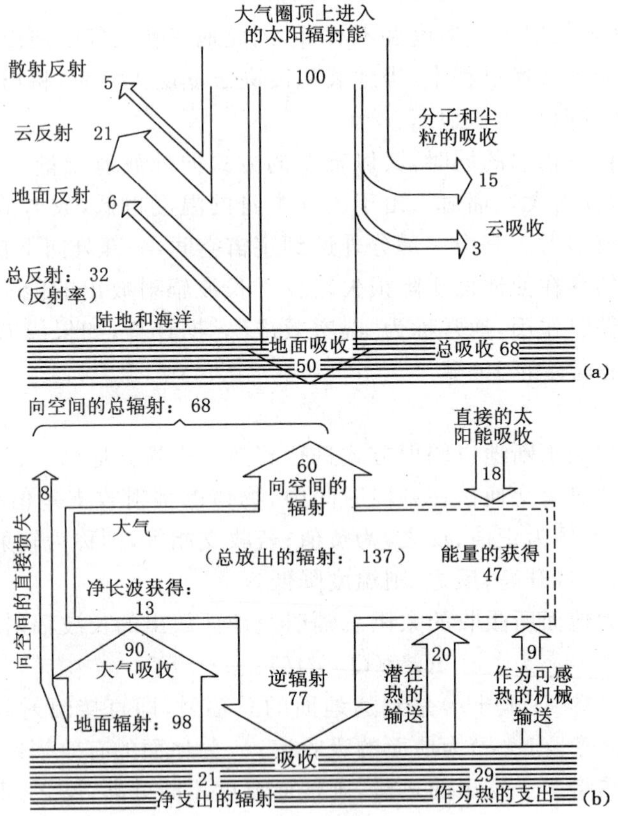

图 4-3　全球辐射平衡图解(据 A. N. Strahler，1974)

二、气温的变化与分布

气温是大气热力状况(即空气冷热程度)的数量度量。目前，气象观测和记录的气温，是指离地面一定高度上(我国规定离地面 1.5 m 高)，放在百叶窗箱里的温度计测得的空气温度。通常以摄氏(℃)和华氏(℉)两种温度单位表示，我国一般采用摄氏度。

(一) 气温的变化

大气温度的时间变化，包括由地球的自转和公转引起的气温周期性变化，以及由大气运动引起的非周期性变化。气温的非周期性变化是由大规模的气流交替而引起的；气温周期性变化包括气温的日变化和气温的年变化。

气温的日变化指一天内气温的高低变化，它有一个最高值(出现在午后两小时左右)和一个最低值(出现在日出前后)，气温日变化过程是一条正弦曲线。日最高气温与最低气温之差，称为气温的日较差或日振幅。它的大小反映了气温日变化的程度，日较差的大小与地理纬度、季节、地表性质、天气状况有关。一般情况下，日较差随纬度增高而减少，随海拔高度增加而减少；晴天大阴天小；夏季大冬季小；大陆大海洋小。

气温的年变化是指气温以一年为周期的有规律的变化。地球上绝大部分地区，一年中有一个最高值和一个最低值。年最高气温出现在夏至后的 7 月或 8 月，年最低气温出现在冬至后的 1 月或 2 月。一年中最热月的平均气温与最冷月的平均气温之差，称为气温的年较差。气温年较差大小与地理纬度(图 4-4)、地表性质、地形等因素有关。年较差随纬度增高而增大(与日变化相反),随海拔高度增加而减少;大陆大海洋小;内陆大沿海小。气温的年变化反映了气候上的冷暖,是划分气候季节的重要指标。

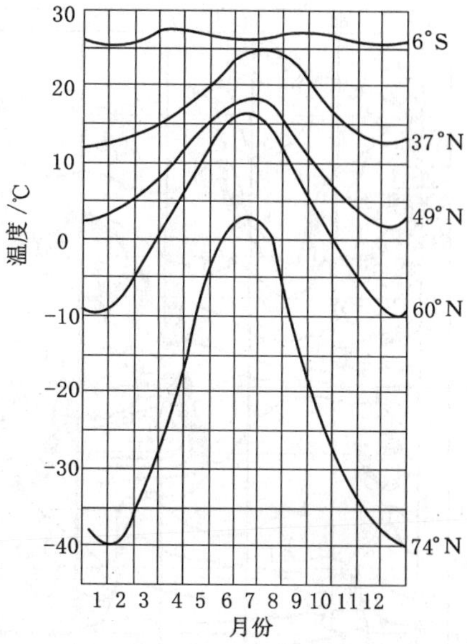

图 4-4　不同纬度的气温年变化

(二) 气温的分布

气温的水平分布常用等温线表示。等温线是指同一水平面上气温相同各点的连线。任意一条等温线上的各点温度都相等。表示同一时间等温线水平分布状况的地图,叫作等温线图。气温的水平分布主要受纬度、海陆分布、地形起伏、大气环流、洋流等因素影响。

从图 4-5、图 4-6 世界平均气温分布图,可以看出全球气温水平分布具有以下特点:

① 等温线分布的总趋势大致与纬圈平行,北半球 1 月等温线比 7 月等温线密集,表明冬季南北温差大,夏季南北温差小。

② 冬季北半球等温线在大陆凸向赤道,在海洋凸向极地,反映同一纬度上陆地冷于海洋,夏季时则相反;南半球洋多陆少,等温线较平直。

③ 高温带(冬、夏月平均气温>24 ℃)不是出现在赤道,冬季在 5°～10°N,夏季在 20°N 左右,该带称为热赤道。

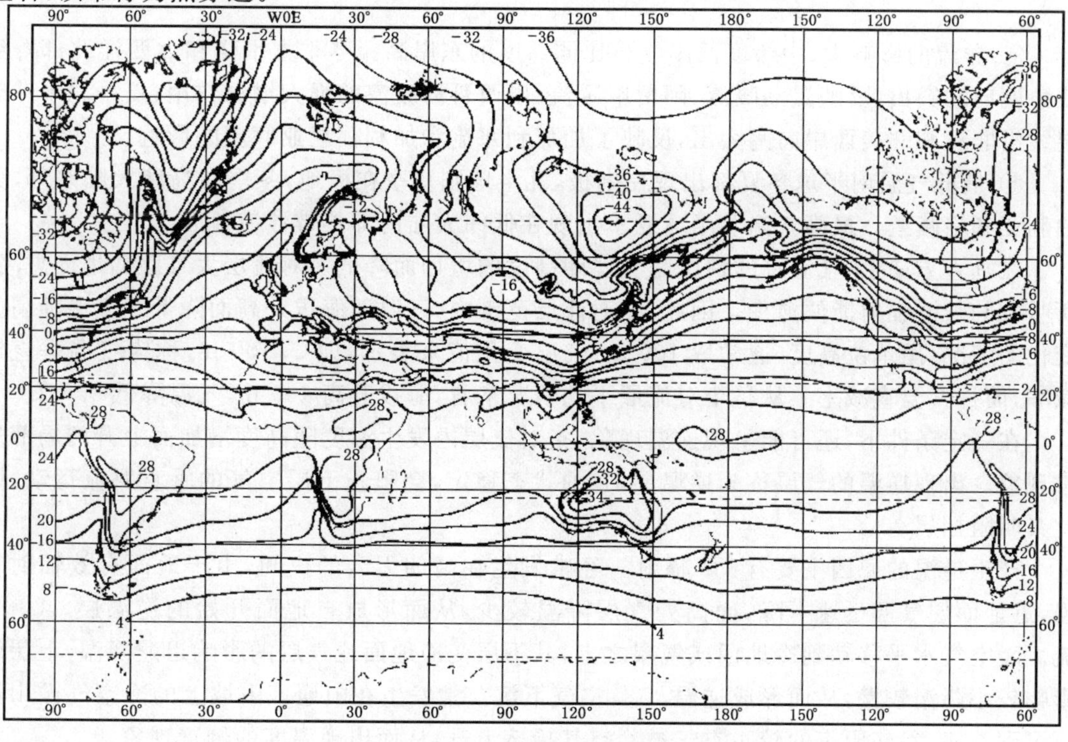
图 4-5　世界 1 月海平面气温(℃)分布

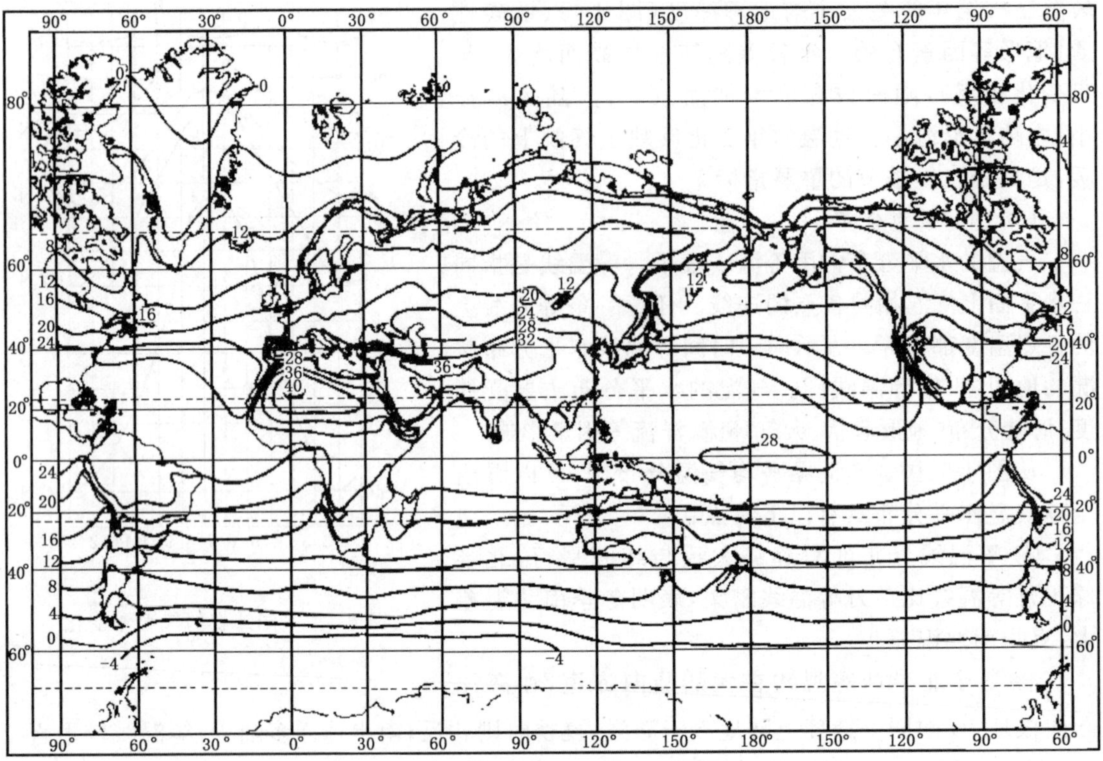

图 4-6　世界 7 月海平面气温(℃)分布

④ 洋流的影响大,中纬度西岸气温比同纬度的东岸高。冬季太平洋和大西洋北部等温线急剧向北突出,反映黑潮暖流、阿留申暖流、墨西哥湾暖流的强大增温作用;夏季北半球等温线沿非洲和北美西岸向南突出,反映了加那利寒流和加利福尼亚寒流的影响。

⑤ 最低气温南半球冬夏都出现在南极,北半球则夏季在极地,冬季在高纬大陆东部、西伯利亚和格陵兰。最高气温北半球夏季出现在低纬大陆内部热带沙漠地区。

在垂直方向上,气温总的情况是气温随高度的增加而降低。对流层大气距离地面愈高,所吸收的长波辐射能便愈少。因此,在对流层范围内,气温随海拔升高而降低。气温随高度变化的情况,用单位高度(通常取 100 m)气温变化值来表示,即℃/100 m,称为气温垂直递减率,简称气温直减率。从整个对流层平均状况来看,海拔升高 100 m,气温降低 0.6 ℃。

在一定条件下,还可能呈现逆温现象,指对流层内发生温度随高度增加而上升的局部反常现象。出现逆温的气层称为逆温层,它的状态稳定,会阻止下层空气的垂直对流运动,因此又叫阻挡层。

产生逆温的原因主要有:① 辐射。经常发生在晴朗无云的夜间,由于地面有效辐射很强,近地面层气温迅速下降,而高处气层降温较少,从而形成自地面开始的逆温层。② 平流。暖空气水平移动到冷地面或气层之上,其下层受冷地面或气层的影响迅速降温,上层受影响较小降温较慢,从而形成逆温。③ 空气下沉。常发生在山地。山坡上的冷空气循山坡下沉到谷底,谷底原来的较暖空气被冷空气抬挤上升,从而出现温度的倒置现象。

逆温的存在阻碍空气垂直运动,妨碍烟尘、污染物、水汽凝结物的扩散,有利于雾的形成并使能见度变坏，使大气污染更为严重。废气污染严重的工厂不宜建在闭塞的山谷，以免地形逆温引起大气污染事故。

第三节　大气的水分和降水

大气从海洋、湖泊、河流以及潮湿土壤的蒸发中或者从植物的蒸腾作用中获得水分。水分进入大气以后，由于它本身的分子扩散和气流的传递而散布于大气之中。在一定条件下，水汽会发生凝结，产生云、雾等许多天气现象，并且以雨、雪、露等形式重新回到地面。地球的水圈就是通过蒸发、凝结和降水等物理过程循环不已的，这些物理过程对地-气系统的热量平衡以及天气变化起着非常重要的作用。

一、大气湿度

（一）湿度的表示方法

水分进入大气后，通过分子扩散和空气流动而散布于大气中，使空气具有不同的潮湿度。常用水汽压、绝对湿度、相对湿度等表示空气中水汽的含量。

大气压力是大气中各种气体压力的总和，大气中水汽所产生的那部分压力叫水汽压。也用百帕来度量。地面的水汽压随纬度的升高而减小，赤道平均 26 hPa，35°N 约为13 hPa，65°N 约为 4 hPa，极地附近约为 2 hPa；水汽压随高度的变化而变化，通常水汽压随高度变化的经验公式如下：

$$e_z = e_0 \times 10^{-bz}$$

式中，e_z为高度 z(m)的水汽压；e_0为地面的水汽压；b 为水汽压随高度变化的常数。

空气中水汽含量与温度关系密切。温度一定时，单位体积空气容纳的水汽量有一定的限度，达到这个限度，空气呈饱和状态，称为饱和空气。饱和空气的水汽压，称为饱和水汽压(E)，饱和水汽压随温度升高而增大。

单位容积空气所含的水汽质量通常以 g/cm³ 表示，称为绝对湿度(a)或水汽密度。绝对湿度不能直接测定，但可间接算出。它与水汽压的关系为：

$$a = 289e/T \quad (\mathrm{g/m^3})$$

式中，e 为水汽压，mm；T 为绝对温度。

当气温等于 16 ℃(289 K)时，$a=e$。一般情况下，气温的数值和 16 ℃相差不大，以毫米水银柱高为单位的水汽压与绝对湿度在数值上近似，故在实际工作中常常以水汽压代替绝对湿度。

大气的实际水汽压 e 与同温度饱和水汽压 E 之比，称为相对湿度(f)，用百分数表示。

$$f = e/E \times 100\%$$

当空气饱和时，$e=E$，此时 $f=100\%$；当空气未饱和时，$e<E$，$f<100\%$；空气处于过饱和时，$f>100\%$。由于 E 随温度而变，所以相对湿度取决于 e 和温度 T，其中 T 往往起主导作用。当 e 一定时，温度降低则相对湿度增大；温度升高则相对湿度减小。夜间多云、雾、霜、露，天气转冷时容易产生云等都是相对湿度增大的结果。

一定质量的湿空气，若气压保持不变，而令其冷却，则饱和水汽压 E 随温度降低而减小。当 $E=e$ 时，空气达到饱和。湿空气等压降温达到饱和时的温度就是露点温度 T_d，简称露点。露点完全由空气的水汽压决定，气压一定时它是等压冷却过程的保守量。空气经常处于未饱和状态，所以露点温度经常低于气温。在饱和空气中，$T-T_d=0$；在未饱和空气中，$T-T_d>0$；$T-T_d$差值（饱和差）愈大，说明相对湿度愈小。气温降低到露点，是水汽凝结的必要条件。

（二）湿度的变化与分布

在日常生活中，与人们关系最密切的是水汽压和相对湿度，绝对湿度用得较少。相对湿度能够直接反映空气距饱和的程度，在气候资料分析中应用广泛。

相对湿度日变化通常与气温日变化相反。气温高相对湿度小，气温低相对湿度大。因为气温增高时，饱和水汽压增大比水汽压增大要快得多，气温降低时相反。因此，相对湿度最高值出现在清晨气温最低时，最低值出现在午后气温最高时（图 4-7）。相对湿度的年变化，一般是冬季最大，夏季最小。但季风气候区相反，夏季大冬季小，因为夏季风来自海洋，而冬季风来自大陆。

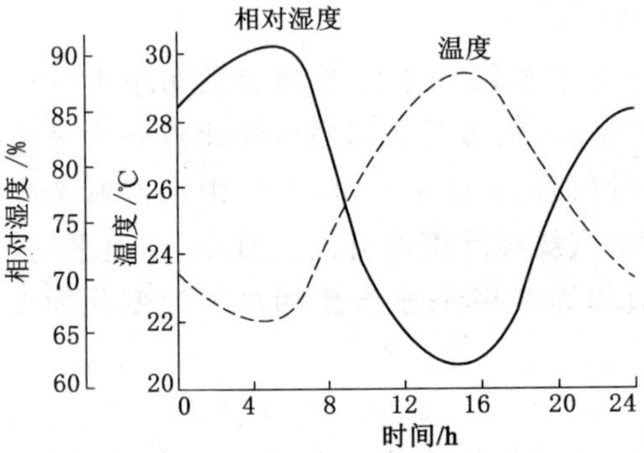

图 4-7　相对湿度的日变化

相对湿度的空间分布特征取决于纬度和海陆分布状况。赤道地带终年高温多雨，而高纬度地带则全年低温，所以相对湿度都较高（≥80%）。副热带区域，相对湿度较低，约50%。通常，相对湿度大陆小海洋大。在大陆，距离海洋越近，相对湿度越大；距离海洋越远，相对湿度越小。相对湿度分布随距海远近与纬度高低而有不同。例如，我国东南沿海相对湿度年平均为 80%，内蒙古西部只有 40%。

二、大气中水的三态变化

水（液态）、冰（固态）、水蒸气（气态）称为水的三态。液态的水在温度下降到一定程度凝固变成冰（凝固），在一定温度下变成水蒸气（气华）；固态冰的融化同时有两个过程：熔化和升华；水蒸气在温度下降到一定程度时液化变成水（凝结），或者在一定温度下直接凝华变成霜或冰（凝华）。水相变过程伴随着能量转化和交换，这种能量称为潜热（能）。

（一）蒸发

液态水转化为水汽的过程叫蒸发。其影响因素主要包括蒸发面的温度、性质、性状、空气湿度、风等。蒸发面的温度愈高，蒸发过程愈迅速。因为温度高时，蒸发面上的饱和水汽压大，饱和差也比较大。这是影响蒸发的主要因素。空气湿度愈大，饱和差愈小，蒸发过程缓慢；空气湿度愈小，饱和差愈大，蒸发过程迅速。无风时，蒸发面上的水汽靠分子扩散向外传递，水汽压减小很缓慢，容易达到饱和，故蒸发过程微弱。有风时，蒸发面上的水汽随气流散布，水汽压比较小，故蒸发过程迅速。在同样温度条件下，冰面饱和水汽压比水面饱和水汽压小，如果当时实有水汽压相同，冰面上的饱和差比水面小，因而冰面的蒸发比水面慢。由于海水浓度比淡水大(海水含有盐分)，在温度相同的情况下，海水比淡水蒸发慢；清水蒸发比浊水慢，因为浊水吸热多，温度升高快。影响蒸发速度诸因素中，温度是经常起决定作用的因素，温度愈高，蒸发愈快；反之，愈慢。其次是风速，风速愈大，蒸发愈快；反之，愈慢。

蒸发量是指在一定时段内，水分经蒸发而散布到空气中的量。通常用蒸发掉的水层厚度的毫米数表示。蒸发量的变化与气温变化一致，一日内，午后蒸发量最大；日出前蒸发量最小。一年内，夏季蒸发量大，冬季小。蒸发量的空间变化受气温、海陆分布、降水量等因素的影响。从气温条件来说，气温的分布因纬度而不同。纬度越低，气温越高，蒸发能力越强。

(二) 凝结

凝结是发生在 $f \geqslant 100\%(e \geqslant E)$ 过饱和情况下与蒸发相反的过程。凝结现象在地面和大气中都能发生。空气中水的凝结必须具备两个条件：一是空气要达到饱和或过饱和状态；二是要有凝结核。

使空气达到饱和或过饱和的途径有：增加空气水汽含量，如暖水面的蒸发；降低气温，大气中水的凝结主要由于空气冷却而产生(绝热冷却：云、雨产生的主要方式；辐射冷却和平流冷却：雾、露、霜等产生的主要方式；混合冷却)。凝结核的主要作用是具有吸湿性、可作为水汽凝结核心的微粒。其含量随高度递减；陆地多海洋少；城市多乡村少，工业区最多。

地表面的凝结现象主要有霜与露、雾凇和雨凇。日落后，地面及近地面层空气冷却，温度降低。当气温降到露点以下时，水汽即凝附于地面或地面物体上。如温度在 0 ℃以上，水汽凝结为液态，称为露；温度在 0 ℃以下，水汽凝结为固态，称为霜。霜常见于冬季，露见于其他季节，以夏季为最多。露和霜的形成条件是：近地面层空气湿度要大；有利于辐射冷却的天气条件；地面或地物热传导不良。在农事季节，霜期的长短有重要意义。入冬后第一次出现的霜日叫初霜日，最末一次出现的霜日叫终霜日。自初霜日起至终霜日止的持续期称为霜期。在这期间多数植物停止生长。自终霜日到初霜日的持续期称为无霜期。一般说来，纬度愈高，无霜期愈短；反之，无霜期愈长。我国温州(28°01′N)无霜期长达 321 天，长春(43°54′N)只有 145 天。纬度相同，海拔愈高，无霜期愈短；反之，无霜期愈长。例如，庐山牯岭(1 165 m)无霜期为 212 天，山下九江为 263 天，二者相差 51 天。山地阳坡无霜期长于阴坡；低洼地段无霜期比平坦开阔地短。雾凇是一种白色固体凝结物，由过冷雾滴附着于地面物体或树枝迅速冻结而成，俗称"树挂"，多在寒冷而湿度高的天气条件下冻结而成。它经常出现在有雾、风小的严寒天气里。雨凇是平滑而透明的冰层。它多半在温度为 0～6 ℃时，由过冷却雨、毛毛雨接触物体表面形成；或是经长期严寒后，雨滴降落在极冷物体表面冻结而成。雾凇和雨凇通常都形成于树枝、电线上，并总是在物体的迎风面上增长，且在受风面大的物体上凝聚最多。雾凇和雨凇常造成林木破坏、电线折断，对农林、交通产生有害影响。

大气中的凝结现象主要有雾和云。雾是漂浮在近地面层的乳白色微小水滴或冰晶，使水平能见度小于 1 km 的物理现象。如果能见度在 1～10 km 范围内则为轻雾。根据不同成因，雾可分为辐射雾、平流雾、蒸汽雾、上坡雾和锋面雾。辐射雾指地面辐射冷却，贴近地面气层变冷形成的雾；平流雾指暖空气移到冷下垫面上形成的雾；蒸气雾指冷空气移到暖水面上形成的雾；上坡雾指潮湿空气沿山坡上升使水汽凝结而产生的雾；锋面雾指发生在锋面附近的雾。雾通常出现于夜间和早晨，其分布以沿海为多，向内陆减少。雾对植物的生长是有利的，尤其是在秋冬较干的季节，它可以增加土壤水分，减少植物蒸腾，例如我国云南南部高原盆地有明显的干季，但此时多辐射雾，这对植物和热带作物生长十分有利。据研究皖南山区河谷中的河漫滩上茶叶质量较高，即与秋冬季节多河谷烟雾有关。云是高空水汽凝结现象。空气对流、锋面抬升、地形抬升等作用使空气上升到凝结高度时，就会形成云。此时气温如在 0 ℃以上，水汽凝结为水滴；如在 0 ℃以下，一般凝华为冰晶。云有各式各样的外貌特征。例如，晴空中飘浮的分散的白色云块为积云；高空有时出现的絮状、羽毛状云是卷云；有时遮天蔽日、不见边际的云层为层云；有时高耸压顶的黑云是积雨云，等等。云的外貌不仅反映当时的大气运动、稳定程度和水汽状况，而且也是未来天气变化趋势的重要征兆。

按形成云的上升气流特点，可将云分成积状云、层状云、波状云三类。积状云是垂直发展的云块，出现时常常是孤立分散的，包括积云和积雨云。热力对流、冷锋面对流、地形抬升等，均可形成积状云(图 4-8)。层状云是均匀幕状的云层，通常具有较大的水平范围，包括卷层云、高层云和雨层云。层状云多形成于系统性上升运动中(图 4-9)。系统性上升运动速度虽然很慢(只有 1～10 cm/s)，但持续时间长，水平范围很大，所以能形成范围广阔的云层。波状云是表面呈现波浪起伏状的云层，包括卷积云、高积云、层积云等。这类云通常是在空气密度不同、运动速度不等的两个气层界面上由于产生波动而形成的(图 4-10)。

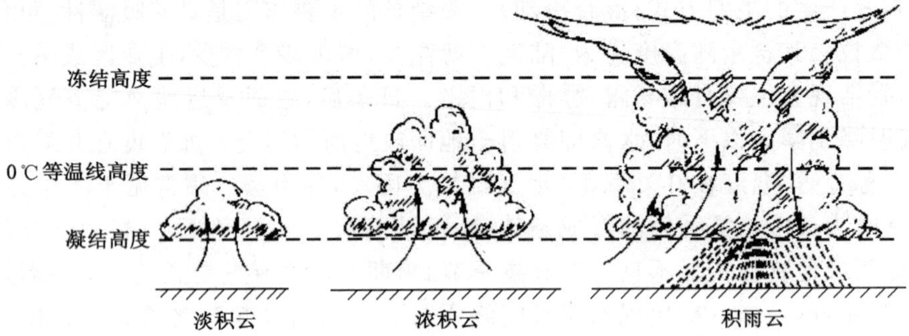

图 4-8　积状云的形成

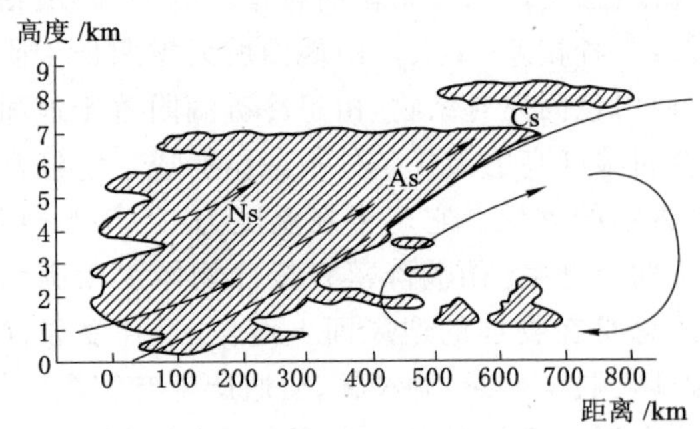

图 4-9　系统性层状云的形成

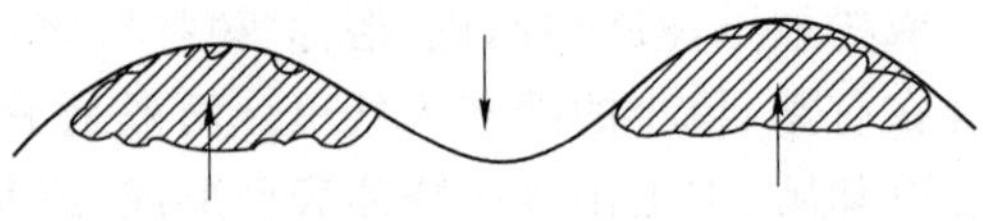

图 4-10　波状云的形成

天空被云遮蔽的程度叫云量，用 0～10 的成数表示。例如，天空全被云遮蔽，云量为 10；一半被云遮蔽，云量是 5；云占 1/10 天空，云量为 1。云量的分布与纬度、海陆、气流运动等有关。一般说来，上升气流为主的区域云量大，下沉气流为主的区域云量小。海洋上云量高于大陆。大气环流特征与云量关系十分密切。例如，我国受西南季风影响的地区，雨季云量显著增大；干季云量明显减小，几乎都是晴好天气。长江中下游梅雨季节云量非常大，而秋冬季节云量显著减小。根据气温、气流运动等特点，全球可大致划分赤道多云带、纬度20°～30°少云带和中高纬多云带。

三、大气降水

（一）降水的形成

从天空的云中降落到地面上的液态水或固态水，如雨、雪、雹等，总称大气降水。降水的条件是在一定温度下，当空气不能再容纳更多的水汽时，就成了饱和空气；空气饱和时如果气温降低，空气中容纳不下的水汽就会附着在空气中以尘埃为主的凝结核上，形成微小水滴——云、雾。云中的小水滴互相碰撞合并，体积就会逐渐变大，成为雨、雪、冰雹等降落到地面。

从雨滴到形成降水需具备两个基本条件：一是雨滴下降速度超过气流上升速度；二是雨滴从云中降落到地面前不被完全蒸发。因此，降水的形成，必须经历云滴增大为雨滴、雪花及其他降水物的过程。云滴增长主要有两个过程：

① 云滴的凝结（凝华）增长。这一过程主要是指水汽分子凝结（凝华）在云滴（冰晶）表面上使云滴（冰晶）增长的过程。在云的发展阶段，云体上升绝热冷却，或不断有水汽输入，使云滴周围的实际水汽压大于其饱和水汽压，云滴就会因水汽凝结或凝华而逐渐增大。当水滴和冰晶共存时，在温度相同条件下，冰面水汽压小于水面水汽压，水滴将不断蒸发变小，而冰晶则不断凝华增大，这种过程称为冰晶效应。

② 云滴的冲并增长。云滴大小不同，相应具有不同的运动速度。云滴下降时，个体大的云滴落得快，个体小的落得慢，于是大云滴“追上”小云滴，碰撞合并成为更大的云滴。

在云滴增长过程中，上述两种过程共同作用，初期以凝结（凝华）增长为主，后期则以碰并增长为主，尤其在低纬度地区的暖云降水，碰并增长更为重要。

（二）降水的变化

单位时间内的降水量，称为降水强度。降水量是降落在地面的雨、雪、霜等，未经蒸发，渗透流失而积聚在水平面上的水层厚度（mm）。降水的时间变化包括降水的日变化和降水的季节变化。某地的年降水量表示该地水分收入状况，蒸发量说明该地的水分支出状况。某地是湿润还是干旱，取决于该地降水量与蒸发量的比值，即湿润系数，表示气候湿润程度的指标，是干燥度的倒数。

一天内的降水变化，在很大程度受地方条件限制，可大致分为两个类型：① 大陆型，特点是一天有两个最大值，分别出现在午后和清晨；两个最小值，分别出现在夜间和午前。② 海洋型，特点是一天只有一个最大值，出现在清晨，最小值出现在午后。

降水季节变化因纬度、海陆位置、大气环流等因素影响而不同。全球大致可分为以下几类：① 赤道型：全年多雨，其中有两个高值和两个低值时期。春、秋分之后降水量最多；冬、夏至之后，降水量出现低值。这种类型分布在南北纬10°以内的地区。② 热带型：位于赤道型南北两侧。由于太阳在天顶的时间不像在赤道上间隔相等，随纬度的增加，两段最多降水量时间逐渐接近，至回归线附近合并为一个。③ 副热带型：副热带全年降水只有一个最高值，一个最低值。大陆东岸降水量集中于夏季（季风型），大陆西岸则冬季多雨（地中海型）。④ 温带及高纬型：内陆及东海岸以夏季对流雨为主，西海岸则以秋冬气旋雨为主。

降水量年际变化的大小常用降水量的相对变率（简称降水变率）表示。降水变率指各年降水量的距平数与多年平均降水量的百分比。

$$C_v = 距平数/平均数 \times 100\%$$

降水变率的大小，反映降水的稳定性和可靠性。降水变率小，水量丰富，反映当地水资源丰富。降水变率大，降水不稳定，反映该区旱涝频率高。我国降水变率基本情况是：北方大于南方，内陆大于沿海。长江以南在20%左右，黄淮之间20%～30%，华北超过30%，西北内陆超过40%。西南季风区降水变率最小，只有10%左右。

（三）降水的类型

降水的分类方法很多，根据外形可分为细雨、毛毛雨、雪、霰、米雪、冰粒、冰雹等。按降水强度可分为小雨、中雨、大雨、暴雨、大暴雨和特大暴雨。根据降水形成原因（主要是气流上升特点），可分为四个基本类型。

① 对流雨。暖季空气湿度较大，近地面气层强烈受热引起对流而形成的降水称为对流雨。赤道全年以对流雨为主。我国西南夏季多对流雨。

② 地形雨。暖湿空气前进途中遇到较高山地阻挡被迫抬升，绝热冷却，在达到凝结高度时便产生降水。因此，山的迎风坡常成为多雨中心；背风坡因水汽早已凝结降落，且下沉增温，将发生焚风效应，降水很少，形成雨影区，如图4-11所示。

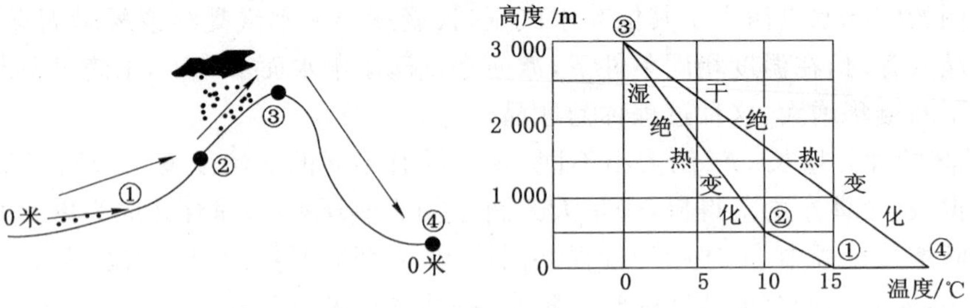

图4-11　地形雨和焚风

③ 锋面雨。两种物理性质不同的气团相遇，暖湿空气沿交界面上升，绝热冷却，达到凝结高度便产生云雨。温带地区锋面雨占主要地位。

④ 台风雨。台风是产生在热带海洋上的一种空气漩涡。台风雨是热带海洋上的风暴带来的降雨。这种风暴是由异常强大的海洋湿热气团组成的，台风经过之处暴雨狂泻，一次可达数百毫米，有时可达1 000 mm以上，极易造成灾害，称为台风雨。

（四）降水量的分布

降水量空间分布受纬度、海陆位置、大气环流、天气系统、地形等多种因素制约，降水的分布存在纬度带状分布的特点。全球可划分为四个降水带。

① 赤道多雨带：赤道及其两侧地带是全球降水量最多地带，年降水量至少1 500 mm，一般为2 000～3 000 mm。如果气流运动方向与地形相配合，可以形成大量的降水。例如，尼加拉瓜圣胡安德尔苏尔（11°N）年降水量6 588 mm；哥伦比亚中部的阿诺利（7°N）年降水量7 139 mm；非洲喀麦隆山地西坡（4°N）年降水量高达10 470 mm。

② 南北纬15°～30°少雨带：这一纬度带受副热带高压控制，以下沉气流为主，是全球降水稀少带。大陆西岸和内部一般不足500 mm，不少地方只有100～300 mm，是全球荒漠相对集中分布地带。因地理位置、季风环流、地形等因素影响，本带并不到处少雨，某些地方降

水很丰富，全球年降水量最高纪录却出现在本带内。例如，喜马拉雅山南坡印度境内的乞拉朋齐(25°N)年平均降水量高达 12 665 mm，绝对最高年降水量竟达 26 461 mm(1860 年 8 月～1861 年 7 月)。我国大部分属于这一纬度带，因受季风及台风影响，东南沿海一带年降水量在 1 500 mm 左右。

③ 中纬多雨带：温带年降水量比副热带多，一般在 500～1 000 mm。多雨的原因，主要受天气系统影响，即锋面、气旋活动频繁，多锋面、气旋雨。大陆东岸还受到季风影响，夏季风来自海洋，带来较多的降水。本带也有局部地区降水特别丰富，例如智利西海岸(42°～54°S)年降水量 3 000～5 000 mm；亚得里亚海岸的彻尔克威次(42°32′N)年降水量 4 620 mm。

④ 高纬少雨带：本带因纬度高，全年气温很低，蒸发微弱，故降水量偏少，年降水量一般不超过 300 mm。

第四节　大气的运动

大气时刻不停地运动着。就规模而言，既有对全球产生影响的大规模的全球性运动，也有对局地产生影响的小尺度的局地运动。这种不同规模的大气运动状态，称为大气环流。大气运动最直接的原因是气压的时空分布和变化，尤其是水平气压梯度力的存在和变化。大气运动的最直接的结果是使地球上的物质能量得以传输。

一、气压和风

(一) 气压及影响大气水平运动的力

气压指大气压强，通常用观测高度到大气上界的单位面积上垂直空气柱的质量表示，其单位为百帕(hPa)。气压随高度升高而降低，每降低单位气压所需要升高的高度称为单位气压高度差(m/hPa)，其大小因气压和气温条件不同而不同。

空气的水平运动是由所受的力决定的。大气运动最直接的原因是气压的时空分布和变化，尤其是水平气压梯度力的存在和变化。作用于空气的力有：水平气压梯度力、地转偏向力、惯性离心力和摩擦力。

由于地表受热不均，气压的空间分布不均，气压分布不均匀产生气压梯度，使空气具有由高压区流向低压区的趋势。当气压梯度存在时，作用于单位质量空气上的力，称为气压梯度力。气压梯度力可分为垂直气压梯度力和水平气压梯度力两种。水平气压梯度力使空气从高压区流向低压区，是大气水平运动的原动力。

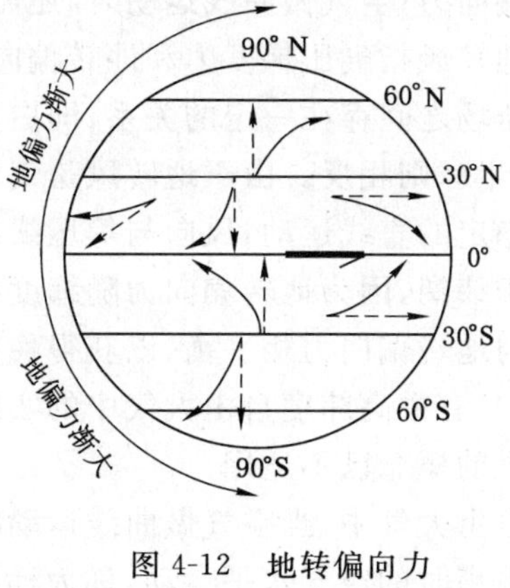

图 4-12　地转偏向力

为了描述旋转体系的运动，需要在运动方程中引入一个假想的力，这就是科里奥利力。地转偏向力(科里奥利力)指由于地球的自转而使地表上运动的物体发生方向偏转的力。它包括水平和垂直两个分力。地转偏向力总是与物体运动方向垂直。在北半球，它使风向右偏；在南半球，使风向左偏。它的大小与速度和纬度的正弦成正比，在赤道为零，随纬度而增大，在两极达最大(图 4-12)。地转偏向力只能改变风的方向，而不能改变风的速度。它对于地球表层环境的形成起到了非常重要的作用。地转偏向力的作用导致大气运动方向的改变，从而形成了地转风、气旋、反气旋；也导致河流、洋流、潮流运动轨迹的偏转，从而形成了北半球河流右岸的侵蚀，洋流、潮流的向右偏转。

离心力是指空气做曲线运动时，受到一个离开曲率中心而沿曲率半径向外的作用力。它的方向与空气运动方向垂直。离心力与地转偏向力一样，只改变空气运动方向，不改变空气运动的速度。在一般情况下，空气运动路径的曲率半径很大，惯性离心力远小于地转偏向力；但在低纬度地区或空气运动速度很大而曲率半径很小时，如龙卷风、台风，离心力很大，甚至超过地转偏向力。

摩擦力指地面与空气之间，不同运动状况的空气层之间相互作用而产生的阻力。气层之间的阻力，称为内摩擦力；地面对空气的阻力，称为外摩擦力。摩擦力以近地面层最显著，随高度增加而迅速减弱，一般到 1～2 km 以上就可以忽略不计了，此高度以上气层称为自由大气。摩擦力方向与风向相反，使风速减小，导致地转偏向力也相应减弱。陆地表面摩擦力总是大于海洋表面。

一般来说，气压梯度力是使空气产生运动的直接动力，是最基本的力。其他力是在空气开始运动后产生和起作用的，而且所起的作用视具体情况而有不同。地转偏向力对高纬地区或大尺度的空气运动影响较大，而对低纬度地区特别是赤道附近的空气运动影响甚小；惯性离心力是在空气做曲线运动时起作用，而在空气运动近于直线时，可以忽略不计；摩擦力在摩擦层中起作用，而对自由大气中的空气运动也不予考虑。地转偏向力、惯性离心力和摩擦力虽然不能使空气由静止状态转变为运动状态，但能影响运动方向和速度。气压梯度力既可改变空气运动状态，又可使空气由静止状态转变为运动状态。

（二）风

空气的水平运动称为风。风向不是指空气运动的指向，而是空气来源的方向。风存在着有规律的日变化：近地面层中，白天风速增大，午后增至最大，夜间风速减小，清晨减至最小；而摩擦层上层则相反，白天风速小，夜间风速大。这是因为在摩擦层中，通常是上层风速大于下层。风的日变化晴天比阴天大，夏季比冬季大，陆地比海洋大。当有强烈的天气系统过境时，日变化规律可能被干扰或被掩盖。

自由大气中，空气运动规律比摩擦层简单。空气做直线运动时，只需考虑气压梯度力和地转偏向力；空气做曲线运动时，还需考虑惯性离心力。

地转风指气压梯度力和地转偏向力相平衡，空气作等速、直线的水平运动。地转风方向与气压场之间存在一定的关系，即白贝罗风压定律：在北半球，背风而立，高压在右，低压在左，南半球则相反。由于地转风是气压梯度力和地转偏向力达到平衡时的空气水平运动，因而是稳定的直线运动，风向与等压线平行，且等压线也互相平行。但严格说来，等压线还应平行于纬圈，因为地转偏向力随纬度有变化，只有等压线平行于纬线时才能达到处处气压梯度力与地转偏向力相平衡，以获得稳定的直线运动。实际大气中，严格理论上的地转风很少存在，只有中高纬度自由大气中的实际风与地转风十分相近，但在低纬度地转偏向力很小，地转风的概念已不适用。

自由大气中，当空气做曲线运动时，水平气压梯度力、地转偏向力和惯性离心力三个力达到平衡时的空气水平运动，称为梯度风。当空气做直线运动时，惯性离心力为零，梯度风转为地转风，因此地转风是梯度风的特例。梯度风的风向仍然遵守白贝罗风压定律，即北半球，背风而立，高压在右，低压在左，南半球则相反。梯度风有气旋性弯曲和反气旋性弯曲两类。所以存在气旋区内梯度风和反气旋区内的梯度风。反气旋内存在气压梯度极限值，此值与曲率半径 r 有关。如果 r 很小或气压梯度力很大，地转偏向力不可能与方向相反的气压梯度力和离心力平衡，就不能维持梯度风。所以反气旋中心区不可能存在很大的气压梯度。气旋区内则不存在极限值。

水平温度分布不均导致气压梯度随高度发生变化，风相应地随高度发生变化。气温水平梯度的存在，引起气压梯度力随高度发生变化，使风随高度发生相应变化。由于水平温度梯度引起的上下层风的向量差，称为热成风。热成风风向与等温线平行，在北半球，背热成风而立，高温在右，低温在左，南半球则相反。热成风的大小与气层平均水平温度梯度及气层的厚度成正比。在自由大气中，随着高度的增高，不论风向如何变化，高层风总是愈来愈趋向于热成风，这与实际情况相符。如北半球对流层中，温度分布大致是南暖北冷，且在纬度 30°附近温度梯度最大，因而在对流层上层总是以西风为主（热成风是西风），并在纬度 30°附近上空出现最大的西风风速区，称为西风急流。

摩擦层中，风随高度的变化受摩擦力和气压梯度随高度变化的影响。在气压梯度不随高度变化的情况下，离地面愈远，风速愈大，风向与等压线的交角愈小。把北半球摩擦层中不同高度上风的向量投影到同一水平面上，可得到一条风向风速随高度变化的螺旋曲线，称为埃克曼螺线（图4-13）。由埃克曼螺线可以看到，当高度很小时，风速随高度增加很快，但风向改变不大；随高度增大风速增加缓慢，风向却显著向右偏转，最终趋于地转风。在离地面 10 m 以下的气层中摩擦力随高度增加迅速减小，所以要求测风仪离地面 10～12 m 以上。根据风速大小可将风力划分为 12 级。

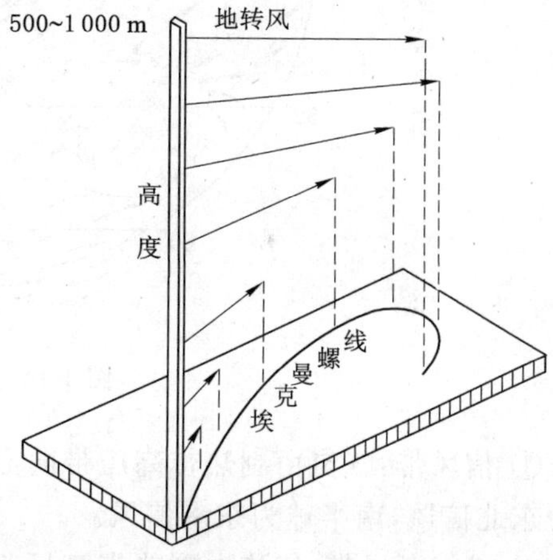

图 4-13　北半球埃克曼风速螺旋曲线

二、大气环流

大气环流是指地球上具有一定稳定性的各种气流运行的综合现象，是形成全球各种天气、气候的主要因素。水平尺度可涉及某个地区、半球甚至全球；垂直尺度有对流层、平流层、中间层或整个大气圈的大气环流；时间尺度有一日至数日、月、季、半年、一年甚至多年的平均大气环流。大气环流是形成全球各种天气、气候的主要因素。作用于空气的各作用力大小的不同，形成了各种尺度的环流：有全球性气温和气压差异形成的行星风系、巨大的海陆差异产生的季风环流等大型环流；也有由于局地的水陆、地形差异形成的小型环流，如海陆风、山谷风等各种地方性风系。

（一）全球环流

太阳系中的任何行星只要它周围被气圈包围着，都有环流现象发生，发生在行星上的总的大气环流现象称为行星风系。在热力和动力因子下全球形成了赤道低压带、极地高压带、副热带高压带和副极地低压带等纬向气压带。气压带每年随等温线移动几个纬度，对气候季节变化发生重要影响。

不考虑海陆分布和地形起伏等的影响，地面盛行风的全球性形式称为行星风系。依据全球气压系统分布状况和风压关系，可以判断盛行风的情况。从图 4-14 可以看出，全球地面行星风系主要包括三个盛行风带：

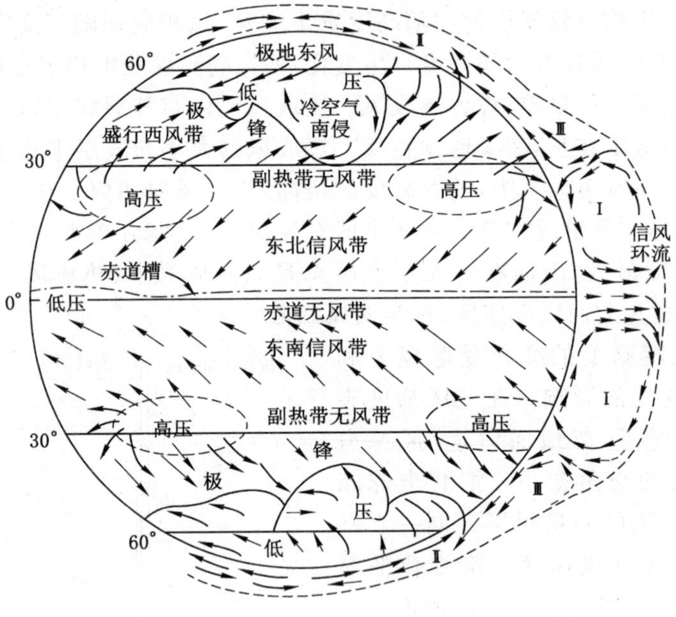

图 4-14　全球大气环流模式

① 信风带：气流由副热带高压带向赤道低压带运动时，由于受地转偏向力的影响，北半球为东北信风，南半球为东南信风。

② 盛行西风带：气流由副热带高压带向副极地低压带运动时，由于受地转偏向力的影响，在中纬度地区形成偏西风，北半球为西南风，南半球为西北风。

③ 极地东风带：由极地高压向外辐散形成。

假设地球表面性质均一且地球不自转，由于赤道和两极受热不均，赤道上空的空气流向极地，而底层气流自极地流向赤道，补偿赤道上空流出的空气。这样，在赤道和极地之间就会形成一个南北向的闭合环流。但地球不停地自转，空气一旦开始运动，地转偏向力便随之发生作用。在地转偏向力作用下，南北半球分别形成三圈环流，如图 4-15 所示。

① 信风环流圈(Hadley 环流)：是一个直接的热力环流，分布于赤道与南北纬 30°之间。高空由赤道吹向副热带高压带(西风)，地面由副热带吹向赤道(信风)。

② 中纬度环流圈(Ferrel 环流)：分布于中纬度约 30°～65°地带。地面由副热带高压带吹向副极地低压带(西风)，高空由副极地低压带返回。

③ 极地环流圈：分布于高纬度约 60°与极地之间地带。地面由极地高压带吹向副极地低压带(东风)，高空由副极地低压带返回(西风)。

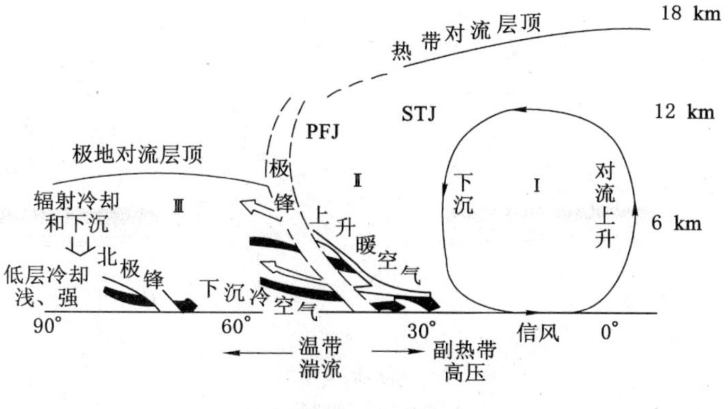

Ⅰ—Hadley 环流圈；Ⅱ—Ferrel 环流圈；Ⅲ—极地环流圈；STJ—副热带急流；PFJ—极锋急流。

图 4-15　北半球冬季平均经圈环流(据 Lookwood,1985)

（二）季风环流

大陆和海洋间的广大地区,以一年为周期,盛行风随季节改变而方向相反的现象,称为季风。季风的形成与多种因素有关,最主要的因素是海陆间热力性质的差异,其次是行星风系的季节移动。夏季,风由海洋吹向陆地,形成夏季风;冬季,风由陆地吹向海洋,形成冬季风。夏季,陆地上低压强盛,海洋上高压势力得到发展,气压梯度力从海洋指向陆地,形成潮湿、暖热的夏季风。冬季,陆地上高压盛行,海洋上低压强盛,气压梯度力从陆地指向海洋,形成寒冷、干燥的冬季风。

东亚季风和南亚季风是最为强盛的季风。东亚季风主要由海陆热力差异形成。夏季,亚欧大陆强烈受热,近地面形成热低压,北太平洋副热带高压势力大大增强并扩展,气流从海洋流向陆地,形成夏季风;冬季,亚欧大陆迅速冷却,近地面形成特别强盛的冷高压,而北太平洋上的副热带高压逐渐退缩,低压扩展,气流从大陆流向海洋,形成冬季风。南亚季风主要是由行星风带的季节性移动形成的。夏季,赤道低压带移到赤道与 10°N 之间,南半球的东南信风越过赤道,偏转为西南季风;冬季,赤道低压带移到南半球,北半球低纬度地区盛行东北信风。

（三）局地环流

行星风系和季风是在大范围气压场控制下的大气环流。由于局部环境的影响,如地表受热的不均、地形的起伏以及人类的活动等引起的小范围气流运动,称为局地环流,例如,海陆风、高原季风、山谷风等地方性风系。局地环流虽然不能改变大范围气流运行的总趋势,但对小范围地区的气候却有着不可忽视的影响。

海陆风是指发生在沿海地区的、白天吹海风、夜间吹陆风、以一日为周期的周期性风系。它也是由海陆的热力性质的差异引起的,但影响的范围仅限于沿海地区。在沿海地区,白天陆地增温快,陆面气温高于海面,近地面空气上升形成低压,气流从海洋流向陆地,形成海风;夜间相反,陆地降温快,陆面气温低于海面,形成陆风。海陆风对沿海地区的天气和气候有着明显的影响:白天海风携带着海洋水汽输向大陆沿岸,使沿海地区多雾多低云,降水量增多,同时还调节了沿海地区的温度,使夏季不过于炎热,冬季不过于寒冷,如图 4-16 所示。

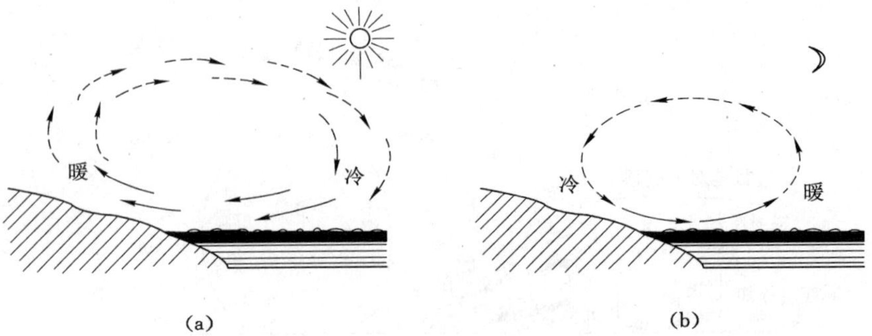

图 4-16　海陆风环流

(a) 海风;(b) 陆风

高耸挺拔的大高原,由于它与周围自由大气的热力差异所形成的冬夏相反的盛行风系,称为高原季风,以青藏高原季风最为典型。冬季高原面上出现冷高压,气流从高原向四周流动;夏季高原面上出现热低压,气流从四周流向高原。高原季风对环流和气候的影响很大,尤其在东亚和南亚季风区。高原形成的强季风环流,破坏了低纬行星风系,冬季出现了与哈德里环流圈相一致的经圈环流,夏季则出现与哈德里环流圈相反的经圈环流即季风环流;同时,在冬夏不同的季节,高原季风环流的方向与东亚地区因海陆热力性质差异所形成的季风的方向完全一致,两者叠加起来,使得东亚地区的季风(尤其冬季风)势力特别强盛,厚度特别大。

在山区,白天从谷地吹向山坡、夜间从山坡吹向谷地,以一日为周期的周期性风系,称为山谷风(图 4-17)。因为白天山坡上的空气比同高度的自由大气增温强烈,空气从谷地沿坡向上爬升,形成谷风;夜间由于山坡辐射冷却,冷空气沿坡下滑,从山坡流入谷地,形成山风。

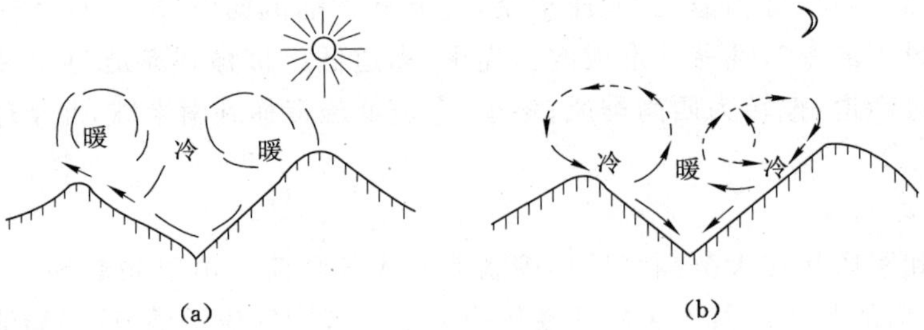

图 4-17　山谷风环流

(a) 谷风;(b) 山风

当流经山地的湿润气流受到山地阻挡时,被迫沿坡绝热爬升,这时按照干绝热递减率降温。当达到水汽凝结高度时,形成云,此后按照湿绝热递减率降温,逐渐形成降水,空气继续沿坡上升,降水也不断发生。当越过山顶以后,空气沿坡下沉增温,水汽含量大为减少,按照干绝热递减率下沉压缩升温。由于干绝热温度变化率比湿绝热温度变化率大,过山后的空气温度比山前同高度上空气的温度要高得多,湿度也小得多,形成了沿着背风坡向下吹的既热且干的风,称为焚风。

第五节　天　　气

天气是指某一个地方距离地表较近的大气层在短时间内的具体状态，大气中发生的阴、晴、风、雨、雷、电、雾、霜、雪等都是天气现象。它们的产生都与天气系统的活动有密切的关系，天气与人类的生活、社会、经济活动有着十分密切的关系。

大气中引起天气变化的具有一定的温度、气压或风等气象要素空间结构特征的大气运动系统，称天气系统。一般多指温压场和风场中的大气长波、气旋、反气旋、锋面、台风、龙卷风等。各种天气系统都具有一定的空间和时间尺度，而且各种尺度系统间相互交织、相互作用。天气系统总是处在不断新生、发展和消亡过程中，在不同发展阶段有其相对应的天气现象分布。因而一个地区的天气和天气变化是同天气系统及其发展阶段相联系的，是大气的动力过程和热力过程的综合结果。

一、气团

气团是指气象要素（主要指温度、湿度和大气静力稳定度）在水平分布上比较均匀的大范围空气团。在同一气团中，各地气象要素的重点分布几乎相同，天气现象也大致一样。气团的水平范围可达几千公里，垂直高度可达几公里到十几公里，常常从地面伸展到对流层顶。

气团的形成必须同时具备两个条件：大范围性质比较均一的下垫面；有一个能使空气的物理性质在水平方向上均匀化的环流场（也就是利于空气停滞或缓行的环流条件）。在具备了上述两个条件后，再通过气团内部的一系列物理过程（各种尺度的湍流、大范围系统性垂直运动以及蒸发、凝结和辐射等动力、热力过程而与地表间进行的水汽和热量交换、平流）就会获得下垫面的属性性质。

气团形成后，随着环流条件的变化，由源地移行到另一新的地区时，由于下垫面性质以及物理过程的改变，气团的属性也随之发生相应的变化，这种气团原有物理属性的改变过程称为气团变性。当气团移到另一个地区上空之后，气团的性质发生变化，当它在新的地区上空缓慢移动或停留时就会获得新的地区下垫面的性质，同时形成一种新的气团。因此气团的形成和变性是一个过程的两个方面，只不过气团的形成只是不断的变性过程中的一个相对稳定的阶段。日常所见气团大多属变性气团。

气团分类的概念是由瑞典学者贝吉龙首先提出的。根据他的分类办法，气团分类的方法有两种，即地理分类法和热力分类法。

地理分类法是根据气团源地的地理位置和下垫面性质进行分类的（图 4-18）。首先按源地的纬度位置把北（南）半球的气团分为四个基本类型，即冰洋（北极和南极）气团、极地（中纬度）气团、热带气团和赤道气团。由于下垫面又有海陆之分，所以每类气团又可分为海洋气团和大陆气团。但赤道地区除北非一部分是陆地外绝大多数为海洋，因而赤道气团没有大陆气团存在。地理分类法的优点是能直接从气团的源地了解气团的主要特征，但这种分类法不宜区别相邻两个气团的属性，也无法表示气团离开源地后的属性变化，因此需要其他分类法来加以补充。

热力分类法是根据气团与其流经地区下垫面的热力对比进行分类的，气团可分为暖气团和冷气团。气团温度高于流经地区下垫面温度的，称暖气团。气团温度低于流经地区下

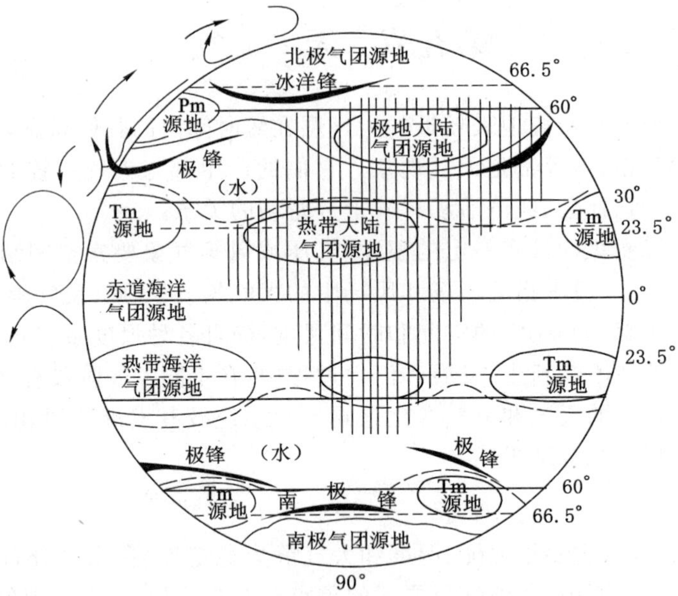

图 4-18　气团的地理分类

垫面温度的，称冷气团。冷、暖气团是相对比较而言的，两者之间并没有绝对温度数量界限，并且冷、暖气团也是可以转化的。当一个地区受到冷、暖性质不同的气团侵袭后，往往会给该地区的天气带来不同影响。暖气团一般含有丰富水汽，容易形成云雨天气。但是，当其移向冷区时，不仅会引起流经地区地面增温，而且气团低层不断失热而逐渐变冷，气团趋于稳定，甚至有时可能发展成逆温层，出现稳定性天气。如果暖气团中湍流作用较强，也可能形成层云、层积云甚至毛毛雨、小雨等天气。冷气团一般易形成干冷天气，但如果从源地移向暖区时，气团低层因不断吸热而增温，气层稳定度减小，对流运动容易发展，可能发展成不稳定天气。如果冷气团来自海洋，水汽较多，则就有可能出现积状云，产生阵性降水天气。

二、锋及其天气

两个性质不同的气团相遇时形成的狭窄、倾斜过渡区域称为锋。当性质不同的两个气团，在移动过程中相遇时，它们之间就会出现一个交界面，叫作锋面。锋面与地面相交而成的线，叫作锋线。锋是三维空间的天气系统，它是一个不太规则的倾斜面，它的下面是冷空气，上面是暖空气，如图 4-19 所示。

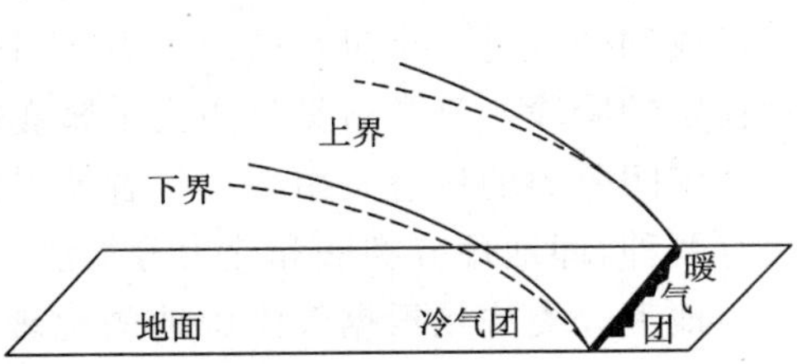

图 4-19　锋面空间结构

锋面在空间向冷区倾斜，具有一定坡度。锋面倾斜的程度，称锋面坡度。锋面与地面相交而成的线，叫作锋线。一般把锋面和锋线统称为锋。由于锋是两种性质不同的气团相互作用的过渡带，因而锋两侧的温度、湿度、稳定度以及风、云、气压等气象要素具有明显差异，所以锋附近空气运动活跃，在锋中有强烈的升降运动，气流极不稳定，常造成剧烈的天气变化。因此，锋是重要的天气系统之一。

根据锋面两侧冷、暖气团的移动方向及结构状况，锋可以分为冷锋、暖锋、准静止锋和锢囚锋四种。锋面天气是指锋附近的云、降水、风等气象要素的分布情况。这些气象要素的分布和演变主要决定于锋面坡度大小、锋附近空气垂直运动状态、气团含水量和稳定度等因素。不同类型的锋有不同的天气状况。

冷锋又因移动速度快慢不同，分为第一型（慢速）冷锋和第二型（快速）冷锋（图 4-20）。第一型冷锋移动慢，锋面坡度较小（1/100），多稳定性天气。由于移动慢，暖空气上升较慢较平稳而出现层状云，降水区出现在锋后，多为稳定性降水。冷锋过境时，气温下降，气压升高。第二型冷锋移动快，锋面坡度较大（1/40～1/80），云雨区较窄。由于移动快，暖空气受冷空气猛烈冲击快速上升形成浓厚的积雨云，常有雷雨狂风。冷锋过境时，气温急降，但时间短暂，锋线一过天气转晴。冷锋在我国活动范围甚广，几乎遍及全国，尤其冬半年，在北方地区更为常见，是影响我国天气的重要天气系统。

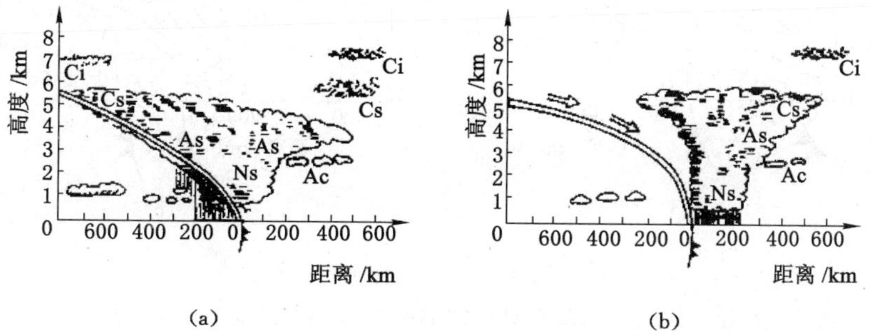

图 4-20　冷锋天气

(a) 第一型冷锋；(b) 第二型冷锋

暖锋的坡度较小（1/150），暖气团沿锋面缓慢滑升，空气绝热冷却，形成一系列的层状云系。典型云序为：卷云、卷层云、高层云、雨层云。云层的厚度视暖空气上升的高度而异，一般可达几千米，厚者可到对流层顶，而且距地面锋线愈近，云层愈厚。锋前为较宽的连续性降水区，广阔的云雨区连绵数百公里，从而导致持续不断的降雨。暖锋会使所经过地区的气温增高。明显的暖锋在我国出现得较少，大多伴随着气旋出现。春秋季一般出现在江淮流域和东北地区，夏季多出现在黄河流域。

准静止锋天气锋面坡度比暖锋更小（1/250），锋前连续性降水区更宽广，但降水强度小，持续时间更长。准静止锋天气一般分为两类：一类是云系发展在锋上，有明显的降水。例如，我国华南准静止锋，大多由于冷锋减弱演变而成，天气和第一型冷锋相似，只是锋面坡度更小，云区、降水区更为宽广，其降水区并不限于锋线地区，可延伸到锋面后很大的范围内，降水强度比较小，为连续性降水。由于准静止锋移动缓慢，并常常来回摆动，阴雨天气持续时间长达 10 天至半个月，甚至一个月以上，"清明时节雨纷纷"就是江南地区这种天气的写照。另一类是主要云系发展在锋下，并无明显降水的准静止锋。例如，昆明准静止锋，它是南下冷空气为山所阻而呈静止状态，锋上暖空气干燥而且滑升缓慢，产生不了大规模云系和降水，而锋下的冷空气沿山坡滑升和湍流混合作用，在锋下可形成不太厚的雨层云，并常伴有连续性降水。我国准静止锋主要出现在华南、西南和天山北侧，出现时间多在冬半年，对这些地区及其附近天气的影响很大。

锢囚锋是由两条移动着的锋合并而成的。所以它的天气仍保留着原来两条锋的天气特征，如果锢囚锋由两条具层状云系的冷、暖锋合并而成，则锢囚锋的云系也呈现层状，并近似对称地分布在锢囚点的两侧。当这种锋过境时，云层先由薄到厚，再由厚到薄。锢囚锋的降水不仅保留着原来锋段降水的特点，而且由于锢囚作用，上升运动进一步发展，暖空气被抬升到锢囚点以上，使云层变厚、降水增加、降水区扩大。我国锢囚锋主要出现在锋面频繁活动的东北、华北地区，以春季最多，东北地区的锢囚锋大多由北方移来，多属冷式锢囚锋。华北锢囚锋多在本地生成，属暖性锢囚锋，如图 4-21 所示。

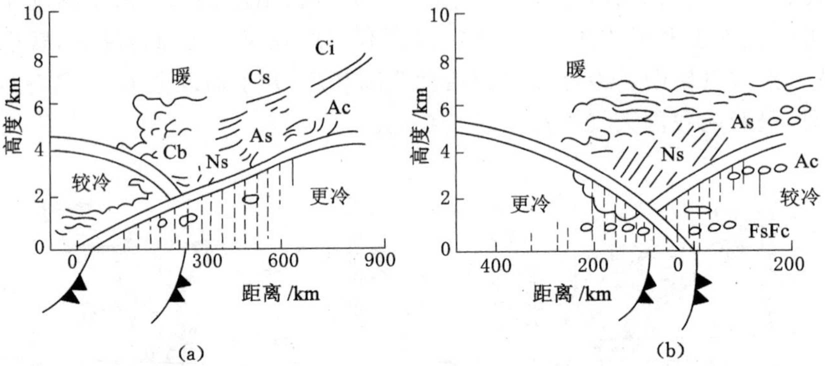

图 4-21　锢囚锋天气

(a) 暖式锢囚天气；(b) 冷式锢囚天气

三、气旋及其天气

大气中占据三度空间的大尺度水平空气涡旋，中心气压比周围低的，称为气旋，从气压场来说，为低气压。气旋的大小，以地面最外一条闭合等压线为界，一般为 $10^2 \sim 10^3$ km 数量级，气旋强度通常用气旋中心最小气压值表示，也可用最大风速来衡量。中心气压值越低，气旋越强。气旋的下层具有旋转性辐合气流(北半球为反时针，南半球为顺时针)，在中心区辐合上升，到高层向外辐散，又在四周下沉补偿到低层辐合气流之中，从而在垂直方向上形成环流。按其生成的地理位置，气旋可分为温带气旋和热带气旋；按照结构的不同，可分为锋面气旋和无锋面气旋。

温带气旋发生在热带气团与极地气团的交界面上，所以温带气旋又叫锋面气旋。图 4-22是一幅地面天气图，从中可清楚地看出两个锋面气旋活动。在温带气旋中冷锋和暖锋并存。锋面气旋是温带地区产生大范围云雨天气的主要系统。温带气旋主要出现在东亚、北美、地中海等地区。在我国活动的温带气旋主要有北方气旋和南方气旋。前者包括蒙古气旋、东北低压、黄河气旋；后者包括江淮气旋、东海气旋等。温带气旋的活动往往带来风雨天气。如东北低压、蒙古气旋，往往在当地造成大风雪天气，而南方气旋在初夏，可造成暴雨、大风等激烈的天气现象。发展成熟的锋面气旋天气模式为：气旋前方是宽阔的暖锋云系和相伴的连续性降水天气，气旋后方是比较狭窄的冷锋云系和阵性降水天气，气旋中部是暖气团天气(图 4-23)。如果暖气团中水汽充足而又不稳定，可出现层云、层积云，并下毛毛雨，有时还出现雾，如果气团干燥，只能生成一些薄云而没有降水。

热带气旋是生成于热带海洋上的强大而深厚的气旋性涡旋。热带气旋按中心附近地面

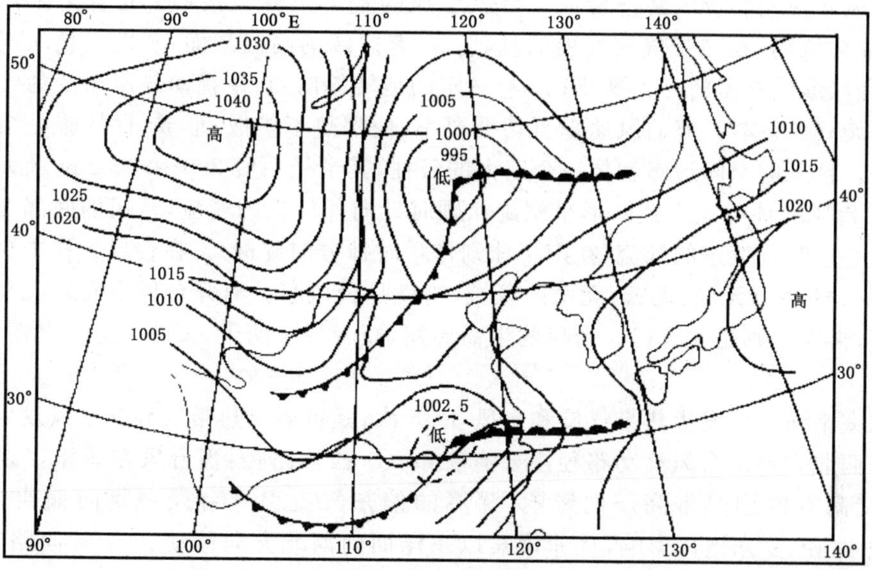

图 4-22　我国的地面气旋（hPa）

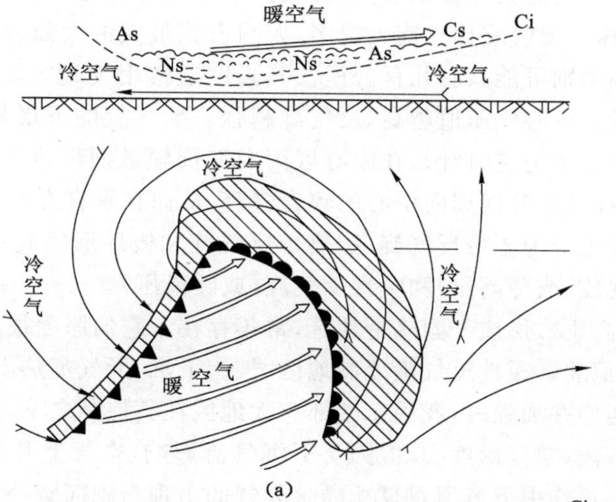

图 4-23　气旋模式

最大风速可分为热带低压、热带风暴、强热带风暴和台风四级。热带海洋上的空气因受热而对流上升，四周较冷的空气流入补充，然后再受热上升，如此循环往复，形成了热带低压。在夏秋季节，西南季风与东北信风相遇时造成扰动产生旋涡。这种扰动与对流作用相辅相成，使已形成的热带低压的旋涡继续加深，也就是使四周空气流动得更快，风速加大，于是就演变成热带风暴→强热带风暴→台风。台风形成的基本条件包括：① 低空存在一个热带扰动，造成辐合流场，是热带气旋发展的基础；② 有广阔的高温洋面，蒸发大量水汽到空中凝结，提供台风形成所需的巨大潜热；③ 有一定的地转偏向力，使扰动气流渐变为气旋性旋转的水平涡旋；④ 基本气流的风速垂直切变要小，使潜热不扩散，形成、保持暖心结构及加强对流运动。台风的空间形态就像一个巨大的云柱，其半径一般 200～300 km，最大的可超过 500 km。台风的顶部是大致圆形呈螺旋状顺时针向外旋出的气流，台风的底部在北半球是绕台风中心逆时针旋进的气流（在南半球则作顺时针方向旋进）。在台风云柱中央有一个直径约 50 km 的基本无风、无云、无雨的区域，这就是台风眼。离开台风眼向外就是云层最厚的暴雨带，再向外则是大风区。台风的生命周期，短者只一两天，长者可达两星期，平均约四至五天。

西北太平洋年均发生热带气旋和台风 30.5 次，是世界上热带气旋和台风发生次数最多的区域。西北太平洋台风移动路径主要有三条：① 西移路径：当台风在菲律宾以东洋面生成之后，受高空的副热带高压的影响，深厚的偏东气流引导台风一直向偏西方向移动。② 西北移路径：受东南风影响，从菲律宾以东洋面向西北方向移动。③ 转向路径：向西北方向移动的台风，遇到西太平洋副高或西风槽的阻挡而转向东北。

四、反气旋及其天气

大气中占据三度空间的大尺度水平空气涡旋，中心气压比周围高的，称为反气旋。从气压场来说，称为高气压。反气旋比气旋大得多，大的占据最大的大陆或海洋（如冬季亚欧大陆的蒙古反气旋），小的则可能只有几百公里。其强度通常用气旋中心最大气压值表示，也可用最大风速来衡量。中心气压值越高，反气旋越强。反气旋的下层具有旋转性辐散气流（北半球为顺时针，南半球为逆时针），在中心区因向四周辐散而形成下沉气流；下层的辐散气流在四周上升，以补偿上升四周向中心的辐合气流，从而在垂直方向上形成环流。按其生成的地理位置反气旋可分为温带反气旋、副热带反气旋和极地反气旋；按照结构的不同，反气旋可分为冷性反气旋（或冷高压）和暖性反气旋（或暖高压）。

暖性反气旋（暖高压），形成于副热带地区，常年存在。它的厚度很大，可达对流层上层，冬季位置偏南，夏季偏北。暖性反气旋控制地区，气流下沉，天气炎热干燥。盛夏季节，当北太平洋副热带高压西伸并加强时，我国东南部广大地区在其控制之下，盛行偏南气流。东南来的气流尽管来自海洋，空气湿度大，但因受下沉气流影响，空气上升受阻，难以形成云雨，天气显得更加闷热。长江中下游河谷夏季酷暑天气的出现与副高暖性反气旋活动有重要关系。当副高势力强大、位置少动时，在它控制下的广大地区就会出现持续的干旱现象，形成所谓伏旱。

亚洲大陆面积辽阔，冬季北部尤其严寒，积累了大量的冷空气，有利于冷性反气旋的形成与发展。冷性反气旋地面气压虽然很高，但因冷空气中气压垂直梯度大，所以只出现于近地面的浅薄气层中，其垂直厚度通常只有 1～1.5 km。冬半年，内蒙古地区很冷，容易产生反气旋，即蒙古高压。从亚洲西北部移来的冷性反气旋，多数与蒙古冷高压合并，势力更加强大。夏季蒙古地面气温较高，不能形成冷性反气旋，而由其他地区移来的冷性反气旋，到达以后也分裂减弱，甚至消失。在中高纬度地区的反气旋内，由于气团干冷，低层大气稳定，云雨不易形成，故多出现晴朗天气。在北半球，冷性反气旋以冬季势力最强大，夏季最弱。当强大的冷性反气旋从高纬地区南移时，冷空气也相随南下，所经之地，出现寒冷天气。冬季，当西伯利亚和内蒙古地区冷性反气旋南下时，我国大部分地区就会受到冷空气的侵袭，并出现降温过程。强冷空气的爆发前锋，在一定时段内使受影响地区产生明显降温，前锋过境后，天晴风小，产生严重霜冻现象，这就是寒潮天气。它易使越冬作物受到低温冻害，所以寒潮属于一种灾害性天气。

第六节　气　　候

气候是指某一地区多年间大气的一般状态及变化特征。它既反映平均情况，也反映极端情况，是各种天气现象的多年综合。气候和天气是两个不同的概念。天气是指一个地区大气中的风雨雷电、冷热阴晴等气象要素和天气现象的短时间的综合状况。从时间尺度上看，气候是时间尺度很长的天气过程，天气则是瞬时或短时间内的大气状态。对于当前气候，规定用刚刚过去的三个十年，共三十年的平均值作为准平均，每过十年更新一次。

气候系统是指由对整个地球气候的形成、分布、特征和变化有直接和间接影响的多个环节组成的物理系统，包括大气圈、水圈、陆地表面、冰雪圈和生物圈等。太阳辐射是这个系统的主要能源。在太阳辐射的作用下，气候系统内部产生一系列的复杂过程，各个组成部分之间，通过物质交换和能量交换，紧密地联结成一个开放系统。气候系统间的相互作用除物理过程外，还有复杂的化学、生物过程等，这些过程在不同时间和空间尺度上有着复杂的反馈机制，并构成一个耦合的气候系统。现在一般把气候系统的特性概括如下：① 热力学特性，如气温、水温、冰温和地温；② 运动学特性，如风、洋流以及相应的垂直运动和冰块运动；③ 含水性，如湿度、云量和云中的含水性、地下水、湖泊水位、陆冰和海冰；④ 静力学特性，如大气和海洋的压力和密度、空气成分、海水盐度等。一般来说，完整的气候系统由大气圈、海洋、冰冻圈、陆面（岩石圈）和生物圈五个部分组成，如图 4-24 所示。

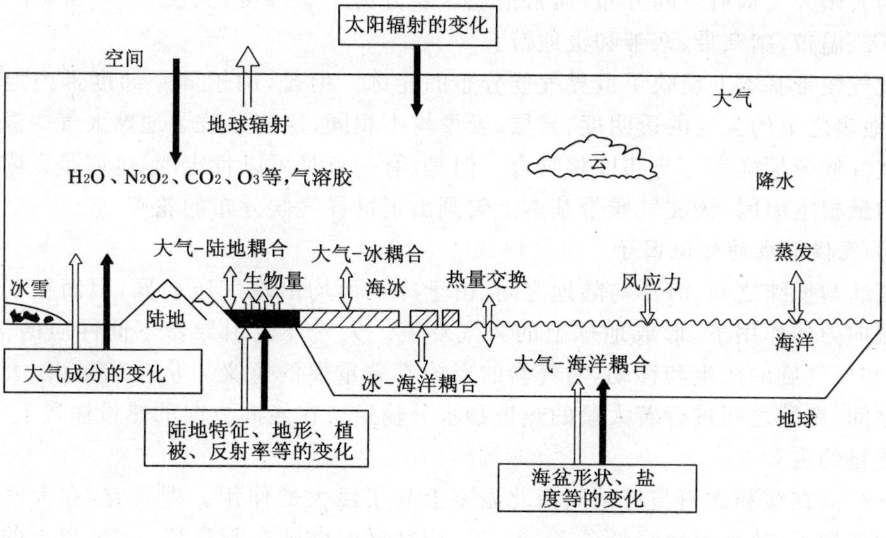

图 4-24　气候系统示意图（据 J. T. Houghton，1984）

一、气候的形成

气候是一种最复杂的自然现象，是自然地理诸要素中一个最重要、最活跃的要素。气候条件不仅决定着土壤、植被类型的形成，改变着地表形态，也影响人类的活动。各项生产建设活动和国防建设无不需要考虑气候的影响。气候已成为一种自然资源，供人类充分利用，为人类造福。但是，气候也有其不利的一面，有时也给人类带来某些灾害，人类通过改变下垫面的状况和低层大气中的某些成分，影响热量和水分状况的收支，从而在一定的区域范围内改变了气候状况，使气候变得更加复杂。如果改变得合理，会使气候向着有利于人类活动的方向发展；如果改变得不合理，破坏了自然界原有的规律，则会使气候对人类造成危害。气候的形成受很多因素的影响，主要包括：辐射因子、环流因子和地理因子。

（一）气候形成的辐射因子

太阳辐射是气候系统的能源，又是一切大气物理过程和现象形成的基本动力，在气候形成中起着主导作用。不同地区的气候差异及气候季节交替，主要是由太阳辐射能在地球表面分布不均匀及其变化引起的。而太阳辐射的时空分布受纬度制约，故气候形成的辐射因子是一种纬度因素。

地球有效温度对形成现阶段的气候系统具有基本的重要性，太阳辐射强度和日地距离决定了太阳常数的大小，加上地表反射率，就决定了地球上具有较为适宜的有效温度，使地球成为太阳系中最具有适合生命繁衍理想条件的行星。

地球表面因辐射平衡温度随纬度和季节的分布形成的简单气候模式，称为天文气候。天文气候排除了大气对太阳辐射的影响，能够反映地球气候的基本轮廓。研究天文气候既可以使问题简化，又能突出太阳辐射对气候形成的实质性作用。太阳天文辐射量的大小主要决定于日地距离、太阳高度和日照时间，是实际辐射情况的基础，是今天世界辐射分布和气候状况的基本轮廓。在这些因子的作用下，同一纬度的天文辐射，日总量、季总量、年总量都相同。即太阳辐射总量具有与纬线圈平行呈带状分布的特点，这是形成气候带的主要原因。根据太阳天文辐射空间分布，通常把地球划分为 7 个纬度（天文）气候带，即赤道带、热带、副热带、温带、副寒带、寒带和极地带。

天文气候带基本上反映了世界气候分布的轮廓。但是，由于同一纬度带内地表性质千差万别，地表之上的大气的透明度、云层、云量均不相同，这就导致了地球大气的温度分布并不像天文气候带那样完全与纬度相吻合。但是，有一点是可以肯定的，这就是太阳辐射是气候形成的最根本原因，天文气候带基本上勾画出了世界气候分布的轮廓。

（二）气候形成的环流因子

在高纬与低纬之间、海洋与陆地之间，由于冷热不均出现气压差异，因而在气压梯度力和地转偏向力的作用下，形成地球上的大气环流。大气环流引导着不同性质的气团活动，锋、气旋和反气旋的产生和移动，对气候的形成有着重要的意义。从全球来讲，大气环流在高低纬之间、海陆之间进行着大量的热量和水分输送。在经向方向的热量输送上，大气环流输送的热量约占 80％。

大气环流在缓和赤道与极地间南北温差上起了巨大的作用。据研究，在大气环流和洋流的共同作用下，热带温度降低了 7～13 ℃，中纬度温度则有所升高，60°N 以上的高纬地区竟升高达 20 ℃。此外，大气环流还调节海陆间的热量。冬半年大陆是冷源，海洋是热源。在盛行海洋气团的沿海地区，热量由海洋输送到大陆，故迎风海岸气温比同纬度内陆高；而在大陆冷风影响下，近陆海面气温比同纬度海洋表面气温低。夏半年大陆是热源，海洋是冷源。热量由大陆输送到海洋，但输送的热量远比冬季海洋向大陆输送得小。这种海陆热量交换是造成同纬度大陆东岸和大陆内部气温显著差异的重要原因。

在副热带，蒸发量大于降水量；在赤道和中高纬度，降水量大于蒸发量。因此要达到水分平衡必须经过大气运动，把水汽从盈余地区输送到亏损地区。由于环流因子的作用，同纬度大陆东西两岸的气候是不同的。一般说来，凡是迎风岸，降水多，温度变化和缓；背风岸，降水少。

大气环流在气候的形成中起着极其重要的作用。在不同的环流控制下就会有不同的气候，即使同一环流系统，如环流的强度发生改变，则它所控制的地区的气候也将发生改变；如环流出现异常情况，则气候也将出现异常。近年来频繁出现的厄尔尼诺/南方涛动、拉尼娜就是显著的实例。

厄尔尼诺一词源自西班牙文“ElNino”，原意是“圣婴”。最初用来表示在有的年份圣诞节前后，沿南美秘鲁和厄瓜多尔附近太平洋海岸出现的一支暖洋流，后来科学上用此词表示在南美西海岸（秘鲁和厄瓜多尔附近）延伸至赤道东太平洋向西至日界线（180°）附近的海面温度异常增暖现象。厄尔尼诺对气候的影响以环赤道太平洋地区最为显著。当厄尔尼诺发生时，热带中、东太平洋海温迅速升高，印度尼西亚、澳大利亚、印度次大陆和巴西东北部均出现干旱，而从赤道中太平洋到南美西岸则多雨。许多观测事实还证明，厄尔尼诺事件通过海气作用的遥相关，还对相当远的地区，甚至对北半球中高纬度的环流变化亦有一定的影响。据研究当厄尔尼诺出现时，会抑制西太平洋和北大西洋热带风暴生成，使得东北太平洋飓风增多；导致加拿大西部、美国北部出现暖冬，使美国南部冬季潮湿多雨；将促使日本列岛及我国东北地区夏季发生持续低温，并在有的年份使我国大部分地区的降水有偏少的趋势。厄尔尼诺是一种全球区域性和周期性发生的海洋异常现象。20 世纪 80 年代以来，厄尔尼诺更是频繁发生，一般 3～7 年一次，每次持续时间一年左右。

拉尼娜（LaNina）是西班牙语“圣女”的音译，又称“反厄尔尼诺”，是指赤道太平洋中部和东部海洋表层水温持续异常降温（连续 6 个月低于多年平均温度 0.5 ℃以下）的现象。当赤道东风和东南信风增强时，东太平洋更多表层的暖海水被吹送到西太平洋，导致更多的下层冷海水补充上表层，表层海水温度因而下降，结果使太平洋东西两侧表层海水的温差加大，形成拉尼娜。拉尼娜发生的次数较少，在过去 100 年里，拉尼娜总共才发生过 4 次，最近的一次发生在 1998 年末。

经过不断探索，人们发现厄尔尼诺现象与南方涛动现象几乎同时发生。在正常情况下，南半球热带东太平洋海平面的气压比较高，西太平洋气压比较低，这种气压一边高一边低、如同跷跷板一样的现象，称为“南方涛动”。厄尔尼诺现象发生时，东太平洋的气压下降，西太平洋的气压则上升，东西两侧气压差减小；拉尼娜现象发生时则相反，东太平洋的气压更高，西太平洋的气压更低，东西两侧气压差增大。

（三）气候形成的地理因子

海洋面积占地球总面积的 71%，陆地面积仅占 29%，所以海陆差异是下垫面最大和最基本的差异。海洋和大陆由于物理性质不同，在同样的辐射之下，它们的增温和冷却有着很大的差异。冬季，大陆气温低于海洋；夏季，大陆气温高于海洋。地理因子通过对辐射因子和环流因子的影响作用于气候。任何气候都与一定的地区相联系，即气候是结合所在的地理环境而出现的。地理环境使得地球气候具有纬度地带性特征，又具有非地带性特征。因此，分析气候成因必须考虑地理环境，以下主要考虑海陆分布、洋流和地形对气候的影响。

海陆分布对气压和风也有明显的影响。气压分布随气温分布而变化。夏季，大陆是热源，海洋为冷源，因此陆上气压低，海上气压高，风从海洋吹向大陆；冬季，海洋是热源，大陆为冷源，海上气压低，陆上气压高，风从陆上吹向海洋。此外，海陆分布对湿度、云量、雾和降水量都有很大的影响，对气候影响显著，这使得在地球上形成了差别很大的大陆性气候和海洋性气候。海洋性气候与大陆性气候的差别在气温方面的表现为：大陆性气候的特点是变化快、变化大，因此大陆性气候的日较差、年较差数值都较大，而海洋性气候则相反。大陆性气候最高温出现在7月，最低温出现在1月，海洋性气候一般最高温出现在8月，最低温出现在2月，气温变化落后于大陆。在同一纬度，春夏的气温，陆上较高，海上较低；相反，冬秋的气温，陆上较低，海上较高。从而大陆性气候具有春温高于秋温的特点，而海洋性气候则有秋温高于春温的特点。在湿度和降水方面，海洋性气候的特征是相对湿度较大，相对湿度年变化小，云量多，降水量多，降水的年变化小，秋冬降水较多。而大陆性气候的特色是，相对湿度较小，相对湿度的年变化大，云量少，晴天多，降水量少，降水的年变化大，夏季降水较多。

洋流是大洋中任一持续不断并主要呈水平流动的海水，它可以从低纬度向高纬度传输热量，又能从高纬地区向低纬地区输送海冰和冷水。据卫星观测，在20°N地带，洋流由低纬向高纬输送的热量占地-气系统总热量传输的74%，而在30°～35°N洋流传输的热量是总传输热量的47%，因此，洋流对气候的形成具有重要作用。洋流的热量输送对大陆东西岸的气温差异起着很大的作用。自低纬度流向中高纬的暖洋流，使所经海面及其邻近地区气温偏高，而自中高纬度海域流向低纬度的冷洋流使所经海面及邻近地区气温偏低。最显著的例子是墨西哥湾流使55°～70°N之间的欧洲西岸冬季温度保持在0 ℃以上，比同纬度大陆东岸高16～20 ℃。因而使位于70°N的摩尔曼斯克港全年不封冻，深入极圈的斯匹次卑尔根附近(81°N)夏季不结冰。一般来说，由于大洋两岸洋流性质不同，温带纬度大洋西岸温度低于东岸，副热带纬度则大洋东岸温度低于西岸。当然，两岸温度差异也与陆地上的环流特征有关。冷暖洋流对所经过之地的降水也有较大影响。经过洋流上空的气团，由于海-气温度差异将发生变性。冷空气在暖洋流上通过将逐渐变为暖湿海洋性气团，当它移向大陆时易于发生降水。当空气与冷洋流接触则增加其稳定性，一般难以致雨但多雾，使海雾成为冷洋流或冷水海岸带的气候特征之一。澳大利亚、非洲和南美西岸干旱荒漠气候的形成都与沿岸冷洋流有关。

地形对气候的影响是多方面的，也是错综复杂的。主要表现在如下几个方面：① 高度、坡度、坡向的不同影响辐射能的收支，进而影响地温和气温；② 地形对风的机械作用，迫使气流上升或下降，影响云、雾、降水的分布；③ 高耸庞大的地形，往往是气流运行的障碍，因而一山之隔，气候悬殊，从而形成气候的分界线。地形对气温的影响，主要表现在随海拔升高而气温降低。地形对降水也有显著影响，水汽含量通常随海拔高度增加而减少，所以面积辽阔的高原内部降水量一般较少。山地降水量与高原不同，迎风坡降水量显著高于背风坡，在同一坡向上，降水有随高度而增加的趋势。

二、气候的变化

短期内，气候的起伏发生大幅度的变化而大大超过平均状况，这种现象称为气候异常或气候反常。从时间尺度和研究方法来看，地球气候变化史可分为三个阶段，即地质时期、历史时期和近代。

地质时期的气候变化指距今22亿年至1万年的气候变化，其气候变化幅度很大，它不但形成了各种时间尺度的冰河期和间冰期的相互交替，同时也相应地存在着生态系统、自然环境等的巨大变迁。地质时期的气候体现了大气、海洋、大陆、冰雪和生物圈等组成的气候系统的总体变化。

历史时期的气候变化自第四纪更新世晚期，距今1万年左右时期开始，全球进入冰后期，并有两次大的波动。一是公元前5000年到公元前1500年的最适气候期，当时气温比现在高3～4 ℃；二是15世纪以来的寒冷气候，其中1550～1850年为冰后期以来的寒冷期，为小冰河期，气温比现在低1～2 ℃。根据1×10^4年挪威雪线的变化，有人把历史时期的四次比较寒冷的时期比拟为冰期，每两次寒冷期之间为相对温暖时期，如图4-25所示。

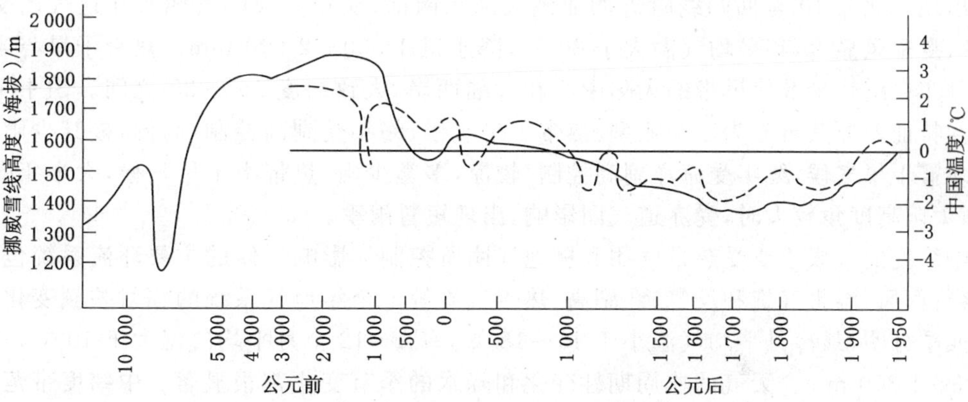

图4-25　1×10^4年来挪威雪线高度和近5000年来中国气温变化图

近百年来由于有大量的气温观测记录，区域和全球的气温序列不必再用代用资料。尽管观测资料和处理方法不同，所得结论也不尽相同。但总的趋势是从19世纪末到20世纪40年代，世界气温出现明显的波动上升现象，40年代达到顶点，此后世界气候有变冷现象，进入60年代以后，高纬度地区气候变冷趋势更加显著，进入70年代以后，世界气候又趋暖，到1980年以后，世界气温增暖形势更为突出。

气候变化的原因可能是自然的内部进程，或是外部强迫，或者是人为地持续对大气组成成分和土地利用的改变，既有自然因素，也有人为因素。气候变化与太阳辐射、大气环流、下垫面性质和人类活动紧密相关。

太阳辐射是地球接受的唯一外界能源，太阳辐射强度的变化、太阳活动的周期性变化和日地相对位置的变化，都可能成为气候变化的原因。引起太阳辐射变化的条件是多方面的，如太阳活动的变化，火山活动引起大气透明度的变化（减弱到达地面的太阳辐射），地球轨道要素的变化等。人类活动对气候的影响是通过对下垫面和大气（成分和能量）的影响而实现的。下垫面的改变会对气候产生影响，如植被的改变。每种植被都有其自身的反射率、粗糙度、土壤持水能力等，从而形成地气之间固有的辐射、热量和水分的平衡关系。人工灌溉和兴建水库会对局部气候产生影响。

三、气候的类型

遵循求大同、存小异的原则，将全球气候按某种标准划分成若干类型，叫气候分类。根据气候的成因，全球气候分为3个气候带、16个气候型以及高地气候。

低纬度的气候主要受赤道气团和热带气团所控制。影响气候的主要环流系统包括：赤道辐合带、沃克环流、信风带、赤道西风带、热带气旋和副热带高气压。根据这些系统的季节移动，低纬度气候可分为以下五种类型。

赤道多雨气候出现于南、北纬5°～10°以内，分布在刚果河流域、亚马孙河流域及印度尼西亚等；受赤道气团控制，年平均气温26 ℃，年降水量大于2 000 mm。热带海洋性气候出现于南北纬10°～25°信风带大陆东岸及热带海洋中的一些岛屿上，如加勒比海沿岸、巴西高原东侧、马达加斯加东岸、夏威夷、澳洲东北沿岸等；终年受热带海洋气团和信风控制。热带干湿季气候出现于南北纬5°～15°之间，分布于赤道多雨带外围的中南美洲、非洲；受信风控制时，盛行热带大陆气团，为干季；太阳高度角较大时，受赤道气团控制，为雨季。热带季风气候出现于北纬10°至回归线附近的亚洲大陆东南部，受热带大陆气团和赤道气团交替控制，冬、夏季风显著，年平均气温大于20 ℃，降水量1 500～2 000 mm。热带干旱与半干旱气候分布在副热带及信风带的大陆中心和大陆西岸，大致纬度15°～25°之间。因干旱程度和气候特征差异其再分为三个亚型：热带干旱气候，终年受副高控制，高温，极其少雨；热带西岸多雾干旱气候，终年受海洋副高控制，较凉，多雾少雨；热带半干旱气候，大半年受副高控制，太阳高度角较大时，受赤道气团影响，出现短暂雨季。

中纬度的气候主要受热带气团和极地气团所控制。影响气候的主要环流系统包括：极锋、盛行西风、温带气旋和反气旋、副高、热带气旋等。全年地气系统的辐射差额变化较大，因此四季分明，最冷月平均气温小于15～18 ℃，有4～12个月平均气温大于10 ℃，年蒸发量525～1 300 mm。天气的非周期性变化和降水的季节变化都很显著。中纬度带范围广，气候形成因子复杂，气候类型也多种多样。

副热带干旱与半干旱气候分布在热带干旱气候向高纬度的一侧即南北纬25°～35°的大陆西岸和内陆，受副高和信风控制而成。因干旱程度不同，其又分为副热带干旱气候和副热带半干旱气候两种亚型。副热带干旱气候，比热带干旱气候凉季气温较低，有少量气旋雨；副热带半干旱气候，比副热带干旱气候气温更低些，雨量更多些。副热带季风气候分布在副热带亚欧大陆东岸25°～35°，受热带海洋气团和极地大陆气团交替控制，夏湿热、冬温干，四季分明，夏雨较集中（>750～1 000 mm）。副热带湿润气候主要分布在南北纬20°～35°间的南北美洲、非洲和澳洲东岸，因海陆热力性质差异不显著，未形成季风气候，降雨季节分配较均匀，冬夏温差较小。副热带夏干气候（地中海气候）分布在副热带大陆西岸30°～40°之间，受副高（夏季）和西风带（冬季）交替控制，冬暖湿润，夏热干燥，年降水量300～1 000 mm。温带海洋性气候出现在温带大陆西岸40°～60°之间，终年盛行西风，受温带海洋气团控制，冬暖夏凉，全年降水较均匀，约750～1 000 mm。温带季风气候分布在亚欧大陆东岸35°～55°之间地带，受温带大陆气团（冬季）和温带海洋气团或变性热带海洋气团（夏季）的交替控制，季风显著，冬寒冷干燥，夏温暖多雨，而且夏雨集中，气温年较差较大。温带大陆性湿润气候分布在40°～60°的亚欧大陆温带海洋性气候的东侧，以及北美100°W以东的温带地区。冬受极地大陆气团控制而寒冷，有少量气旋雨；夏受热带海洋气团影响，降水稍多，但不如季风气候集中。温带干旱与半干旱气候分布在35°～50°的亚洲和北美大陆中心，终年受温带大陆气团控制，气候干燥，夏热冬寒，气温年较差很大。此类型又可分为两个亚型：温带干旱气候，主要景观是荒漠，年降水量小于250 mm；温带半干旱气候，主要景观是矮草草原，年降水量250～500 mm。

高纬度的气候主要受极地气团和冰洋气团所控制。冰洋锋上有气旋活动。全年地气系统的辐射差额为负值，终年低温无夏，降水少，蒸发微弱，年蒸发量小于525 mm。

副极地大陆性气候主要位于北纬50°/55°～65°的地区，蒸发量、降水量都少，冬季漫长而严寒，暖季短促，为针叶林景观。极地苔原气候分布在亚欧大陆、北美大陆北部边缘，格陵兰沿海、北冰洋的一些岛屿、南半球高纬的几个群岛，都属于苔原景观。极地冰原气候出现在格陵兰、南极大陆、北冰洋靠近北极的岛屿上，是冰洋气团和南极气团源地，全年严寒。

高地气候出现在55°S～70°N之间的大陆高山高原地区，在北半球中纬度地区分布较广，在南半球主要分布于安第斯山脉；高地地带随着高度的增加，气候要素也随之发生变化，导致高山气候具有明显的垂直地带性。

第七节　GIS在气象学中的应用案例

GIS技术在气象领域的应用也越来越广泛，气象工作者开始认识到地理信息技术的使用价值，已将其广泛应用于历史气象资料的管理、显示、查询、自动制图、统计分析以及农业气候资源区划、气候建模分析评价等方面。GIS技术可以用于直观地以地图的方式查看天气预报，基于WebGIS的气象服务信息发布，还可以应用于专业的气象分析预报、气象专家系统等。气象信息与空间信息的结合已经密不可分。

一、GIS在气象学中的应用概述

1. 基于GIS空间数据库的气象资料管理

一般可以用GIS管理的气象数据主要有气象监测站点、气象历史与实时数据、气象卫星影像数据、空气质量评价等级、空气质量标准、法规及条例、决策项目和边界条件数据、空气污染预测数据。

2. 基于GIS的农业气候区划

GIS的空间分析模块提供了高级的栅格建模和分析功能，矢量数据和栅格数据可以互相转换。在农业气候区划中，GIS技术不仅只限于制图和空间数据库的简单查询，而且可以空间以及属性数据的分析操作为特征，进行空间数据的叠加分析、缓冲区分析等以重新分析出新的信息，产生专题地图，为科学决策提供依据。

3. 基于GIS的气候状况跟踪

GIS跟踪分析功能为复杂的跟踪应用提供了基于时间数据的可视化和分析工具。此功能对历史数据库中或实时采集的时间数据进行观察和分析，并能够随着时间变化显示追踪要素的移动轨迹，以及某个时间段特定位置的关键值的变化。其可以应用在很多领域，如显示和分析台风轨迹及风力变化。

4. 基于GIS的灾害和灾情评估

气象灾害活动最为频繁，分布最为广泛，对全球影响较大的气象及衍生灾害主要包括洪涝、干旱、台风、暴雨、雷电等。利用GIS技术进行灾害监测，建立灾害损失评估模型和进行情景分析，使灾害损失模型的建立向定量化方向发展，为防灾减灾规划和决策的制定提供科学依据。

5. 基于 GIS 的大气成分变化趋势预测

GIS 中地理统计功能提供了基于空间数据的统计学工具，用于对三维空间离散点插值生成连续表面，并进行概要统计、趋势分析及图形显示预测表面等，可以实现预测表面的产生，并对预测表面的结果进行误差估计。同时，也可以通过实际采样值，对预测模型进行评价。

下面以 GIS 中的插值技术为例，说明其在气象数据分析中的应用。

二、插值原理

空间插值常用于将离散点的测量数据转换为连续的数据曲面，以便与其他空间现象的分布模式进行比较。气象要素数据如气温、降水等，由于气象站点的数量有限，并且空间分布是离散的，所以通常利用空间插值的方法，以期获得连续有序的空间数据。空间插值包括空间内插和外推两种算法。空间内插算法是通过已知点的数据推求同一区域未知点数据；空间外推算法是通过已知区域的数据，推求其他区域数据。

空间插值方法分为两类：一类是确定性方法，另一类是地质统计学方法。确定性插值方法基于信息点之间的相似程度或者整个曲面的光滑性来创建一个拟合曲面，比如反距离加权平均插值法（IDW）、趋势面法、样条函数法等，确定性插值方法的特点是在样本点处的插值结果和原样本点实际值基本一致。地质统计学插值方法利用样本点的统计规律，使样本点之间的空间自相关性定量化，从而在待预测的点周围构建样本点的空间结构模型，比如克里金（Kriging）插值法。GIS 的 SpatialAnalyst 工具中有相应的插值模块，以下为几个常用插值方法的数据原理介绍。

1. 反距离加权插值

反距离加权法（IDW）是一种简单而常用的插值方法，是以插值点与样本点之间的距离为权重进行加权平均，插值点越近的样本点赋予的权重越大，其权重贡献与距离成反比，其公式如下：

$$Z=\frac{\sum_{i=1}^{n}\frac{1}{(d_i)^p}Z(x_i)}{\sum_{i=1}^{n}\frac{1}{(d_i)^p}}$$

式中，Z 为插值点 API 估计值，$Z(x_i)$ 为第 $i(i=1,2,\cdots,n)$ 个点的 API 实测值，n 为用于插值的点个数，d_i 为插值点到第 i 个点的距离，p 为距离的幂。

2. 样条函数插值

样条函数插值法使用一种数学函数，对一些限定的点值，通过控制估计方差，利用一些特征节点，用多项式拟合的方法来产生平滑的插值曲线，公式如下：

$$Z=\sum_{i=1}^{n}A_i d_i^2 \lg d_i + a + bx + cy$$

式中，Z 为待估计点空气污染指数（API）值，d_i 为插值点到第 i 个点的距离，$a+bx+cy$ 为 API 的局部趋势函数，x、y 为插值点的地理坐标，$\sum_{i=1}^{n}A_i d_i^2 \lg d_i$ 为一个基础函数，通过它可以获得最小化表面的曲率，A_i、a、b、c 为方程系数，n 为用于插值的观测站点数目。本书选择张力样条插值法以避免产生极值现象。

3. 克里金插值

克里金插值不同于反距离权重插值和样条函数插值，前两种插值是确定性插值，克里金插值是一种基于统计学的插值方法。克里金插值分为普通克里金法和通用克里金法，普通克里金法是最普遍和应用最广的克里金插值方法，它是以空间自相关为基础，利用原始数据和变异函数的结构性，对区域化变量的未知样本点进行无偏估值的插值方法，公式如下：

$$Z=\sum_{i=1}^{n}\lambda_i Z(x_i)$$

其中，Z 为待估计点的 API 值，λ_i 为每个站点 API 的一组权重系数，n 为用于 API 插值的点数目，$Z(x_i)$为站点的 API 值。

三、应用案例

空气污染指数，就是将常规监测的几种空气污染物浓度简化成为单一的概念性指数值形式，并分级表征空气污染程度和空气质量状况。根据我国空气污染特点和防治重点，我国空气质量监测体系包含的污染指标有二氧化硫（SO_2）、二氧化氮（NO_2）和可吸入颗粒（PM10）等。API 反映空气质量的好坏，指数越大空气污染越重，指数越小空气质量相对越好。它将抽象的空气环境质量转化为具象的数值，可广泛地被公众理解和接受。由于 API 观测站分布的密度及位置原因，不可能任何空间地点的 API 数据都能实测得到，需要用插值来了解区域内的完整空间分布。

《基于 GIS 的中国 API 指数时空分布规律研究》一文中，从中国环境监测总站（网址为：http://www.cnemc.cn）公布的空气质量日报中收集了 2009 年 1 月 1 日至 2012 年 12 月 31 日的 API 数据，对中国境内除去台湾省、香港特别行政区、澳门特别行政区以及各岛屿和领海的所有地区进行插值分析。

2009 年中国环境监测总站公布 86 个城市的 API 数据，2011 年 2 月 11 日起重点城市增加为 120 个。文中逐年抽取各月 1、5、10、15、20 和 25 日六天的 API 数据作为基础数据，对于有数据缺失的日期，用其相邻日期的数据进行替换（如用 2010 年 3 月 9 日的数据替换数据缺失的 3 月 10 日数据等），对新增加的 34 个城市，从 2011 年 2 月开始统计，且 2011 年 2 月选取了 11、14、17、20、23 和 26 日的数据作为研究基础数据。各月 API 数据用各月份 6 天的基础数据取平均数计算得来，月均 API 数据取各月份 API 数据平均值，季 API 数据为各年四个季节的月均 API 数据的平均值，季均 API 数据为各个年份同一季节 API 数据的平均值。

为了更精确地模拟出 API 的时空分布，分别采用反距离加权法（IDW）、样条函数法（spline）和普通克里金法（ordinary kriging）的球状模型、圆模型、指数模型和高斯模型进行空间插值，对插值结果进行交叉检验，通过比较平均绝对误差（MAE）和均方根误差（RMSE），选取最优的插值方法进行研究。

由表 4-1 的交叉验证结果可知，根据 MAE 各法的排序为 SPLINE＞IDW＞OK（指数模型＞高斯模型＞球状模型＞圆模型），其平均值分别为 0.477、0.471、0.133、0.127、0.122、0.118，最高值是最低值的 4.04 倍，差异极大；按 RMSE 的排序为 IDW＞OK（球状模型＞圆模型＞高斯模型＞指数模型）＞SPLINE，其平均值分别为 12.002、12.001、11.917、11.869、11.862、11.403，最高值仅是最低值的 1.05 倍，差异极小。综合分析：样条函数模型的 RMSE 最小，但是 MAE 最大，故误差较大；普通克里金法圆模型 MAE 最小，RMSE 仅是最小值的 1.045 倍，差距很小，故选用普通克里金法的圆模型进行空间插值。

表 4-1　120 个监测城市月均 API 交叉检验结果

月份	IDW		SPLINE		球状模型		圆模型		指数模型		高斯模型	
	MAE	RMSE	MAE	RMSE	MAE	RMSE	MAE	RMSE	MAE	RMSE	MAE	RMSE
1	0.943	18.686	0.396	17.039	0.012	18.826	0.001	18.757	0.003	18.501	0.152	18.285
2	0.756	14.892	0.378	13.379	0.165	14.783	0.002	13.488	0.053	13.458	0.01	13.484
3	0.378	10.309	0.379	10.261	0.291	10.796	0.449	10.71	0.447	10.719	0.345	10.943
4	0.119	11.716	0.403	11.108	0.114	11.337	0.086	11.611	0.106	11.498	0.103	11.296
5	0.105	9.642	0.49	9.362	0.062	9.537	0.041	9.566	0.016	9.388	0.08	9.478
6	0.184	9.585	0.641	8.984	0.037	9.209	0.026	9.216	0.078	9.205	0.047	9.27
7	0.887	9.389	0.661	8.821	0.091	9.225	0.12	9.202	0.175	9.215	0.084	9.227
8	0.286	9.04	0.352	8.927	0.263	9.267	0.271	9.329	0.233	9.308	0.259	9.323
9	0.568	9.786	0.459	9.608	0.218	9.835	0.183	9.817	0.222	9.826	0.205	9.828
10	0.411	10.407	0.387	10.232	0.011	10.22	0.005	10.299	0.135	10.169	0.045	10.281
11	0.579	14.944	0.631	14.093	0.133	15.193	0.129	15.184	0.118	15.25	0.128	15.18
12	0.432	15.624	0.546	15.027	0.062	15.78	0.107	15.823	0.007	15.809	0.065	15.838
平均值	0.471	12.002	0.477	11.403	0.122	12.001	0.118	11.917	0.133	11.862	0.127	11.869

根据空气环境质量标准、各项污染物的生态环境效应及对人体健康的影响，将 API 划分为五级七档，各分级标准如表 4-2 所示。

表 4-2　API 分级标准表

API 值	空气质量级别	空气质量状况	对健康的影响	建议采取的措施
0～50	Ⅰ	优	基本无影响	可正常活动
51～100	Ⅱ	良		
101～150	Ⅲ1	轻微污染	易感人群症状有轻度加剧，健康人群出现刺激症状	心脏病和呼吸系统疾病患者应减少体力消耗和户外活动
151～200	Ⅲ2	轻度污染		
201～250	Ⅳ1	中度污染	心脏病和肺病患者症状显著加剧，运动耐受力降低，健康人群中普遍出现症状	老年人和心脏病、肺病患者应停留在室内，并减少体力活动
251～300	Ⅳ2	中度重污染		
>300	Ⅴ	重污染	健康人运动耐受力降低，有明显强烈症状，提前出现某些疾病	老年人和病人应当留在室内，避免体力消耗，一般人群应避免户外活动

以季均 API 数据为例，采用普通克里金法的圆模型对 120 个城市插值后的季均 API 依照表 4-2 的标准进行分级后可以发现，各季的 API 存在明显差异：API 分布在0～150 之间，且主要分布在 51～100 之间，0～50 及 101～150 的分布区域较少；各季节空气环境质量状况差异较大，总体夏季最好、秋季次之、冬季最差。

API 在 101～150 的分布区域差异较大，冬季分布面积最大、春季次之、夏秋两季均没有分布。春季主要分布在兰州和西宁的连续区域，冬季分布面积大、范围广，主要分布在：以乌鲁木齐为中心的跨越新疆、内蒙古及甘肃的大面积区域；以兰州为中心的包括兰州、青海、宁夏及四川的广大区域；陕西、湖北、山西及河南四省相连组成的区域；河南、山东和河北组成的小面积分布区域。API 在 0～50 的分布区域差异较小，在各季均有分布，夏季面积最大，春季次之，冬季最小；春季主要分布在海南、广东及广西沿海地区、西藏拉萨及周边地区；夏季主要分布在海南，中国东南地区包括广东、福建、广西、江西及云南的广大区域，西藏及其周边的青海和新疆部分地区，东北的黑龙江和吉林部分地区，山东威海小面积区域；秋季主要分布在海南，广东湛江南部，西藏拉萨及其周边部分地区；冬季主要分布在海南，广东东南沿海地区，西藏拉萨及其周边部分区域。

思考题

1. 简述大气的垂直分层结构及各层的特点。
2. 什么是逆温？产生逆温的原因有哪些？
3. 简述降水的形成过程。
4. 简述锋、锋的类型及锋面天气。
5. 简述温带气旋与热带气旋的差别。
6. 气候形成的影响因素有哪些？
7. 简述 GIS 在气象学中的应用。

主要参考文献

[1] 郭达志. 地理信息系统原理与应用[M]. 徐州：中国矿业大学出版社，2002.
[2] 郭忻怡，闫庆武，谭晓悦，等. 基于 DMSP/OLS 与 NDVI 的江苏省碳排放空间分布模拟[J]. 世界地理研究，2016，25(4)：102-110.
[3] 刘永伟，闫庆武，黄杰，等. 基于 GIS 的中国 API 指数时空分布规律研究[J]. 生态环境学报，2013，22(8)：1386-1394.
[4] 毛明海. 自然地理学[M]. 杭州：浙江大学出版社，2009.
[5] 申婷，闫庆武，李飞雪. 晋陕蒙地区 $PM_{2.5}$ 遥感反演与时空分布研究[J]. 干旱区资源与环境，2022，36(2)：99-104.
[6] 汤国安，杨昕. ArcGIS 地理信息系统空间分析实验教程[M]. 2 版. 北京：科学出版社，2012.
[7] 吴焕萍. GIS 技术在气象领域中的应用[J]. 气象，2010，36(3)：90-100.
[8] 伍光和，王乃昂，胡双熙. 自然地理学[M]. 4 版. 北京：高等教育出版社，2008.
[9] 杨桂菊，石伟伟，黄骞. GIS 技术在气象领域应用综述[J]. 广西师范学院学报(自然科学版)，2014，31(1)：67-72.
[10] 周淑贞. 气象学与气候学[M]. 3 版. 北京：高等教育出版社，1997.

第五章 海洋与陆地水

水是地球表面分布最广和最重要的物质，并作为最活跃的因素参与地理环境形成发展过程，在所有自然地理过程中都不可或缺。介于大气层和岩石圈之间的海洋、湖泊、江河、沼泽、地下水和冰川等液态水和固态水组成了地球水圈。地球水圈中的水体处于不间断的循环运动之中。正是由于这种永不停息的大规模水循环，才使得地球表面沧桑巨变，万物生机盎然。水循环是生态系统中最重要的循环之一，从微观角度看，一切生命物质成分的90%是水。水是生物群落生命的载体，又是能量流动和物质循环的介质。自然界中水的变化、运动等各种现象叫作水文，水文学现在一般指研究自然界水的时空分布、变化规律的一门学科。水文地理学(hydrogeography)是研究地球表面各类水体性质、形态特征、变化和时程分配以及地域分异规律的学科，也是水文学下属的分支学科，是用地理学的原理、观点和方法综合、系统地去研究水文现象的一般规律。

第一节 水分循环和水量平衡

地球上除了存在于各种矿物中的化合水、结合水以及为深部岩石所封存的水分以外，海洋、河流、湖泊、地下水、大气水分和冰，共同构成地球的水圈。其中海洋是水圈的主体，它的面积约占全球面积的71%，容纳了地球上97%以上的水。陆地水虽然相对少得多，但在自然地理环境中仍然是重要的组成部分。

地球上的水以气态、液态和固态三种形式存在于空中、地表与地下，如海洋水、河流水、湖泊水、沼泽水、土壤水、地下水、冰川水、大气水以及存在于动、植物有机体内的生物水。这些水体，通过水循环组成了一个统一的相互联系的包围地球的水圈。

一、水分循环

地球上各种形态的水，在太阳能和地球表面热能的作用下，不断被蒸发成为水蒸气，进入大气。水蒸气遇冷又凝聚成水，在重力的作用下，以降水的形式落到地面。海洋是水的主要来源，太阳辐射使水蒸发并进入大气，风推动大气中的水蒸气的移动和分布，并以降水形式落到海洋和大陆。地球上的水在太阳辐射、重力等作用下，通过蒸发、水汽输送、凝结降水、下渗以及径流等环节，不断地发生相态转换和周而复始运动的过程，称为水分循环，简称水循环。大陆上的水可能暂时贮存于土壤、湖泊、河流和冰川中，或者通过蒸发、蒸腾进入大气，或以液态经过河流和地下水最后返回海洋。地球上各类水体，通过水循环形成了一个连续而统一的整体。

水循环分为大循环和小循环。从海洋蒸发出来的水蒸气，被气流带到陆地上空，凝结为雨、雪、雹等落到地面，一部分被蒸发返回大气，其余部分成为地面径流或地下径流等，最终回归海洋。这种海洋和陆地之间水的往复运动过程，称为水的大循环。仅在局部地区(陆地或海洋)进行的水循环称为水的小循环，小循环又可以分为陆地小循环与海洋小循环。小循环是指水体在局部地区(海洋或陆地)内完成的循环过程。海洋小循环就是从海洋表面蒸发的水汽,在空中凝结,以降水形式降落回海洋上的循环过程;陆地小循环就是从陆地上蒸发的水汽,在空中凝结,以降水形式降落回陆地上的循环过程。环境中水的循环是大、小循环交织在一起的,并在全球范围内和在地球上各个地区内不停地进行着。由于地球上太阳辐射的强度不均匀,不同地区的水循环的情况也就不相同。如在赤道地区太阳辐射强度大,降水量一般比中纬地区多,尤其比高纬地区多。水循环在塑造地表形态的作用中占有极为重要的地位。海洋、河流、湖泊以及冰川等地表水是改造地表形态和盆地沉积等地质过程的主要营力,其作用主要包括侵蚀、搬运和沉积三个阶段。而地下流体和部分地表水则对矿产形成有着积极的作用。图 5-1 为全球水循环的示意图。

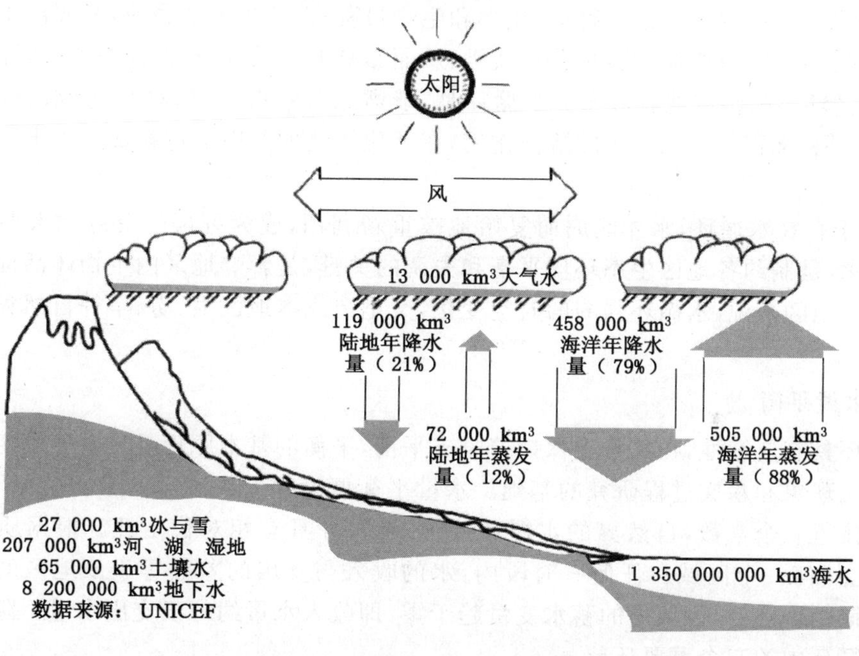

图 5-1　全球水循环过程和数量

影响水循环的因素很多。自然因素主要有气象条件(大气环流、风向、风速、温度、湿度等)和地理条件(地形、地质、土壤、植被等)。人为因素如人类构筑水库,开凿运河、渠道、河网,以及大量开发利用地下水等,改变了水的原来径流路线,引起水的分布和运动状况的变化,对水循环也有直接或间接的影响。农业的发展和森林的破坏则会引起蒸发、径流、下渗等过程的变化。城市和工矿区的大气污染和热岛效应也可改变本地区的水循环状况。人类生产和消费活动排出的污染物通过不同的途径进入水循环。矿物燃料燃烧产生并排入大气的二氧化硫和氮氧化物,进入水循环能形成酸雨,从而把大气污染转变为地面水和土壤的污染。大气中的颗粒物也可通过降水等过程返回地面。土壤和固体废物受降水的冲洗、淋溶等作用,其中的有害物质通过径流、渗透等途径,参加水循环而迁移扩散。人类排放的工业废水和生活污水,使地表水或地下水受到污染,最终使海洋受到污染。

水循环的基本动力是太阳辐射和重力作用,水循环涉及整个水圈,并深入大气圈、岩石圈及生物圈,同时通过无数条路线实现循环和相变。从全球看,水循环是个闭合系统,但从局部地区看水循环又是一个开放系统。地球上的水在循环过程中，总携带着一些物质一起运动，不过这些物质并不像水循环那样构成完整的循环系统。

水循环对地球上的生物和其他圈层具有重要的意义：

① 水循环不仅将地球上的各种水体组合成连续、统一的水圈，而且在循环过程中渗入大气圈、岩石圈与生物圈，将地球上的四大圈层联系在一起，形成相互联系、相互制约的统一整体。

② 地球上的水循环是具有全球意义的能量传输过程。水循环通过对地表太阳辐射能的重新再分配，使不同纬度热量收支不平衡的矛盾得到缓解。

③ 水循环是海陆间联系的主要纽带。海洋通过蒸发，源源不断地向大陆输送水汽，形成降水，进而影响陆地上一系列物理、化学和生物过程；而陆地上的径流，又源源不断地向海洋输送大量的泥沙、有机质和各种营养盐类，从而影响海水的性质、海洋沉积、海洋生物等。

④ 水循环不断塑造地表形态。水循环是“雕塑家”，水循环过程中的流水通过冲刷、侵蚀作用、搬运和堆积作用以及水的溶蚀作用，在地质构造的基底上重新塑造了丰富多彩的地表形态。

⑤ 由于存在水循环，水才能周而复始地被重新利用，成为可再生资源。水循环的强弱和时空变化，是制约各地区生态环境平衡和失调的关键，是影响地区内生物体活动的主要因子。对同一地区来说，水循环强弱的时空变化，又是造成本地区洪、涝、旱等自然灾害的主要原因。

二、水量平衡

水循环具有连续性，在数量上保持着收支平衡，平衡的基本原理是质量守恒定律。水量平衡是水文现象和水文过程研究的基础。水量平衡概念建立在现今的宇宙背景下，地球上的总水量接近一个常数，自然界的水循环持续不断，并具有相对稳定性。根据质量守恒规律，地球上任何一个区域在任何一时段内，水的收入与支出的差额等于该地区的储水变化量。从长期的观点看，区域内的蓄水变量趋于零，即收入水量约等于支出水量。降水、蒸发、径流是水循环中的三个重要环节。

基于上述水量平衡原理，对于任何一个区域，可列出如下水量平衡方程：

$$I-Q=\Delta S$$

式中，I 为水的收入项；Q 为水的支出项；ΔS 为研究时段内该区域的蓄水变化量。式中收入项和支出项可视具体情况进一步细分。下面以陆地上任一地区为研究对象，取其三度空间的闭合柱体，其上界为地表，下界为无水分交换的深度。这样，任一闭合柱体任一时间内的水量平衡方程式为：

$$(P+R_{表}+R_{地下})-(E+R'_{表}+R'_{地下}+q)=\Delta S$$

式中，P 为时段内降水量；$E=E_2-E_1$，E_1、E_2 为时段内水汽凝结量和蒸发量；$R_{表}$ 和 $R'_{表}$ 分别为时段内地表径流入与流出的水量；$R_{地下}$ 和 $R'_{地下}$ 分别为时段内从地下流入与流出的水量；q 为时段内工农业及生活净用水量；$\Delta S=S_2-S_1$，S_1、S_2 分别为时段内始末蓄水量。

根据 UNICEF 公布的全球水量平衡数据，全球水量平衡具有以下特点：① 海陆降水量之和等于海陆蒸发量之和，说明全球水量保持平衡，基本上长期不变；② 海洋蒸发量提供了海洋降水量的 85%和陆地降水量的 89%，海洋是大气水分和陆地水的主要来源；③ 陆地降水量中只有 11%来自陆地蒸发，说明大陆气团对陆地降水的作用远远不及海洋气团的影响；④ 海洋蒸发量大于降水量，陆地蒸发量小于降水量，海洋和陆地水最后通过径流达到平衡。地表径流入海是维持海陆水分平衡的决定性条件。

无论是海洋或陆地上，不同纬度的降水量和蒸发量都有差异。图 5-2 所示为按纬度划分的实际降水量和蒸发量的分布情况。上面两条曲线代表全球降水量和蒸发量的纬度分布，下面两条曲线表示陆地赤道地区降水量和蒸发量的纬度分布。上面两条曲线间的面积代表海洋水分变化量，下面两条曲线间的面积代表陆地水分变化量。图 5-2 表明赤道地区，特别是 0°～10°N 一带水分过剩；相当于副热带高压区的 10°～40°N(S)间蒸发超过降水，而南半球比北半球更显得水分不足。两个半球 40°～90°的降水又超过蒸发，出现水分过剩，南半球更为突出。两极地区降水和蒸发量均少，并接近平衡。

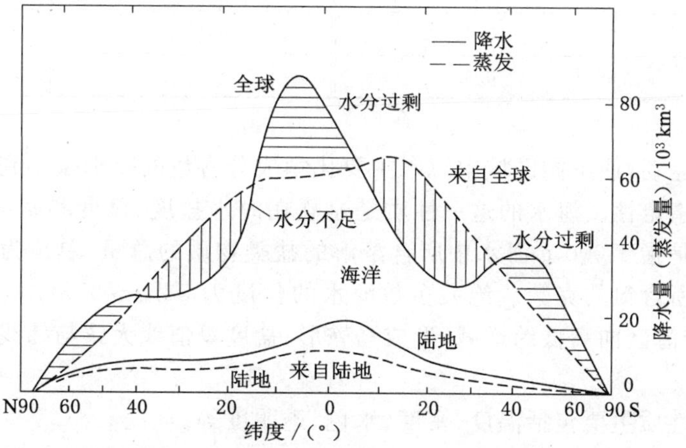

图 5-2　全球水量与蒸发量的纬度变化(据 R. Mather)

第二节　海　　洋

海洋是水圈的主体，是全球水循环的主要起点和归宿，也是各大陆外流区的岩石风化产物最终的聚集场所。海洋在自然地理环境的物质输送和能量交换中起着重要的作用。地球表面连续的广阔水体称为洋，洋是世界大洋的中心部分和主体部分，它远离大陆，深度大，面积广，不受大陆影响，是具有较稳定的理化性质和独立的潮汐系统以及强大洋流系统的水域。世界大洋分为 4 个部分，即太平洋、大西洋、印度洋和北冰洋。大洋的边缘因为接近或伸入陆地而或多或少与大洋主体相分离的部分称为海，海是洋的组成部分。海是靠近大陆，深度浅(一般小于 3 000 m)，面积小，兼受洋、陆影响，具有不稳定的理化性质，潮汐现象明显，并有独立海流系统的水域。根据海与大洋分离的情况和其他地理标志，可以将海分为内海、边缘海、外海和岛间海。

一、海水的组成和理化性质

海水是一种成分复杂的混合溶液，是含有多种溶解固体和气体的水溶液，其中水约占 96.5%，其他物质占 3.5%。氯、钠、镁、硫、钙、钾、溴、碳、锶、硼、硅、氟等 12 种元素是海水的主要元素，约占海水化学元素总量的 99.9%，这 12 种主要元素之间的比例几乎不变。海水中还有少量有机和无机悬浮固体物质。目前已测定或估计出含量的溶解在海水中的化学元素约有 80 种(表 5-1)。通常把每升海水中含量在 100 mg 以上的元素,叫作常量元素,不足 100 mg 的叫作微量元素。

表 5-1　海水的主要成分

成分	含量/(g/kg)	成分	含量/(g/kg)
Cl^-	19.35	HCO_3^-	0.14
Na^+	10.76	Br^-	0.067
SO_4^{2-}	2.71	Sr^{2+}	0.008
Mg^{2+}	1.29	B^{3+}	0.004
Ca^{2+}	0.41	F^-	0.001
K^+	0.39		

海水的不断运动,使不同区域中海水主要化学成分含量的差别减小到最低限度,因而其含量具有相对的稳定性。海水的这一性质是建立在海水盐度、氯度和密度相互关系基础上的。海水的盐度是指 1 000 g 海水中所含溶解的盐类物质的总量,单位为‰;海水的氯度是指每千克海水中所含氯的克数。绝大多数海水的盐度为 33‰~37‰。表层海水盐度分布特点为:从副热带海区向高低纬递减,形成马鞍形;盐度等值线大致与纬线平行;大洋盐度高于近岸。

海水的物理性质主要包括温度、密度、水色、透明度等。

海水的温度取决于海水的热量收支状况。海水热量主要来源于太阳辐射,表层海水水温一般由低纬向高纬逐渐递减。海洋表层海水接收太阳辐射后,通过热传导和海水运动向深层传播。海水温度在垂直方向的变化规律是随着深度的增加,温度呈不均匀递减,上层温度变化快,愈向深处温度变化愈小,水温愈趋均匀。海水温度在时间上,也有明显的季节变化和日变化。水温的季节变化和日变化主要取决于太阳辐射的季节变化与日变化。

海水的密度指单位体积中的海水质量,单位为 g/cm^3,一般为 1.022~1.028 g/cm^3,随温度、盐度、压力而变。表层海水处由于其压力可视为零,因而其密度主要取决于海水的温度和盐度。赤道地区表层水温高,盐度低,密度小;愈向两极,水温下降,密度逐渐增大。在垂直方向,由于海水温度随深度增加而下降,因而,其密度则随深度增加而增大。也就是说,海水具有稳定的层结性,愈往下层,海水密度愈大。

海水的颜色指从海面及海水中发出的光的颜色。海水颜色取决于海水的光学性质和光线的强弱,以及海水中悬浮粒子和浮游生物的颜色,也与天空状况和海底的底质有关。

海水的透明度以直径 30 cm 的白圆盘投入海水中的可见深度来表示。海水的颜色、水中悬浮物、浮游生物、海水的涡动、入海径流甚至天空的云量都对海水透明度有影响。一般近大陆的海水透明度低,越近大洋中部透明度越高,如大西洋中部的马尾藻海的透明度达 66.5 m,中国黄海的透明度只有 3~15 m,南海为 20~30 m。

二、海水的运动

海洋永远处于不停的运动之中,海水的运动不仅仅发生在表层,而且直到近底层的深处。海水的运动不仅输送水量,而且输送物质和能量,促进了海洋生态系统的良性循环,并影响着全球的气候和天气。海水运动的原因主要有天体作用、太阳辐射作用、气压梯度等。海水运动主要形式为波浪、潮汐和洋流。

（一）波浪

波浪是指海水质点以其原有平衡位置为中心，在垂直方向上做周期性圆周运动的现象。波浪包括波峰、波谷、波长、波高四个要素。

波浪按成因可分为：由风的作用而产生的“风浪”；由地震或风暴而产生的“海啸”；由引潮力引起的“潮波”；由气压突变而产生的“气压波”；因船行作用而产生的“船行波”等。还可按波长和水深的相对关系分为“深水波”（“短波”）和“浅水波”（长波）。按作用力的作用情况可分为“强制波”和“自由波”（“余波”）。

在大洋中，风浪的振幅和速度与风的强度、风向和阵发性情况等因素有关。风施加给海面的能量是靠波浪来传递的。波浪前进时，水面上每个水分子都沿直径和波高相等的圆形轨道运动。波峰上水分子的运动方向与波浪前进方向一致，而波谷中水分子的运动方向却与波浪前进方向相反。这样，波浪将能量依次向前传递，而水分子本身并不随波浪前进。风所施加于海面的能量，一部分还会传递给更深的水层，它所达到的深度以波浪大小为转移。连接不同水层上以匀速旋转的水分子在波峰和波谷中的点而构成的曲线，叫余摆线。根据波浪余摆线理论（图 5-3），水面以下任何水层上，水分子圆形轨道的直径随着深度的增加而减小。但水分子的圆形轨道到了和波长相等的深度就不再存在，也就是说，那里已不再有这种扰动所引起的运动。这个深度就是波浪底部，即波浪能量向深处传递的极限，如图 5-4 所示。

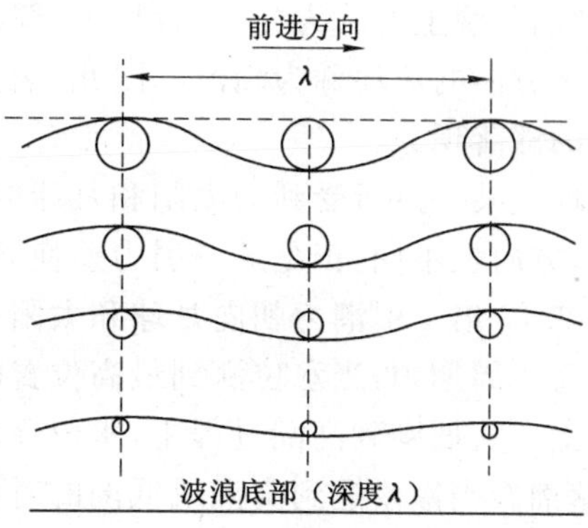

图 5-3　波浪余摆线剖面（据 Cotter）

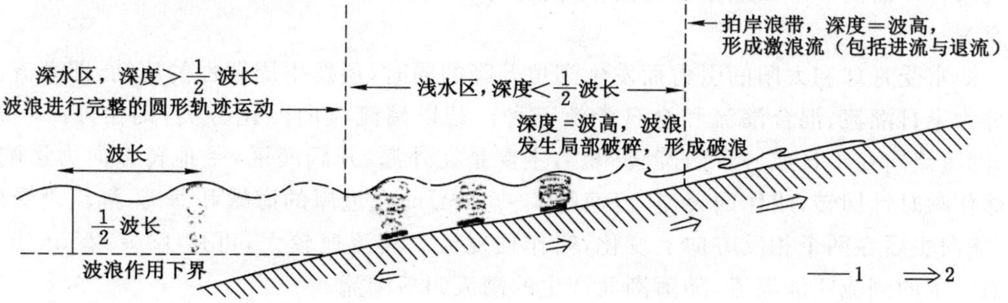

1—表示在同一次波浪周期运动中沉积物向陆地或向海的移动距离；

2—表示一次完整的波浪周期运动后沉积物的横向移动距离。

图 5-4　波浪由深水区进入海岸带的变化过程

波浪传至浅水或近岸区域后，由于受地形影响会产生波向的转折、波浪的折射、波高增大、波浪变形和破碎等现象。波浪传入浅水区或近岸后，海底摩擦作用使波顶运动速度大于波底，最后波峰越过波谷而发生破碎。波浪破碎主要有三种形式：崩顶破碎、卷跃破碎、激散破碎。波峰线在深水区是和引起波浪的力的方向即波前进方向相垂直的。但波浪前进方向常常与海岸斜交，这样，同一波列两端的水深就可能有较大差异。近岸较浅一端因受摩擦而减速，离岸远而较深一端在深水处继续保持原速前进，最后波峰线将发生转折而与海岸平行，这种现象就是波浪的折射。波浪前进方向与海岸斜交常常造成水体沿海岸流动，这种纵向水流称为沿岸流。

（二）潮汐

潮汐是地球上的海洋表面受到太阳和月球的引力作用引起的周期性升降运动现象，是指海水在天体（主要是月球和太阳）引潮力作用下所产生的周期性运动，古代称白天的河海涌水为“潮”，晚上的称为“汐”，合称为“潮汐”。习惯上把海面垂直方向涨落称为潮汐，而海水在水平方向的流动称为潮流。因此，潮汐是由于日月引潮力的作用，使地球上的海水产生周期性的涨落现象。

地球上某一点所受到的太阳和月球的引力与其受到的太阳和月球的引力的平均值大小有差别，方向也不同，正是这一引力差使海平面发生升降，故称之为引潮力。月球引潮力是太阳的2.17倍。引潮力朝向月球和太阳一面时形成的潮汐，称顺潮，反之称对潮。在潮汐涨落的每一周期内，当水位涨到最高位置时，叫高潮或满潮；当水位下降到最低位置时，叫低潮或干潮。从低潮到高潮过程中，水位逐渐上升，叫涨潮；从高潮到低潮过程中，水位逐渐下降，叫落潮。当潮汐达到高潮或低潮的时候，海面在一段时间内既不上升也不下降，分别叫平潮和停潮。平潮的中间时刻，叫高潮时；停潮的中间时刻，叫低潮时。相邻的高潮与低潮的水位差叫潮差。

潮汐的周期变化基本上可以分为半日潮、混合潮和全日潮。一天内有两次高潮，两次低潮，潮周期约为12小时25分，称作半日潮。一天内出现两次不相等的高潮和两次不相等的低潮，有时出现一个高潮一个低潮，称作混合潮。一天内只出现一次高潮一次低潮，称作全日潮。

在一些水深逐渐变浅、海岸陡峭的喇叭形河口湾，涨潮时水宛如一堵水墙咆哮前进，这种现象称作涌潮。中国钱塘江涌潮，水高势急，潮端竖立，浪花四溅，涛声如雷，为闻名中外之奇观。

海水受月球和太阳的引力而发生潮位升降的同时，还发生周期性的流动，即潮流。潮流也分为半日潮流、混合潮流和全日潮流三种。若以潮流流向变化分类，则在外海和开阔海区，潮流流向在半日或一日内旋转360°，主要是在外海、开阔海区，受地转偏向力影响，在北半球作顺时针回转，叫作回转流，流速约4～5 km/h；在近岸的海峡和海湾，潮流因受地形限制，流向主要在两个相反方向上变化，叫作往复流。其流速较大，可达18～22 km/h。随涨潮而产生的潮流叫涨潮流，随落潮而产生的潮流叫落潮流。

潮汐现象对一些河流和海港的航运具有重要意义。大型船舶可趁涨潮进出河流和港口，潮流也可以用来发电。包括我国在内的许多国家已经建成了不少潮汐电站。

（三）洋流

洋流又叫海流、洋环流，是指大洋表层海水常年大规模地沿一定方向进行的较为稳定的流动。由于洋流在大范围水域常构成圆环状，故又称环流。

风是洋流的主要动力，此外，地球偏转力、海陆分布、海底起伏、地质作用等也影响洋流。

按成因，洋流可分为风海流、密度流和补偿流。风海流指盛行风对水面的摩擦力作用，以及风在波浪迎风面上所施加的压力，迫使海水向前运动产生的摩擦流。密度流是由于海水密度差异而引起的海流。海水密度分布不均匀而使海区形成了压力梯度，海水从高压区向低压区流动，所以又称梯度流。由于某种原因海水从一个海区流出，而另一部分海水流入进行补充，此种海流称为补偿流。补偿流可以水平流动，也可以垂直流动(上升流和下降流)。

根据流动海水温度的高低，还可以把洋流分为暖流和寒流。如果洋流带来的海水温度比到达海区的水温高，就称为暖流，由低纬流向高纬的洋流属于暖流。如果洋流带来的海水温度比到达海区的水温低，就叫寒流，由高纬流向低纬的洋流属于寒流。此外，洋流按其流经的地理位置又可分为赤道流、大洋流、极地流、沿岸流等。

表层洋流的分布有以下特点：① 以南北回归线的副热带高压为中心形成的反气旋型大洋环流。② 以北半球中高纬海上低压区为中心形成的气旋型大洋环流。③ 南半球中高纬度为西风漂流。④ 在南极大陆形成绕极环流。⑤ 北印度洋形成季风环流。冬季北印度洋盛行东北季风，形成反时针方向的东北季风漂流；夏季，北印度洋盛行西南季风，形成顺时针方向的西南季风漂流。影响中国的洋流有黑潮及季风漂流等。图 5-5 为洋流的分布图。

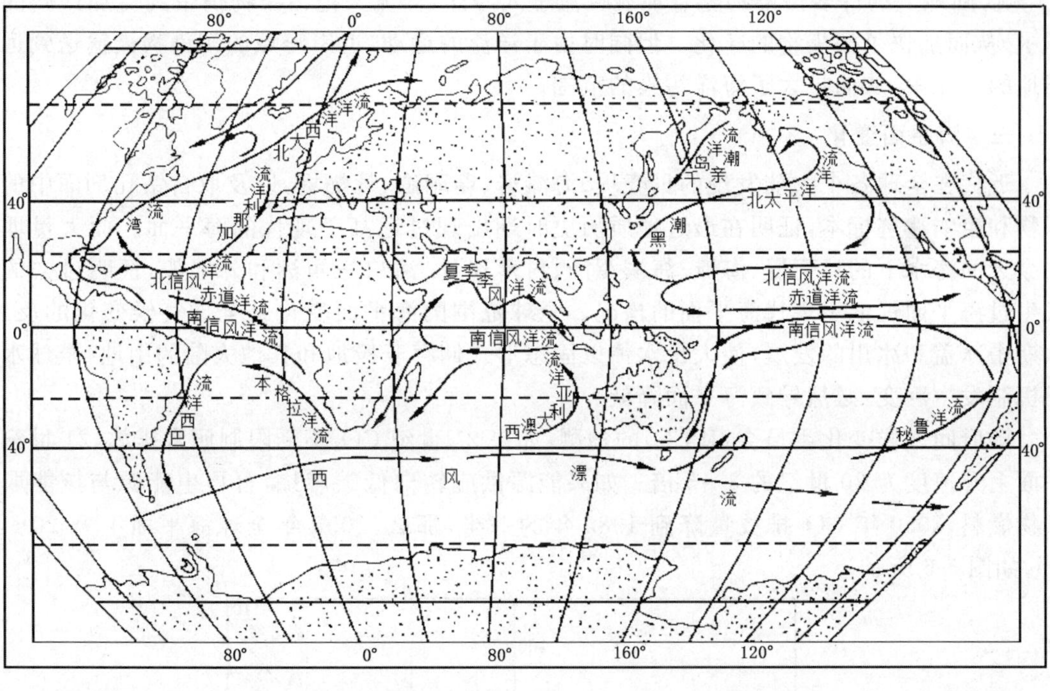

图 5-5　世界大洋最重要的洋流(据 O. K. 列昂杰耶夫，1982)

大洋中具有特别温度和盐度值的、性质相同的大团水体，称为水团。水团中不同温度与盐度的水团相结合可以获得相同密度的水团，而由两种密度相同的水团混合又会产生密度更大的新水团。因密度不同引起的海水对流是海洋的垂直环流。水团的分类即以垂直方向上的密度平衡面和形成水团的源地为根据。以深度为标准划分的水团有：表层水团，可深达 100 m；中心水团，深达主要变温层底部；中层水团，从中心水团以下至 3 000 m；深层与底层水团则充满大洋盆。

洋流对地理环境和人类的影响主要体现在以下几方面：

① 巨大的大洋洋流系统可以促进高、低纬区域间热量的输送和交换，对全球热量的平衡起到重要的作用。洋流对沿岸气候的影响很大，暖流对沿岸的气候起到增温增湿作用，而寒流对沿岸气候起到降温减湿作用。

② 洋流对海洋生物资源的分布、世界渔场的地理分布都有显著的影响。在寒暖流交汇的海区，海水受到扰动，可以把下层丰富的营养盐类带到表层，使浮游生物大量繁殖，各种鱼类到此觅食。同时，两种洋流汇合可以形成"潮峰"，是鱼类游动的障壁，鱼群集中，形成渔场。世界著名的三大渔场——日本的北海道渔场、西北欧的北海渔场和加拿大的纽芬兰渔场都是处在寒暖流交汇的海域。此外，有明显上升流的海域也会形成渔场，如秘鲁渔场。

③ 洋流对海洋航运也有显著的影响。一般海轮船顺洋流航行时，航速要比逆洋流航行快得多。当然，有些洋流对海洋航行也会带来一些麻烦。例如，北大西洋西北南下的拉布拉多寒流在纽芬兰岛东南海域同北上的墨西哥湾暖流相遇，冷暖流交汇，使这里形成一条茫茫的海雾带，影响海上航运。另外，从北冰洋或格陵兰海每年带来数百座高大的冰山漂浮南下，有的进入湾流或北大西洋暖流中，也给海上航运带来严重的威胁。

④ 陆地上的许多污染物随着地表径流进入海洋，洋流又把污染物携带到更加广阔的海洋中，从而加快了污染物的净化。但同时由于洋流的运动，近岸海域的污染物被输送到远离陆地的大洋中，从而扩大了海洋污染的范围。

三、海平面变化

近代在全球各个大陆发现的贝壳堤、海滩岩、珊瑚礁、牡蛎堤，以及取自钻孔剖面中的沉积物和生物遗迹标本，证明在最近地质历史时期出现过远高于现代的海平面。而大量埋藏在今天的海水下的贝壳堤、海滩、海滨沼泽、村落遗址、河口三角洲和外陆架，证明过去的确发生过海平面远低于现代海平面的情况。全球范围的海平面变化是全球气候变化的反映。冰期中冰盖和冰川的发展，使大量水体以固态形式储存于极地和其他大陆的山地，全球水循环机制发生巨变，必然导致海平面降低。

政府间气候变化委员会(IPCC)的预测：如果21世纪CO_2不受限制照常排放，21世纪海平面上升速度为20世纪的3～5倍。如果能源供应转向低碳燃烧，可再生能源与核能取代矿物燃料，2050年CO_2排放量降到1985年的一半，那么，2050年全球海平面上升20～31 cm，如图5-6所示。

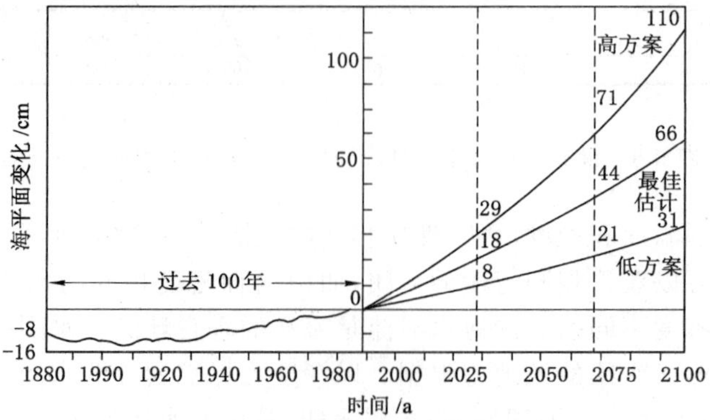

图5-6　IPCC 1990年A方案下的21世纪海平面上升量估算

1992 年，一批欧洲学者与中国学者合作，依据 IPCC 1992 年的温室气体排放方案(IS92a)提出 2050 年海平面上升最佳估计值为 22 cm，2100 年为 48 cm。1993 年中国科学院地学部以全球海平面 2050 年上升 20～30 cm 为依据，估计我国珠江三角洲海面将上升 40～60 cm，上海地区 50～70 cm，天津地区 70～100 cm，同时考虑了上述各地区地面下沉的幅度。

海平面的上升对人类社会的影响是深刻的。海平面上升将使沿岸地区风暴潮灾害加剧，海岸侵蚀强化，潮滩湿地损失，盐水入侵河口及海岸地下含水层，阻碍陆地洪水与沿海城镇污染排放等。

四、海洋资源和海洋环境保护

海洋是地球上最大的沉积场所，是水生生物最广阔的生活场所，也是一个巨大的资源宝库。所谓海洋资源，主要是指与海水本身有直接关系的物质和能量，例如，溶解于海水的化学元素，海洋生物，海底矿藏，海水运动产生的能量，以及贮藏在海水中的热量等。按照资源有无生命分类，海洋资源可分为生物资源和非生物资源；按照资源的来源分类，海洋资源可分为来自太阳辐射的资源，来自地球本身的资源及地球与其他天体的相互作用而产生的资源；按照能否恢复，海洋资源可分为再生性资源和非再生性资源；按照资源的属性，海洋资源可分为生物资源、能源资源、空间资源和化学资源。

海水本身就是一项重要而宝贵的资源。海水中有 80 多种化学元素，全世界的河流每年从陆地搬运到海洋中的可溶解物质达$(30\sim50)\times10^{8}$ t之多。这些物质再加上生物遗体，溶解之后，就成为海水化学资源。海底蕴藏着丰富的矿产资源，大陆架和浅海区有石油和天然气可供开发；大陆边缘海区有磷钙石、海绿石和煤、铁、铜、硫等；深海底有锰结核和含金属泥质沉积物。在目前海底矿产资源开发中，产值仅次于石油的是海滨砂矿。含金属沉积物是指某些深海区构造活动带含铁、锰、锌、铜、铅、银和金的泥质沉积物。太阳能是海水动力能量的主要供应者，海水运动可以产生巨大的动力资源，如潮流、海流、海水温差、波浪等都是可以利用的巨大能量。海洋生物资源又称海洋水产资源，是指海洋中蕴藏的经济动物和植物的群体数量，是有生命、能自行增殖和不断更新的海洋资源。海洋中有 20 多万种生物，海洋向人类提供食物的能力是全球农产品的 1 000 倍。

海洋是人类生活和生产不可缺少的物质和能量的源泉。随着科学技术的不断发展，人类利用、开发海洋的规模愈来愈大，对海洋的依赖程度愈来愈高。同时人类对海洋的影响也日益增大，例如把生活与生产中产生的废弃物排入海洋。虽然海洋具有很强的自净能力和较大容量，但如果废弃物超过自净力和容量时，就会造成海洋污染。海洋经济属资源型经济，很多资源是不可再生或难以再生的，因此各沿海国家和地区在大力发展海洋经济的同时，一定要注重海洋环境的保护和修复，逐步建立在保护中开发、在开发中保护的良性发展模式，达到海洋生态环境保护和社会经济发展的协调统一，实现海洋经济的可持续发展。为了可持续发展的需要，人们在合理开发利用海洋资源、减少和防止海洋污染的同时，还必须加强对环境污染所引起的海洋环境质量变化规律及海洋环境保护方法的研究，以及依据有关法律法规，保护海洋生态环境。

第三节 河　　流

一、河流、水系和流域

大气降水或地下涌出地表的水，汇集在地表低洼处，在重力作用下经常或周期性地沿流水本身造成的洼地流动，就形成了河流。河流沿途接纳支流，形成复杂的干支流网络系统，称之为水系。每一条河流或每一个水系都从一定的陆地面积上获得补给水，这一集水区即为河流或水系的流域。两相邻流域间地面高程最高点的连线，则是两个水系的分水线。

水系形式是一定的岩层构造、沉积物性质和新构造应力场的反映，通常可以分为树枝状、格状和长方形三类。树枝状水系一般发育在抗侵蚀能力比较一致的沉积岩或变质岩区；格状水系经常出现在岩层软硬相间、地下水源比较丰富的平行褶皱构造区；长方形水系则往往和巨大的断裂构造相联系。依据干支流相互配置的关系或构成的几何形态，水系可以分为扇状水系，即来自不同方向的各支流较集中地汇入干流，流域呈扇形或圆形；羽状水系，支流从左右两岸相间汇入干流，形呈羽状；平行状水系，几条支流平行排列。还可根据水系流向的相互关系划分水系类型，如向心水系、辐散状水系等。

河源与河口的高度差，就是河流的总落差。某一河段两端的高度差，则是这一河段的落差。单位河长的落差，称为河流的比降。河流纵断面能够很好地反映河流比降的变化。以落差为纵轴，距河口的距离为横轴，据实测高度值定出各点的坐标，连接各点即得到河流的纵断面图。如图 5-7 所示，河流纵断面分为四种类型：全流域比降接近一致的，为直线形纵断面；河源比降大，而向下游递减的，为平滑下凹形纵断面；比降上游小而下游大的，为下落形纵断面；各段比降变化无规律的，可形成折线形纵断面。流域内岩层的性质、地貌类型的复杂程度及河流的年龄，都影响纵断面的形态。河槽中垂直于流向并以河床为下界、水面为上界的断面，是河流的横断面，如图 5-8 所示。

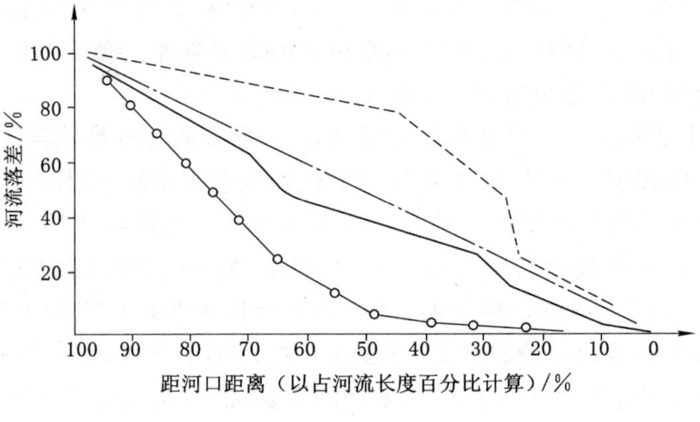

图 5-7　河流纵断面

一条河流常常可以根据其地理-地质特征分为河源、上游、中游、下游和河口五段。河源是指河流最初具有地表水流形态的地方。上游是指紧接河源的河谷窄、比降和流速大、水量小、侵蚀强烈、纵横面呈阶梯状并多急滩和瀑布的河段。中游水量逐渐增加，比降比较和缓。下游河谷宽广，河道弯曲，河水流速小而流量大，淤积作用显著，到处可见浅滩和沙洲。河口

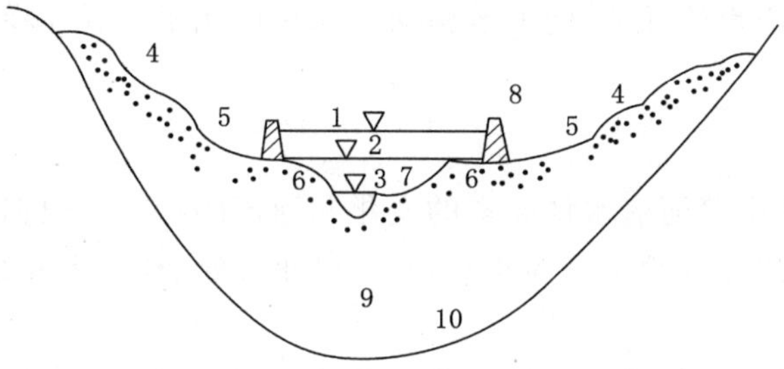

1—洪水水位；2—中水水位；3—枯水水位；4—堆积阶地式谷坡；5——谷坡与谷底的交界；6—河漫滩；7—边滩；8—人工堤；9—冲积层；10—原生基岩。

图 5-8　河流横断面

是河流入海、入湖或汇入更高级河流处，经常有泥沙堆积，有时分汊现象显著，在入海、入湖处形成三角洲。

流域面积是流域的重要特征之一。除干燥区外，一般是流域面积越大，河流水量也越大。此外，流域形状对河流水量变化也有明显的影响。流域中干支流总长度和流域面积之比，称为河网密度。河网密度是地表径流丰富与否的标志之一，流域气候、植被、地貌特征、岩石土壤渗透性和抗蚀能力等决定了河网密度的大小。

二、河流的水情要素

水情要素是反映河流水文情势及其变化的因子。它主要包括水位、流速、流量、水温和冰情等。通过这些因素反映河流在地理环境中的作用，以及其与自然地理环境各组成要素之间的相互关系，也是研究水文规律的基础。

江河湖海及水库等自由水面相对某一基面的高程，叫作水位；水位高低是流量大小的主要标志。流域内的径流补给是影响流量、水位变化的主要因素。河流水位有年际变化和季节变化，山区冰源河流甚至有日变化。水位变化具有重要的实际意义。根据水位观测资料，可以确定洪水波传播的速度和河流水量周期性变化的一般特征。用纵坐标表示不同时间的水位高度，用横坐标表示时间，可以绘出水位过程线。通过分析水位过程线，可以研究河流的水源、汛期、河床冲淤情况和湖泊的调节作用。

流速指水质点在单位时间内移动的距离。它取决于纵比降方向上水体重力的分力与河岸和河底对水流的摩擦力之比。通常采用等流速公式（薛齐公式）计算某一时段的平均流速。

流量是指单位时间内通过某一断面的水量，常用单位为 m^3/s。测出流速和断面的面积，就可以知道流量。流量是河流的重要特征值之一。流量的变化将引起流水蚀积过程和水流的其他特征值的变化。随着流量的变化，水位也会发生变化。

河流的补给特征是影响河水温度状况的主要因素。由冰川和积雪补给的河流，水温必然较低；从大湖泊流出的河流，春季水温低而秋季水温高；地下水补给量丰富的河流，冬春季水温较高。还有许多其他因素影响河水温度，例如，太阳辐射和流域的气温状况，等等。河水温度也随时间而变化。夏季水温有明显的日变化，而且中低纬河流日变化比高纬河流显著。季节变化表现为夏季水温高，冬季水温低。北方河流可以发生结冻现象，我国北方河流每年都有时间长短不等的封冻期，长的可达 4～5 个月。如果河流由低纬流向高纬，会出现上游解冻早，而下游解冻晚的现象，向下游移动的冰块可能壅积成冰坝，使水位抬高，称之为凌汛。

三、河流的补给

河流补给的类型决定着河流水情要素的变化和河流的特性。根据降水形式及降水向河流运动的路径的不同，河流补给可分为雨水补给、融水补给、地下水补给、湖泊和沼泽水补给等类型。

雨水补给是河流最主要的补给类型。雨水补给为主的河流的水量及其变化与流域的降水量及其变化有着十分密切的关系。我国广大地区，尤其是长江以南地区的河流，雨水补给占绝对优势。据估计，我国河流的年径流量中，雨水补给约占70%，河流水量与降水量分布一样，表现出由东南向西北递减的趋势；河流多在夏秋两季发生洪水，也与降水集中于夏秋两季有关。

融水补给为主的河流的水量与流域的积雪量和气温变化有关。这类河流在春季气温回升时，常因积雪融化而形成春汛。春季气温和太阳辐射的变化，不像降水量变化那样大，所以春汛出现的时间较为稳定，变化也较有规律。我国东北、北部地区有的河流融水补给可占全年水量的20%，松花江、辽河、黄河的融水补给，可以形成不太突出的春汛。西北山区河流山地的积雪及河冰融水，是山下绿洲春耕用水的主要来源。高山冰川的融水补给时间略迟，常和雨水一起形成夏季洪峰。

河流从地下所获得的水量补给，称地下水补给。地下水一般约占河流径流总量的15%～30%。地下水补给具有稳定和均匀两大特点。深层地下水因受外界条件影响较小，其补给通常没有季节变化，浅层地下水补给状况则视地下水与河流之间有无水力联系而定。

湖泊、沼泽水补给量的大小和变化，取决于湖泊和沼泽对水量的调节作用。湖泊面积愈大，水量愈多，调节作用就愈显著。一般说来，湖泊沼泽补给的河流，水量变化缓慢而且稳定。

除了河流的天然补给以外，还有人工补给，从水量多的河流、湖泊中，把水引入水量缺乏的河流，向河流中排放废水等，都属于人工补给范围。

四、河川径流

径流是指降雨及冰雪融水达陆地后除了蒸发而余存在地表或地下，在重力作用下沿地表或地下流动的水流。从地表和地下汇入河川后，向流域出口断面汇集的水流称为河川径流。径流有不同的类型，按水流来源可有降雨径流和融水径流；按流动方式可分地表径流和地下径流，地表径流又分坡面流和河槽流。径流的形成是一个连续的过程，了解这些阶段的特点，对于水文分析十分重要。

降雨开始时，一部分降雨滞留在植物枝叶上，称植物截留。降落到地面上的水量向土中入渗，除补充土壤含水量外，逐步向下层渗透，如能达到地下水面，则成为地下径流。当降雨强度超过了土壤下渗能力时，沿坡面向低处流动，称为坡面漫流。扣除植物截留、下渗、填洼后的雨量进入溪沟，其余经流域地面汇入河槽，并沿河下泄的水流称为地面径流。表层土壤的含水量首先达到饱和后，继续下渗的雨量沿饱和层的坡度在土壤孔隙间流动，注入河槽形成径流，称为壤中流（表层流）。进入河网的水流，从上游向下游，从支流向干流汇集，最后全部先后流经流域出口断面，这个汇流过程称为河网汇流。径流形成过程中，从降雨扣除各项损失的过程称为产流阶段；坡面汇流及河网汇流称为汇流阶段。上述三个阶段是指长时间连续降雨下发生的典型模式。实际上由于每次降雨的强度和持续时间不同，各流域自然条件也不一样，所以，无论是不同流域，或是同一流域在不同降雨过程中的径流形成，都可能有不同程度的差别。

如果降雨开始后，在出口断面处对通过的流量进行连续观测，就可得到与一次降雨相应的流量过程线，见图 5-9(a)。图 5-9(b)中流量过程线上最高点的流量 Q_m 称洪峰流量。它的两侧分别是涨水段（AB）和退水段（BC）。相应的历时 $t_{涨}$、$t_{退}$ 为涨水历时和退水历时。底宽 T 为洪水总历时。过程线 $A—B—C$ 与横轴包围的面积就是一次洪水的总量 W。

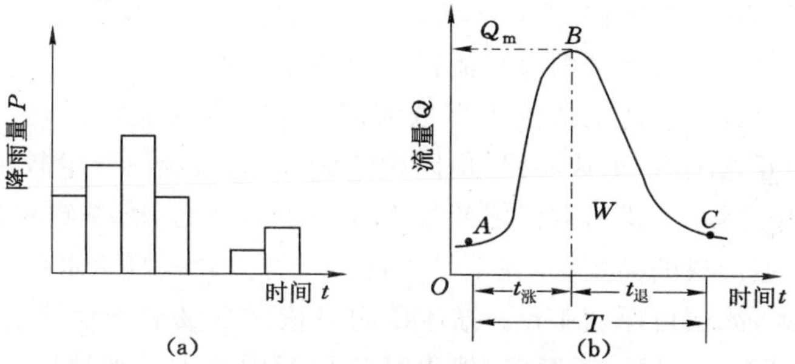

图 5-9　径流过程

在研究某时段内河流水量变化和比较各河流的径流量时，常用的径流计量单位有流量、径流量、径流模数、径流深度、模比系数和径流系数。

流量是指单位时间内通过河道过水断面的水量，单位为 m^3/s。径流量是指在特定时段内通过河流侧流断面的总水量，单位为 m^3 或 km^3。径流模数是指单位时间、单位面积上产出的水量，单位为 $m^3/(a \cdot km^2)$。径流深度是指单位流域面积上的径流总量，即把径流总量平铺在整个流域面积上所得到的水层深度，单位为 mm。模比系数又称径流变率，指某一时段径流值与同时段多年平均径流值之比。径流系数指某一时段的径流深度（或径流总量）与该时段的降水量（或降水总量）之比。

径流有年内变化和年际变化。根据一年内河流水情的变化，径流可以分为若干个水情特征时期，如汛期、平水期、枯水期或冰冻期。汛期是河流处于高水位的时期；枯水期是河流处于低水位的时期；如果此时期河流封冻，则又称冰冻期；平水期是河流处于年平均水位的时期。径流量的年际变化往往由降水量的年际变化引起，通常以径流的离差系数来表示年径流的变化程度。

五、河流的分类

幅员广阔、河流众多的国家，不可能在短期内对其全部河流进行观测，但是，发展经济的规划、设计却迫切需要河流水位、流量变化和水温动态等方面的数据。因此，须借助河流的分类来解决生产实际中提出的问题。在某一地区内，影响河流特征的气候、土壤、地质地貌条件大致相同，故河流存在着一定程度的相似性。在不同地区间，影响河流特征的各种条件差别很大，河流水文要素的变化规律当然不一样。

河流分类的方法和原则很多，包括：① 以河流的水源作为河流最重要的典型标志，按照气候条件对河流进行分类；② 根据径流的水源和最大径流发生季节来划分；③ 根据径流年内分配的均匀程度来划分；④ 根据径流的季节变化，按河流月平均流量过程线的动态来划分；⑤ 根据河槽的稳定性来划分；⑥ 根据河流及流域的气候、地貌、水源、水量、水情、河床变化等综合因素来划分。

我国的河流众多，流域面积在 100 km^2 以上的河流约有 50 000 条，其中长江的长度达 6 380 km，为世界第三大河。我国的绝大多数河流分布在东部和南部，以属于太平洋流域的为最多、最大；属于印度洋流域的较少；属于北冰洋的最少。此外，还有一个广阔的内陆流域，面积占我国总面积的 36.4%，而径流量则仅占全国径流总量的 4.39%。

我国常以河流径流的年内动态差异为标志进行河流分类。这种分类反映了我国各类型河流的年内变化特征及分布规律，为进一步深入研究河流水文和合理规划利用地表径流提供了科学依据。现将主要河流类型及径流特征介绍如下：

东北型河流包括我国东北地区的大多数河流。其主要水文特征是：① 由于冰雪消融，水位通常在 4 月中开始上升，形成春汛，但因积雪深度不大，春汛流量较小。② 春汛延续时间较长，可与雨季相连续，春汛与夏汛之间没有明显的低水位，春季缺水现象不严重。春汛期间因流冰阻塞河道形成的高水位，在干旱年份甚至可以超过夏汛水位。③ 河水一般在 10 月末或 11 月初结冰，冰层可厚达 1 m。结冰期间只依靠少量地下水补给，1～2 月份出现最低水位。④ 纬度较高、气温低、蒸发弱、地表径流比我国北方其他地区丰富，径流系数一般为 30%，全年流量变化较小，如哈尔滨松花江洪枯水量之比为 15∶1。

华北型河流包括辽河、海河、黄河以及淮河北侧各支流。其主要特征是：① 每年有两次汛峰，两次枯水，3～4 月间因上游积雪消融和河冰解冻形成春汛，但不及东北型河流的春汛显著。② 夏汛出现于 6 月下旬至 9 月，和雨期相符合，径流系数 5%～20%，夏汛与春汛间有明显的枯水期，有些河流甚至断流，造成春季严重缺水现象。③ 雨季多暴雨，洪水猛烈而径流变幅大，如黄河陕县最大流量与枯水期流量之比为 110∶1。

华南型河流包括淮河南侧支流，长江中下游干支流，浙、闽、粤沿海及台湾省各河，以及除西江上游以外的珠江流域的大部分。其特征是：① 地处热带、亚热带季风区，有充沛的雨量作为河水的主要来源，径流系数超过 50%，汛期早，流量大。② 雨季长，汛期也长，5～6 月有梅汛，7～8 月出现台风汛。③ 最大流量和最高水位出现在台风季节，当台风影响减弱时，雨量减小，径流亦减小，可发生秋旱现象。

西南型河流包括中、下游干支流以外的长江、汉水、西江上游及云贵地区的河流，一般不受降雪和冰冻的影响。径流变化与降水变化规律一致，7～8 月洪峰最高，流量最大，2 月份流量最小。河谷深切，洪水危害不大。

西北型河流主要包括新疆和甘肃西部发源于高山的河流。其特征是：① 主要依靠高山冰雪补给，流量与高山冰川储水量、积雪量和山区气温状况有密切关系。10～4 月为枯水期，3～4 月有不明显的春汛，7～8 月间出现洪峰。② 产流区主要在高山区，出山口后河水大量渗漏，愈向下游水量愈少，大多数河流消失于下游荒漠中，少数汇入内陆湖泊。

内蒙古型河流，以地下水补给为主，或兼有雨水补给；夏季径流明显集中，水位随暴雨来去而急速涨落，雨季的几个月中都可以出现最大流量；冰冻期可长达半年。

青藏高原型河流，青藏高原内部河流以冰雪补给为主，东南边缘的河流主要为雨水补给，7～8 月降雨最多，冰川消融量最大，故流量也最大。春末洪水与夏汛相连。11 月至次年 4～5 月为枯水期。

六、河流与地理环境的相互影响

河流是所在流域内自然地理总背景下的产物。河水是以不同形态和经过不同转化途径的降水为补给来源的。显然，只有进入河床的水量足以保持经常流动，即在足以补偿蒸发和渗漏所造成的损耗时，才能够形成河流。湿润地区河网密集，径流充沛，而干燥地区河网稀疏，径流贫乏，说明河流的地理分布受着气候的严格控制。实际上，河流的水文特征，包括水源的补给形式及比例，水位、流量及其季节变化，结冰与否及结冰期长短等，无一不受气候条件制约。例如，降水量多寡决定着径流补给来源的丰缺，蒸发量大小反映着径流损耗的多少，降水的时空分布、降水强度、降水中心位置及移动方向影响着径流过程和洪峰流量，气温、风和饱和差也因对降水、蒸发有影响而对径流间接起作用。因此可以说，河流是气候的镜子。

除气候条件外，其他自然地理要素也对径流发生影响，如流域海拔高度、坡度和切割密度直接影响着径流汇聚条件；地表物质组成决定着径流下渗状况；植被则通过对降水的截留影响径流等。

另一方面，河流对地理环境也有显著的影响。河流是地球水分循环的一个重要的、不可缺少的环节，内陆河流把水分从高山输送到内陆盆地底部或湖泊中，实现水分小循环；外流河把大量水分由陆地带入海洋，弥补海水的蒸发损耗，实现水分大循环。同时，热量和矿物质也随水分一起输送。南北向河流把温度较高的水送往高纬地区，或者相反，对流域气温都具有调节作用。而固体物质随河水迁移，则使地表的高处不断被夷平和低处不断被充填。所以河流既是山地景观的创造者，又是大小冲积平原的奠基者，还是内陆和海洋盆地中盐类的积累者。

第四节　湖泊、沼泽与冰川

一、湖泊

湖泊是陆地表面具有一定规模的天然洼地的蓄水体系，是湖盆、湖水以及水中物质组合而成的自然综合体。陆地表面湖泊总面积约为 2.7×10^{6} km^{2}，占全球陆地面积的 1.8%左右，其水量约为地表河溪蓄水量的 180 倍，是仅次于冰川的陆地表面第二大类蓄水体。在地表水循环过程中，有的湖泊是河流的源泉，起着水量贮存与补给的作用；有的湖泊（与海洋沟通的外流湖）是河流的中继站，起着调蓄河川径流的作用；还有的湖泊（与海洋隔绝的内陆湖）是河流终点的汇集地，构成了局部的水循环。

（一）湖泊的分类

按照不同的分类标准，湖泊可分为多种类型。按成因其可分为构造湖、火口湖、堰塞湖、河成湖、风成湖、冰成湖、海成湖、溶蚀湖；按湖水补排情况可分为吞吐湖和闭口湖；按湖水与海洋沟通情况可分为外流湖和内陆湖；按湖水矿化度可分为淡水湖、微咸水湖、咸水湖和盐水湖；按湖水营养物不同可分为贫营养湖、中营养湖、富营养湖。

（二）湖泊的成因

由于地壳的构造运动（断裂、断层、地堑等）所产生的凹陷形成的湖泊为构造湖。其特点是湖岸平直、狭长、陡峻，深度大，如贝加尔湖、洱海等。火山喷发停止后，火山口成为积水的湖盆形成火山口湖，其特点是外形近圆形或马蹄形，深度较大，如长白山的天池，湛江湖光岩等。火山爆发熔岩流阻塞河道形成熔岩堰塞湖，如镜泊湖、五大连池等；地震、山崩导致河道阻塞形成山崩堰塞湖，其存在时间往往不长即被河水冲毁而恢复原河道，如 1932 年地震山崩形成的岷江上的海子湖。由于河流的改道、截弯取直、淤积等形成的河成湖，其外形特点多是弯月形或牛轭形，故又称牛轭湖，水深一般较浅，如我国江汉平原上的一些湖泊。由于风蚀洼地积水而形成的风成湖，多分布在干旱或半干旱地区，湖水较浅，面积、大小、形状不一，矿化度较高，如我国内蒙古的湖泊。由古代冰川或现代冰川的刨蚀或堆积作用形成的湖泊，即冰蚀湖与冰碛湖，特点是大小、形状不一，常密集成群分布，例如芬兰、瑞典、北美洲及我国西藏的湖泊等。在浅海、海湾及河口三角洲地区，由于沿岸流的沉积，沙嘴、沙洲不断发展延伸，最后封闭海湾部分地区形成潟湖，潟湖再经淡化后形成的湖泊又称海迹湖，如杭州的西湖。由于地表水及地下水溶蚀了可溶性岩层形成的岩溶湖，形状大多呈圆形或椭圆形，水深较浅，如贵州的草海。

（三）湖水的性质

湖水的性质主要指湖水的颜色、透明度、温度及化学成分。

湖水一般呈浅蓝、青蓝、黄绿或黄褐色，湖水颜色以含沙量多少、泥沙颗粒大小、浮游生物的种类和数量多少而变化。一般说，含沙量小、泥沙颗粒小、浮游生物少，则湖水呈浅蓝或青蓝色，反之则呈黄绿或黄褐色。湖水透明度与太阳光线，湖水含沙量、温度及浮游生物都有关系，确定湖水透明度的方法与海水透明度相同。

太阳辐射热是湖水的主要热量来源。水汽凝结潜热、有机物分解产生的热和地表传导热，也是热量收入的组成部分。湖水向外辐射和蒸发，则是热量损耗的主要方式。淡水在 4 ℃时密度最大。当湖面温度低于 4 ℃时，水温随深度增加而升高，这种温度分布称为逆列状态，多出现于冬季；湖面温度增到 4 ℃时，表水密度增大下沉，较冷水因密度小而上升，这样对流的结果，水温趋于均匀，称为等温状态，多发生在春季；湖水温度增到 4 ℃以上，密度又降低，最热层位于湖面，水温随深度增加而降低，这种温度分布称为正列状态，多发生于夏季。热带湖水温度常年在 4 ℃以上，故温度分布始终为正列状态。温带湖随季节不同而分别出现逆列、正列、等温状态。高山和极地湖泊的水温常年低于 4 ℃，多为逆列状态。

湖水的化学成分大致相同，但化学元素及其变化，却可以因时因地而有较大差异。在不同的自然条件下，降水、地表径流和地下水带入湖泊的化学元素种类和含量有差别。降水量和蒸发量的不同，使湖水盐分增加或减少的量不同。湖水排泄状况良好与否，使盐分积累过程发生迥然不同的现象。湖岸岩石性质、水生物繁殖状况等，都影响湖水的化学成分。

（四）湖水的运动

湖水运动是湖泊重要的水文现象，它对湖水的性质、湖盆的演变、湖中生物活动等都有重要影响。湖水运动形式包括混合、波浪、湖流、定振波等。这里仅对湖流和定振波作简单介绍。

湖流是指湖水沿一定方向的流动。湖水流动产生的原因很多。有河流注入的湖，河流入口处的水面比外泄处略高，于是湖水就发生单向缓慢流动。风的作用可使湖水随湖面风向运动，如果风向稳定，水量将集中于向风岸，并在那里下沉，背风岸则发生水的上升运动，从而湖水形成闭合的垂直环流。定振波造成水面倾斜，湖水在重力作用下也可发生湖流。最后，水温变化造成湖水的垂直循环，也产生湖流。温带湖因水温正列、逆列和等温状态周期性的更替，每年可发生两次对流，称之为双对流。热带和极地或高山湖水温分别呈正列或逆列状态，每年只发生一次对流，分别称之为热单对流和冷单对流。湖泊中实际发生的湖流，很少是单一成因的，它们往往是几种湖流合成的混合流。

全部湖水围绕着某一个或几个重心而摆动的现象，称为定振波。大小湖泊都可以形成定振波。大气压力发生急剧变化、暴雨、从山地来的下沉气流冲击湖面等都使湖面大部分水的平衡遭到破坏，都可以发生定振波。但是，定振波和暴风雨的关系最为密切。定振波和波浪的不同处在于：定振波不只是水面，而是整个水体的水分子都在运动。整个水体一侧上升，另一侧下降。摆动作用力消失后，摆动仍可延续一些时间。湖的形状千差万别，决定了定振波的摆动现象比较复杂。但通常可以分为单定振波和双定振波两种。定振波发生时，湖泊中总有一个或几个点的水位没有升降变化，这些点称为节或振节。而升降幅度最大的断面称为波腹。

（五）湖泊对自然地理环境的影响

首先，湖面水分蒸发增加了湖区大气的湿度。湖水不同于陆地表面的热学性质，这使得湖区气温的日较差和年较差均小于远离湖区的地方，因此形成了特殊的湖区小气候。其次，与河流相连通的湖泊可对河流水量产生巨大的调节作用，使河流水位、流量的变化趋势趋于平缓。第三，湖泊可使湖区周围的地下水得到充足的水源补给。第四，湖泊是重要的自然资源，既为水生动植物提供了生长繁衍的场所，又为人类的生产和生活提供了水资源。

二、沼泽

通常把地表及地表下层经常过度湿润，地表生长着湿性植物和沼泽植物，有泥炭累积或虽无泥炭累积但有潜育层存在的土地称为沼泽。沼泽中生长各种喜湿植物，并有泥炭层积累。在沼泽物质中，水占85%～95%，干物质（主要是泥炭）只占5%～10%。水分条件是沼泽形成的首要因素。只有过多的水分才能引起喜湿植物的侵入，导致土壤通气状况恶化，并在生物作用下形成泥炭层。

（一）沼泽的形成

沼泽形成过程基本上有两种情况，即水体沼泽化和陆地沼泽化。

水体沼泽化包括湖泊和河流的沼泽化。在气候湿润的地区，河水挟带着泥沙流入湖泊，由于水面突然变宽，水流速度减慢，泥沙在湖边沉积下来，形成浅滩。一部分细小的物质，随着水流漂到湖泊开敞的地方，沉淀到湖底。这样年深月久，湖泊变得越来越浅。并且随着湖水深浅的不同，各种水生植物逐渐繁殖起来。在沿岸浅水区，生长着芦苇、香蒲；在较深的地带，往往生长着睡莲、浮萍、水浮莲；在湖泊的深处，生长着眼子菜等各种藻类。这些植物不断生长、死亡，大量腐烂的植物残体，不断地在湖底堆积，逐渐形成泥炭。随着湖底的逐渐淤浅，又有新的植物出现，并从四周向湖心发展，湖泊变得越来越小，越来越浅。当湖泊中的沉淀物增大到一定的限度时，原来水面宽广的湖泊就变成浅水汪汪、水草丛生的沼泽了。当河水不深、流速也不大时，水生植物从岸边生长，造成泥炭堆积，最终导致河流沿岸的沼泽化。这些都属于水体沼泽化。

陆地沼泽化表现为多种形式，但基本形式是森林沼泽化和草甸沼泽化两种。在森林地区，枯枝落叶在林下不断堆积，好像给地面盖了一层很厚的被子，它既能大量积蓄雨水，又可减少土壤蒸发，保持着过度湿润的状态。又因为碳化过程的进行，土壤中大部分的矿物养分被淋失，造成草木死亡，而代之以繁茂的苔藓植物。苔属植物能保留大量水分，使植物残体的分解过程减慢，泥炭开始堆积，逐渐形成沼泽。在我国大、小兴安岭的森林中，就可以看到这种森林沼泽化的现象。在有些过于湿润的地区，杂草大量繁殖，形成厚实的草层，使土壤通气状况变坏，碳分逐渐减少，原有植物渐趋衰亡，生长莎草、水藓等植物。这些喜湿性植物，有很强的蓄水能力，因此更加强了湿润状况，草甸沼泽化得以迅速发展。四川西部的草地，有一部分就是这样形成的。

（二）沼泽的分类

沼泽的分类是一个比较复杂的问题，目前还没有一个公认的分类系统。现有多种分类方法中，有的是以沼泽的发育阶段不同而将沼泽分为低位沼泽、中位沼泽和高位沼泽三种类型；有的以沼泽的补给和水分状况均与其所处地貌部位相关为依据，将沼泽分为海滨沼泽、湖滨沼泽等类型；有的以沼泽中是否有泥炭积累将沼泽分为泥炭沼泽和潜育沼泽两类；等等。上述分类都是单一指标分类。近年来，沼泽综合分类法得到了较广泛的应用。例如，我国沼泽研究者在对若尔盖沼泽进行分类时，按照综合分类的原则，采用了三个主要特征作为依据：一是沼泽体发育过程的形式与阶段；二是沼泽体所处的地貌类型及水分养分状况；三是植被及其在沼泽体中的分布规律。按照第一个特征划分沼泽类型，可分为高位型、低位型；按照第二特征划分亚型，例如湖滨洼地沼泽亚型、阶地沼泽亚型、闭流宽谷沼泽亚型；按照第三个特征划分沼泽体，例如睡菜-苔草沼泽、蒿草-木里苔草沼泽。

（三）沼泽的水文特征

沼泽水体具有不同于其他陆地水体的独特水文特征。沼泽一般排水不畅，加以植物丛生，故沼泽水的运动十分缓慢。沼泽水的主要补给来源是降水、融雪水和地下水。蒸发是沼泽水的主要损耗方式。沼泽中的泥炭层毛管发育良好，可以使数米深的地下水上升至地表，而泥炭层吸热能力强，有利于蒸发的进行，所以沼泽的蒸发比较强烈，蒸发量大于自由水面。

泥炭中的水流动很缓慢。据计算，在分解程度很低的泥炭层的最上部，水的流速每日只有 2～3 m。

苔藓沼泽中的潜水面多是中间凸起，周围逐渐低落，潜水位具有明显的季变化。春季融雪和秋季气温下降时，形成两个高水位。夏季气温高、蒸发强，冬季缺乏地表水补给，又形成两个最低水位。

径流极小是沼泽水文的又一特征。径流量只及蒸发量的 1/3。已有的少数观测数据表明，每公顷沼泽的年平均径流模数只有 0.020～0.055 L/s，最大的也只有 2.5 L/s，可见沼泽对河流的补给作用是比较微弱的。沼泽对水分的滞蓄，可以缓解洪峰；而对河流缓慢和微弱的补给都是对河流水量的调节。

（四）沼泽对自然地理环境的影响

首先，沼泽表面强烈的蒸发作用显著地增加了大气湿度，从而形成沼泽小气候。其次，持水能力极强的沼泽泥炭层能够减少降水对河川径流的补给量，延长汇流时间，能调节径流和削减洪峰流量。第三，沼泽地区地表长期处于过湿状态，土层处于还原环境，最终形成沼泽区特有的潜育土。此外，沼泽是一种重要的自然资源，沼泽地、沼泽植物和泥炭都有多种用途。

三、冰川

冰川是指发生在陆地上，由大气固态降水演变而成的，通常处于运动状态的一种天然冰体。它随气候变化而变化，但不是在短期内形成或消亡。雪线触及地面是发生冰川的必要条件。因此，冰川是极地气候和高山冰雪气候的产物。

（一）冰川的形成

成冰作用（或过程），是指积雪转化为粒雪，再经过变质作用形成冰川冰的过程。

雪是一种晶体。任何晶体都具有使其内部包含的自由能趋向最小，以保持晶体稳定的性质，这就是最小自由能原则。晶体的自由能包括内应力和表面能两部分。表面能的大小与晶体的表面积成正比。圆球体是比表面积最大的几何形体之一。在外界环境条件稳定时，雪晶力图向球形体转变，这一过程称为自动圆化或粒雪化。雪的圆化是通过固相的重结晶作用、气相的升华、凝华作用和液相的再冻结作用等方式来实现的。结果是消灭晶角、晶棱，填平凹处，增长平面，合并晶体，形态变圆，雪花变为雪粒。

粒雪化过程可以分为冷型和暖型两类。前者没有融化和再冻结现象，过程缓慢，雪粒直径通常不足 1 mm；暖型粒雪化过程进行得较快，雪粒直径比较大。

粒雪中含有贯通孔隙，当其进一步变化，全部孔隙被封闭后就变成冰川冰。成冰作用也分冷型和暖型两类。在冷型变质过程中，粒雪只能依靠其巨大厚度造成的压力加密而形成重结晶冰。这种冰密度小，气泡多，气泡内的压力大。冷型成冰过程历时很长，在南极中央，成冰时间往往超过 1 000 年，而成冰的深度至少需要 200 m。暖型成冰作用是有融水参与的，并因融水数量多少不同而分别形成渗浸-重结晶冰、渗浸冰和渗浸-冻结冰。当粒雪很薄而夏季气温较高时，粒雪可以完全融化，而后在冰川冷贮作用下，在冰川表面重新冻结成冰。

由上述可知，重结晶、渗浸和冻结成冰，是成冰作用的三个基本类型；渗浸-重结晶及渗浸-冻结作用则是两个过渡类型。上述各种冰是成冰作用初期的原生沉积变质冰，它们仅仅分布于冰川的表层。冰川冰的绝大部分是沉积变质冰在运动中经受压力形成的动力变质冰。其中最常见的是冰川塑性流动状态下形成的次生重结晶冰。动力变质冰具有一般变质岩的许多特点，如片理、褶皱和冰晶的定向排列等。

（二）冰川的类型

现代冰川规模相差很大，形态各具特征，生成时代前后不同，冰川性质和地质地貌作用等也都不一致。因此，可以根据不同标志划分冰川类型。通常按照冰川的形态、规模及所处的地形条件把冰川分为山岳冰川、大陆冰川、高原冰川和山麓冰川。

山岳冰川主要分布于中低纬山区，由于雪线较高，积累区不大，因而冰川形态受地形的严格限制。山岳冰川按形态又可以分为如下几种。

① 悬冰川：这是山岳冰川中数量最多的一种冰川。悬冰川依附在山坡上，面积通常小于 1 km^2，对气候变化的反应十分灵敏。

② 冰斗冰川：发育在冰斗中的冰川，面积大的可达 10 km^2 以上，小的不足 1 km^2。冰斗冰川都有一个陡峭的后壁，那里经常发生雪崩或冰崩。谷地源头的冰斗规模一般比较大，周围还可以有第二级冰斗，这种冰川叫围谷冰川。

③ 山谷冰川：在有利的气候条件下，雪线下降，补给增加，冰斗冰川溢出冰斗进入山谷形成山谷冰川。低于雪线流入山谷的冰流，叫作冰舌。它和两侧谷坡的界限很分明，而雪线以上的粒雪盆与周围山坡的粒雪原常常连成一片。山谷冰川有单式、复式、树枝状和网状几种，各有自己的形态特征，并分别代表山谷冰川演化的不同阶段。

大陆冰川曾经占据很广阔的面积，但目前只发育在两极地区。由于面积和厚度都很大，冰流不受下伏地形影响，自中央向四周流动。冰流之下常掩埋巨大的山脉和洼地。南极和格陵兰岛的冰川就是大陆冰川。

高原冰川也叫冰帽，是大陆冰川和山岳冰川的过渡类型。冰川覆盖在起伏和缓的高地上，向周围伸出许多冰舌。冰岛的伐特纳冰帽面积达到 8 410 km^2。数条山谷冰川在山麓扩展汇合成为广阔的冰原，叫作山麓冰川。它是山岳冰川向大陆冰川转化的中间环节。阿拉斯加的马拉斯平冰川就是由 12 条山谷冰川组成的，其山麓部分面积达 2 682 km^2。

除上述形态分类之外，还可以依据冰川的物理性质进行分类。例如，根据冰川的动力活动性可以将冰川划分为积极冰川、消极冰川和死冰川；以冰川温度状况为依据可以将冰川划分为温冰川和冷冰川两类，等等。后一种分类越来越显示出重要的意义。温冰川除表层在冬季可以暂时变冷外，整个冰川厚度大致接近于压力融点，冰内包含液态水，而且融水可以在全部厚度范围内出现。这种融水湿润基床后，可促进冰川冰的滑动，因而在其他条件相同时，温冰川运动速度较之冷冰川要大。冷冰川深部缺乏融水，冰川和它所覆盖的基岩冻结在一起，这就直接影响了冰川通过冰床移动的方式，并削弱了它的侵蚀力量。

（三）冰川对自然地理环境的影响

冰川对地理环境的影响表现在许多方面。在极地和中低纬高山冰川区，冰川本身是自然地理要素之一，并形成独特的冰川景观。规模较小的冰川只对附近地区的气候发生影响，巨大的冰川如南极和格陵兰冰盖，则对广大地区甚至全球气候发生影响。作为一种特殊的下垫面，冰盖的扩展将大大增强地球的反射率，从而促使地球进一步变冷，并影响气团性质和环流特征。

在地球水圈的水分循环中，冰川也有重要的作用。据计算，目前全球冰川的平均年消融量约 3 000 km^3。这一数字近乎全世界河流水量的三倍。冰盖消融量的增减，将直接影响海平面的升降。

大气降水到达地面后，由于蒸发、蒸腾和渗透等原因，只有一部分转变为地表径流。冰川表面不存在蒸腾，蒸发量及渗透量都非常小。所以，到达冰川表面的降水几乎可以全部转化为地表径流。冰川不仅是河流的补给来源，还是其调节者。冰川冰从积累区向消融区运动的结果，使长期处于固态的水转化为液态。但是，低温而湿润的年份，冰川消融将受到抑制；高温干旱年份，消融则将加强。这样，冰川就对径流起到了调节作用。

冰川推进时，将毁灭它所覆盖的地区的植被，动物被迫迁移，土壤发育过程亦将中断。自然地带将相应向低纬和低海拔地区移动。冰川退缩时，植被、土壤将逐渐重新发育，自然地带相应向高纬和高海拔地区移动。

冰川的侵蚀和堆积作用显著改变地表形态，形成特殊的冰川地貌。在古冰盖掩覆过的地区，如欧洲和北美，这种冰川地貌可以占据成千上万平方千米的广大范围。在山岳地区，冰川地貌显示出许多独有的特征。

第五节　地　下　水

地下水，就是埋藏在地面以下土壤、岩石空隙中的各种状态的水。地下水的状态有气体状态、固体状态、液体状态等。而液体状态的地下水又可分为润湿状态、薄膜状态、毛细管状态和自由重力状态等。各种状态的地下水是彼此互相联系的，并在一定条件下可以互相转化。

一、地下水的物理化学性质

地下水的物理性质主要是指地下水的温度、颜色、透明度、比重、导电性、放射性、嗅感和味感。

地下水的温度因区域自然条件不同而变化。极地、高纬和山区地下水温度很低，地壳深处和火山活动区地下水温度高。水温低于 20 ℃的，称冷水；水温在 20～50 ℃间的，称温水；水温高于 50 ℃的，称热水。地下水一般是无色透明的，但有时因含某种离子、富集悬浮物或含胶体物质，也可显示出各种各样的颜色。例如含亚铁离子或硫化氢气体的水为浅蓝绿色，含腐殖质或有机物的带浅黑色，含黑色矿物质或碳质悬浮物的为灰色，含黏土颗粒或浅色矿物质悬浮物的为土色等。地下水的透明度取决于水中所含盐类、悬浮物、有机质和胶体的数量。透明度分为透明、微混浊、混浊和极混浊四级。水深 60 cm 时能看见容器底部 3 cm 粗的线者为透明；在 30～60 cm 深度能看见者为微混浊；30 cm 深度以内能看见者为混浊；水很浅也看不见者为极混浊。地下水比重取决于水的温度和水中溶解的盐类。溶解的盐分愈多，比重就愈大。地下淡水的比重常常接近于 1。盐水的比重可用波美度来表示，一升水内含有 10 g 氯化钠，则其盐度相当于 1 波美度。地下水导电性取决于其中所含电解质的数量与性质。离子含量愈多，离子价愈高，则水的导电性愈强。此外，温度对导电性也有影响。地下水多含放射性气体和放射性物质，所以大都有放射性。地下水含有不同气体成分和有机物，因而具有不同的嗅感。含硫化氢时，地下水有臭鸡蛋味，含腐殖质多时有沼泽气味。嗅感也与温度有关系，在低温时气味不易辨别，而在 40 ℃时气味最显著。地下水的味感取决于它的化学成分，例如含氯化钠的水有咸味，含硫酸钠的水有涩味，含氯化镁或硫酸镁的水有苦味。地下水的味感也与温度高低有关系，水温低时味感不明显。

地下水的化学性质与地下水中溶解的气体、氢离子浓度、离子成分和胶体物质有关。

地下水中溶解的气体主要有 CO_2、O_2、N_2、CH_4、H_2S，还有少量的惰性气体和 H_2、CO、NH_3等，按其成因可以分为生物化学成因的气体、空气成因的气体、化学成因的气体和放射性成因的气体四类。

天然水中氢离子浓度主要取决于 H_2CO_3、HCO_3^-、CO_3^{2-} 的数量。氢离子浓度常用 pH 值表示。pH＝7 时呈中性反应，pH＜7 时呈酸性反应，pH＞7 时呈碱性反应。某些化合物只有在一定的 pH 值时，才能从溶液中沉淀出来。因此，知道了水溶液的 pH 值后，就可以预测哪些元素已经析出，哪些还残留在水溶液中。

构成地下水中主要离子成分的元素有氯离子、硫酸根离子、碳酸氢根离子、碳酸根离子、硝酸根离子、钠离子、钙离子、镁离子、铝离子、亚铁离子、铁离子等。

二、岩石的水理性质

松散岩石存在着孔隙，坚硬岩石中有裂隙，易溶岩石中有孔洞。水以不同形式存在于这些孔隙中。岩石与水作用时，表现出不同的容水性、持水性、给水性、透水性等，这就是岩石的水理性质。

容水性是指岩石能容纳一定水量的性能，通常使用容水度表示，即岩石中所容纳的水的体积与岩石体积之比。当岩石的孔隙完全被水所充满时，水的体积即等于岩石孔隙的体积。在重力作用下，岩石依靠分子力和毛管力在其孔隙中保持一定水量的性质，称为持水性，以持水度表示。在重力影响下岩石孔隙中所能保持的水量与岩石总体积之比，就是岩石的持水度。其中，岩石所能保持的最大薄膜水量与岩石体积之比，叫分子持水度；毛管孔隙被水充满时，岩石中所保持的水量与岩石体积之比，则称毛管持水度。岩石的颗粒大小对持水度影响很大，泥炭、黏土、亚黏土等持水度较高，泥灰岩、疏松砂岩、黏土质砂和细砂持水度小，块状火成岩和块状沉积岩、砾石和砂，几乎完全不持水。在重力作用下，饱水岩石能够流出一定水量的性能，为岩石的给水性。流出的水的体积与储水岩石体积之比，称为给水度。颗粒较粗的岩石给水度较大，细粒岩石给水度则很小。透水性就是岩石的透水性能。岩石孔隙的大小、多少和孔隙是否彼此连通，对透水性有着明显的影响。根据透水性可以把岩石分为透水岩石、半透水岩石和不透水岩石三类。

三、地下水的动态和运动

地下水流量、水位以及温度和化学成分，在各种因素影响下，发生日变化和季变化，称之为地下水的动态。气候是影响地下水动态的最积极的因素之一。降水、蒸发、气温的周期性变化引起地下水相应的变化；暴雨、干旱等则造成地下水的突然性变化。河湖水位升降，海岸附近涨落潮，地表水与地下水位之间的水力联系，也常引起地下水位的变化。地壳的升降运动引起侵蚀基准面位置的变化，也必然引起地下水动态的改变，上升区基准面下降，地下水强烈循环，同时变淡；下降区地下水循环减慢，并发生盐化。植物的蒸腾作用使地下水位产生以昼夜为周期的升降。人为因素对地下水动态的影响是多方面的，抽水、排水工程可以降低地下水位，农田灌溉、修建水库可使地下水位增高。地下水的动态变化，是水量变化的表现形式，为了准确掌握地下水的动态，常需要对地下水进行水量平衡计算。

地下水的运动形式一般分为两种：一种是层流运动，一种是紊流运动。地下水在岩石孔隙中的运动速度比地表水慢得多，除了在宽大裂隙或空洞中具有较大速度而成为紊流外，一般都为层流。地下水的这种运动称渗透。

层流是指水流中的水质点流线相互平行的运动形式。地下水的层流运动符合线性渗透定律即达西定律。达西通过实验发现，单位时间内通过岩石的水量与岩石的渗透系数、水头降低值和岩石断面面积成正比，与渗透距离成反比，从而建立了达西公式：

$$Q=K\times A\times(h/l)$$

式中，Q 为单位时间内透过岩石的水量；K 为渗透系数；A 为岩石断面面积；h 为水头降低值；l 为渗透距离。

紊流是指水流中水质点相互混杂，水质点流线曲折且极不规则的运动形式。当地下水在岩石大孔隙中运动时，由于阻力小、透水性好、流速较快，其往往呈紊流运动。紊流运动符合非线性渗透定律，可采用薛齐公式计算其流速。

四、地下水的分类

水在岩石中存在的形式是多种多样的，按其物理性质上的差异可以分为气态水、吸着水、薄膜水、毛管水、重力水和固态水等。重力水在重力作用下向下运动，聚积于不透水层之上，使这一带岩石的所有孔隙都充满水分，故这一带岩石称饱水带。饱水带以上的部分，除存在吸着水、薄膜水、毛管水外，大部分孔隙充满空气，所以称包气带。包气带和饱水带之间的界限，就是潜水面。地下水按埋藏条件可分为上层滞水、潜水和承压水三类。此外，按其储存孔隙的种类又可分为孔隙水、裂隙水、岩溶水。这两种分类是互相平行的，也就是说上层滞水、潜水和承压水都可按储存孔隙各分三类。

上层滞水是存在于包气带中局部隔水层之上的重力水。一般分布范围不广，补给区与分布区基本上一致，主要补给来源为大气降水和地下水，主要的耗损形式则是蒸发和渗透。上层滞水接近地表，受气候、水文条件影响较大，故水量不大而季变化强烈。

潜水是埋藏在地表下第一个稳定隔水层上具有自由表面的重力水。这个自由表面就是潜水面。从地表到潜水面的距离称为潜水的埋藏深度。潜水面到下伏隔水层之间的岩层称为含水层，而隔水层就是含水层的底板。潜水面以上通常没有隔水层，大气降水、凝结水或地表水可以通过包气带补给潜水，所以大多数情况下，潜水的补给区和分布区是一致的。

绝大多数潜水以大气降水和地表水为主要补给来源。当降水丰富，地表径流量大时，含水层中的水量增加，潜水面就随之上升。干燥地区降水量少，大气降水补给潜水的量很小。河、湖水面常常高于附近的潜水面，因此，河水、湖水常常补给沿岸的潜水，黄河下游及洪泽湖沿岸即是一例。潜水与河流水面间往往形成互相补给的关系，这种现象称为河流与地下水的水力联系。

充满于两个隔水层之间的水称承压水。承压水水头高于上部隔水层（隔水顶板），在地形条件适宜时，其天然露头或经人工凿井喷出地表称自流水。隔水顶板妨碍了含水层直接从地表得到补给，故自流水的补给区和分布区常不一致。在适当的地质构造条件下，孔隙水、裂隙水和岩溶水都可以形成自流水。在盆地、洼地或向斜中，出露于地表的含水层，海拔较高部分成为地下水的补给区，海拔较低部分就成为排泄区，如图 5-10 所示。

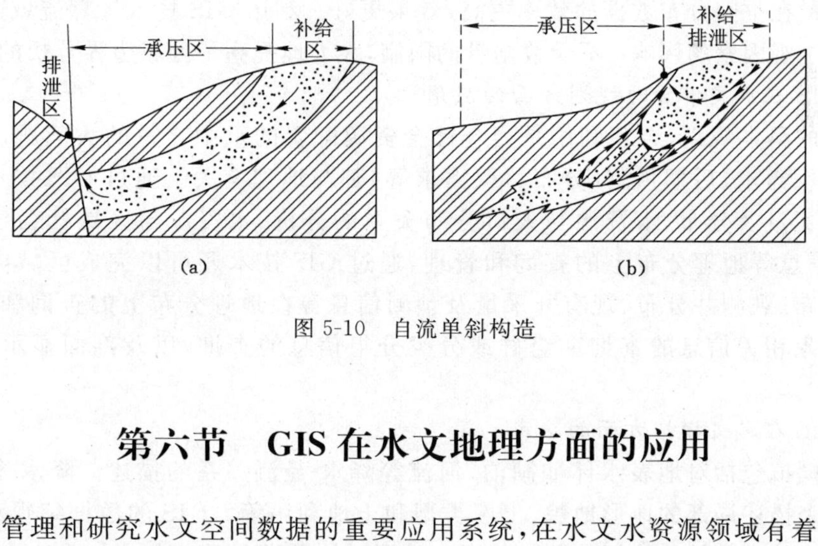

图 5-10　自流单斜构造

第六节　GIS 在水文地理方面的应用

GIS 是管理和研究水文空间数据的重要应用系统，在水文水资源领域有着比较广泛的应用，为水资源的开发、利用和保护提供了直观、科学、可靠的依据，促进了水文水资源应用科学的发展。

一、GIS 在水文地理方面的应用概述

（一）水文水资源 GIS

GIS 技术作为研究水资源空间分布规律的重要手段，得到了广泛应用。我国已建成了多项 GIS 水资源管理系统，其在我国水文水资源领域的应用已经颇具规模，并且取得了良好的效果。其中最具代表性的成果有：黄河下游水资源管理空间决策支持系统、上海市 GIS

水资源普查管理系统、辽宁省太子河流域水资源实时监控管理系统，等等。概括起来主要有如下特点：

① 基础电子地图：基础数据均为1∶25万的国家基础电子地图系统数据。国家基础电子地图系统数据包括行政区划边界、城镇、居民点、江河湖泊、水库、铁路、公路等信息。

② 专业电子地图：专业电子地图是将数字化的水文水资源专业地理数据叠加于基础电子地图之上的水文水资源专业电子地图。专业电子地图对水文水资源信息描述得更为具体和实用，其包括的信息更为专业，如流域分区边界（水资源分区）、水体功能区、各类水利工程的分布、各类水文测站水质测站的分布等专业信息。

③ 遥感信息库：遥感信息库是与基础地理数据相匹配的经过解译后所得到的水文水资源信息遥感遥测数据。

④ 属性数据库：属性数据库的数据是对分区内查询对象属性的描述，是GIS系统的基础数据库，如分区内社会经济状况、地表水资源与地下水资源状况、水资源开发利用状况、水环境状况、水利工程参数及状况、流域内土地利用状况，等等。

⑤ 软件系统：软件系统是在基础电子地图、专业电子地图、遥感信息库、属性数据库的基础上采用GIS嵌入技术结合水资源管理的需要而开发的水资源管理软件系统。软件系统的功能包括空间数据的管理、属性数据的管理，以及两者相结合的信息管理，等等。

⑥ WebGIS信息查询系统：WebGIS信息查询系统是为外部用户而设计的查询系统。外部用户可以通过Internet访问并查询水资源与生态环境等综合信息。利用GIS软件分析处理降雨量在空间分布数据的效率更高，效果更好。利用GIS技术计算流域面雨量的方法不受人为主观因素的影响，不受数据量的限制，大大地提高了区域边界分析的质量。

（二）GIS在水文水资源规划方面的应用

水资源的科学规划、合理利用是当今社会资源配置的重中之重的大问题。而水资源的分布、蓄量、需求、后期预测（分布、量、需求等）都与地理有关。通过GIS技术可完成流域内水资源蓄量及分布、水资源与人口分布关系的分析、水资源与区域社会经济关系的分析、预测信息等地理分布上的查询和管理，通过GIS技术还可以完成区域内地下水资源蓄量及分布、观测井分布、现有开采量及预测信息等在地理分布上的查询和管理，其中包括单一对象相关信息的查询和组群或分类分组信息的查询，以及剖面显示、补给和开采模拟等。

（三）GIS在水文模拟方面的应用

地表水模拟包括对地表水体如湖泊、河流等降水-径流关系的描述。降水-径流模拟需要众多参数来描述局部的地形地貌、土壤类型和土地利用等。GIS的数据编辑和处理功能可有效快捷地处理流域的特征参数。其强大的图形处理能力可将流域内所有的特征用图形充分地显示出来。GIS在地下水模拟分析中的用途主要是模型输入数据的准备、地下水模型的有限元格网设计、模拟结果的可视化分析及最终结果的输出。

非点源污染研究需要综合显示各种空间信息，因而非常适合在GIS支持下进行。非点源模型与GIS对接能大大简化模拟工作。由GIS建立的数据库可自动制作模型输入参数和处理时空系列数据、表格和文本信息。利用GIS对空间数据的处理能力及模型的模拟能力，可研究不同的土地利用方式对流域水文和水质的影响，为制定满足水环境保护要求的土地利用规划提供依据。对于非点源污染模拟而言，分布过程模型和GIS集成应用，可支持和加强所选流域空间分布处理过程能力，提高对空间变化的认识，减少因空间数据均化而引起的不确定性。

（四）GIS在水质方面的管理的应用

通过GIS集成可以完成区域内水质各种参数的分布情况、观测点分布、污染源分布及未来相关预测信息等在地理分布上的查询和管理，同时也包括污染点扩散实测情况及扩散预测分析等，其中包括单一对象相关信息的查询和组群或分类分组信息的查询。

GIS具有叠置分析、包含分析、距离分析、缓冲区分析、三维分析等功能，它们均可用于水质评价和规划。例如，在污染源分析和水源保护区划分中，可利用GIS缓冲区分析功能划定缓冲区，然后将缓冲区与其他信息作叠置分析，以确定受污染源影响或影响水源保护的因素。GIS的空间数据集成和网络分析功能与水质模拟技术结合，可对突发性水污染事故造成的污染情况进行模拟，以便能及时确定受影响的范围和对象，采取适当的措施控制其不利影响。

（五）GIS在水情信息查询显示方面的应用

GIS在水情信息查询显示方面的应用是将实时水情信息和预报调度成果信息在地理信息系统上充分体现。如，在各水库可任意显示最高库水位、洪峰流量、洪水总量、水位过程、入库流量过程等信息；在各水文控制站上可任意显示特征水位、最高水位、最大流量、水位过程、流量过程、降雨量分布等信息。这些使洪水预报调度成果在地理信息系统上得以全面、具体、直观的体现。

（六）GIS在防洪预警方面的应用

将GIS与实时水雨情信息数据库有机连接，即实现实时水情在电子地图上即时报警，主要包括河道水位、水库水位、单站雨量、遥测站运行故障等的报警。如：某水库水位超过汛限水位，电子地图上对应的水库即变颜色，并弹出报警显示窗口；水位超过设计防洪水位时，水库变为另一颜色并弹出相关窗口；水位低于死水位时，水库变为另一颜色并弹出相关窗口。当然报警方式还可以按需求设置，如：声音报警、手机短信报警等。

GIS与图像处理、航空摄影及遥感等技术结合，可对洪灾损失及灾后重建计划进行评估。也可利用GIS结合水文和水力学模型用于洪水淹没范围预测，如GIS空间分析扩展模块可用于分析和存储流域地貌特征，提取有关参数，作为地表径流模型的输入文件。将地表径流模拟计算成果与河道断面信息结合，输入水力学模型中，即可预测给定位置的水深。将计算出的水面高程数据输入到GIS中，并覆盖在地形表面，从而确定出洪水可能的淹没范围。再将此淹没范围图与有关基础设施、土地利用、人口密度等其他专题图综合进行分析，可以预测洪水的影响，便于采取应急措施。

二、基于DEM与ArcGIS水文分析——河网和流域的提取方法

水文分析是DEM数据应用的一个重要方面。而利用DEM生成的集水流域和水流网络数据，成为大多数地表水文分析模型的主要输入数据。表面水文分析模型研究与地表水流有关的各种自然现象例如洪水水位及泛滥情况，划定受污染源影响的地区，预测当某一地区的地貌改变时对整个地区将造成的影响等。根据DEM利用ArcGIS水文分析工具可以提取地表水流径流模型的水流方向、汇流累积量、水流长度、河流网络（包括河流网络的分级等）以及对研究区的流域进行分割等。

（一）无洼地 DEM 生成

DEM 是比较光滑的地形表面模型，但 DEM 误差以及一些真实地形或特殊地形的影响，使得 DEM 表面存在一些凹陷的区域。在进行水流方向计算时，由于这些区域的存在，往往得到不合理的甚至错误的水流方向。因此，在进行水流方向的计算之前，应该首先对原始 DEM 数据进行洼地填充，得到无洼地的 DEM。洼地填充的基本过程是先利用水流方向数据计算出 DEM 数据中的洼地区域，并计算洼地深度，然后依据这些洼地深度设定填充阈值进行洼地填充，如图 5-11 所示。

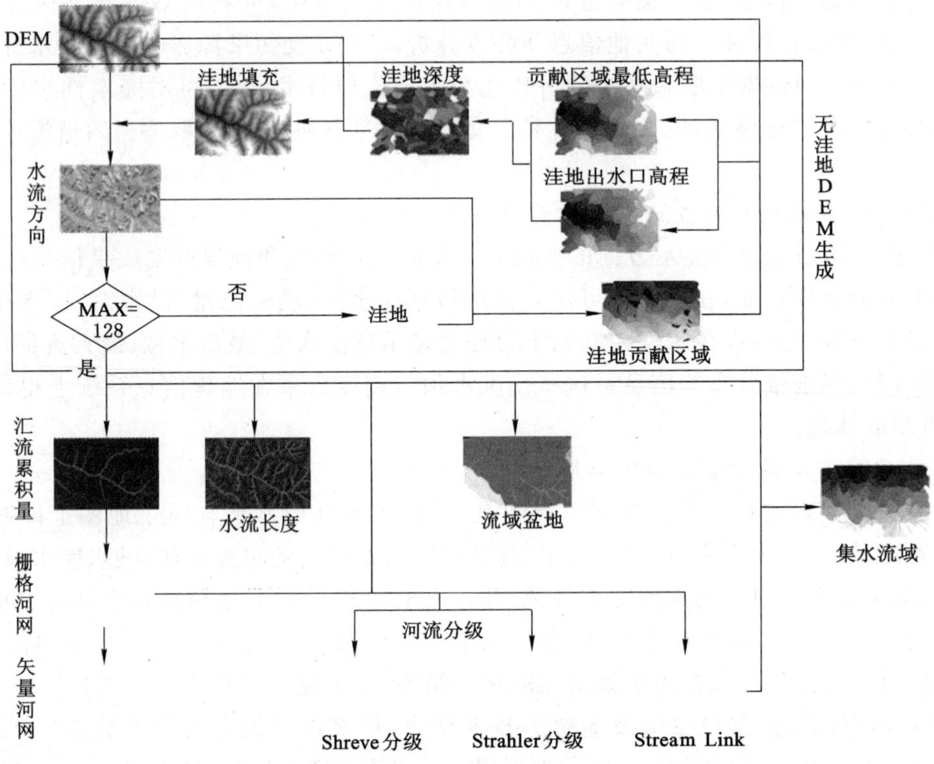

图 5-11　基于 DEM 与 ArcGIS 河网和流域的提取流程

1. 水流方向的提取

水流的流向是通过计算中心格网与邻域格网的最大距离权落差来确定的。对于每一格网的水流方向指水流离开此网格的指向。在 ArcGIS 中，通过对中心栅格的 1、2、4、8、16、32、64、128 等 8 个邻域栅格编码，中心栅格的水流方向便可由其中的某一值来确定。例如，若中心栅格的水流流向左边，则水流方向赋值 16。流向的生成是个自动的过程，可能要等一段时间，运算的时间与电脑性能和 DEM 图的精度、大小有关。方法是利用 ArcToolbox\Spatial Analyst Tools\Hydrology\Flow Direction，生成方向水流流向图。若从 DEM 中作出来的流向分析的最大数值为 128，则不需要填洼，否则需要填挖。

2. 洼地计算

洼地区域是水流方向不合理的地方，可以通过水流方向来判断哪些地方是洼地，并进行填充。但是，并非所有的洼地区域都是由于数据的误差造成的，有很多洼地是地表形态的真实反映。因此在进行洼地填充之前，必须先计算洼地深度，判断哪些地区是由于数据误差造成的，而哪些地区又是真实的地表形态。然后，在洼地填充时，设置合理的填充阈值。基本过程为先分别双击 Hydrology 工具集中的 Sink、Watershed 工具计算出洼地区域图、洼地贡献区域图；然后打开 Spatial Analyst Tools 工具箱中的 Zonal 工具集，分别利用 Zonal Statistic、Zonal Fill 工具分别计算每个洼地所形成的贡献区域的最低高程，并计算每个洼地贡献区域出口的最低高程；最后在 ArcMAP 中加载 Spatial Analyst 模块，选择 RasterCalculator 对话框，通过命令 sinkdep=([zonalmax]-[zonalmin])计算出洼地深度图。

3. 洼地填充

经过洼地提取后，可以确定原始 DEM 上是否存在洼地，若有洼地，须进行填充。而洼地深度的计算为填充阈值的设置提供了依据，系统默认条件下是不设阈值，即所有的洼地区域都将被填平。对照地形资料，确定填充阈值。没有岩溶问题的话，直接用(洼地深度的最大值+1)作为阈值(z_limit)。洼地填充是一个不断反复的过程，直到所有的洼地被填平，新的洼地不再产生为止。方法是利用 ArcToolbox\Spatial Analyst Tools\Hydrology\Fill 工具对洼地深度图进行处理，得到洼地填充结果。

(二) 汇流累积量计算

在地表径流模拟过程中，汇流累积量是基于水流方向数据计算得到的。首先基于无洼地 DEM 生成水流方向图，然后利用该数据，双击 Hydrology 工具集中的 Flow Accumulation 工具计算出汇流累积量数据。

(三) 水流长度计算

水流长度指地面上一点沿水流方向到流向起点(或终点)间的最大地面距离在水平面上的投影长度。它分为顺流计算和溯流计算两种，可通过双击 Hydrology 工具集中的 Flow-Length 工具实现，其中计算方向分别选择顺流计算 Downstream 或溯流计算 Upstream。水流长度的提取和分析在水文学或水土保持工作中均具有重要意义，因为水流长度直接影响地面径流的速度，进而影响地面土壤的侵蚀力。

(四) 河网的提取

目前，常用的河网提取方法是采用地表径流漫流模型计算的。首先是在无洼地 DEM 上利用最大坡降的方法得到每一个栅格的水流方向；然后利用水流方向栅格数据计算出每一个栅格在水流方向上累积的栅格数，即汇流累积量，所得到的汇流累积量则代表在一个栅格位置上有多少个栅格的水流方向流经该栅格。假设每一个栅格处携带一份水流，那么栅格的汇流累积量则代表着该栅格的水流量。基于上述思想，当汇流量达到一定值的时候，就会产生地表水流，那么所有那些汇流量大于那个临界数值的栅格就是潜在的水流路径，由这些水流路径构成的网络，就是河网。

1. 河网的生成

河网的生成基于汇流累积量数据，利用 Map Algebra 工具集中的 Multi Map Output 工具中的 Con 命令或 Setnull 进行有条件地查询可以得到，还可以利用栅格计算器获取。

2. 栅格河网矢量化

利用 ArcToolbox\Spatial Analyst Tools\Hydrology\stream to feature 工具箱对栅格河网进行处理。

3. 矢量河网

利用 Editor 工具栏对矢量河网进行编辑。单击 Editor 下拉菜单，单击 Staring Editor 激活编辑工具栏，在下拉菜单中选中 More Editing Tools\Advanced Editing，选中整幅地图，在弹出的 Advanced Editing 工具栏中点击平滑(Smooth)按钮，在弹出的 Smooth 对话框中[Maximum allowable offset]栏中输入值“3”，表示允许最大偏移量为 3，从而得到平滑处理后的河流网络。

用这种方法所平滑的流域河流网络偏移量较大，可能会产生人为误差，也可利用 Data Management Tools 工具箱中 Data Management Tools\Generalization\Smooth Line 工具箱对河流网络进行平滑处理。此种方法偏移量较小。

4. Stream Link 的生成

Stream Link 记录河网中结点之间的连接信息，它主要是记录河网的结构信息，其中每一条弧段连接着两个作为出水点或汇合点的结点。Stream Link 的生成可以通过双击 Hydrology 工具集中的 Stream Link 工具实现，其属性表中记录着每个片段所包含的栅格个数信息。

5. 河网分级

不同级别的河网所代表的汇流累积量不同，级别越高，汇流累积量越大，一般是主流，而级别较低的河网一般则是支流。在 ArcGIS 水文分析中，双击 Hydrology 工具集的 Stream Order 工具，可提供两种常用的河网分级方法：Strahler 分级和 Shreve 分级。

（五）流域分割

流域(watershed)又称集水区域，是指流经其中的水流和其他物质从一个公共的出水口排出从而形成的一个集中的排水区域。流域可以通过流域盆地(basin)、集水盆地(catchment)来描述。

1. 流域盆地的确定

流域盆地是由分水岭分割而成的汇水区域，可利用水流方向确定出所相互连接并处于同一流域盆地的栅格区域。双击 Hydrology 工具集中的 Basin 工具可以计算出流域盆地图。

2. 集水盆地的确定

除用流域盆地来描述外，在水文分析中，经常基于更小的流域单元进行分析。首先通过 Hydrology 工具集中的 Snap Pour Point 工具寻找小级别流域的出水口位置，然后结合水流方向，双击 Hydrology 工具集中的 Watershed 工具，分析搜索出该出水点上游所有流过该出水口的栅格，直至生成集水流域为止，对计算结果重新分级后可以更方便寻找感兴趣的流域研究区。

三、基于 GIS 的徐州市水域生态敏感性评价

徐州地处古淮河的支流沂、沭、泗诸水的下游，1855 年黄河北徙以后，以废黄河为界形成三个独立排水系统，即北侧为沂沭泗水系，南侧为淮河流域的濉河水系，废黄河滩地本身单独一个水系。三水系间由京杭大运河和徐洪河相连。境内河流纵横交错，湖沼、水库星罗棋布，废黄河横穿东西，京杭大运河纵贯南北，东有沂、沭诸水及骆马湖，西有复兴、大沙河、微山湖等。现拥有大型水库两座——云龙湖水库和庆安水库，中型水库 3 座——崔贺庄水库、高塘水库和阿湖水库，小型水库 84 座。总库容 3.31 亿 m^3。表 5-2、表 5-3 以及表 5-4 分别为徐州市主要河流、大型湖泊和大中型水库的特征表。

表 5-2　徐州市主要河流水情特征表

名称	控制站	水位/m			径流量/(m^3/s)			集水面积/km^2
		平均	最高	最低	平均	最大	最小	
大沙河		40.5	41.30	河干		550	0	
中运河	运河站	22.68	26.42	18.03	40	3 790	−71.1	
大运河	蔺家坝下	31.15	32.99	河干	1.81	842	−62.2	
沂河	港上站	部分河干	35.59	河干	45.90	6 380	0	10 522
沭河	新安	部分河干	30.94	河干	14.0	3 320	0	5 978
徐洪河	小王庄	12.7	19.07	河干	(3.72)	649	0	
故黄河	已被分段拦截蓄水，多用于水产养殖							
奎河	为雨污合流河道，仅汛期有水下泄，余多用于农灌							125

表 5-3　徐州市大型湖泊基本特征表

湖名	流域面积/km^2	湖底高程/m	死水位		讯限水位	
			水位/m	库容/($\times10^6$ m^3)	水位/m	容积/($\times10^6$ m^3)
上级湖	28 116	32.50	33.0	268	34.20	924
下级湖	31 700	30.00	31.5	306	32.5	778
骆马湖	57 400	18～21	20.5	212	22.5	750

表 5-4　徐州市主要大中型水库基本特征表

名称	集水面积/km^2	总库容/万 m^3	死水位		兴利		防洪		灌溉面积/万亩	
			水位/m	蓄水量/万 m^3	水位/m	库容/万 m^3	水位/m	库容/万 m^3	设计	实际
云龙湖	54	4 229	31.50	315	32.80	590	37.14	3 489	0.67	1.45
崔贺庄	21	3 388	29.00	100	33.50	2 386	34.79	1 583	7.0	4.8
庆安		6 030	23.00	30	28.50	4 770	29.60	2 190	12.0	11.2
阿湖	194	4 094	24.50	230	25.50	385	29.24	3 707	8.7	2.8
高塘	142	3 815	31.60	39	35.00	1 171	37.81	33.74	8.0	6.0

虽然水域面积只占徐州市域面积的16%，但是由于流域内洪、涝、旱、碱等风险并存，降水变率、径流年际变率都高达0.8左右；理论水资源较丰富，但可用水资源较少，水资源供需矛盾十分突出；作为资源型地域的徐州，水污染较严重，全市只有大沙河为二类水质，其他多为四类水，有少数断面为劣五类水体；南水北调经大运河通过徐州，徐州调水区的功能多为饮用水源保护区。另外，徐州北依微山湖、南临骆马湖，两大湖泊的生态调节功能对徐州市产生较重要的影响。所以，徐州市特殊的环境本底和水文特征的复杂性，都使得境内水域因子，如微山湖、骆马湖、大运河等生态敏感性较高。因此，运用 GIS 的缓冲区分析进行单因子评价时，要考虑不同等级的水体对生态敏感性的影响范围和影响程度的差异性。

参照水域生态敏感性的缓冲分级法，对具有不同生态影响的水体划定不同宽度的生态核心区、生态缓冲区、生态影响区等（表 5-5）。其中重要湖泊指微山湖和骆马湖，一般湖泊指水库，重要河流包括故黄河、京杭运河、大沙河、沂河和沭河，一般河流包括房亭河、徐洪河、奎河、复新河、丁万河和新沂河。据表 5-4，即可在 ArcGIS“分析工具”→“邻域分析”中生成不同等级水体的缓冲区（图 5-12）。

表 5-5　水体等级与生态敏感性评价

生态因子		缓冲距	生态类别	等级值	生态敏感性
湖泊	重要湖泊	1 000 m	核心区	9	极高
		1 000～2 000 m	缓冲区	7	高
		2 000～4 000 m	影响区	5	中
	一般湖泊	100 m	核心区	5	中
		100～200 m	缓冲区	3	低
河流	重要河流	200 m	核心区	7	高
		200～500 m	缓冲区	5	中
		500～2 000 m	影响区	3	低
	一般河流	100 m	核心区	5	中
		100～200 m	缓冲区	3	低

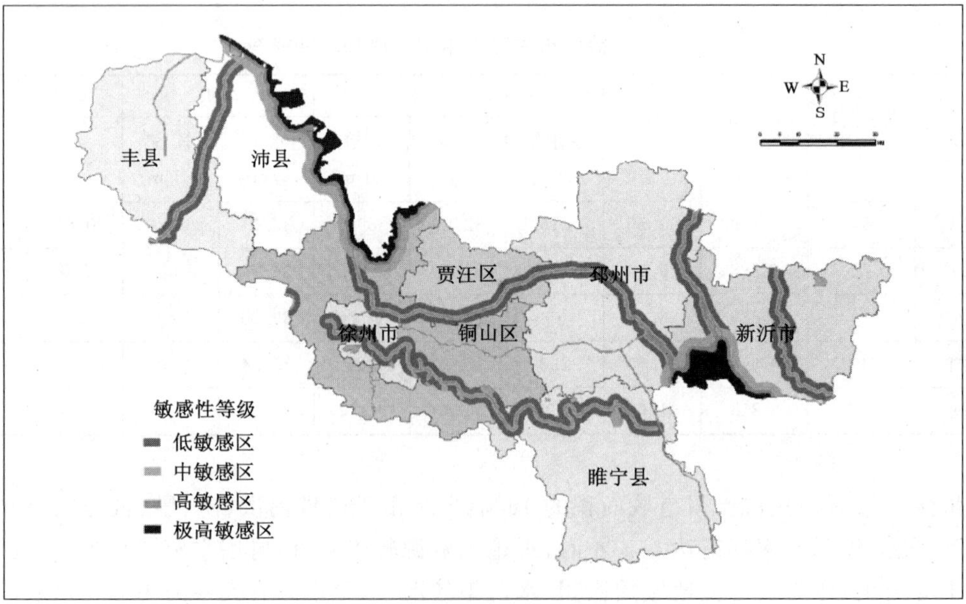

图 5-12　徐州市水域生态敏感性等级分布图

经过空间分析，即可得到水域因子的生态敏感性分类结果（表 5-5），可以发现高与极高敏感区总面积 745.72 km^2，占市域总面积的 6.6%；中敏感区总面积 648.12 km^2，占市域总面积的 5.8%；低敏感区总面积 1 159.99 km^2，占市域总面积的 10.3%。

表 5-5　基于水域因子的生态敏感性分类结果

生态敏感性类别	生态敏感指数	面积/km^2	占市域比重/%
低敏感区	3	1 159.99	10.3
中敏感区	5	648.12	6.6
高敏感区	7	420.02	3.7
极高敏感区	9	325.70	2.9

思　考　题

1. 简述水循环的机理、类型与意义。
2. 简述洋流的分类及对地理环境和人类的影响。
3. 径流形成的过程是怎样的？
4. 河流补给的来源主要有哪些？它们各有什么特点？
5. 什么是沼泽？有什么特点？如何对其进行改造和利用？
6. 什么是地下水？其来源有哪些？是如何分层的？

主要参考文献

[1] 陈华，郭生练，熊立华，等. 面向对象的GIS水文水资源数据模型设计与实现[J]. 水科学进展，2005，16(4)：556-563.
[2] 管华. 水文学[M]. 3版. 北京：科学出版社，2020.
[3] 郭达志. 地理信息系统原理与应用[M]. 徐州：中国矿业大学出版社，2002.
[4] 刘宏伟，姚鹏举. GIS在水文水资源领域的应用进展[J]. 科技传播，2013，5(9)：165.
[5] 刘佳，于福亮，李传哲，等. GIS在水文水资源领域中的应用进展[J]. 水电能源科学，2007，25(2)：20-24.
[6] 刘敏. 现代自然地理学理论、方法与进展[M]. 北京：科学出版社，2019.
[7] 毛明海. 自然地理学[M]. 杭州：浙江大学出版社，2009.
[8] 汤国安，杨昕. ArcGIS地理信息系统空间分析实验教程[M]. 2版. 北京：科学出版社，2012.
[9] 王光明，梁秀娟，肖长来，等. GIS技术在水文水资源领域中的应用现状与发展趋势[J]. 吉林水利，2009(6)：1-5.
[10] 伍光和，王乃昂，胡双熙. 自然地理学[M]. 4版. 北京：高等教育出版社，2008.
[11] 闫磊，张海龙. ArcGIS地理信息系统：从基础到实战[M]. 北京：中国水利水电出版社，2021.
[12] 冶运涛，蒋云钟，梁犁丽，等. 流域水循环虚拟仿真理论与技术[M]. 北京：中国水利水电出版社，2019.
[13] 张海廷. GIS在水文水资源领域中的应用研究[J]. 华北水利水电学院学报，2013，34(3)：63-66.

第六章　土壤与土地

土壤是自然地理环境的一个重要组成部分，是指分布于地球表面具有肥力特征而能生长植物的陆地疏松表层。土壤圈是地球表层与大气圈、生物圈、水圈、岩石圈相交的界面并进行着物质循环和能量交换的圈层。土壤与土地是两个不同的概念，土地是由气候、地貌、土壤、植被和水文等自然要素组成的一个自然综合体。

第一节　土壤的组成和形态特征

在自然界，土壤圈处于岩石圈、生物圈、水圈和大气圈之间的接触、过渡地带，是有机界和无机界相互联系、相互作用的产物，是自然环境中物质循环和能量转化的重要环节和活跃场所。

土壤是地球陆地表面能够生长植物的疏松表层，是由风化产物经生物改造作用形成的具有肥力的薄的疏松物质层，是一个独立的自然体。土壤的基本属性和本质特性是具有肥力。土壤肥力是指天然植物或作物在生长发育过程中，土壤能同时和不断地供应和调节所需的水分、养分、空气和热量的能力。肥力的高低取决于土体中水、肥、气、热四个肥力因素之间整体功能的协调程度，以及能否满足植物生长发育过程中行为特征的要求。在合理的经营管理之下，土壤的肥力不但不会因利用而耗损，反而会不断得到改良。

一、土壤的组成

土壤是由固相、液相和气相等三相物质组成的，包括土壤矿物质、有机质、土壤溶液和土壤空气四种成分。

（一）土壤矿物质

土壤矿物质是土壤中最基本的组分，在大多数土壤中，其质量可占土壤固体物质总质量的90%以上，故被称为土壤的“骨架”。它主要由成土母质继承和发展而来，而这母质又来源于岩石。

土壤矿物质按其性质和成因可分为原生矿物和次生矿物两类。原生矿物是指母岩经机械风化破碎而成的碎屑物质。它们的种类和数量随母质类型、风化强度和成土过程的差异而不同，其中绝大多数是那些化学性质相对稳定的矿物，如石英及其他碎粒。它们主要组成土壤的砂粒和粉砂粒部分。次生矿物是化学风化和成土作用中形成的矿物，种类很多。各种土壤所含的种类和数量也不尽相同。其中最重要和为数最多的是黏土矿物，如高岭石类、蒙脱石类和伊利石（水化云母）类。

地壳中已知的90多种元素及其同位素在土壤中都存在。其含量较多的包括O、Si、Al、Fe、Ca、Mg、Ti、K、P、S，以及Mn、Zn、B、Mo等一些微量元素。其中O、Si、Al、Fe含量最高，若它们依次分别以氧化物的形式存在，则三者之和占土壤矿物部分的75%。

（二）土壤有机质

土壤有机质是指土壤中所有来源于动植物的物质的总称，是土壤固体物质的一个组成部分。土壤有机质数量虽比矿物质少得多，但其是组成土壤的重要物质基础，在成土过程尤其是肥力发展过程中起着极其重要的作用。

进入土壤中的有机质可分为两大类：一类为普通的有机质，包括动植物的残体及其分解的中间产物，如蛋白质、树脂、糖类、有机酸，等等。通常它们占土壤有机质总量的10%～15%（泥炭土除外），与土粒结合不紧密。另一类为特殊有机质——腐殖质，它是由动植物残体通过微生物的作用，经过复杂的过程转化而成的有机胶体物质。它是组成、结构都比普通有机质更为复杂，性质更为特殊，并与土粒紧密结合在一起的有机化合物，常占土壤有机质总量的85%～90%，为土壤中特有的次生有机物质。土壤中除死的有机体外，还有大量的活有机体，如土壤微生物和土壤动物及植物根系。微生物在土壤有机质和养分的转化过程中起着重要的作用。

土壤中的有机质转化指积聚于地面和土壤上层的有机质（除了少量可溶性有机化合物受淋溶作用外）在土壤生物作用下进行各种转化的过程。土壤有机质的转化包含两个过程，即矿质化过程和腐殖化过程。土壤动植物残体和土壤腐殖质，在微生物的作用下分解成简单的有机化合物，以至最后被彻底分解为无机化合物的过程，称为有机质的矿质化过程。在有机残体分解的同时，还进行着腐殖质的合成过程，称为有机质的腐殖化过程。该过程通常分为两个阶段：第一阶段，微生物将有机残体分解，其中一部分转化为最终产物CO_2、H_2S、NH_3、H_2O等，另一部分转化为简单的有机化合物；第二阶段，腐殖质组成物质经缩合而形成新的高分子化合物——腐殖质。

土壤中有机质的多少，是衡量土壤肥力高低的重要标志，它对土壤培肥重要的作用体现在以下几方面：

① 是土壤中碳、氮、磷等营养元素的重要来源。95%以上的氮素存在于土壤有机质中。同时，它还含有一定数量的硫、钾、钙、镁、铁等营养元素，供给作物利用。另外，有机质在分解过程中产生的有机酸和碳酸，能促进土壤养分的释放。

② 能促进土壤团粒结构的形成。有机质经微生物分解后，能产生一种胶结土粒的物质，可使小土粒黏结成球状的土团，适宜植物生长。

③ 可改善土壤不良性状。有机质分解后产生胶结物质，既有减少黏土的黏性，改善其耕性和通透性的作用，又有改善砂土过分松散的性能。

④ 增加土壤的保水性能。耕层土壤含有机质多时，可使土壤疏松多孔，地表水容易渗入，同时由于有机质吸水力强，提高了土壤保水性能。

⑤ 腐殖质色暗，可增加土壤吸热能力，同时其导热性小，有利于保温。

⑥ 能提高土壤保肥能力。土壤有机质具有吸附作用，能吸收和容纳各种养分物质，避免流失。同时，还可以缓冲由于施用化肥而产生强烈的酸碱性变化，有利于作物生长。

（三）土壤溶液

土壤水分是土壤重要组成成分和重要的肥力因素，它不仅是植物生长所必需的生态因子，而且也是土壤生态系统中物质和能量流动的介质。土壤水分主要来自大气降水、灌溉水和地下水；此外，水气的凝结也会增加土壤水分的含量。土壤水分的耗损主要有土壤蒸发、植物吸收利用和蒸腾、水分的渗漏和径流，如图6-1所示。

土壤水分的动态受重力、土粒表面的分子引力、毛细孔隙的毛管力、植物吸收压力和蒸发力等因素的控制。按土壤水分存在的形式和状态及水分与土壤的关系，可将其分为吸湿水、膜状水、毛管水、重力水等类型。土壤依靠土粒与水分子间很强的分子引力，把土壤空气和大气中的气态水吸附和固定在土粒表面，形成很薄的一层水膜，称之为吸湿水。土壤保持吸湿水的最大量(吸湿系数)，因土壤胶体的数量和质量而不同，质地黏重及含蒙脱土多的土壤含吸湿水量最高。当吸湿水充满以后，土粒继续靠分子引力吸收水分，加厚土粒外表的水膜，这种水称膜状水。当膜状水充满后，毛细孔隙靠毛管力(弯液面张力)而保持的水分，称为毛管水。毛管水有两种：一是靠降水或灌溉供给并与地下水无联系的毛管悬着水；另一是由地下水层上升的毛管上升水，其上升高度因质地和毛细孔隙的大小而不同。毛管悬着水的最大量，称田间持水量。当毛管水达到最大毛管持水量后，若再有水分补充时，则存在于大孔隙中的水因重力作用而下移，成为重力水。

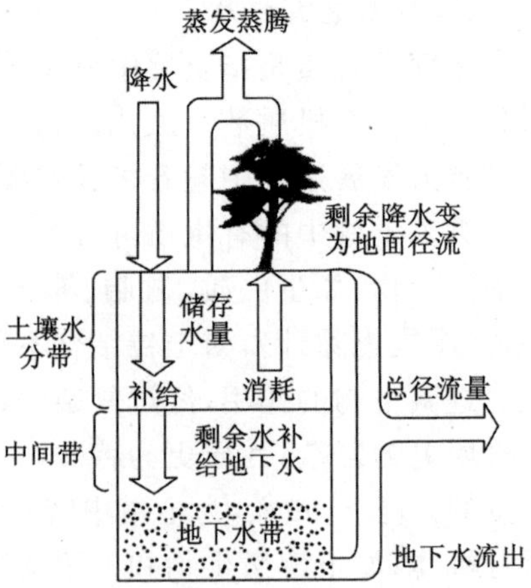

图 6-1　土壤水分类型间的联系

土壤的吸湿水、膜状水、毛管水和重力水由于受各种因素的作用，只有部分水分可供植物吸收利用。土壤干燥时的含水量是土壤有效水分下限界线，也是植物利用土壤水分有效性的临界点，土壤中水分的水势和传导度下降为零，不再能满足植物的需求，植物缺水发生萎蔫，此时的土壤水分含量称凋萎系数或凋萎湿度，也称凋萎点。

(四) 土壤空气

土壤空气是指土壤孔隙中存在的各种气体的混合物。土壤空气主要来自大气，组成成分和大气基本相似，质和量上与大气有所不同。土壤空气中的 CO_2 含量高于大气，O_2 含量低于大气，且含有较高量的还原性气体(CH_4 等)。土壤空气中的水汽大于 70%，大气中小于 4%，相差甚远。土壤固氮微生物能固定一部分氮气，增加土壤氮素含量，而土壤中进行的硝化作用和氮化作用，又使氮素转化为氮气和氨释放到大气中，二者基本保持平衡。

随着土层深度的增加，土壤空气中 CO_2 含量增大，O_2 含量减少。随着气温和土温的升高，根系呼吸的加强，微生物活动加快，土壤空气中 CO_2 含量增加，夏季 CO_2 含量最高；土壤空气中的 CO_2 和 O_2 的含量是相互消长的，二者的总和维持在 19%～22%之间。

(五) 土壤肥力

土壤肥力是反映土壤肥沃性的一个重要指标，是土壤为植物生长供应和协调营养因素及协调环境条件的能力，是土壤各种基本性质的综合表现，是土壤区别于成土母质和其他自然体的最本质的特征，是土壤作为自然资源和农业生产资料的物质基础，也是土壤系统本身的物质组成、结构、各种过程和性质及土壤系统与外界环境相互关系的功能表现。

土壤肥力按成因可分为自然肥力和人为肥力。前者指在五大成土因素(气候、生物、母质、地形和年龄)影响下形成的肥力，主要存在于未开垦的自然土壤；后者指长期在人为的耕作、施肥、灌溉和其他各种农事活动影响下表现出的肥力，主要存在于耕作(农田)土壤。

土壤能够供给和协调植物生长发育所需要的水、肥、气、热。水、肥、气、热称为四大肥力因素。它们之间存在着相互矛盾、相互制约又相互促进的关系。土壤肥力的高低主要取决于水、肥、气、热之间在一定条件下的协调程度，是土壤物理、化学和生物学性质的综合反应。

二、土壤的形态特征

土壤形态是指土壤与土壤剖面的外部形态特征，这种外部形态特征是通过人们的感官即视觉、嗅觉和触觉来认识的，如土壤剖面构造、土壤颜色、质地结构、结持性、孔隙率等。

（一）土壤剖面

土壤剖面是指从地表垂直向下的土壤纵剖面，也就是完整的垂直土层序列，是土壤成土过程中物质发生淋溶、淀积、迁移和转化形成的。每一种成土类型都由具有其特征性的土层组合在一起，形成不同的土壤剖面。土壤剖面中由成土作用形成的与地表大致平行的层次为土层（土壤发生层），不同的土壤层次可根据土壤颜色、结构、质地、结持性、新生体等特征进行划分。

天然土壤剖面过去通常采用道库恰耶夫的划分方案，即腐殖质聚积层（A）、过渡层（B）和母质层（C）。1967 年国际土壤学会提出了新的土壤发生层次划分方案，将天然土壤划分为六个发生层：有机层（O）、腐殖质层（A）、淋溶层（E）、淀积层（B）、母质层（C）和母岩层（R）（图 6-2）。

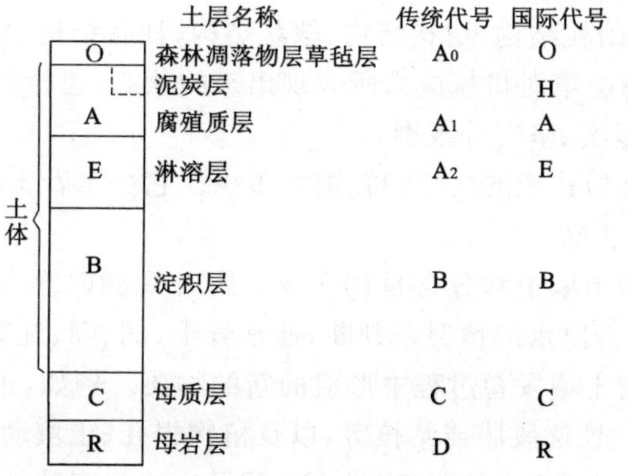

图 6-2　土壤剖面

O 层（有机质层，organic horizon）：覆盖于矿质土壤表面的由植物和动物残落物及其腐解产物组成的层次。A 层（腐殖质层，又称表土层，topsoil）：位于土壤剖面顶部，以腐殖质的积累为主要特征的土层。E 层（淋溶层，eluvial horizon）：土壤剖面中由水分淋溶作用所形成的土层，位于矿质土壤的最上层。B 层（淀积层，illuvial horizon）：土壤剖面中位于淋溶层之下的矿质土壤，是 A 层淋洗出来的物质沉淀和集聚的层次。一般位于土壤剖面中部，又被称为 B 层。C 层（风化层或母质层，regolith）：指土体以下疏松的、尚未受到成土过程影响的层次。它是上部土体赖以形成的母体物质。R 层（母岩层，bedrock）：尚未受到风化作用影响的下垫坚硬岩石，如花岗岩、砂岩、石灰岩等。有些土壤与基岩有发生上的继承关系（通过风化层），有些则没有（异地沉积母质）。

耕作土一般划分为四层：耕作层（表土层），由于受耕作施肥的影响，土性疏松、结构良好，有机质含量高，颜色较深，肥力较高，厚度一般大于15 cm；犁底层（亚表土层），在耕作层之下厚10～20 cm，土壤紧实，呈片状结构，有机质含量比上层减少；心土层（生土层），在犁底层之下，受耕作影响比较小，淀积作用明显，颜色较浅；底土层（死土层），几乎没有受耕作影响，根系少，仍保留母质特征。

（二）土壤的物理特征

土壤的物理特征主要包括土壤的颜色、质地、结构、松紧性、孔隙状况、干湿度、新生体和侵入体等。

① 颜色是土壤最重要的形态特征之一，其变化可作为判断和研究成土条件、成土过程、肥力特征和演变的依据。颜色也是土壤分类和命名的依据之一，如红壤、黄壤、黑土、黑钙土、栗钙土等。有机质、矿物质、水分、质地和生物活动等是影响土壤颜色的主要因素，如黑色表示土壤腐殖质含量高，呈灰色则表明含量减少；白色与土壤中含石英、高岭石、碳酸盐、长石、石膏和可溶性盐有关；红色则是土壤中含较高的赤铁矿或水化赤铁矿。

② 土壤质地指土壤颗粒粗细的情况。组成土壤的大小不同的土粒按不同比例混合在一起表现出来的土壤粗细状况称土壤的机械组成或土壤质地。土壤质地分类是以土壤中各粒级含量的相对百分比作为标准的，一般土壤质地分为砂土、壤土和黏土等。

③ 土壤结构（soil structure）是指土壤颗粒的胶结情况。土壤中的颗粒大都通过某种胶结物质相互连接组合在一起，形成较大型的团聚体，这种由基本颗粒聚合形成的团聚体称为土壤结构。土壤结构有团粒结构、块状结构、核状结构、柱状结构、枝柱状结构、片状结构等。

④ 土壤松紧性是指土壤对机械应力所表现出来的状态，包括黏着性和可塑性。其常分为很松、疏松、稍紧实、紧实、坚实等级别。

⑤ 土壤孔隙状况是指孔隙的大小和孔隙的多少。它决定着土壤的通水透气性，影响着土壤的养分转化与温度状况。

⑥ 土壤干湿度是指土壤中水分含量的多少。野外观测时靠人手对土壤感觉凉湿的程度及用手指压挤土壤是否出水的情况来判断，通常分干、润、潮、湿等级别。

⑦ 土壤新生体是指土壤发育过程中形成的新的物质。例如，土壤发育过程中形成的易溶盐类、石膏、钙质结核、铁锰胶膜或结核等，以及植物根孔、土壤动物孔穴、粪便等。根据新生体的性质和形状可以判断出土壤类型、发育过程及历史演变特征。

⑧ 土壤侵入体是指外界混入土壤的特殊物质，例如混入的石块、瓦片、砖块，以及混入的动植物遗骸等，在一定程度上能说明土壤的形成与土地利用的状况。

（三）土壤的化学特征

土壤的化学特征主要表现在土壤的胶体性、土壤的酸碱度和氧化还原反应三个方面。

1. 土壤的胶体性

土壤中呈胶体状态存在的物质称为土壤胶体。它是在成土过程中形成的，由粒径在$(1\sim100)\times10^{-3}\ \mu m$之间的微粒所组成。按其性质可分为有机胶体（如腐殖质）、无机胶体（相当于土壤中的矿质黏粒部分）和有机无机复合胶体（由前两种胶体互相紧密结合而成）。

土壤胶体有多种特性，对整个土壤的性质有决定性的影响。首先，土壤胶体具有很大的表面能。土壤中胶体含量多或颗粒愈细，其总表面积愈大，表面能亦愈大。因而土壤的物理吸收作用愈大，蓄水保肥能力愈强。其次，土壤胶粒带有电荷。其中多数胶体是带负电荷的，亦有一些带正电荷和两性的胶体。正是由于这种带电性，土壤才能吸收、保持许多离子态的有效养分，使其免受淋失，又能随时供应植物吸收利用。此外，土壤胶体具有可逆和不可逆的凝聚作用和分散作用。由于土壤胶体存在着凝胶和溶胶两种状态，由溶胶变为凝胶，称凝聚作用；反之，由凝胶变为溶胶，称为分散（或胶溶）作用。但不是所有凝胶都能再变为溶胶，有些是不可逆的。例如由 F^{3+}、Al^{3+}、Ca^{2+}、Mg^{2+} 等阳离子所引起的胶凝，一般都属于很难或不能再溶的胶体。它们所形成的土壤结构是水稳性的团聚体。通常由一价阳离子如 K^{+}、Na^{+}、NH_4 所引起的胶凝是可逆性的。因此，在土壤中具有这两种状态和性质的胶体应保持适当的比例，才不致使保肥与供肥发生矛盾，并有良好的物理性状。

土壤胶体是土壤代换吸收作用中很活跃很重要的物质基础，对土壤养分的保存和调节起很大的作用。其中又以新鲜腐殖质组成的胶体作用最为突出。

2. 土壤的酸碱度

土壤溶液中存在的 H^{+} 和 OH^{-} 的浓度，称为土壤酸碱度（土壤反应），通常用 pH 值表示。一般土壤的 pH 值常在 3～10 之间，很少小于 3 或大于 10。pH 值的大小反映了土壤溶液反应的强度关系。土壤溶液中的酸性和碱性物质种类多而复杂，主要来源于有机物质的转化过程和矿物的风化作用，此外，也受土壤系统外部条件如酸雨、施肥、污灌等的影响。

土壤具有维持酸碱反应相对稳定的能力，即它具有调节因酸碱物质的加入而引起土壤酸碱变化的性能。这种调节作用称为土壤的缓冲性。因为土壤胶粒上有代换性阳离子的存在，对于土壤溶液中含有的各种弱酸和各种强碱弱酸所形成的盐类，它们可以起中和作用。此外，土壤的物理吸收作用以及两性物质的存在也能起缓冲作用。但土壤的缓冲能力有一定的限度，而且各种土壤也有所不同。缓冲能力的大小主要取决于土壤胶体，特别是有机胶体的含量多少。

3. 土壤的氧化还原反应

在土壤和土壤溶液中经常而普遍地进行着氧化还原反应。这两种过程对各种物质的转化、植物养分的状态和供应都有极大的影响。在氧化条件下，有机质分解快而彻底，养分多呈氧化态，有效性较高。在还原条件下，情况则刚好相反。土壤中的氧化作用，主要是由游离氧、NO、Fe 等引起的，还原作用是由有机质的分解、嫌气微生物的生命活动、低价铁及其他低价化合物所引起的。氧化还原作用绝大多数是在土壤微生物的参与下进行的。由于土壤中存在各种氧化剂和还原剂，所以土壤乃是一个统一的氧化还原系统。

第二节　土壤的形成

土壤的发育，离不开生物与岩石的相互作用，也离不开大气与水的参与。实际上，土壤是在一定的水、气条件下生物与岩石相互作用，经过一系列物理、化学和生物化学过程形成的。

19 世纪末，俄国土壤地理学家 B. B. 道库恰耶夫（Dokuchaev）通过对俄罗斯大草原土壤的调查，提出母质、地形、气候、生物与时间是土壤的五大成土因素。他认为：土壤是母质、气候、生物、地形和时间五大自然因素综合作用的产物；所有的成土因素始终同时存在并同等重要且相互不可替代地参与了土壤形成过程；土壤永远受制于成土因素的发展变化而不断地形成演化；土壤是一个运动着的和有生有灭或有进有退的自然体；土壤形成因素存在着地理分布规律，特别是有由极地经温带至赤道的地带性规律。

一、不同成土因素在土壤形成中的作用

（一）母质在土壤形成中的作用

土壤母质（岩石风化的产物）是土壤形成的物质基础。在土壤形成的初期阶段，母质的积极作用非常显著，并且母质的某些性质往往会被土壤继承下来。母质对成土过程的具体影响主要表现在其物理性状和化学组成上。在其他成土因素的制约下，母质直接影响着成土过程的速度，有时还可影响到成土过程的性质与方向。一般来说，成土过程进行得愈久（即定向发育时间愈长），母质与土壤性质的差别就愈大，但母质的某些特性仍会继续保存于土壤中。

母质中原生矿物颗粒的大小及抗风化能力，对土壤的机械组成和其他特性皆有明显的影响。母质中若含砂粒较多，土壤的质地则较粗，通透性好，养分较贫乏；若含泥质较多，情况往往相反。母质中的矿物组成和化学成分也常直接影响土壤的无机养分的含量。例如，由基性岩风化而成的母质，其盐基含量一般比酸性岩风化母质的含量高。另外，从母质风化释放的各种元素在成土过程中的作用也不尽相同。例如，硅、铝、氧三元素是形成土壤黏粒矿物的基本元素；铁和锰在土壤氧化还原过程中起重要作用；钠和钾等碱金属盐基离子是促使黏粒和腐殖质分散的主要离子。

母质的类型和特点多种多样，对土壤性质的影响也各不相同。同一母质类型在不同的生物气候条件下可发育成不同的土壤类别。所以母质不等于土壤，只是形成土壤的一种基本因素和主要的物质基础。

（二）气候在土壤形成中的作用

气候对土壤形成的影响主要是通过温度、降水、湿度和蒸发等因素而起作用的，即水热条件及其动态的综合。

气候控制着土壤形成的方向及土壤的地理分布，气候因素决定着成土过程的水热条件，直接影响到土壤中的水、气、热的状况和变化。气候不仅直接参与母质的风化和物质的淋溶过程，而且更重要的是在很大程度上控制着植物和微生物的生长，影响土壤中有机质的积累与分解，决定着养分物质的生物小循环的速率和规模。所以，气候是土壤形成和发育的重要因素，控制着土壤中物理、化学和生物等作用过程的总趋势。

在不同气候条件下发育的土壤有很大的差异。气候在地表呈有规律的变化，构成呈水平方向和垂直方向分布的形式。而土壤的类型亦发生相应的更替，表现出一定的地理分布规律性。土壤的这种空间分异通常认为主要是由气候的变化引起的。但气候与土壤之间的关系，也可因其他成土因素的参与而变得复杂化。

气候对成土过程的影响主要表现在：母质和土壤中矿物的风化和淀积，有机质的合成和分解，水分的蒸发和淋溶等过程。一般地说，温度增高 10 ℃，化学反应速度平均增加 1～2 倍；温度从 0 ℃增至 50 ℃时，化合物的离解度增加 7 倍。所以在低纬地区的岩石风化和土壤形成的速度比中纬和高纬地区快得多，风化壳和土壤的厚度也比中、高纬地区厚得多。例如，我国高温多雨的南方，风化壳的厚度可达几十米；而干冷的北方和高山区，风化壳皆很薄，土壤发育程度也较低。

在降水量大于蒸发量的湿润地区，淋溶作用强，土壤具有盐基饱和度低、酸性强等特点，如各种森林土壤。在蒸发量大于降水量的干旱地区，淋溶作用弱，土壤常具中性至微碱性反应，盐基饱和度较高，剖面中有碳酸盐、硫酸盐甚至易溶盐的积累，如栗钙土、棕钙土等。

水热条件与土壤有机质、全氮的含量也有一定的关系。在其他条件相同时，随着年平均温度的增加，土壤中有机质和氮素的含量则相应地减少。降水量的影响则刚好相反。雨量增多，有机质及全氮的含量亦多。但过冷和过湿时它们的含量又趋减少。这就表明温带草原土壤(黑钙土)成土过程中水热条件的总效应较高。

（三）生物在土壤形成中的作用

生物是促进土壤发展形成的最活跃的因素。通过生物的循环，才能把大量的太阳能纳入成土过程，才能使分散于岩石圈、水圈和大气圈的多种养分物质聚集于土壤之中，才能使土壤具有肥力并使之不断更新。因此，成土过程实质上就是母质在一定条件下被生物不断改造的过程。没有生物的作用便没有土壤的形成。尤其是陆生植物与土壤彼此之间具有一定的从属性，如图 6-3 所示。

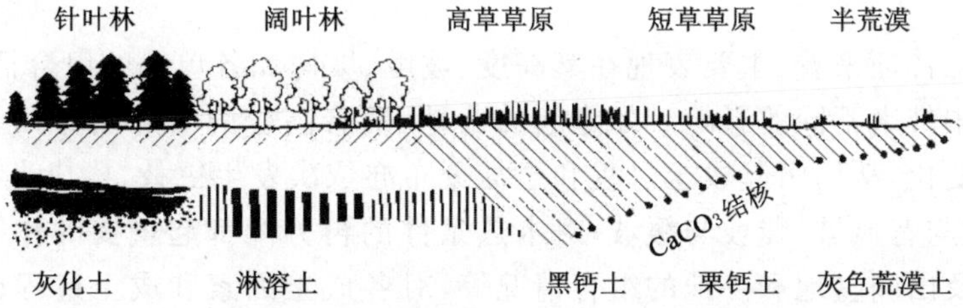

图 6-3　植被类型和土壤类型的关系(据 Bridges)

1. 木本植被对成土过程的影响

木本植被的年生长量多，但残落物主要是枝叶的一部分及花果等。残落物层下部为半分解的有机质层，碳含量高而厚度不大；疏松多孔，易吸水和利于淋洗作用，又易通气，适于好气微生物活动并有利于真菌类生长，形成强酸性腐殖质。有机质中含单宁、树脂较多，在真菌分解下产生较强的有机酸，既可抑制细菌活动又能对矿质土粒进行酸性溶提，使表土层的盐基淋失，铁、铝、锰等亦发生螯合淋溶下移。所以在木本植被长期影响下，土壤可产生不同程度的"灰化过程"，即表土中的碱金属和碱土金属以及铁、锰、铝等元素的化合物被强烈淋失，表层下部灰白土层呈酸或强酸性，养分贫乏。木本植被下有机质多聚积于最表层，但厚度不大，故土壤的有机质总量不及草原土壤，有机质的品质和氮、磷的含量也比草原土差。

2. 草本植被对成土过程的影响

草本植物的地上和地下部分每年都经历全部或大部分死亡而更新，故其土壤中有机质层较深厚；含单宁、树脂较少，木素含量也不及木本植物高，以纤维素为主，故残落物柔软而少弹性，在分解过程中不产生强酸性物质，并以细菌分解为主，所形成的有机质或腐殖质的品质较好，盐基饱和度也较高。草本植物众多的须根死亡后可形成有机胶体，活根的伸展及分泌的多糖类化合物，都易与土粒结合形成良好的土壤结构，易于提高肥力。

3. 微生物对土壤形成发展的作用

微生物对土壤形成发展的作用主要有：分解有机质，释放各种养分；合成腐殖质，发展土壤胶体性能；有的微生物还能固定大气中的氮，创造土壤中的氮化合物；转化矿质养分，使磷、硫、钾等矿质养分能为植物吸收利用。应着重指出的是，种类繁多、数量极大的土壤微生物，尤其是植物区系微生物在养分生物小循环中具有重要的意义。

4. 土壤动物对成土过程的影响

土壤动物种类繁多,对成土过程的影响也极不相同。土壤原生动物中有的能分解有机质,如轮转虫和部分线虫等;有的则不能直接分解植物有机物质,如变形虫、纤毛虫等。土壤中的无脊椎动物如各种昆虫及其幼虫、蚯蚓、蚁类等,对翻动土壤及消化、分解土壤有机质的作用很强。脊椎动物如蛇、鳝鳅、鼹鼠等主要起机械松土作用。总的来说,土壤动物一方面以其遗体增加土壤有机质;另一方面在其生命活动过程中搬动和消化别的动物或植物有机质,使之拌和于土壤中并被分解,可引起土壤性质的许多变化。

(四) 地貌对土壤形成的影响

地貌在成土中的作用主要表现在两方面:一是地貌的组成物质即成土母质和岩石的性质对成土的直接影响;二是地貌的形态特征对其他成土因素和土壤本身的物质和能量再分配的影响。

从地貌形态特征来看,主要表现在其高度、坡度、坡向和各单元的组合情况,对成土的因素和过程及分布带来不同的影响。如隆起的山地,随着高程的增加而导致气温、土温、湿度和植被类型的变化,从而引起成土过程和土类分布亦依次发生更替,构成土壤垂直带。阴坡和阳坡,迎风坡与背风坡,陡坡与缓坡,对水热条件的再分配都起重要的作用。山脉的走向和排列方式以及山间盆地和谷地的组合情况等,对各成土因素和成土过程也有不同性质和程度的影响。即使是小的地势起伏也可形成局部的土壤分异。

(五) 时间因素对成土过程的影响

时间因素是有别于其他成土因素的一类特殊因素。实际上它就是成土过程的历史背景。它在成土过程中作为一个强度因子,反映出土壤在各成土条件的共同作用下所经历的阶段和效果。当然,任何事物的发生发展都离不开具体的时间、地点和条件。考虑成土过程的时间因素可促使人们从动态发生的观点去研究土壤。具有不同年龄、不同发育历史的土壤,应归入不同的土壤类别,并表现出不同的土壤属性。

土壤的年龄通常可分为绝对年龄与相对年龄。从土壤开始形成时起直至当前这段时间,称为其绝对年龄。相对年龄则指土壤发育的某个阶段或发育程度,可作为成土过程的强度及发育阶段更替速度的指标。所以,土壤相对年龄不仅取决于土壤存在的持续时间,而且也取决于各成土因素和土壤本身性质的改变情况。一般说,土壤个体发育中发生层的分化愈明显,其相对年龄愈长;反之,分化度较弱,其相对年龄较短。此外,相对年龄还可用来说明环境变迁中土壤类型的阶段发育问题。

土壤的阶段发育是反映土壤的性质和类型随着时间的推移而发生的演变。例如,珠江三角洲地区随着海滩的向前发展,土壤经过脱盐化和脱沼泽化过程,土壤类型也发生从滨海盐土变为沼泽土再成为草甸土等阶段的演变。其中演变程度的差异就是相对年龄的差异。绝对年龄相同而相对年龄可以不同。

(六) 人为因素对土壤形成和演变的影响

人类对土壤的影响是多方面的,其中对耕作土壤的形成和发育的影响最为突出。但人类活动对土壤的影响与其他自然因素有根本的差别。主要表现在:人类的活动是社会性的,它受社会制度和社会生产力的制约。在不同的社会制度和不同的生产力水平中,人类对土壤的影响及其效果就不一样;另外,人类的活动往往是有意识、有目的地给土壤以影响。

对于具体的自然土壤或某种成土母质来说,人为因素可以给予土壤广泛而深刻的影响,使土壤发生某种质变的、速度远远超过自然演变的过程。如人类破坏植被和不合理利用引起强烈的土壤侵蚀。人为因素还能定向地培育土壤，使肥力特征发生巨大的变化，乃至发生质变。如人类为了开垦利用土地而有目的地采用各种措施，调节或改变某些成土因素间的对比关系，使其不断适应于农业生产的需要。通过人工的培育，生土可以变为熟土，熟土变为肥土。这不仅改变了原有土壤性质，而且改变了其自然发育的方向，使之成为受人工控制的耕作土。

当然，在人为因素作用下土壤属性虽然可得到强烈的变化，但也不能不看到自然土壤及其相互联系的成土因素还在继续产生影响，某些自然土壤的属性也只能在人为因素的作用下逐渐地发生改变。这种自然烙印不会在顷刻之间消失，甚至是很难改变和消除的。所以在指出人为因素的影响时，也不能忽视各自然成土因素在不同程度上的持续作用，人为的措施也必须适应自然规律的变化和发展，才能达到预期的目的。

二、土壤形成的基本规律

自然土壤形成的基本规律是物质的地质大循环与生物小循环过程矛盾的统一。

地质大循环，是指结晶岩石矿物在外力作用下发生风化变成细碎而可溶的物质，被流水搬运迁移到海洋，经过漫长的地质年代变成沉积岩，当地壳上升，沉积岩又露出海面成为陆地，再次受到风化淋溶。这是一个范围极广、时间很长的过程。

生物小循环，是指植物吸收利用大循环释放出的可溶性养分，通过生理活动制造成植物的活有机体，当植物有机体死亡之后，在微生物的分解作用之下，又重新变为可被植物吸收利用的可溶性矿质养料。

物质的生物小循环是在地质大循环的基础上发展起来的。有了地质大循环才有生物小循环，有了生物小循环才有土壤。在土壤形成过程中，这两个循环过程是同时并存的，互相联系和相互作用从而推动土壤不停地运动和发展。地质大循环使岩石风化为成土母质，是植物养分元素释放、淋失的过程。生物小循环是植物养分元素的积累过程，它可以不断地从地质大循环中累积一系列生物所必需的养料元素，由于有机质的累积、分解和腐殖质的形成，形成和发展了土壤肥力，使岩石风化产物脱离了母质阶段形成了土壤。

三、土壤形成的主要过程

根据成土过程中物质和能量的交换、迁移、转化、累积的特点，土壤形成有以下主要过程。

1. 原始成土过程

在裸露的岩石表面或薄层的岩石风化物上生长着放线菌、真菌等微生物，继后生长藻类，再后生长地衣、苔藓，它们开始积累有机质，并为高等植物生长创造了条件，这是土壤发育的最初阶段，即原始土壤的形成。在我国多发育于青藏高原及西北地区高山带现代冰川前端最新冰渍物上，成土年龄只有数年、数十年到三百或四百年。

2. 灰化过程

灰化过程是指土体亚表层 SiO_2 残留、R_2O_3 及腐殖质淋溶及淀积的过程。在寒温带针叶林植被条件下，有机酸（主要是富里酸）溶液在下渗过程中，使上部主体中的碱金属和碱土金属淋失，土壤矿物中的硅铝铁发生分离，铁铝胶体遭到淋失并淀积于土体下部，而二氧化硅则残留于土体上部，形成一个灰白色的淋溶层。

3. 黏化过程

黏化过程是指土体中黏土矿物的生成和聚积的过程。主要在温带、暖温带、半湿润和半干旱地区，土体中水热条件比较稳定，发生强烈的原生矿物分解和次生黏土矿物的形成，或表层黏粒向下机械淋洗，在土体中下部明显聚积，形成一个较黏重的层次。

4. 富铝化过程

富铝化过程是指土壤形成中土体脱硅富铝铁的过程。在热带、亚热带湿热气候条件下，土壤形成过程中原生矿物强烈分解，盐基离子和硅酸大量淋失，铁铝锰在次生黏土矿物中不断形成氧化物而相对累积。由于铁的染色作用，土体呈红色，甚至出现大量铁结核或铁磐层。

5. 钙化过程

钙化过程是指碳酸盐在土体中淋溶、淀积的过程。在干旱半干旱的气候条件下，由于季节性淋溶，矿物风化过程中释放出的易溶性盐类大部分淋失，而硅铁铝氧化物在土体中基本上未发生移动，而最活跃的钙镁元素在土体中发生淋溶和淀积过程，并在土体中下部形成一个钙积层。

6. 盐渍化过程

盐渍化过程是土体上部易溶性盐类的聚集过程。在干旱和半干旱地区，成土母质中的易溶性盐类，随水搬运至排水不畅的地平低地，在蒸发作用下，盐分向土体表层集中，形成盐积层。

7. 碱化过程

碱化过程是指土壤吸收性复合体上交换性钠占阳离子交换量的30%以上，pH值大于9，呈碱性反应，并引起土壤物理性质恶化的过程。碱化和盐化是有密切联系的，二者往往相伴发生，但有本质差别。

8. 潜育化过程

潜育化过程是指低洼积水地区上体发生的还原过程。由于土层长期被水浸润，空气缺乏，处于脱氧状态，有机质在分解过程中产生较多的还原物质，高价铁锰转化为亚铁锰，形成一个颜色呈现蓝灰或青灰色的还原层。

9. 潴育化过程

潴育化过程是指土壤形成中的氧化还原过程。主要发生在直接受地下水浸润的土层中，由于地下水雨季升高，旱季下降，土层干湿交替，土壤中铁锰物质处于还原和氧化的交替过程。在土壤渍水时，铁锰被还原迁移，土体水位下降时，铁锰氧化淀积，形成一个有锈纹锈斑、黑色铁锰结核的土层。

10. 白浆化过程

白浆化过程是指土壤表层由于土体上层滞水而发生的潴育漂洗过程。多发生在较冷凉的湿润地区，由于土壤质地黏重，透水不良，土壤表层经常处于周期性滞水状态，从而引起铁、锰还原。当水分过多时，一部分低价铁锰以侧渗方式流出土层之外，一部分随着沿裂隙下溢的水流淀积于淀积层的结构面上。与此同时，土壤黏粒也发生机械淋洗。未被淋走的铁锰，在临时滞水消失、氧化过程占优势时又被氧化固定。由于铁、锰的淋失和淀积，在土壤腐殖质层之下就出现白色土层，成为白浆化过程的主要特征。白浆化过程主要发生于白浆土内，黑土中也有不同程度的表现。

11. 腐殖质化过程

腐殖质化过程是指在生物因素作用下，在土体中，尤以土体表层进行的腐殖质累积过程。它是土壤形成中最为普遍的一种成土过程。腐殖质化过程的结果，使土体发生分化，在土体上部形成一个暗色的腐殖质层。

12. 泥炭化过程

泥炭化过程是指有机质以植物残体形式的累积过程。主要发生在地下水位接近地表，或地表有积水的沼泽地段，湿生植物因嫌气环境不能彻底分解而累积于地表，形成了泥炭，有时可保留有机体的组织原状。

13. 土壤的人为熟化过程

土壤的人为熟化过程是指在人类合理耕作、利用改良及定向培育下，使土壤向着肥力提高的方向发展的过程。人类通过耕作培肥和改良措施，消除土体的障碍因子，调节土壤水肥气热条件和补充土壤养分，使土壤具有适合作物生长、熟化程度高的人为表土层。

第三节　土壤的分类及分布

一、土壤分类

由于土壤形成因素和形成过程的不同，所以自然界里的土壤是多种多样的，并且它们具有不同的土体构型、内在性质和肥力水平。土壤分类就是根据土壤自身的发生发展规律，系统地认识土壤，通过比较土壤之间的相似性和差异性，对客观存在的形形色色土壤进行区分和归类，系统地编排它们的分类位置，从而可以看出各种土壤类型之间的相互区别与联系，同时对所划分的土壤类型分别给予适当的名称。

土壤是十分复杂的自然客体，既受各种自然要素（即通常所称的五大成土因素）的影响，又受人类生产活动的影响，据以分类的性质和条件十分复杂。目前，对土壤的形成、属性研究得还不够系统和深入，在科学研究的方法论上还有不少分歧，因而，迄今国际上还没有统一的土壤分类原则、分类系统和命名，存在多元分类体系，归纳起来有以下三种分类体系。

（一）苏联的发生学分类

这种分类制为许多国家所采用，如越南、缅甸、东欧的一些国家等，我国通用的土壤分类也受这种分类制的影响。其基本观点是：强调土壤与成土因素和地理景观之间的相互关系，以成土因素及其对土壤的影响作为土壤分类的理论基础，同时也结合成土过程和土壤属性作为土壤分类的依据。分类系统共分为土类、亚类、土属、土种、亚种、变种、土系、土相等8级。

（二）美国的土壤系统分类

分类的具体指标是可以直接感知和定量测量的土壤属性，土壤类型划分主要依据土壤的诊断层和诊断特性。

凡是用于鉴别土壤类型，在性质上有一系列定量说明的土层即为诊断层；用于鉴别土壤类型的依据是具有定量说明的土壤性质，为土壤的诊断特性。土壤分类系统按土纲、亚纲、土类、亚类、土族、土系6级，共分出11个土纲。

（三）中国的土壤分类

当前，我国存在并应用的土壤分类系统有发生学分类系统和以诊断层、诊断特性为基础的土壤分类系统。

中国土壤发生学分类是以成土因素、成土过程和土壤属性为基础的。同时在分类中将耕种土壤和自然土壤作为统一整体进行土壤类型划分，力求揭示自然土壤与耕种土壤在发生上的联系及演变规律。分类系统采用土纲、亚纲、土类、亚类、土属、土种、变种 7 级，以土类和土种为基本分类单元，共分 12 土纲、27 亚纲、60 土类、234 亚类。土纲有铁铝土、淋溶土、半淋溶土、钙层土、干旱土、漠土、初育土、半水成土、水成土、盐碱土、人为土和高山土。

中国土壤系统分类以诊断层和诊断特性作为分类的基础，以定量化、标准化为特点。为了完全与国际土壤分类接轨和便于交流，引用一些国外成熟的诊断层和诊断特性，并根据我国土壤的性质对某些诊断层和诊断特性的概念和区分标准作了修正和补充。中国土壤系统分类为多级系统分类，共分 6 级，即土纲、亚纲、土类、亚类、土族、土系。

二、土壤分布规律

土壤分布的地带性规律是指广域土壤与大气和生物条件相适应的分布规律。它包括由于气候生物条件、纬度、经度及海拔高度变化所引起的土壤地带性分布规律。

（一）土壤的水平分布规律

土壤的水平分布主要受纬度地带性和经度地带性的共同制约，大地形（高山、高原）对土壤的水平分布也有很大的影响。

土壤的纬度地带性是由于太阳辐射和热量在地表随纬度方向发生递变，从而导致气候、生物等成土因素以及土壤的性质和类型也按纬度方向呈有规律的更替现象。

从世界土壤的分布可以看出，土壤的纬度地带性在欧亚大陆、非洲及北美东部表现最明显。如欧亚大陆中地势较平坦的欧洲部分，从北至南依次出现：苔原带的冰沼土，泰加林带的灰化土，森林草原带的灰色森林土，草原带的黑钙土，干草原带的栗钙土，荒漠草原带的棕钙土和灰钙土以及荒漠带的荒漠土。在大陆东部从南至北依次出现：热带和亚热带的森林土，温带森林土，寒温带森林土及寒带冰沼土。在非洲，赤道横贯中部，土壤不仅沿纬度呈明显的带状分布，而且各土类自赤道向南、北两侧呈对称分布。荒漠土、红壤和砖红壤在非洲大陆分布很广。

总的来看，地带性土壤在低纬和高纬地区大致与纬线平行而且横跨各大陆呈带状分布，如砖红壤和灰化土、冰沼土。在中纬地区土壤分布表现较为复杂。许多地带性土壤不是横贯整个大陆，而只呈带段性方式展布。这些特点表明，地带性土壤不是严格地完全按东西方向延伸，它还受其他分异因素的干扰和影响，从而出现间断、尖灭、偏斜等情况。

土壤的非纬度地带性是由于海陆的差异以及大地构造和地形条件（尤其是纵向构造带）的影响，使水分条件和生物等成土因素从沿海至内陆发生有规律的变化，土壤的性质和类型也相应地依次发生变化。一般是从沿海到内陆依次出现湿润森林土类、半湿润的森林草原土类、半干旱的草原土类和干旱的荒漠土类，并在中纬地区表现最典型。如我国从东北到宁夏的温带范围，由东往西土壤地带为：淋溶土（暗棕壤）—湿成土（黑土）—钙积土（黑钙土、栗钙土、棕钙土）—荒漠土（灰漠土、灰棕漠土）；在暖温带范围内由东向西则为：淋溶土（棕壤）—弱淋溶土（褐土）—钙积土（黑垆土、灰钙土）—荒漠土（棕漠土），如图 6-4 所示。

（二）土壤的垂直分布规律

土壤分布的垂直带性，是指随山体海拔高度的升高，热量递减，降水则在一定高度内递增并在超出该高程后降低，引起植被等成土因素随高度发生有规律的变化，土壤类型相应地

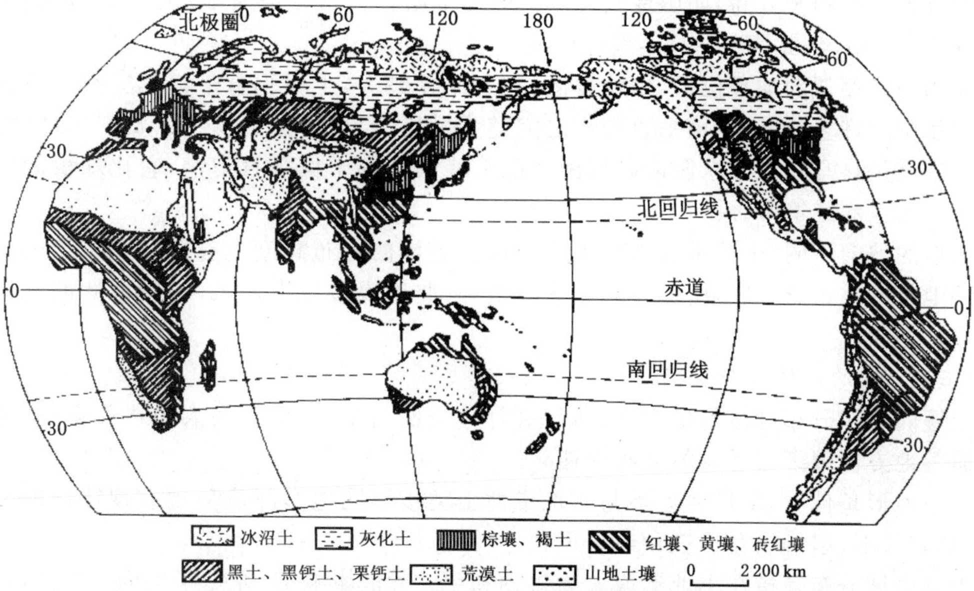

图 6-4　世界土壤分布

出现垂直分带和有规律的更替的特性。

山地土壤各类型的垂直排列顺序等结构型式，称为土壤垂直带谱。土壤垂直带谱中，位于山地基部、与当地的地带性土壤相一致的土壤带，称为基带。除基带外，垂直带谱中的主要土壤带称建谱土带，其土类叫建谱土类。在山区随着垂直高度的增大，土壤依次出现与植被类型相适应的土壤类型。

从低纬到高纬，土壤垂直带谱有由繁变简、同类土壤的分布高度有由高降低的趋势。例如，地处热带，海拔 1 879 m 的海南岛五指山，垂直带谱由五个土壤垂直带组成；而位于温带，海拔 2 170 m 的长白山有四个垂直带；而大兴安岭则只有 2～3 个垂直带。又如，山地暗棕壤带，在我国台湾的玉山(南亚热带)位于海拔 2 800 m 的高度，在暖温带的河北雾灵山位于2 000 m 的高度，在长白山和大兴安岭则位于 1 200 m 的高度。再如，福建省境内的黄岗山比戴云山纬度约高 2°，不仅基带土壤不同，红壤、黄红壤和黄壤垂直分布的界限也比戴云山低 200～300 m。

在相似的纬度上，从湿润地区经半湿润、半干旱地区到干旱地区，山地土壤垂直带谱先是趋于复杂，最后又趋向于简单，而同类土壤的分布高度则逐渐升高。以暖温带为例，位于东部湿润地区海拔 1 100 m 的千山，仅有山地棕壤和山地暗棕壤两个土壤垂直带，位于半湿润地区海拔约 2 118 m 的雾灵山，除山地棕壤、山地暗棕壤两个垂直带与千山相同外，在雾灵山的下部增加了反映半湿润森林草原气候特征的褐土和山地淋溶褐土两个垂直带，它的顶部增加了一个山地草甸土带；而纬度和海拔与雾灵山相当的甘肃云雾山(海拔 2 700 多米)，由于地处半干旱地区，在山地褐土带下虽然增加了一个反映半干旱草原景观的山地栗钙土与黑垆土带，但森林土壤消失了，垂直带数目相应减少；再往西，到昆仑山中段，海拔高度为 5 200 m，由于地处干旱地区除了山体中部出现荒漠草原土壤带外，山上山下都是荒漠土，垂直带谱更为简单。由湿润地区至干旱地区，垂直带谱下部渐次出现干旱类型，使同类土壤的分布高度趋于升高，如山地暗棕壤的分布上限在长白山地为 1 200 m，在河北雾灵山上升到 2 000 m，至贺兰山则高达 3 000 m。

在相同或相似的地理位置，山体越高，相对高差越大，土壤垂直带谱越完整。我国喜马拉雅山系中的许多山脉，土壤垂直带谱之完整为世界所罕见，据近期考察资料，最完整的土壤垂直带谱是喜马拉雅山东段最高峰南迦巴瓦峰南坡的土壤垂直带谱，它比珠穆朗玛峰还多了一个黄色赤红壤带。

山地的坡向不同，土壤垂直带谱组成及同类土壤的分布高度也有差别。秦岭山系为我国自然地带的重大分界线，南侧属北亚热带地区，北侧属暖温带地区，山体两侧的基带土壤有明显的差异。

（三）土壤的地域分布规律

土壤的地域分布规律是指广域地带范围内，土壤与中、小地形及人为耕作影响、母质水文地质等地方性因素相适应的分布规律。

在中地形条件下，地带性土类与非地带性土类按不同地形部位呈现有规律性的组合现象，一般有枝形、扇形和盆形三种组合形式。

土壤微域分布是指在小地形或人为耕种利用差异的影响下，在短距离内土壤的中、低级分类单元依次更替、重复出现的现象，通常又称为土壤复域，或称土壤组合。显然，土壤复域可以是天然的，也可以是人为耕种引起的。

三、主要的土壤类型

中国土壤分类系统把土壤划分出 14 个土纲：有机土、人为土、灰土、火山灰土、铁铝土、变性土、干旱土、盐成土、潜育土、均腐土、富铝土、淋溶土、雏形土和新成土。

有机土是指泥炭层厚度大于 40 cm，有机层厚度占总土层厚度的 2/3 或更厚的土壤，相当于过去土壤分类中的部分泥炭土。人为土集中分布于人类耕作活动频繁和农业历史悠久的地区，是受人类活动深刻影响或者由人工创造出来的具有明显区别于自然起源土壤特性的一类土壤，包括水耕人为土和旱耕人为土两个亚纲。灰土是具有灰化层和灰化淀积层的土壤，相当于土壤地理发生分类中的灰化土和漂灰土。灰土形成的气候属于寒温带湿润气候。火山灰土专指发育在火山喷发物和火山碎屑物上的土壤，包括弱风化的含有大量火山玻璃质的土壤和较强风化的富含短序黏土矿物的土壤，相当于土壤地理发生分类中的火山灰土。铁铝土是指土表至150 cm 范围内具有高度富铁铝化作用的铁铝层的土壤，相当于土壤地理发生分类中的砖红壤和赤红壤。变性土是指矿质土表以下至 50 cm 深度内无石质接触面，矿质土表以下至 100 cm 深度内具有变性特征的土壤。干旱土是发生在干旱水分条件下，具有干旱表层的土壤，相当于土壤地理发生分类中的棕钙土、灰漠土、棕漠土、寒漠土、寒钙土和部分灰钙土。盐成土是在矿质土表至 30 cm 深范围内的有盐积层，或在矿质土表 75 cm 深范围内有碱积层，而无干旱表层的土壤，相当于土壤地理发生分类中的盐土和碱土。潜育土是在地下水或地表水影响下形成的，在矿质土表 50 cm 深范围内出现厚度至少 10 cm 并具有潜育特征土层的土壤，相当于土壤地理发生分类中的潜育土。均腐土是具有深厚暗沃表层（有机质层），盐基饱和度大于等于 50%的土壤。富铁土是指上界在矿质土表以下至 125 cm 深度内具有低活性富铁层的土壤。淋溶土是指土表至 125 cm 深范围内有黏化层的土壤，相当于土壤地理发生分类中的暗棕壤、白浆土、棕壤、黄棕壤等。雏形土是发育程度低而具雏形层的土壤，相当于土壤地理发生分类中的砂姜黑土、潮土、部分褐土、石灰土等。

新成土是具有弱度或没有土层分化的土壤，相当于土壤地理发生分类中的扰动土、风砂土、冲积土、初育土等。

第四节　土壤资源的合理利用和保护

土壤资源是指具有农、林、牧各业生产力的各种土壤类型的总称。它是人类生存最基本、最重要的自然资源之一。土壤资源是土地资源重要的组成部分，是土地资源的基础。土地资源除土壤外，还包括岩石及其风化物、生物、地形、气候等自然体。土壤具有一定的生产力，具有可更新性和可培育性，在空间上具有严格的地域性，在时间上具有明显的季节性等变化，土壤资源位置有其固定性，面积有其有限性，同时具有其他资源不能代替的性质。在人口不断增加的情况下，应合理利用和保护土壤资源。

一、土壤质量与评价体系

土壤退化和农产品数量减少威胁到人类和动物的食品数量安全，土壤污染影响农产品质量、危害人类和动物的身体健康。土壤质量已成为现代土壤科学研究的重要方面。

土壤质量(soil quality)是与土壤利用和土壤功能有关的土壤内在属性。土壤质量或称土壤健康，是指土壤具有维持生态系统生产力和动植物健康而不发生土壤退化和其他生态环境的能力(《中国土壤学名词》,1998)。

中国学者认为土壤质量的内涵可包括土壤肥力质量、土壤环境质量和土壤健康质量三个方面。土壤肥力质量是指土壤提供给植物养分和生产物物质的能力；土壤环境质量是指土壤能够容纳、吸收、降解各种环境污染物质的能力；土壤健康质量是指土壤无污染、洁净，生产的食品无公害，保障动植物及人类健康的能力。

土壤质量评价是指以土壤肥力质量、土壤环境质量和土壤健康质量为中心，对土壤质量性能进行质量鉴定。目前，国际上还没有形成统一的土壤质量标准及评价体系，不同研究者在进行土壤质量评价时所选取的指标，既有描述性指标，也包括分析性指标。而理想的土壤质量评价指标应该是翔实的，可重复利用的，并能客观、全面、综合地反映土壤质量的各个方面，能表明土壤肥力特征、环境条件及健康状况等。同时，土壤质量评价指标体系的选择确定要考虑当地的自然环境特征和社会经济发展水平，土壤资源的功能和土壤利用类型。

二、世界及我国土壤资源概况

地球上陆地总面积约 $149\times10^6\ km^2$，无冰覆盖的陆地面积约 $130\times10^6\ km^2$，其中可耕地约 $30\times10^6\ km^2$，约占陆地总面积的 23%。已耕地仅有 $14\times10^6\ km^2$，只占陆地总面积的 10.7%，还有 14.7%的可耕地有待开发，但其中有些属于难利用土地，如冻土、沙漠、裸岩、陡坡山地等，真正肥沃便于耕种的土地大部分已被垦植。世界土壤资源的现状具有以下特点：

① 低质量的土壤资源比例大，耕地面积小，分布不均。开发难度大，有些土地难以利用。

② 类型繁多，利用差异大。

③ 分布不平衡，与人口分布不相适应。非洲、南美洲、大洋洲人口少，但可开发耕地多，亚洲人口多但耕地面积小，且分布不均衡。

我国全境土壤资源划分为12个类型61个土类，土壤资源总面积为 8.798×10^{8} hm^{2}。其中半数为沃野肥土，提供农林牧优质用地；约有半数土壤类型尚待改造，提高肥力水平。

我国土壤资源具有以下特点：

① 土壤资源丰富、类型多样，有世界上主要的森林土壤、草原土壤和荒漠土壤，还有世界上特有的青藏高原土壤。按第二次全国土壤普查，土地总面积占世界陆地总面积的1/15，居第三位。据统计，在我国土壤资源中，适于发展农业或农林结合的土壤约263.33万 km^{2}，占全国土壤资源总面积的27.4%；适于发展林业和林农结合的土壤约243.33万 km^{2}，占总面积的25.38%；适于发展牧业或牧农、牧林结合的土壤面积为234.47万 km^{2}，占总面积的24.42%；仅部分适于林业或牧业的高山及亚高山土壤，面积为198.66万 km^{2}，占总面积的20.7%；尚难开发利用的石质山地及其他土地，共约20.24万 km^{2}，占总面积的2.1%。

② 山地土壤资源所占比重大，耕地面积少，分布不平衡。我国耕地面积少主要是受地形条件所限。据统计，我国山地、高原面积占国土总面积的64%，丘陵占10%，平原和盆地只占24%，山地、高原、丘陵面积占总土地面积的3/4。

三、土壤资源开发利用中存在的问题

土壤资源开发利用中主要存在以下问题：① 耕地面积减少，人地矛盾突出；② 土壤侵蚀严重，危害巨大；③ 土壤资源退化，肥力下降；④ 土壤盐碱化、沙化加剧；⑤ 土壤污染日益严重，农田生态环境恶化。

由于人口增长，人均耕地面积逐年减少已成为世界性问题。我国从1950年到1980年的30年间，人均耕地面积减少了0.06 hm^{2}；据国家统计局统计，1986—1995年，耕地面积净减少 191.3×10^{4} hm^{2}，相当于韩国耕地总量，年均减少耕地 19.1×10^{4} hm^{2}，相当于每年减少3个中等县的耕地面积。随着我国人口的增加，人地矛盾将更加突出。

土壤侵蚀一般指表层土壤在雨水冲刷、坡面水流、风、崩塌、地滑以及其他作用下流失的过程，是当今世界所面临的严重的环境问题之一，也是造成土壤退化的首要原因。

其中水土流失（水蚀）主要是地表植被被破坏、陡坡开垦和耕作粗放等原因造成的，使大量肥沃的表土流失，肥力迅速下降，地面亦受到破坏，而且还影响下游地区。

土壤退化是指土壤数量减少和质量降低。数量减少表现为表土丧失，或整个土体的毁失，或土地被非农业占用。质量降低表现在土壤物理、化学、生物学方面的质量下降。如果不加阻止，土壤腐殖质的损失可能导致生态危机，因为土壤腐殖质是地球表面太阳能的主要积累器，也是保证生物圈生态稳定的土壤生产力保护者。

沙化是指土壤在风蚀作用下，表层土壤细颗粒减少而粗质砂粒增多的过程沙漠化，是土壤在风蚀作用下，向沙漠生境演化的过程。沙漠是沙漠化的顶级状态。“荒漠化”是由气候变化和人类活动等多因素引起和发展的，发生在干旱、半干旱及干燥半湿润地区的土地退化（UNCCD,1994）。土地荒漠化是当今全球最严重的环境和社会经济问题之一，受到世界各国的关注。荒漠化是一个生态退化过程，它导致土地生产力下降，极端情况下，将发展成为生物群落难以长期存在的类似荒漠的景观。荒漠化过程主要包括水蚀、风蚀、植被退化和土壤盐碱化等。

土壤盐碱化是指土壤中可溶性盐分随水向表土层（0～20 cm）运移而累积至含量超过0.1%（或富含石膏土壤为0.2%）的过程。按对植物生长发育危害程度和表土层盐分含量，可将土壤盐碱化分为强度、中度、轻度。

土壤污染问题是随着工农业生产的发展而出现的，工业"三废"剧增以及农药、化肥的大量使用，加之管理不善，使进入土壤的有害物质逐年增多，致使有毒、有害物质在土壤中的含量达到危害植物正常生长发育的程度，并通过食物链的传递，从而影响到人类的健康。其主要污染物包括重金属污染和农药污染。土壤污染类型包括水体污染型、大气污染型、农业污染型、固体废物污染型和生物污染型。

四、土壤资源的合理利用和保护

土壤作为一种资源，其主要的作用就是为农业生产提供基本的保障条件。土壤的改良工作是指改善土壤的性状，提高土壤的肥力，为植物生长创造良好的土壤环境。土壤改良工作的实质，就是要找出土壤中这类具体的障碍因素，尤其是关键的障碍因素（限制因子），并加以克服和改善，使农作物获得更高的产量。如土壤含有盐碱，或酸性过强，或土质过沙过黏，或排水和通气不良等不利因素，一经改良就可更好地发挥土壤的生产潜力，不仅使原来不能利用的土壤得以利用，而且可使低产或中产的土壤变成高产土壤。

土壤改良的主要措施，可以分为水利措施、农业技术措施和化学改良措施三类。水利措施包括灌溉、排水、洗盐、放淤等。农业技术措施包括深耕、压砂、掺客土、轮作、增施有机肥等方法。化学改良主要是通过施用特定的化学物质，达到改变土壤化学特性的效果。

土壤资源目前正面临着多方面的威胁，资源的丧失和退化问题严重。要保护土壤资源，必须因地制宜采取不同的措施。从技术层面来说有以下几方面：

① 对轻度侵蚀的坡地土壤，等高耕作是保护土壤免受流失的一种简单有效的常用方法。采取挖等高截水沟、修建水平梯田等工程措施能取得更佳的防护效果。植被对防止土壤侵蚀作用很大，因此生物措施也是被广泛采用的防护措施。森林的护土性能最高，所以在能够退耕还林的地区，应尽量地植树造林，建立以林地为基础的良性经营模式。在人地矛盾特别尖锐、耕地难以退减的地区，也应尽量争取在坡顶、沟头及陡坡、凸坡等敏感地段栽植树木，防止水土流失的进一步恶化。在一些表土已经侵蚀殆尽，甚至风化母质出露的地区，直接植树的成功率较小，生物措施以选种某些耐旱耐瘠的先锋草本植物为佳，以期逐渐改良恶劣的土壤环境条件，为后续的治理奠定基础。

② 对风蚀和荒漠化的土壤，维护天然植被是保护土壤资源的最佳方法。在已经开垦和发生风蚀的地区，建设防风林和建设沙障，种植草方格，采取免耕或休闲方法等，都能在一定程度上抵御风蚀的危害。

③ 对次生盐渍化土壤，由于它主要由不恰当的灌溉引发，因此水利工程的设计、施工和管理都会影响土壤资源的利用和保护。设计合理、施工优良和管理到位、疏浚及时的农田排灌系统，能保障土壤的稳产高产。反之，设计失误、管道渗漏、沟渠堵塞等将导致地下水位的上升，出现可溶性盐在土表的积聚现象。

此外，在工交和居住用地方面，也可以通过合理的选线方案论证、优秀的规划设计调整，减少占用耕地，并运用相应的法规政策或经济手段，对土壤资源加以认真的保护。尽量使用一些农业利用价值不大的土地或劣质土地，最大限度地保护有限而珍贵的耕地资源。

第五节　土　　地

一、土地的含义与土地分级

（一）土地的含义

土地与土壤是两个不同的概念。联合国粮农组织土地评价专门委员会对其的定义是：土地包含地球特定地域表面及其以上和以下的大气、土壤与基础地质、水文与植物，还包括这一地域范围内过去和现在人类活动的种种结果，动物及人类目前和未来利用土地所施加的重要影响。《土地基本术语》(GB/T 19231—2003)规定，土地是地球陆地表面具有一定范围的地段，包含垂直于它上下的生物圈的所有属性，是由近地表气候、地貌、表层地质、水文、土壤、动植物以及过去和现在人类活动的结果相互作用而形成的物质系统。从这个意义上来说，土地包括地下层、地表层以及地上空间。

概括国内外学者和研究机构关于土地的种种定义，可以发现以下共同点：土地是由各种自然要素组成的自然地理综合体或自然地域综合体；土地具有一定的范围和厚度，且两者均因土地级别高低而异；作为自然客体，土地必然受自然规律制约；作为人类活动场所和重要的自然资源，土地也必然受人类影响。而分歧多集中表现在多数学者总是针对某个特定地段使用土地概念，而另一部分学者则认为土地单位可以占据很大的空间。

尽管目前对土地概念的认知和表述不尽一致，但以下几个方面基本成为共识：

① 土地是综合体。土地在其长期形成、演变过程中，各种要素以不同方式，按不同程度独立或综合地影响着土地的综合特征。在这个综合体中，土地各组成要素都有其不可替代的地位和作用，土地的性质和用途取决于全部组成要素的综合作用，而不从属于任何一个单独的要素。

② 土地是自然经济综合体。土地是自然的产物，但人类的经济活动可以改变土壤、植物、水文等土地组成要素的性质，从而影响土地的功能和用途。因此，一般认为土地是自然经济综合体，它包括人类过去和现在生产活动成果及经济社会关系，这是土地不同于其他自然体的重要方面。

③ 土地是地球表面的陆地部分。地球表面分为陆地和海洋两大部分，两者自然地理特征差异显著。其中，陆地是突出于海平面以上的部分，包括内陆水域、滩涂和岛屿。将土地限定在陆地范围，也符合人们的一般认知。

④ 土地是一个立体的三位空间实体。由于土地组成要素是在地球表面一定地域范围的立体空间中分布的，因此，意味着土地是一个立体的三维空间实体。按剖面密度差异和性质不同，土地可分为三层，以地球风化壳和地下水为主的地下层；以生物圈和地貌为主的地表层；以近地面气候为主的地上层。

⑤ 土地性质随时间不断变化。前述土地是一个自然经济综合体，需要强调的是，这一综合体具有随时间推移而不断变化的动力学特征，是一个随单位时间变化的时空复合体，某一时段的土地性质只是土地在随时间变化过程中的瞬间特定情况。

土地和土壤不同，土壤是土地的构成部分中诸多自然因素的一种。土壤和土地的关系包括：

① 从土壤与土地相互关系上看，土壤仅仅是土地的一个组成要素，即土地包含土壤。

但当土壤一旦被利用，即作为基本生产资料时，则它同时与气候、地形、水文等土地诸组成要素共同起作用，这时土壤实际上已经以土地的形式发生作用，这也是土壤与土地两个概念经常混用的原因之一。

② 从本质特征上看，土壤的本质是肥力，即为植物提供生长条件的能力。土地的本质特征是生产力。土地生产力既受土壤的综合肥力或广义肥力的控制，也与土地所处的地理位置与地形部位有关。

③ 从形态结构上看，土地是由地上层、地表层和地下层组成的一个立体空间。土壤只是其地表层的一部分。

④ 从能否移动上看，土壤作为自然物是可以搬动的，比如可以取土，而土地是不能移动的，具有位置的固定性。

（二）土地的分级

土地分级是进行土地研究的基础和首要任务，目的在于通过地域系统方法自上而下逐级划分或自下而上逐级合并具体的土地单位。土地是自然地理系统的低级单位，其本身也是一个多级系统，包括立地、土地单元和土地系统三级土地单位及若干过渡单位，如图 6-5 所示。

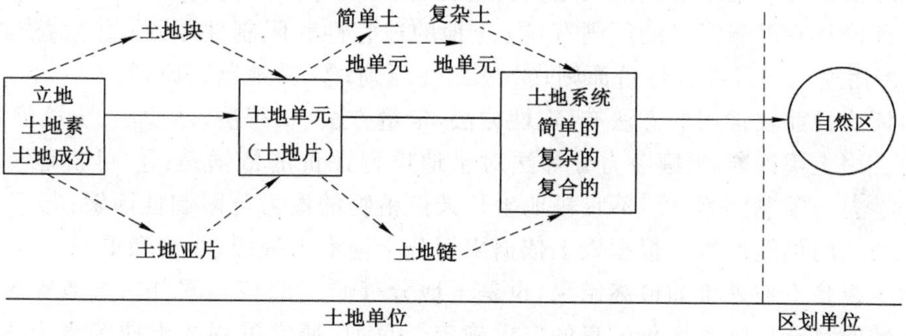

图 6-5　土地单位相互关系示意图

立地(site)是最简单的自然地域单位即最低土地分级单位。划分立地必须首先确定各自然地理要素的最小单位，陈传康等(1993)认为，地貌最小单位是地貌面，一个立地只能占据一个地貌面，划分立地必须以划分地貌面为前提。相(立地)是综合自然特征最一致的土地地段，是土地分级的最小单位。也就是说，同一个相的土地，位于同一地貌部位，具有相同的岩性、土质、水状况，并具有同一种小气候、同一个土壤变种、同一个植被群丛，如阶地的一个阶面、冲积扇。

土地单元(landunit)是中级土地单位，也称限区等，由与某种特定地形有关、组合形式相同，因而相互联系的一组立地构成。限区内具有一个初级地貌形态、一个小气候组合、一个相同的潜水条件、一个土壤变种组合、一个植被群丛组合等，如岗地、冲沟等。

土地系统(landsystem)又称地方，是限区有规律的组合而成的高级土地分级单位，是在地貌剖面上具有明显独特性的土地单元综合体，是相关土地单元的有规律的结合。每个地方都有自己的一套或一组限区，因此其内部结构复杂，相当于特别复杂的初级地貌形态单元组合，在其范围内没有统一的物质迁移方向。地方通常表现为几种初级地貌形态单元在其范围内典型地重复出现或彼此叠置分布，如河谷盆地、河床、河漫滩、天然堤、阶地。

二、土地的分类

土地分类是对同级土地单位的类型划分。土地分类通常应该在一个自然地带或亚地带内进行,因此,土地分类可从立地(相)的分类、土地单元(限区)的分类和土地系统(地方)的分类三方面考虑。

从人类影响程度看,立地可分为三类,即天然立地(原生相)、衍生立地(衍生相)和人源立地(文化相)。

土地单元的分类,须首先考虑地表切割及正负地貌分布情况,其次考虑地貌发展过程并以水分状况、沉积物分布状况、土壤、植被标志作为补充。

应从研究土地单元的复域分布入手,并以此为依据。土地分类是对同级土地单位的类型划分。土地分类通常应该在一个自然地带或亚地带内进行。

三、土地评价

在土地类型研究基础上,根据特定生产目的对土地质量、适应性和生产潜力进行的评估,称为土地评价或土地分等。

土地类型及质量是土地评价的对象。土地单位的多级性与土地类型的多系列特点,决定了土地评价应针对适当级别的土地类型进行,且评价单位应与制图单位保持一致。

土地评价具有普遍意义的原则有:① 土地的适宜性和限制性原则;② 效益与投入比较原则;③ 多用途比较及综合评价原则;④ 永续性原则;⑤ 因地制宜原则。

土地评价目前较常用的方法有:定性方法、定量方法、平行法、两段法、土壤诊断-土地潜力分等法。用土壤诊断-土壤潜力分等法对土地进行评价的依据是:① 可耕地持续生产一般作物的潜力与限制因素;② 不宜耕地生长天然植物的潜力与限制性因素;③ 不合理利用导致土壤破坏的可能性等。根据以上依据来划分土地潜力等级、亚级和单元。

土地等级是土地评价的最终结果,也是土地分等研究的核心部分。土地等级的数目应按评价区域的复杂程度和评价的目的要求确定。目前,通常采用的土地等级为八级制。从一等地到八等地,土地的适宜性及生产潜力依次减小,而限制性因素增加;等级相同的土地,其适宜性及生产潜力大致相同。

一等地(Ⅰ):土地质量好,基本上没有限制,适宜性广,宜于农、林、牧利用。二等地(Ⅱ):土地质量较好,适应性广,由于某些不利因素的限制,农业利用略受影响,但对林、牧业利用影响不大。三等地(Ⅲ):土地质量中等,适宜性较广,但受到土壤、排水状况或盐渍化等的影响,农业利用时需要采取一定改良措施。四等地(Ⅳ):土地质量较差,适宜性受到较大限制,由于受地形、侵蚀、土层厚度、盐渍化或水源不足、灌溉条件等的较大限制,勉强利用于种植业,一般适宜于林、牧业利用。五等地(Ⅴ):土地质量差,适宜性较窄,坡度较陡,侵蚀重,土层薄或有强度沼泽化、盐渍化,改良困难,不宜种植业,对林牧业也有一定限制。六等地(Ⅵ):海拔较高,坡度较大,适种树较少,发展牧业受到较大限制。七等地(Ⅶ):为基岩裸露较多的山地或有稀疏牧草的戈壁、沙漠,仅能勉强供牧业利用。八等地(Ⅷ):不适宜农业、牧业利用的戈壁、沙漠、苔原、冰川等。

第六节　GIS 在土壤地理中的应用

土壤是一个国家最重要的自然资源，是农业发展的物质基础。GIS 是管理和研究土壤数据的重要应用系统，结合 GIS 空间分析与空间统计技术，在土壤肥力质量评价、土壤质量等级评价、土壤养分的空间分布、土壤地图绘制、土壤退化与评价、土壤侵蚀等方面有着广泛的应用。

一、土壤数据库

全球土壤数据库包含每个 0.5°×0.5°陆地网格单元的空间数据（土壤类型、网格单元不同土类面积比例的数字文件数据）和显示在数字栅格地图上的属性数据。属性数据包括土壤剖面数据，还包括获取土壤信息实验室、分析方法和原始数据来源等。

美国土壤调查局（NCSS）开发的土壤调查数据库包含 6 个数据文件：土壤特征记录（单个土体调查 SCR）、图斑单元（土壤组合）记录（MUR）、土系单元记录（TUR）、土壤调查地理数据库（SSURGO）、州级-国家级土壤地理数据库（STATSGO-NATSGO）。并按 NCSS 数据性质标准对上述信息进行鉴定。

中国土壤数据库（http://vdb3.soil.csdb.cn/）以中国科学院南京土壤研究所主持研究项目获取的数据以及国家陆地生态系统定位观测研究站部分监测数据为数据来源。数据库涵盖土壤资源、土壤肥力、土壤环境、土壤生物等土壤学主要学科分支，包括属性数据和多尺度空间数据等多种数据类型。其可详细划分为：8 个土壤资源类库、7 个土壤肥力类库、2 个土壤环境类库、1 个土壤生物类库、4 个典型地域类库和 3 个重大项目类库。

世界土壤数据库（HWSD v1.2）（http://www.fao.org/home/en/）是联合国粮食及农业组织（FAO）联合多个国家研究机构发布的全球土壤空间数据集，包括土壤表层（0～30 cm）和下层（30～100 cm）的土壤类型（FAO90 分类系统）、土壤质地、土壤含水量、土壤酸碱度、土壤电导率和土壤有机碳含量的空间分布栅格数据。其中，中国地区的数据源为中国科学院南京土壤研究所提供的 1995 年 1 千米分辨率的全国第二次土壤调查栅格数据。

二、GIS 在基本农田划定中的应用

基本农田是指按照一定时期人口和社会经济发展对农产品的需求，依据土地利用总体规划确定的不得占用的耕地。基本农田划定主要为满足我国未来人口和国民经济对农产品的需求，将保证农业生产必需的耕地，补充基本农田保护区，并建立各项基本农田保护制度，对耕地实行特殊保护，为农业生产乃至国民经济的持续、稳定、快速发展起到保障作用。通过开展基本农田划定工作，全面掌握各乡镇基本农田位置、范围、面积、地类、质量等现状，调整优化基本农田空间布局和环境。

基本农田调整要遵循“面积不减少、质量有提高、布局总体稳定”的要求。具体要求为：

① 经依法占用的基本农田补充面积应不低于建设占用的面积，质量等级不低于占用土地的质量等级。

② 违法占用或各种原因造成损毁的基本农田应当依法复垦，复垦后不能作为基本农田的应该补充，补充面积不应低于减少部分的基本农田面积，质量等级应当不能降低。

③ 因其他原因造成基本农田减少的，应当按照土地利用总体规划确定的补充指标确定

相应的补充调整面积，补充的等级应不降低。

④ 补充的基本农田土地利用现状应当为耕地。

经核实确认，符合土地利用总体规划基本农田布局要求的现状基本农田，并且满足基本农田划定要求的图斑，按照《基本农田划定技术规程》(TD/T 1032—2011)要求，继续保留划定为基本农田。现状基本农田中的建设用地、未利用地，以及不符合土地利用总体规划基本农田布局要求且不可调整或达不到耕地质量标准的农用地，不得保留划定为基本农田，图 6-6 为基本农田调整示意图。基本农田无法落地的原因主要为现状建设用地和农业结构调整，主要包括以下两种类型：

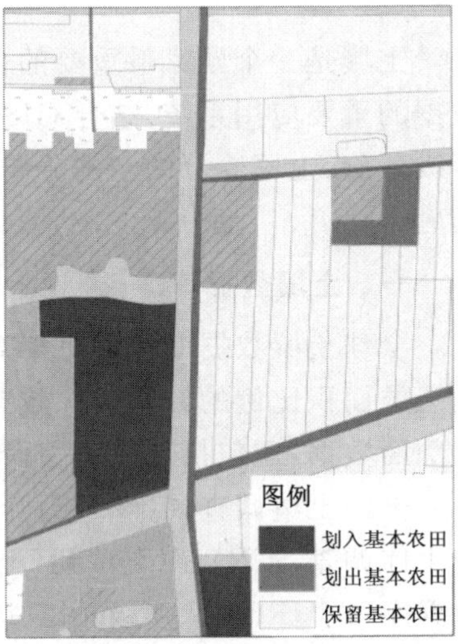

图 6-6　基本农田调整示意图

① 2011 年度土地利用变更调查地类和实地均不再是耕地和可调整地类的情况。这些无法落地图斑的 2011 年现状地类主要是设施农用地、村庄，实地主要是养殖场、房屋、水利设施等建设用地。

② 2011 年度土地利用变更调查地类仍为耕地或可调整地类，而实际用途已发生改变的情况。结合 2012 年度土地利用变更及实地调研情况，实地包括了蔬菜大棚、厂房、养殖场、房屋等。

基本农田划定工作是在 2011 年土地利用现状变更成果数据的基础上开展的，按照基本农田调整要求，在基本农田划定工作底图上将不符合划定要求的非保留基本农田图斑作为拟划出地块，相应地将质量等级较高、集中程度较好的图斑作为拟划入地块，划入地块应为 2011 年和 2012 年土地利用现状变更调查中的现状耕地。

若划入/划出地块为完整的图斑，则直接将符合基本农田要求的图斑选中，复制到划入图层中，或将不能落地的基本农田复制到划出图层中；若仅需划入划出图斑中的局部地块，需先将完整地块图斑进行分割，然后再复制到相应图层。图 6-7 为划出局部地块时对多边形要素的分割示意图。

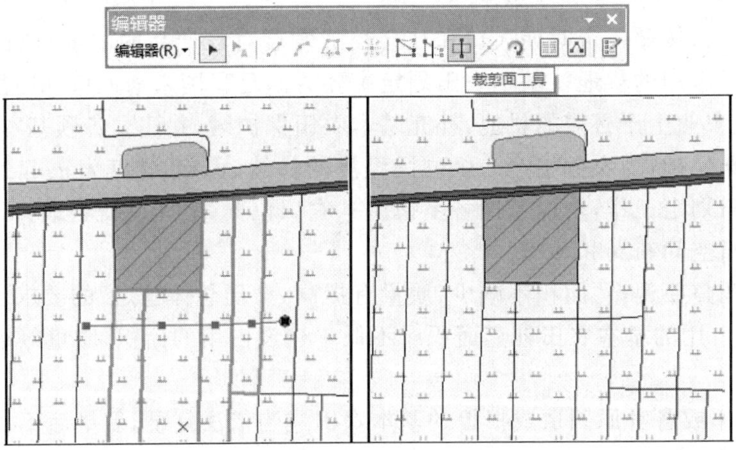

图 6-7　要素分割示意图

划入的基本农田中，可将同一地类及图斑较小的地块进行合并，合并后的图斑相邻公共边界消失，且属性默认选择的是合并要素(图 6-8)。

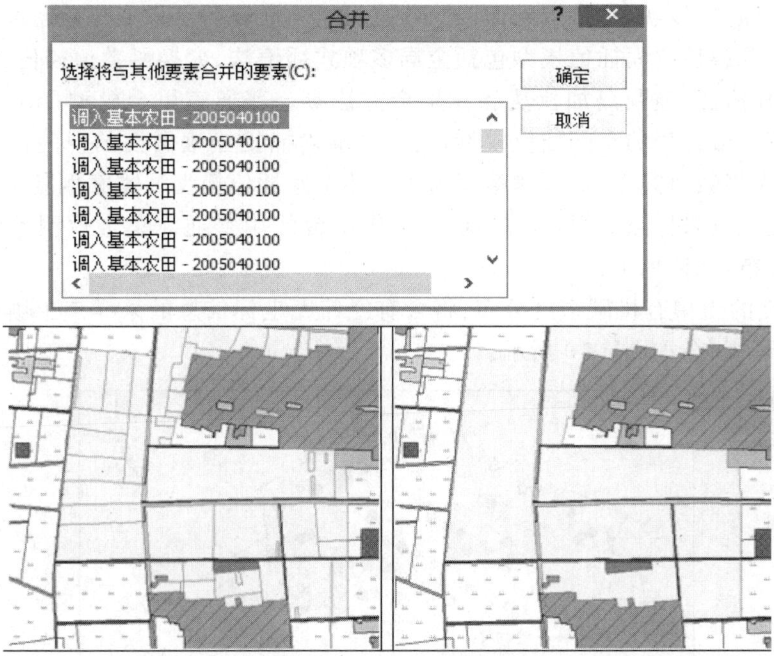

图 6-8　合并对话框及示例

划定后的基本农田保护图斑以村为单位融合为基本农田保护片块，以镇为单位融合为基本农田保护区。融合图斑的选择既可按属性进行选择，也可按行政区的空间位置进行选择。图 6-9 为融合的基本农田保护片块示意图，融合字段即共同的属性为保护图斑的村级坐落单位，并对融合后的保护片块面积进行了统计。

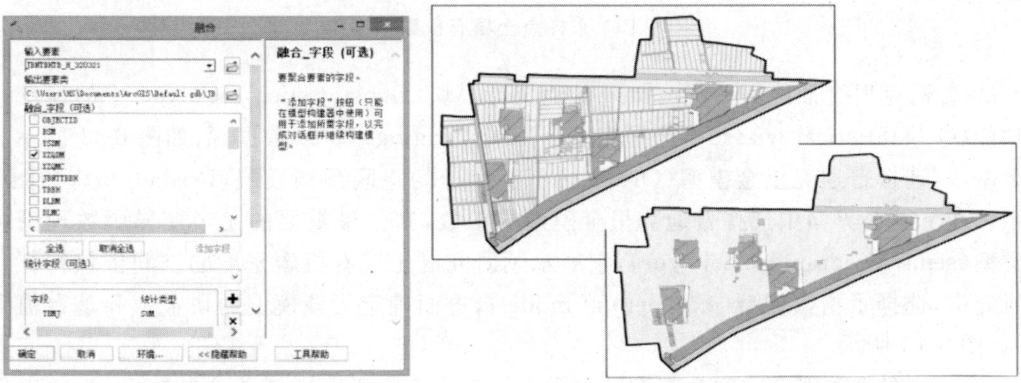

图 6-9　融合对话框及示例

三、GIS 在土壤有机碳空间预测中的应用

土壤有机碳密度(SOCD)是土壤碳储量的重要参数，也是评价农田土壤质量的重要指标。准确预测区域土壤有机碳密度空间分布对预测区域碳排放量和发展精确农业有重要意

义。然而在实际操作中，我们不可能测量区域每一寸土地的土壤有机碳密度值，最多只能获得离散的点数据。因此，要根据实测得到的离散数据，使用空间插值模型从对感兴趣区域其他未知点加以预测，以实现“从点到面”的预测过程，从而获得土壤有机碳密度空间分布图。

主要的土壤属性空间插值模型包括全局多项式插值法、变换函数值插值法、泰森多边形插值法、样条插值法、逆距离加权法和克里金方法等。普通克里金模型(ordinary Kriging)是克里金家族中最常用的空间插值模型，它通过准确捕捉土壤属性的空间依赖关系来进行空间推断，在大多数研究中，其预测精度高于上述空间插值模型。本案例基于江汉平原汉河镇 242 个表层土壤采样点数据，在 ArcGIS 软件平台使用普通克里金模型预测土壤有机碳密度的空间分布，具体如下：

① 采样点的土壤有机碳密度分布：将含有经纬度坐标信息的采样点土壤有机碳密度值在 arcmap 中可视化，如图 6-10 所示。

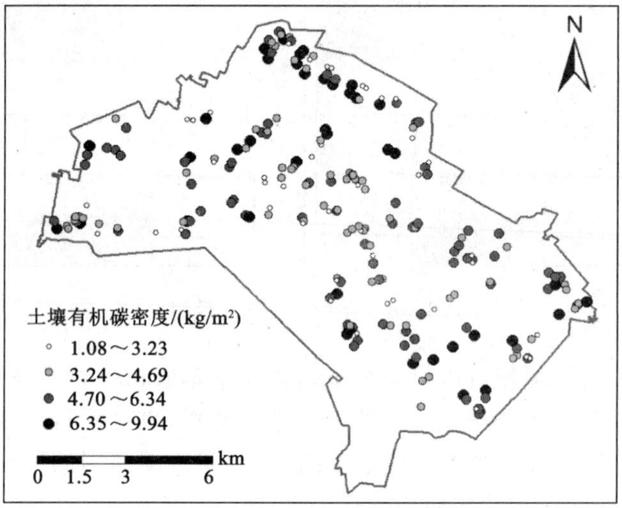

图 6-10　采样点土壤有机碳密度值

② 普通克里金插值：打开 arcmap 的地统计模块(Geostatistical Analyst)中的地统计分析功能(Geostatistical wizard)，选择克里金方法(Kriging)，输入数据源，如图 6-11 所示。点击下一步，选择普通克里金模型(Ordinary Kriging)的空间预测模式(Prediction)，如图6-12 所示。在下一个界面中选择普通克里金模型的参数，其中最重要的是半变异函数理论模型的类型(semivariogram model type)，它展示了研究区土壤有机碳密度的空间依赖特征。在该研究中，选择了指数模型(exponential model)，进而确定了该模型的块金值和基台值等参数，如图 6-13 所示。

③ 土壤有机碳密度空间分布图：在确定半变异函数理论模型及其参数后，普通克里金模型会根据半变异函数捕捉的土壤有机碳密度空间依赖特征，推断其他位置的土壤有机碳密度值，最终得到土壤有机碳密度的空间分布图，如图 6-14 所示。

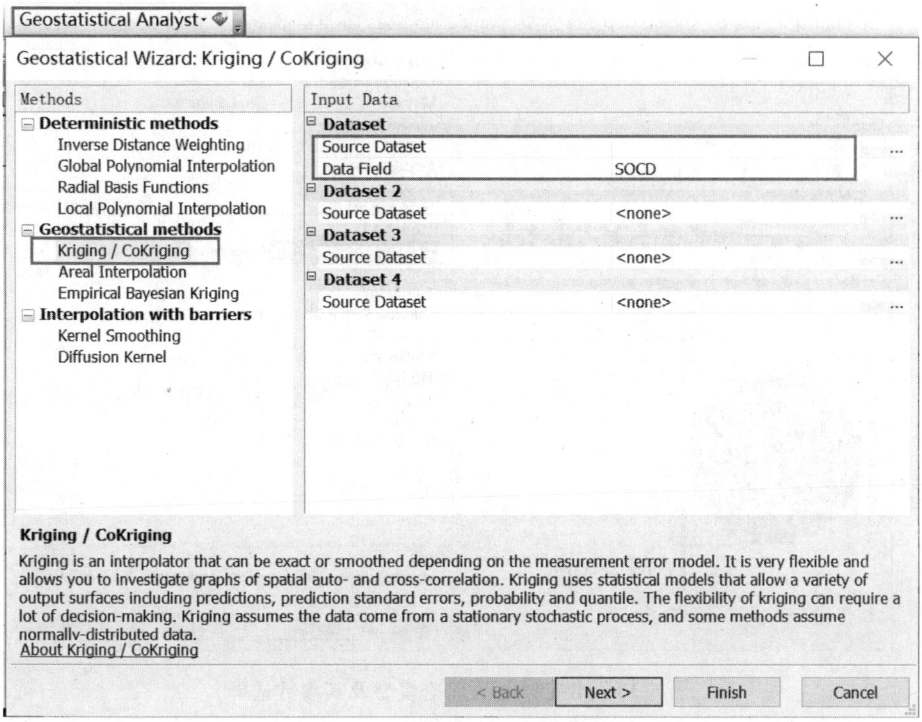

图 6-11　地统计分析功能模块

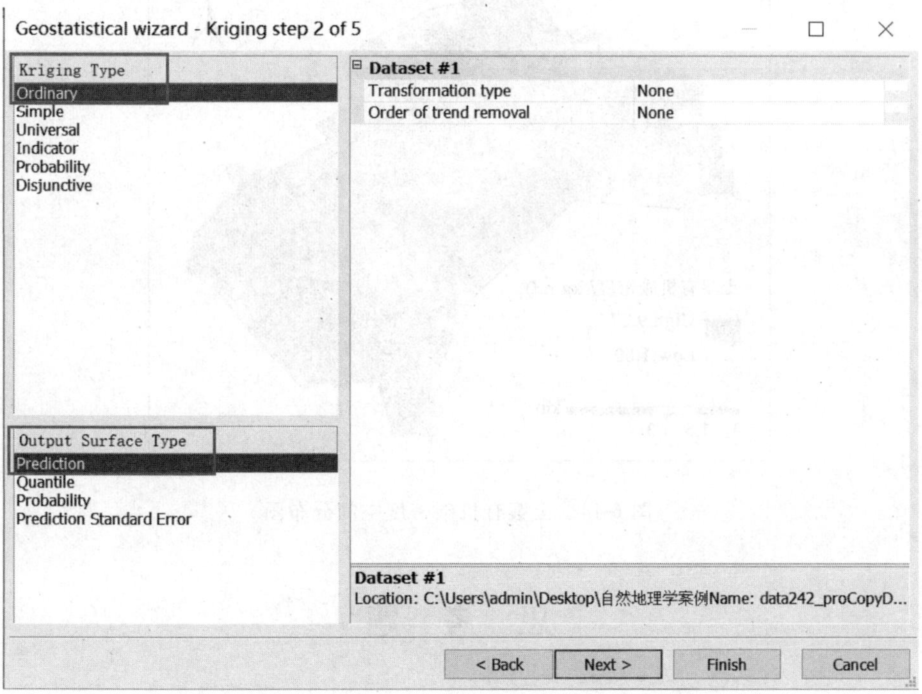

图 6-12　普通克里金模型和预测功能选择

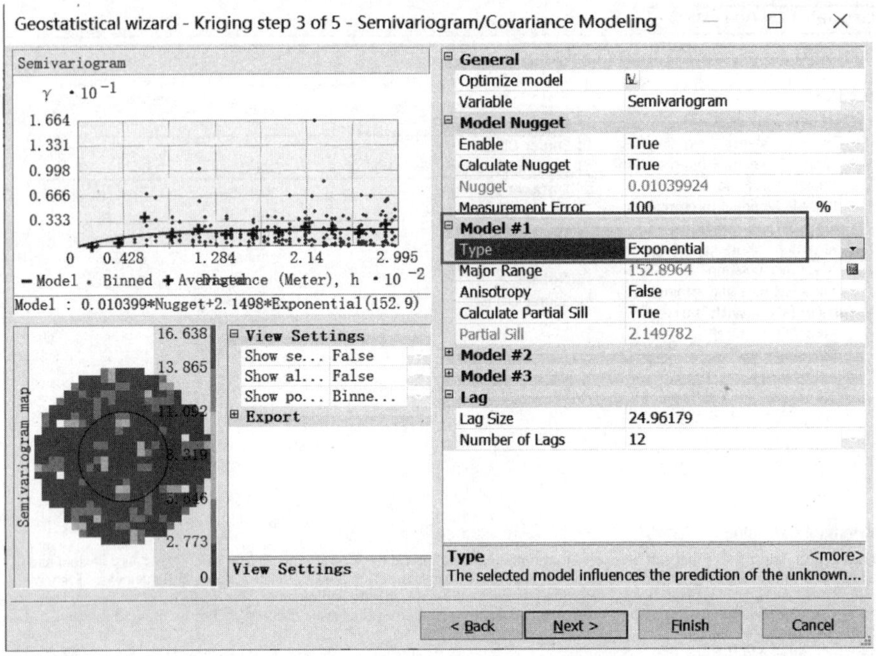

图 6-13　半变异函数理论模型及其参数选择

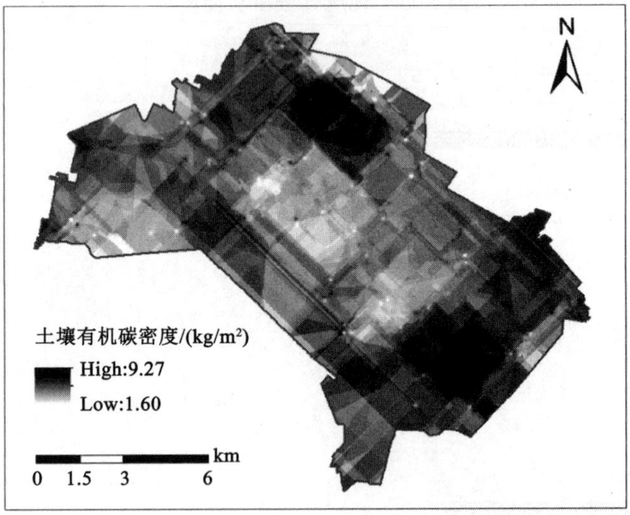

图 6-14　土壤有机碳密度空间分布图

思　考　题

1. 土壤主要是由哪些部分组成的？
2. 简述土壤的剖面构造及特点。
3. 土壤形成的基本规律是什么？

4. 论述主要成土过程。

5. 土壤形成的主要因素有哪些？母质在土壤形成中的作用有哪些？

6. 土壤资源的利用与保护目前存在哪些主要问题？

7. 简述土壤与土地的差别。

主要参考文献

[1] 陈聪，徐坤，任依婷，等. 伊敏矿区土地退化预测的模型比较研究[J]. 测绘地理信息，2020，45(5)：169-173.

[2] 郭达志. 地理信息系统原理与应用[M]. 徐州：中国矿业大学出版社，2002.

[3] 李天杰，赵烨，张科利，等. 土壤地理学[M]. 3版. 北京：高等教育出版社，2004.

[4] 毛明海. 自然地理学[M]. 杭州：浙江大学出版社，2009.

[5] 倪绍祥. 土地类型与土地评价[M]. 北京：高等教育出版社，1992.

[6] 汤国安，杨昕. ArcGIS地理信息系统空间分析实验教程[M]. 2版. 北京：科学出版社，2012.

[7] 吴子豪，刘艳芳，陈奕云，等. 综合土地利用及空间异质性的土壤有机碳空间插值模型[J]. 应用生态学报，2018，29(1)：238-246.

[8] 伍光和，王乃昂，胡双熙. 自然地理学[M]. 4版. 北京：高等教育出版社，2008.

[9] 朱鹤健，何宜庚. 土壤地理学[M]. 北京：高等教育出版社，2001.

[10] 邹雅婧，闫庆武，谭学玲，等. 渭北矿区土壤侵蚀评估及驱动因素分析[J]. 干旱区地理，2019，42(6)：1387-1394.

[11] WU Z H，LIU Y L，HAN Y R，et al. Mapping farmland soil organic carbon density in Plains with combined cropping system extracted from NDVI time-series data[J]. Science of the Total Environment，2021，754：142120.

第七章 生物与生态系统

生物圈是指地球上所有生态系统的统合整体，是地球的一个外层圈，包括地球上有生命存在、生命过程变化和转变的空气、陆地、岩石圈和水，厚度约达 20 km。生物圈是一个复杂的、全球性的开放系统，是一个生命物质与非生命物质的自我调节系统。它的形成是生物界与水圈、大气圈及岩石圈（土圈）长期相互作用的结果。生物是人类生活的必需资源和生存的基本环境条件，学习认识生物与环境间的关系，掌握生物种群、生物群落、生态系统以及生物多样性的概念、特点、类型及空间分布规律具有重要意义。

第一节 生物与环境

一、地球上的生物界

据统计，现今地球上已被记载定名的生物约有 14×10^5 种，其中动物约为 10×10^5 种，植物约有 4×10^5 种。一般估计，这个数字离实际存在的生物种数还相差甚远。至于在地球发展的各个时期已经灭绝的生物种类比现存已知的多 200 倍，累计约有 3×10^8 种。生物在自然选择及自身的遗传与变异的共同控制下不断地发生分化和发展，由简单到复杂、由低级到高级、由水生到陆生的演变过程形成了今天地球上十分繁荣的生物界。

1735 年，瑞典生物学家林奈（Linnaeus）将生物分为动物界和植物界；20 世纪 60 年代末，美国魏泰克（Whittaker，1969）把生物分为原核生物、原生生物、植物、真菌和动物五界。生物分类系统是长期以来人们通过比较生物形态与解剖特征的异同、习性的差别和亲缘关系的远近并加以汇同辨异而建立起来的一个能够反映生物碱亲缘关系和进化程度的有规律的分类系统，采用的等级单位是界、门、纲、目、科、属、种。

二、环境与生态因子

环境是指某一特定生物体或生物群体周围一切事物的总和，包括空间及直接或间接影响该生物体或生物群体生存的各种因素。环境是由多种要素组成的综合体，其中对生物的生命活动起直接作用的那些环境要素叫作生态因子，如光、热、水、风、矿物盐类和其他生物等。地形、海拔高度等则属于间接起作用的因素，它们通过改变气候、土壤等条件而对生物产生影响。生物生存不可缺少的生态因子称为生存条件。

生物与环境间的关系非常复杂，在认识生态因子对生物的作用时，要注意以下特点。

① 综合性：各种生态因子并非孤立地单独对生物发生作用，而是相互制约、相互影响并共同对生物产生影响的。不论任何一个生态因子对生物的生存有多么重要，也只能在有其他因素的适当配合下才能发挥其作用。

② 非等价性：对生物起作用的各因子是非等价的，其中有 1～2 个是主导因子，而其他因子的作用相对小些。

③ 不可替代性：生态因子虽非等价，但都不可缺少，一个因子的缺失不能用另一个因子来代替。

④ 限制性：生态因子对于生物的生存并非总是适宜的，因为地球上各种生态因子的变动幅度非常大，而每种生物所能耐受的范围却有一定的限度。如果当一个或几个生态因素的量或质低于或高于生物所能忍受的临界限时，不管其他因素是否适合，生物的生长发育和繁殖都会受到影响，甚至引起死亡。这样的生态因素称作限制因素，它是最易阻挠和限制生物生存的因素。限制因素随时间地点而变，也因生物种类而异。生物在其生存过程中对每一种生态因子都有其耐受的上限和下限，上限和下限之间就是生物对这种生态因子的耐受范围，或称作生态幅(ecological amplitude)，其中包括最适宜范围(图 7-1)。各种生物对生态因子的耐受范围不同，有的耐受范围很宽广，称作广生态幅生物；有的被限制在一个狭小的环境中生存，为狭生态幅生物。一般来说，生物对生态因子的耐受范围越广，它对环境的适应能力越强。

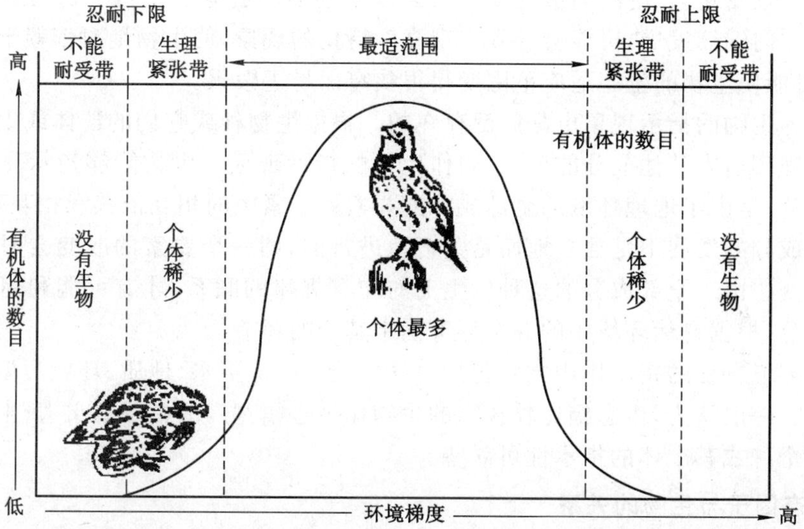

图 7-1　生物对生态因子的耐受限度(据 Shelford)

三、生物对环境的适应性和指示性

生物在受生态环境长期影响的过程中，并不是消极被动地接受外界环境的支配，而是不断地适应环境。生物的适应性是指生物的形态结构、生理机能、个体发育和行为等与其生存的一定环境条件互相统一、彼此适合的现象。生物与环境之间所表现出的这种协调与合理，在一定程度上保证了生物的生长、发育和传留后代。

生物适应环境的方式是多种多样的。高等植物的各种器官都明显地表现出对于生活条件的适应。植物通过深入土壤的根系、直立于地面上的茎枝和形状扁平、面积广阔、呈现绿色的叶子加强吸收、固着、输导和进行光合作用等机能，以保证正常的营养生活。仙人掌叶子退化成针刺，减少水分蒸腾；肥厚的肉质茎贮存大量水分。这些旱生化的特征是它们对于热气候条件的适应。动物对环境的适应方式更是形形色色。例如许多动物借助于保护色、警戒色和拟态躲避捕食者而获得生存的机会。生物能够产生某些生态适应特征与环境相协调，是生物与生物之间以及生物与无机环境之间在长期的生存竞争中通过遗传变异和自然选择逐渐产生和形成的。

在漫长的进化过程中，生物对环境的适应朝着趋同适应和趋异适应两个方向发展。趋同适应(convergent adaptation)是指亲缘关系相当疏远的不同种类的生物，由于长期生活在相同或相似的环境中，通过变异和选择，形成相同或相似的适应特征和适应方式的现象。趋异适应(divergent adaptation)是指同一种生物的若干个体，在不同环境条件下长期生活，形成了不同的适应特征和适应方式。不论是趋同适应还是趋异适应都是通过改变生物的形态结构、生理生态机能或行为等特征而实现的。

生物的适应现象不是固定不变的，而是随着有节奏的季节变化和昼夜变化，表现出动态变化特征。在温带地区，许多树木春夏展叶、开花，秋冬落叶、休眠就是植物适应环境变化的现象，保证了生物的生存与发展。然而适应是相对的、暂时的。这主要是环境条件的经常变化与生物遗传上的稳定性发生矛盾所致。因此，生物的适应性仅在特定的生活环境中具有意义。环境一旦变化，以前的适应性便会失去作用或不甚适应了。当生物的适应性状沿着一个不变的方向继续发展，可能会导致出现高度特化的现象，使生物绝对依赖于这种适应的环境，结果可能使生物的生态适应范围变得很狭窄而易遭毁灭。

在自然界生物的指示现象也是广泛存在的。根据生物种或它们的群体或生物的某些特征来确定地理环境中其他成分的现象，叫作生物的指示现象。生物能够指示环境或环境的某些组成成分，是由于地理环境的全部成分或要素处于紧密的相互依赖和相互联系之中，它们中每一个成分的发展不是独立地而是共轭地进行的，即一个要素的改变会引起一系列其他要素的改变。由于全部成分的这种发生上的和有规律的联系，才有可能利用一个成分来认识其他成分，根据自然环境中的一个环节确定其余的环节。

生物对环境特征的指示作用主要包括对气候、土壤、地下水、地质、环境污染等几个方面的指示作用。一般认为，生态幅比较狭窄的生物比生态幅宽广的指示意义大；生物群落的指示性要比一个种或其个体的指示性可靠些。

四、生态因子与生物的关系

生物赖以生存的环境是由各种不同的环境要素综合在一起作用于生物的。但是为了深入地了解不同因素对生物的作用，有必要分别进行单因素分析。

(一) 光和生物

地球上所有生物的生存都必须有能量的供给。太阳辐射被绿色植物所吸收，光能转化为化学能贮存在合成的有机物中，除植物本身消耗外还为其他一切生物提供所需的能量。光的性质、光照强度和光照时间的长短对生物的生长、发育、形态特征、生殖、行为和地理分布都有明显影响。

光的性质即光的波长对植物的生态作用最为明显。红橙光和蓝光被绿色植物吸收得最多，是光合作用中最有效的生理辐射光；红光与糖的形成关系密切；蓝光则有利于蛋白质的形成；黄光和绿光多被植物反射；紫外光能抑制茎的生长和促进花青素的形成，还对生物具有杀伤致死作用。

光照强度因时空而发生变化，各种生物对光照的适应程度不同。有些植物喜欢生长在阳光充足的空旷地方或森林中的最上层，而有些植物只有在阴暗处或森林的最下层才能找到。根据植物对光照强度适应程度的不同，可将植物分为阳性植物、阴性植物和耐阴性植物三种。不同的动物对光强的反应不一样。有的动物适应于在弱光下生活，为夜行性动物；有的则适应于在较强光照下生活，是昼行性动物；有的动物在拂晓或黄昏时分出巢活动。

地球上不同纬度地区每天的日照强度即白昼持续时数有差别。日照长短的变化是地球上最严格和最稳定的周期变化，是形成生物节律最可靠的信号系统。长期的适应使各类生物对日照长短或对昼夜长短比例的反应各有不同，在生物中普遍存在光周期现象（photoperiodism）。日照长短对动物的生殖、换毛和迁移等具有影响。例如，鸟类在一年中生殖腺的发育周期与日照长度的周期变化完全吻合，所以在鸟类生殖期间人为改变光周期可以控制其产卵量。例如，人类在夜晚给予人工光照来提高母鸡产卵量已有很长的历史了。

（二）温度与生物

温度直接或间接地影响着生物的生长、发育、繁殖、形态结构、行为、数量和地理分布。

各种生物对温度都有一定的适应范围。在此范围内生物体内的生物化学过程才能正常进行。植物的适宜温度范围一般是 0～45 ℃。高温的伤害主要在于减弱光合作用而增强呼吸作用，使两者失衡。低温的不利主要是冻害，低于零下的温度会使细胞间隙的自由水结冰，挤压细胞质造成机械损伤并使细胞失水而萎缩。大多数动物生活在－2～50 ℃温度范围。温度对动物生长发育和形态的影响表现在低温可以延缓恒温动物的生长，由于其性成熟延缓，动物可活得更久、长得更大。温度对动物行为的影响在于使动物主动选择适宜的温度环境，以利其生存。

因此，同类恒温动物在寒冷地区的个体比在温热地区的大。个体大的动物其单位体重散热量较少，有利于保温；个体小者体表面积较大则增加散热量，有利于降低体温（贝格曼定律）。另外，在寒冷地带的哺乳动物，四肢、尾和耳朵有明显缩短现象（阿伦定律）。

温度对动物行为的影响在于使动物主动选择最适宜的温度环境而避开不良环境，或产生一些适应高、低温的生活方式。如当冬季来临，一些动物以冬眠的方式度过严寒，如旱獭、黄鼠等。动物因热能代谢特征的不同可分为恒温动物、变温动物和异温动物。

温度还是影响动、植物地理分布的重要因素。温暖的热带和亚热带有利于生物的生存，其种类较多，寒冷地带和高山地区种类较少。如爬行类在欧洲南部有 82 种，中部有 22 种，北部只有 6 种。印度的植物约有 20 000 多种，亚洲北极地带植物只有 200 余种。

（三）水与生物

水是所有生物生存不可缺少的重要因素。第一，水是生物有机体的重要组成成分，植物体的含水量一般为 60%～80%，动物体的含水量更多。第二，生物的一切代谢活动都必须以水为介质，营养物质的吸收和运输、食物的消化、废液的排除、激素的传递以及其他各种生物化学过程都必须在水溶液中进行。第三，水是植物进行光合作用的重要原料。第四，水的热容量大，而且吸热和放热的过程比较缓慢，这便为水生生物创造了一个非常稳定的温度环境。第五，通过蒸发水分而散热可降低陆生生物的体温，对于生物的热量调节和热能代谢具有重要意义。

干旱及水分过多会影响植物的生态类型。依植物对水分的需求量和依赖程度，可把植物分为水生和陆生两大类。其中水生植物又可再分为沉水植物、浮水植物、浮游植物和挺水植物，陆生植物又可分为湿生植物、中生植物和旱生植物。

动物对于干旱环境适应的方式也是多种多样的。迁移是干旱地区许多鸟类、兽类和某些昆虫在水分缺乏、食物不足时回避不良环境的常见方式。随着工业发展，排放到各种水体中的废水日渐增多，当其数量超过水体自净能力时即造成污染，使水质变劣，直接影响水生生物的种类、数量、形态、生理和体内有毒物质的含量，并使水体生态平衡失调，水产资源遭受损失。

（四）空气和生物

空气对生物的影响包括空气的化学成分和空气运动对生物的影响。

空气的化学成分比较复杂，其中氧和二氧化碳对生物的影响显著。氧是动植物呼吸作用所必需的物质，生物正是借助于吸收氧气分解体内贮存的有机物，取得维持生命活动所需的能量。二氧化碳是植物光合作用的原料之一，主要来自空气，其浓度的高低直接影响光合作用的强度。

植物受大气污染危害程度不仅与污染物的种类、浓度、持续时间有关，而且随植物种类的不同而有所区别。绿色植物在光合作用中，不仅吸收二氧化碳，同时还放出氧气。绿色植物对大气污染具有净化作用，主要表现在以下几方面：

① 绿色植物对有害气体的吸收。植物具有巨大的叶面积，有吸收有害污染物的主要器官。

② 绿色植物的减尘作用。植物的茎叶以其粗糙的表面、绒毛或分泌的树脂、黏液等滞留空气中的尘埃，净化大气。

③ 绿色植物的杀菌作用。通过绿色植物的减尘作用和植物分泌的杀菌素都可以减少大气的细菌数量。

④ 绿色植物的减弱噪声、吸滞放射性物质和CO_2作用。

风对陆生生物的影响是多方面的。风是植物孢子、花粉、种子和果实传播的动力。风力可促使环境中的氧气、二氧化碳和水汽均匀分布并加速其循环，形成有利于植物和动物正常生活的环境。大气中的污染物也往往由于风力的扩散作用而降低对生物的危害程度。风的有害影响主要是使植物变形，特别是在干风的作用下，植物体向风一侧蒸腾大量水分，使体内水分平衡受到破坏，叶片萎蔫，枝条枯死，形成不对称的“旗形树冠”，或使树干弯曲。这种现象在海滨、山区森林上限等地方比较常见。

风对动物的直接作用主要是影响动物的行为活动。随风带来的气味常是许多嗅觉灵敏的哺乳动物寻找食物和回避敌害时定位的重要因素，所以食肉兽类在搜索捕获物时，通常是迎风行动。在海洋沿岸、岛屿和高山上风力强劲的地方，有翅昆虫很少，而无翅昆虫占绝大多数。这是风对动物的形态构造发生的影响。

（五）土壤与生物

土壤是陆生动植物生长发育的基地和营养库，它具有供应和调节动植物生活中所需水分养料和空气等条件的双重作用。

土壤和植物之间以极大的接触面积进行着频繁的物质交换。土壤供应植物水分和矿质营养元素，植物的代谢产物和枯叶又促进土壤的形成和影响其理化性质。土壤的酸碱度影响矿质营养盐类的溶解度，从而影响矿质元素被植物吸收利用的有效性。土壤中易溶性盐类含量过高时发生盐渍化现象，使土壤溶液浓度过高，渗透压增大，植物吸收水分困难，出现生理性干旱，种子发芽和植株生长不良，限制了一般植物的生存。在土壤的机械组成方面，紧实的黏土不利于根系发育，多生长浅根性植物。沙土结构疏松，通气性良好，但保水能力差，发育以深根系为主的植物。在基质流动性很大的沙地上，一般由于光照强烈、温度变化剧烈、干燥少雨、养分不足等条件限制，只有沙生植物才能够生存。沙生植物有一系列适应沙地环境的特征，如生长不定根、不定芽，或叶子退化，或根系周围有沙粒黏结成的“沙套”等。

对动物来说，土壤是更为稳定的生活环境，其温度和湿度的变化幅度比较小，因此土壤常成为动物极好的隐蔽场所，在土壤中可以躲避高温、干燥、大风和阳光直射等不利因素的影响。

（六）生物之间的关系

地球上没有任何一种生物单独地生存于非生物环境中，它总是不同程度地受到周围植物、动物和微生物的影响。对某一特定的生物来说，周围这些对它产生影响的生物便成为一个很重要的生态因素了。生物之间的关系十分复杂，包括种内关系和种间关系，有直接影响和间接影响，还有有利的与不利的作用，等等。归纳起来主要有下列几种形式。

1. 竞争

对于食物、生存空间和其他条件具有相似要求的不同物种或同种的不同个体，为了生存相互间都力求抑制对方，从而给双方都带来不利影响，称之为竞争。其结果，起初双方都受损伤，但最后是一方获胜而另一方被淘汰。竞争多发生在彼此共同需要的资源和空间有限而物种的个体密度过大的情况中。竞争可分为种内竞争和种间竞争。鸟类为占据地盘，营巢繁殖，争夺掩蔽处，争吃同一种食物以及雄性个体间为求偶而常常发生同种不同个体间的种内竞争。草原上的蚱蜢、鼠类、羊和其他野生植食动物为饲草而竞争可视为种间竞争的关系。如果生活在同一地区内，由于激烈竞争，两者之间必然出现栖息地、食性、活动时间或其他特性的分化。

2. 寄生

一种物种的个体（寄生物）生活在另一种物种个体（寄主）的体内或体表，并从其体液或组织中吸取营养以维持生存。寄生常降低寄主生物的抵抗力，但并不一定导致寄主生物的死亡。例如菟丝子或列当常寄生在其他植物体上吸取所需要的水分和营养物质。产于我国西南山地的冬虫夏草，则是子囊菌纲的真菌寄生在鳞翅目蝙蝠蛾科的虫草蝠蛾幼虫体内形成的。

3. 捕食作用

捕食生物袭击并捕杀被捕食者生物作为食物，捕食者生物因获得食物而受益，被捕食者或猎物则受到抑制（植物）或死亡（动物）。捕食并不总是有害的，一方面这作为一种自然选择的力量淘汰了有疾病衰老或有其他方面不理想的被捕食者，可以说是一种天然的质量控制法。另一方面通过捕食作用可以调节生物种群的数量，维持生物种群间和生物与环境负荷间的平衡。

4. 原始合作与互利共生

原始合作又称互助，在一起生活的两个物种彼此从中都受到利益，但它们并不需要互相依赖，可以单独生存。互利共生则是两个不同物种的有机体密切地结合在一起，在共同的生活中双方均获得利益，但彼此不能分开单独生存。

（七）人类对生物的影响

现代人类的生产力已发展到对全球的生物及其生存环境施加重大影响的程度，以致在短时间内可以创造出大量的新生物，改变生物的特性；也可以毁灭无数有价值的天然物种；还能够改变生物的分布区。

人类在改变野生生物为家养生物的过程中，不仅增加了生物的种类，而且它们的性质也发生了明显的变化，主要是朝向有利于人类需要的方向发展。例如粮食作物的产量和蛋白质、淀粉或糖的含量比其野生祖先大大提高。家猪是由生活在山林草莽和沼泽地带"狼奔豕突"的野猪驯化而来的，其头、颈变宽缩短，体态肥大而四肢短小以及生理机能都不同于它的祖先。此外，栽培植物和家养动物的竞争能力与适应外界环境的能力一般较其野生祖先为弱，而变异性增大。

人类还扩大或缩小了生物原有的分布范围。栽培水稻原产于我国西南和印度等地，现在世界各大洲普遍种植。人类在培育新的生物种类的同时，也在有意或无意地消灭和减少着生物的种类和生物资源。

由于狩猎、乱砍滥伐和环境污染等原因，地球上生物绝灭的速度大大加快了。据估计，人类已经消灭了四五万种动物。公元后已有100余种大型兽类绝于人手。如欧洲野牛绝于400多年前，斑驴绝于1864年……还有一些种类除了人类圈养外，已无野生种类，如四不象、麮鹿等。目前有更多的动物正濒于绝种，如黑犀牛、老虎、蓝鲸、白鹭、巨鹰等。

第二节　生物种群和生物群落

一、生物种群及其动态特征

在自然界中任何生物种的个体都不可能单一孤立地生存着，总是以同种的许多个体或不同中的许多个体成群出现在一定的空间中。生态学上把占据着一定空间或地区的同种生物的个体群叫作种群(population)。种群是由个体组成的，但是当生命组织进入到种群水平时，生物的个体已成为较大和较复杂生物体系中的一部分，此时，作为整体的种群出现了许多不为个体所具有的新属性，如出生率、死亡率、年龄结构、分布格局和某些动物种群独有的社群结构等特征。在自然界中，种群是物种存在、物种进化和表达种内关系的基本单位，是生物群落和生态系统的基本组成成分，同时也是生物资源开发利用和保护的具体对象。

种群的基本特征如下。

（一）种群的大小和密度

在一定的空间中某种生物个体的总体数目为种群的数量或大小；在单位空间或面积内的个体数目叫作种群的密度。它们的变动范围很大，因物种与环境条件不同而异。通过测定密度可获知种群的动态、种群与其环境资源和生态条件的关系以及用于估算生物量和生产力。物种的繁殖特性、种群的年龄结构和性比、种内和种间竞争环境条件的不同和变化都是影响种群大小和密度的因素。

（二）种群的年龄结构和性比

种群的个体数量在时间上的变化就是种群动态，种群的年龄结构和性比决定了种群的动态特征。若按龄级（如1～5龄、5～10龄等）或繁殖状况（如繁殖前期、繁殖期、繁殖后期）分组，计算各龄级的个体数目与种群总个体数目的比例即为年龄结构。根据各龄级个体的多少将年龄区分为增长型、稳定型、衰退型三个基本类型(图 7-2)。一般种群年龄结构愈复杂,其稳定性愈大,适应能力愈强,种群愈繁盛。性比是指一个种群中全部个体或某一龄级中雌雄个体的比例。性比通常有单性(银杏、雪松)和两性之分。对于动物来说,还要考虑婚配制度。

(三) 种群的水平分布

种群的密度只是表示一定空间内生物个体的多少,未能表示出个体的分布状况,因为个体数目相同的种群,它们的分布可能极不一致。一般把种群个体的水平分布归纳为三种基本类型:随机分布、成群分布和均匀分布。随机分布在自然界比较少见;均匀分布只有在农田或人工林中出现较多;成群分布形式较为普遍。影响个体水平分布形式的因素很多,如环境资源分布不均匀、动物的社会行为使其结合成群等。

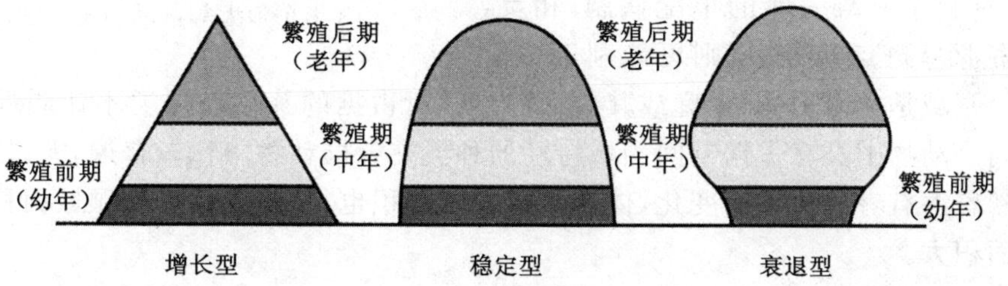

图 7-2　种群年龄结构类型

(四) 出生率和死亡率

出生率泛指生物产生新个体的能力,它是种群内个体数目增长的因素,以单位时间内产生的新个体表示,包括生产、孵化、出芽、分裂等多种形式。死亡率是指种群中个体死亡的速率,以单位时间内死亡的个体数目表示,是种群个体数量衰减的因素。

(五) 种群增长

种群增长是种群动态的主要表现形式之一,是指随时间的变化,一个种群内个体数目的增减变化情况。在自然的条件下,由于制约因素的存在,种群的数量是稳定在一定的范围的。在环境资源(食物资源和生存空间)不受限制的情况下,种群的数量 N 呈指数形式增长。实际上,这种按生物内在增长能力即生物潜力呈几何级数或指数方式的增长在自然界是不可能实现的。因为在有限的环境资源条件下,随着种群内个体数量的增多,对于有限空间和其他生活必需资源的种内竞争也会加剧,有竞争就会影响到种群的出生率和存活率,从而降低种群的实际增长率 r。当种群个体的数目接近于环境所能支持的极限时,即环境负荷量 K 值,种群将不再增长而保持在该值左右,在这种有限制的环境条件下,种群的增长可用逻辑斯谛方程表示:$\mathrm{d}N/\mathrm{d}t=rN(K-N)/K$。当 $K-N>0$,种群个体数目增长;$K-N<0$,种群个体数目减少;$K-N=0$,种群大小基本处于稳定的平衡状态,如图 7-3 所示。

种群是通过环境阻力的负反馈机制促进种群潜在增长力发展的正反馈受到限制而实现自我调节的,使种群数量维持在某种平衡状态。物种的这种自我调节机制主要是通过密度制约过程而实现的,种群除了种内密度调节外,还存在种间的密度调节和非密度调节(非生物因子如气候因子对种群大小的调节)。

(六) 种内关系

生物种群内个体的相互关系是很复杂的,表现形式多种多样,主要有竞争、领域性、婚配制度等。种内竞争是很普遍的现象，动植物种群中均有发生，主要是由密度制约的，种群个体数量越多，竞争越激烈。竞争的结果是限制了某些生物个体潜在能力的发挥，而只有一部分个体得到较好的发育，因此种内竞争具有调节种群数量动态的作用。动物的婚配制度有二种类型：一雄多雌制、一雌多雄制和单配偶制。动物学家研究发现，决定动物婚配制度的主要因素可能是食物资源和营巢地在空间和时间上的分布情况，如在高质食物资源存在并分布均匀的栖息地，有利于一雄一雌的单配偶制；相反，如果高质资源呈斑点状分布，则可能利于多配偶制形成。领域是指由个体、家庭或其他社群单位所占据的并积极保卫不让同种其他成员入侵的空间。动物中具有占据空间领域特性的种类在脊椎动物中比较普遍，尤以鸟兽为多。领域面积随着占有者的体重而变化，体重大者领域面积也大；肉食性动物领域面积比草食性动物领域面积大。

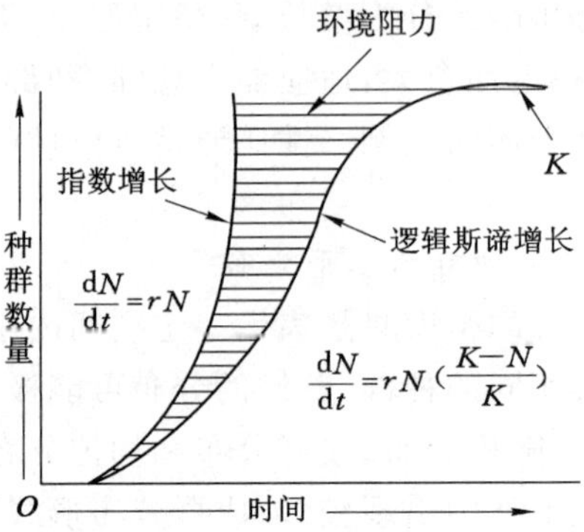

图 7-3　种群增长型

（华东师大等，《动物生态学》）

二、生物群落

若干个生物种群有规律地结合在一起，形成一个多生物种、完整而有序的生物体系，即生态群落。群落的主要特征包括以下几方面。

（一）群落的种类组成

一般把群落中物种数目的多少（丰富度）和各物种个体数目的多少（均匀度）两个参数的结合称为群落的物种多样性，即组成群落的物种越丰富，多样性越大，各个物种的个体在物种间分配越均匀，多样性越大。物种多样性是影响群落稳定性的重要因素之一。从热带到两极随着纬度增加，群落中物种多样性逐渐减小；低纬度高山区，随着海拔增加，物种多样性逐渐降低；海洋或淡水中，水生生物的多样性随深度增加而逐渐降低。这些表现称为多样性梯度。

同一群落中不同物种的生态位常常不同，据此可把它们划分为优势种、建群种和伴生种三种不同的群落成员型。生态位是指群落中每一个生物中所占据的小生境（住所、空间）及其与相关种群间的功能关系和作用。优势种是指个体数量多、生物量大、投影盖度大、生活能力强和对生境具有明显影响的生物种群。建群种是优势种中的最优势者，即覆盖面积大，占有最大空间，在建造群落和改造环境方面作用最突出的生物种。伴生种是指群落中的其他次要的种类。

（二）群落的外貌与植物的生活型

植物群落的外貌是群落长期适应自然环境的一种外部表相。环境不同或群落类型不同，它的外貌特征也不同。群落的外貌是识别和区分植物群落类型的重要特征之一。如森林、草原、灌丛的外貌迥然不同；而森林中，常绿阔叶林与落叶阔叶林或针叶林的外貌又有明显的差别。

植物群落的外貌主要决定于植物的生活型（生长型）。生活型是植物对一定生活环境长期适应的结果所表现出的生长形式。例如乔木、灌木、草本植物、藤本植物、附生植物、苔藓植物和藻菌植物等。它们又可进一步划分成较小的生活型类型，如乔木被划分成针叶树、常绿阔叶乔木和落叶阔叶乔木；草本植物被划分成一年生草本植物和多年生草本植物等。

在天然状况下，每一类植物群落都是由几种生活型的植物所组成，而不同类型的植物群落其生活型的组成不一样，群落的外貌也因之有所不同。

（三）群落的结构

群落是一个复杂的生物体系，其中包含若干个生物种群，它们在群落内部空间上按一定规律组合排列的现象即群落的结构，主要有垂直结构、水平结构和生态结构三种类型。

群落的垂直结构就是指成层现象，生活型不同，对环境有不同需求的植被分别出现于地面以上不同高度和其根系分布于地面以下不同深度，从而使整个群落在垂直空间有了上下不同层次的分化。森林群落比草本植物群落层次多，表现也最清楚。动物也因生态位不同而出现于不同层次中。动物的成层现象主要取决于生境小气候和食物，并受植物的成层现象所制约。例如，在森林中，各种鸟类在树冠、林间灌木和地面的不同高度上取食和筑巢。

群落的垂直分层结构不是群落内部生物种在空间上的简单排列，而是群落在形成过程中各种生物通过竞争、自然选择和彼此相互适应的结果，是群落由无序走向有序的一种表现。层的出现使群落在一定面积上容纳更多的生物种类和个体数量，最充分地利用环境空间和资源，产生更多的有机质。

群落的水平结构是指不同生物在水平方向的配置状况和水平格局。生物群落的种类组成和数量比例，在水平方向上的配置，往往是不均匀的，因而造成群落内的斑块分布。每一个斑块就是一个小群落，它们彼此组合，形成群落的镶嵌性。小地形的起伏变化、土壤湿度或盐渍化程度的差异、光照状况的不同、动物活动等都是群落出现水平结构的原因。

群落的生态结构单元即层片。苏联著名植物群落学家 B. H. 苏卡乔夫指出，层片具有一定的种类组成，这些种类具有一定的生态生物学一致性，而且特别重要的是它具有一定的小环境，这些小环境构成植物群落环境的一部分。

（四）群落对环境的影响

群落在形成过程中，随着各种生物的逐渐定居，通过植物枝叶的遮阴和挡风，根系不断地分泌有机化合物，枯枝落叶层覆盖地面和较弱地表径流，微生物对有机质的分解以及动物的活动等不断地改造原来的物理环境，使群落内部形成了显著不同于其周围裸地的环境，即群落环境。

植物群落内部环境具有以下特点：① 植物群落内的光照强度较弱，光质地有所改变；② 植物群落内部温度日变化和年变化比较缓慢；③ 植物群落内部空气湿度大；④ 植物群落内部风速较小；⑤ 植物群落内部的土壤性质与外部明显不同。

由于植物群落具有明显的改造外界环境的作用，因此，在生产实践中，其常用于防风固沙、护堤固岸、涵养水源、保持水土和净化环境。

（五）群落的动态

生物群落是一个动态系统，处于不断发展变化之中。生物群落作为一种由多种有机体组成的生命系统，其变化活跃而且是多方面的，既有季节性变化和年际变化，又有群落的演替和演化，其中季节性变化和演替是比较重要的。

季节性变化也称为群落的季相。群落主要是受到气候周期性变化的制约,即季节的春、夏、秋、冬变化,群落外貌发生变化,但群落的性质不变。不同气候带群落的季相表现得不一致,如热带雨林群落季相变化不明显,而温带地区群落季相变化比较明显。群落的季节性变化除表现为季相更替外,群落生产力、生物量、植物体中的营养成分和群落环境也都发生周期性变化。

演替是在一定地段上一个生物群落被另一生物群落所代替的过程,是生物群落动态中最重要的特征。自然原因如气候变迁、洪水、火灾、火山喷发、山崩、地震等可以破坏原有的生物群落;群落本身的作用如内部环境的改变,动物和植物繁殖体的迁移散布,使原有群落发生由量变到质变的变化。人类活动影响如人为砍伐森林、种植农作物、植树造林等都可促使群落发生演替。

群落的演替有许多类型,按裸地性质分为原生演替和次生演替;按演替发生进程分为快速演替、长期演替和世纪演替;按群落发展方向不同分为顺行演替和逆行演替;按基质性质可分为水生演替和旱生演替。

在以前没有生长过植物的原生裸地上首先出现先锋植物群落,以后相继产生一系列群落的替代过程叫作原生演替。原生裸地的环境一般比较严酷,没有土壤。这种演替又可以分为发生于干燥地面的旱生演替系列和发生于水域里的水生演替系列。

原来有植被覆盖,后来由于某种原因原有植被消失了,这样的裸地叫作次生裸地,发生在次生裸地上的群落演替称为次生演替。次生演替最初发生都是在外界条件作用下所引起的,如病虫害、干旱、水淹等,更主要的是人类经济活动所造成的,如森林的采伐、草原的过度放牧、烧荒、耕地弃耕的撂荒地等,都会发生次生演替。例如,在某一林区,森林被人为砍伐后变成农田,后来这块农田被废弃成为次生裸地,在这样的次生裸地上常有残留的植物种子和其他繁殖体,就发育出一系列植物群落,并且依次替代。如首先出现的是一年生草本群落,然后是多年生杂草群落,再后是灌木群落,最后是乔木群落。至此形成与相地环境条件相协调的生物群落。

当发生于裸露地面的群落经过一系列发展变化,总趋势朝向逐渐符合于当地主要生态环境条件的演替过程叫作进展演替或顺行演替。顺行演替的结果,群落的特征一般表现为生物种类由少到多,结构由简单到复杂,由不稳定变得比较稳定,同时群落越来越能够充分地利用环境资源。逆行演替是指朝逐渐脱离当地主要生态环境条件方向的演替,是顺行演替的逆过程。如在干旱半干旱气候条件下,过度放牧使牧草退化、裸地出现、沙化现象严重。很明显,逆行演替的结果使群落特征表现为:生物种类由多到少,结构由复杂到简单,由较稳定到不稳定,群落越来越不能充分利用环境资源。

一个地区的植物群落,若没有外来因素的干扰,通过顺行演替,最后会发展成为与当地环境条件相适应的、结构稳定的群落,这种演替到最后阶段的群落叫作演替顶极或顶极群落。

(六) 群落的分类

通常所谓的群落分类主要是指植物群落的分类或称植被的分类,并且都是以陆地区域的植被为其研究对象。植物群落分类是地植物学中最复杂的问题之一,主要原因是分类的原则不同,按所依据的原则可分为外貌的、生境的、区系的、发生的和数值的等分类系统。我国目前采用的是植物群落学原则,又称为植物群落学-生态学原则。

植物群落分类系统中三个主要单位是群丛、群系和植被型，在各级单位内还可以划分出亚级，有时在基本单位之上还可以有补充单位。

层片结构相同，各层片的优势种和共优种相同的植物群落联系为群丛，如蒙古栎-胡枝子-万年蒿群丛、蒙古栎-榛-羊胡子苔草群丛。具有相同建群种的群丛联合为群系，如蒙古栎群系。把建群种生活型相同或相近，并将水热条件生态关系一致的群系联合为植被型，如蒙古栎群系、山杨-白桦群系、辽东栎群系等联合为落叶阔叶林植被型。

第三节　生态系统

生态系统(ecosystem)指在一定空间内生物成分(生物群落)和非生物成分(物理环境)通过物质循环和能量流动相互作用、相互依存而形成的一个生态学功能单位。

一、生态系统的组成

生态系统是一个多成分的极其复杂的大系统。一个完全的生态系统由四类成分构成，即由于非生物成分和生物有机体因获取能量的方式与所起作用不同而划分的生产者、消费者和分解者三个类群。

非生物成分(无机环境)包括太阳辐射能、H_2O、CO_2、O_2、各种无机盐及蛋白质、脂肪、糖类、腐殖质等有机物质。它们是生物赖以生存的物质和能量的源泉，并且共同组成大气、水和土壤环境，成为生物活动的场所。所以它们是维系生物生存的生命保障系统，是一个不可缺少的成分。

生产者包括所有绿色植物、蓝藻和为数不多的光合细菌与化学能合成细菌。它们是生态系统中的自养成分，绿色植物含有叶绿素，它能利用太阳能进行光合作用，将 H_2O、CO_2 和无机物质合成有机物。生产者通过光合作用将太阳能转变成化学能贮存在有机体中，它是世界上有机质的最初制造者。

消费者指各种动物，属于异养型生物。它们不能利用太阳能生产食物，只能直接或间接利用生产者植物为食物资源获得生存的物质和能量。消费者根据其食性不同又分为植食性动物(herbivores)和肉食性动物(carnivores)。植食动物是直接以植物为食物资源的动物；肉食动物是以捕捉的动物为主要食物的动物，根据它们捕食动物类群的差异可分为第一级肉食动物、第二级肉食动物、第三级肉食动物等。

分解者主要指细菌、真菌和一些原生动物。它们个体较小，属于微生物的范畴。它们大部分不能合成有机质，主要依靠分解动植物残体及排泄物从中获得生存的物质和能量，它们能将复杂的有机质分解为简单的无机化合物或元素归还到环境中，并释放能量，被生产者再次利用，纳入新的循环系统。所以它们叫作分解者，被誉为大自然的清洁工。

二、生态系统的结构

生态系统的结构是指系统内部组成要素之间在空间或时间方面的有机联系及相互作用的方式和顺序。任何一个生态系统都必须凭借一定的结构来实现其功能，所以结构是生态系统的重要特征。除前述生物群落的垂直结构和水平结构一般也为生态系统所具有之外，以食物关系把各类生物有机体联结起来形成的营养结构是最主要的。生态系统的营养结构包括食物链、食物网和营养级。

生态系统中生物通过食物关系(吃与被吃)彼此关联而形成的一个能量与物质流通系列或链式结构,即食物链。它是生态系统营养结构的具体表现形式之一。由于受能量传递效率的限制,即从一个环节到另一个环节,能量大约要损失 90%,因此食物链不可能太长,一般都是由 3～5 个环节构成。

食物链有捕食食物链和碎屑食物链两个主要类型。捕食食物链又称为活食食物链或牧食食物链,是通过活的植物和动物,以捕食和被捕食的关系建立的食物链,能量由绿色植物到各级消费者动物再到分解者的途径流动。碎屑食物链又称腐食食物链,是以死亡的生物有机体或有机碎屑物为起点,作为食物它们或者被细菌和真菌等微生物所分解,能量直接由死亡的有机体流向分解者;或者被其他食碎屑的动物所食,能量经过一些动物再流向分解者,如植物残体-蚯蚓-线虫-节肢动物等。

生态系统内,众多食物链相互交织形成的网状结构称为食物网。不同生态系统,食物网的复杂程度是不同的,食物网复杂的生态系统,说明其生物种类多,营养结构复杂,抵抗外力干扰的能力越强,系统的稳定性越大,受外界环境的影响较小;反之,生态系统就容易发生波动或被毁灭。生态系统的营养结构主要指食物网(图 7-4)。

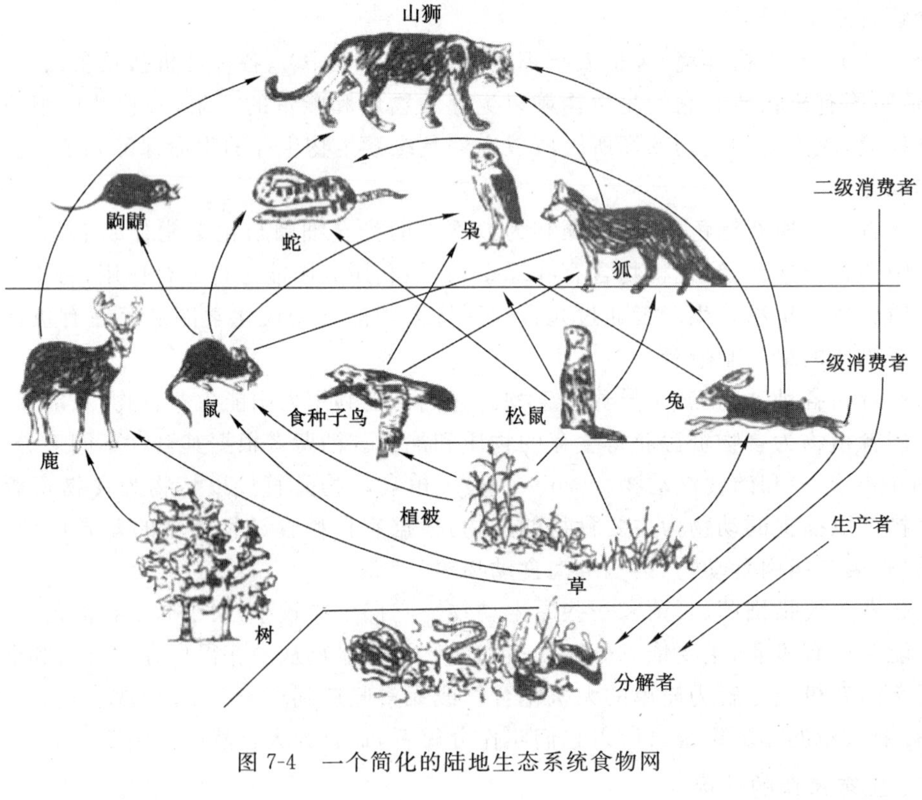

图 7-4　一个简化的陆地生态系统食物网

在自然界每个生态系统内都存在许多食物链。并且许多动物在食物链上占据不止一个位置,有的既吃植物又吃动物,它本身又可能被不同的消费者所食。因此,一个食物链常常有许多不同的分枝,各个食物链彼此交织,错综联结形成更加复杂的食物网。食物链和食物网的复杂程度常常决定着系统的稳定性。一般来说,生态系统的食物链愈长、食物网的结构愈复杂,它的稳定性愈大。

为使生物间复杂的营养关系变得更加简明和便于进行定量的能流分析与物质循环研究，生态学家在食物链和食物网概念的基础上又提出了营养级的概念。在生态系统的食物网中，凡是以相同的方式获取相同性质食物的植物类群和动物类群可以分别称作一个营养级，换句话说，在食物网中从生产者植物起到顶部肉食动物止，在各食物链上凡属同一级环节上的所有生物种就是一个营养级。在某一生态系统中，营养级的数目及组合状况叫作营养结构。一般生态系统的营养结构有3～5个营养级。

污染物通过食物链产生逐级富集的现象，称为生物放大作用。因此从污染生态学来看，食物链的研究具有十分重要的意义。营养级越高的生物体内所含有的污染物的数量或浓度越大，对高营养级生物的生长发育或人体健康危害越严重。

三、生态系统的功能

与其他系统都执行着一定的功能一样，生态系统也有其基本功能，即能量流动、物质循环和信息传递。三者相互联系、紧密结合使生态系统得以存在和发展，并赋予自然界一切生物以生存、做功和繁殖的能力以及对外界环境的影响能力等。能量流动和信息传递都必须是以系统的有机物质生产作为基础的，因此有机物质的生产也是生态系统中最基本的功能。

（一）生态系统有机质的生产

生态系统有机质的生产包括初级生产和次级生产两个主要过程。

生态系统中的能量流动开始于绿色植物，通过光合作用对太阳能进行固定，因为这是生态系统中第一次能量固定，所以绿色植物被称为初级生产者或第一性生产者。它所固定的太阳能或所制造的有机物质的数量称为初级生产量或第一性生产量。植物在地表单位面积和单位时间内经光合作用生产的有机物质数量叫作总初级生产量或第一性生产量(GP)。总初级生产量产生之后并未全部积存下来，植物在生存过程中通过呼吸作用又把其中的一部分有机物质或能量(R)消耗掉了，剩余的部分才用于积累，形成各种组织和器官。绿色植物呼吸之后剩余的有机物质或能量称为净初级生产量或净第一性生产量(NP)，即 $NP=GP-R$。只有净初级生产量才有可能被人或其他动物所利用。

在单位面积上净初级生产量日积月累所形成的有机物质数量叫作生物量(biomass)，通常用 g/m^2 或 J/m^2 表示；实际上在植物积累生物量的过程中，一部分净初级生产量已被动物所食，另一部分枯枝落叶或已被微生物分解，剩余的部分叫作现存量(standingcrop)。通常很难测得严格意义上的生物量，因而通常将现存量和生物量认为同义。

单位面积单位时间内生态系统所生产的净植物量即生产力，单位 $g/(m^2 \cdot 天)$ 或 $g/(m^2 \cdot 年)$，$cal/(m^2 \cdot 天)$。由于地表各地区自然环境不同，各类生态系统的生产力不同，它们的净生产量和生物量相差极大，空间分布很不均匀。生态系统的生产力还因本身发育阶段不同而有变化，在早期阶段，生存空间和营养条件充足，光合作用旺盛，而植物的根茎等器官较小，用于呼吸消耗的有机物质和能量少，净初级生产量高，生产力高；随着演替的进行，越来越多的能量用于呼吸，到了顶级阶段用于呼吸的能量可占总初级生产量的80%～100%，净生产量少，生产力变低，但此时生态系统的生物量却比早期阶段大得多。NP/GP 值随着生态系统成熟而下降，具有重要的实践意义。

生态系统中除了植物进行初级生产之外，各级消费者动物直接或间接利用初级生产的物质进行同化作用，把植物性物质转化为动物性物质，使自身得到生长、繁殖及物质与能量的贮存，即经过了一个物质再合成的过程，这是动物性有机物质的生产，统称为次级生产或第二性生产。

可用同化效率、生长效率和生态生长效率表示次级生产效率特征。同化效率是指被植物吸收的日光能中被光合作用所固定的能量比例，或被动物摄食的能量中被同化了的能量比例。一般肉食性动物中同化效率比植食性动物要高，因为肉食动物的食物在化学组成上更接近其本身的组织；动物生产的同化效率高于植物利用光能的同化效率。但随着营养级的增加，呼吸消耗所占比例也相应增加，导致肉食动物营养级的净生产量并未增加而是相应下降。组织生长效率＝第 n 营养级的净生产量/第 n 营养级的同化能量，即 P_n/A_n。通常植物的生长效率大于动物的生长效率，大型动物的生长效率小于小型动物的，年老动物的生长效率小于幼年的，变温动物的生长效率大于恒温动物的。生态生长效率（毛增长效率）＝第 n 营养级的净生产量/第 n 营养级的摄食量，即 P_n/C_n。所以，生态生长效率＝同化效率×组织增长效率。

（二）生态系统的能量流动

生态系统的基本功能之一是能量流动，它是生态系统的动力。生态系统中的能量来自太阳能，它以两种不同的形式自外界输入系统内，即日光能的输入和现成的有机物质的输入。生态系统的能量最终大部分以热的形式逐渐散失，还有一部分以有机物质形式输出。

能量流动是一个单向的不可逆的过程。如绿色植物从太阳辐射所获得的能量，决不能再返还给太阳；同样，草食动物所食的能量也不能再返回给绿色植物。能量流动过程是一个能量不断消耗的过程，即在各个营养级的转化过程中，由于呼吸作用，有一部分能量损失，这种损失的能量以热的形式散逸到环境中。所以能量只能是一次通过生态系统，不能再次被生产者利用而进入循环。

在生态系统中，从绿色植物开始，能量沿着营养级流动时，每经过一个营养级能量数量要大大减少。在生态系统中，每两个相邻营养级的能量转化率约为10%。这个规律被称之为林德曼效率或百分之十定律。

由于受能量传递效率的限制，沿着营养级序列向上，能量或生产力急剧地、梯级般地递减，用图表示得到能量即生产力金字塔，生物的个体数目和生物量也出现顺序向上递减的现象，形成个体数目金字塔和生物量金字塔，三者合称生态金字塔（ecologyical pyramids）。

（三）生态系统的物质循环

生态系统除了需要能量外，还需要各种化学元素。首先生态系统所需要的能量必须固定和保存在由这些无机物构成的有机物中，才能够沿着食物链从一个营养级传递到另一个营养级，供各类生物需要。否则，能量就会自由地散失掉。其次，水和各种矿物质营养元素也是构成生物有机体的基本物质。因此，对生态系统来说，物质同能量一样重要。

生物有机体在生活过程中，大约需要30～40种元素。其中如C、O、H、N、P、K、Na、Ca、Mg、S等元素的需要量很大，称之为大量元素；另一些元素虽然需要量极少，但对生命是不可缺少的，如B、Cl、Co、Cu、I、Fe、Mn、Mo、Se、Si、Zn等，叫作微量元素。这些基本元素首先被植物从空气、水、土壤中吸收利用，然后以有机物的形式从一个营养级传递到下一个营养级。当动植物有机体死亡后被分解者生物分解时，它们又以无机形式的矿质元素归还到环境中，再次被植物重新吸收利用。这样，矿质养分不同于能量的单向流动，而是在生态系统内一次又一次地利用、再利用，即发生循环，这就是生态系统的物质循环或生物地球化学循环。

每一种矿质元素都具有独特的性质，其生物地球化学循环的特点也不完全一致。但是它们在地球上进行循环的过程中，都有一个或几个主要的环境“蓄库”。在这种蓄库里，该元素储存的数量大大超过正常结合在生命系统中的数量；并且元素从蓄库里通常以缓慢的速度释放出来。这样的蓄库一般就是大气圈、水圈和岩石圈。与此相对的是元素储量少、移动较快的交换库或循环库。例如，生物被看作交换库。根据主要蓄库不同，物质循环可分为以下三大类型。

（1）水循环

水循环是水分从海洋蒸发进入大气，以降水形式落到地球陆表面或海洋，参与生态系统的水分小循环，最后又回到海洋的运动过程。水循环的生态学意义体现在：能够为生态系统提供淡水资源；是生态系统中最主要的溶剂，是其他物质循环的载体或运输工具，其他物质循环都是和水循环结合在一起进行的；水是地理环境变化的动因之一；通过水的运动把陆地生态系统和水域生态系统联结起来；水具有防止温度等生态因子剧烈变化的作用，有利于生物的生存。

（2）气体型循环

气体型循环是指大气中的某种气体被生物固定之后，在生态系统内发生转化，最后又回归到大气的过程。属于气体循环的物质有 CO_2、H_2、O_2、N_2 等。以氮为例说明：氮是构成生物有机体最基本的元素之一，是蛋白质的主要组成成分。大气中的氮含量约占 79%，但游离的分子氮不能被第一性生产者直接利用。固氮细菌和某些蓝藻，以及闪电和工业生产都可把分子氮转化为氨或硝酸盐被植物吸收，用于合成蛋白质等有机物质，进入食物链。动植物的排泄物和尸体经氨化细菌等微生物分解产生氨，或氨再经过亚硝酸盐而形成硝酸盐被植物所利用。部分硝酸盐被反硝化细菌转变为分子氮返回大气中。还有一部分硝酸盐随水流进入海洋或以生物遗体形式保存在沉积岩中。

（3）沉积型循环

沉积型循环为固体物质的循环，主要是通过岩石的风化作用和沉积物本身的分解作用，将蓄库中的物质转变成生态系统生物成分可以利用的营养物质。属于沉积型循环的物质主要有磷、硫、碘、铁、镁、钠、钙等，它们的主要贮存库是岩石圈和土壤圈。保存在沉积岩中的这些元素只有当地壳抬升变为陆地后，才有可能因岩石风化、侵蚀、淋溶和人工采矿等形式释放出来被植物吸收利用进入食物链，因此这些元素循环周期长，循环系统也不完善。

四、生态系统的动态平衡

生态系统是一种处在不断变化发展之中的动态系统。大量事实证明，只要给予足够的时间和在外部环境保持相对稳定的情况下，生态系统总是按照一定规律向着组成、结构和功能更加复杂化的方向演进的。在发展的早期阶段，系统的生物种类成分少，结构简单，食物链短，对外界干扰反应敏感，抵御能力小，所以是比较脆弱而不稳定的。当生态系统逐渐演替进入到成熟时期，生物种类多，食物链较长，结构复杂，功能效率高，对外界的干扰压力有较强的抗御能力，因而稳定程度高。这是由于系统经过长期的演化，通过自然选择和生态适应，各种生物都占据有一定的生态位，彼此间关系比较协调而依赖紧密，并与非生物环境共同形成结构较为完整、功能比较完善的自然整体，外来生物种的侵入比较困难；此时，还由于复杂的食物网结构使能量和物质通过多种途径进行流动，一个环节或途径发生了损伤或中断，可以由其他方面的调节所抵消或得到缓冲，不致使整个系统受到伤害。所以，生态系统的生物种类越多，食物网和营养结构越复杂便越稳定，即生态系统的稳定性是与系统内的多样性和复杂性相联系的。

当生态系统处于相对稳定状态时，生物之间、生物与环境之间出现高度的相互适应，种群结构与数量比例持久没有明显的变动，生产与消费和分解之间，即能量和物质的输入与输出之间接近平衡，以及结构与功能之间相互适应并获得最优化的协调关系，这种状态就叫作生态平衡或自然界的平衡。当然这种平衡是动态平衡。生态系统是个动态系统，导致其稳定与平衡的上述种种因素也常常发生某些变化。那么，生态系统为什么还能够保持稳定与平衡呢？这是由于它是一种控制系统或反馈系统，好像“弹簧”一样，通过反馈机制而具有自动调节的能力，特别是负反馈对系统的自我调节具有更重要的意义。

负反馈是生态系统在受到一定干扰后恢复和保持其稳定平衡状态的过程。正反馈是指生态系统受到内部或外界某因素的干扰引起了一些变化，这些变化反过来又加强了某些因素的干扰和所引起的那些变化，使生态系统远离平衡状态的过程。当生态系统受到外界干扰破坏时，只要不过分严重，一般都可通过自我调节得到修复，维持其稳定与平衡。但是，生态系统的自我调节能力是有限度的。当外界压力很大，系统的变化超过了自我调节能力的限度即“生态阈限”时，它的自我调节能力随之下降，以致消失。此时，系统结构被破坏，功能受阻，以致整个系统受到伤害甚至崩溃，此即通常所说的生态平衡失调。

人类由于不了解生态系统的调节机制和稳定性的极限，盲目行动，导致生态平衡破坏，使人类本身蒙受损失的现象不乏其例。例如，在一些植棉地区，自然情况下棉红蜘蛛可能受到瓢虫等天敌的控制，数量较低，不足以严重危害棉花生长。然而，长期使用 DDT 等有机氯杀虫剂后，部分棉红蜘蛛产生抗性，瓢虫可遭到严重摧残，二者的平衡关系破坏，导致棉红蜘蛛猖獗，从而造成经济上的更大损失。这是因生物种群结构发生变化引起的生态平衡失调现象。因此，人类应当对各种生态系统的结构、功能、调节机制和稳定性极限进行深入研究，以便能够预测在采取某些措施后生态系统可能产生的反应，免受不必要的损失。

人既是生态系统的成员，受一般自然规律的制约，又是支配生态系统最活跃、最积极的因素。他们一旦认识和掌握了生态系统的特性并运用科学方法施行管理，就能够防止系统的逆行演替，从而建立新的生态平衡，创造出良好的生态系统。例如，我国云南热带的人工多层复合林，珠江三角洲的桑基鱼塘，北方草原的水、草、林、料结合的围栏草场都是具有结构比较合理、功能比较完善，并建立起新的生态平衡的人工生态系统的良好典型。

第四节　主要生态系统类型

由于各地动植物区系的不同和地理环境的差异，以及某些地质历史，地球上存在着许多不同类型的生态系统。根据其环境特征的不同，首先可以将其区分为陆地生态系统和水生生态系统两大类。其次，陆地自然生态系统的许多部分已被开发利用，其中的一部分又经过加工改造，变为农田、人工林、人工草场、鱼塘和城市。即在一定的社会经济和科学技术条件下，经过人的干预把自然生态系统分别改造成为农业生态系统和城市生态系统。

一、陆地生态系统

陆地生态系统的非生物环境有着极大的复杂性和更富于变化的特征，尤其水分、热量等重要生态因素的不均匀分布，为生物的生存和发展提供了多种多样的生境；而土壤在发育过程中与大气的直接接触,又为生物提供了丰富的营养物质,从而使陆生生物的种类极其浩繁,生物群落的类型十分多样。所以陆地生态系统具有很多不同的类型。

陆地生态系统在地球上占据的总面积虽然比较小,但具有较高的平均生物生产量和巨大的生物积累量。环境的多变,还使陆地生态系统的动态变化也比较明显。

陆地生态系统除具有上述特征外,还具有相当明显的地带性分布规律。这主要决定于气候条件,特别是其中的热量和水分条件,以及二者的组合状况。首先,与热量气候带相适应,植被或生态系统也形成带状分布。以北半球为例,从南往北依次出现热带雨林、亚热带常绿阔叶林、温带落叶阔叶林、温带草原、寒温带针叶林、寒带冻原和极地荒漠等。这种顺纬度方向延伸成带而南北依次更替的分布规律,称为纬度地带性,它是最大最重要的分布规律。

其次,由于海陆分布和大气环流等因素的作用,从沿海到内陆降水量逐渐减少。因此在同一热量带,以水分为主导因素,使植被或各生态系统大致沿经线方向延伸成带而东西依次更替的分布规律,称为经度地带性。这种分布规律以北美大陆表现最为典型。从大西洋沿岸的森林带向西,经草原带、荒漠带,到太平洋沿岸又出现森林带。在我国温带地区,经向变化规律也表现得十分明显,从东到西依次有针叶落叶阔叶林带、草原带、荒漠带,其间还有一些过渡带。

地球上生态系统的带状分布规律不仅表现在平地,也出现在山地。高耸的山体,从山麓到山顶,随海拔升高,气温逐渐降低,风速和太阳辐射逐渐加强,而降水量一般先是逐渐增加,随后又趋减少。这些因素的综合作用,使生物群落和土壤类型从下而上也逐渐发生变化,出现了植被或生态系统随海拔升高而呈带状依次更替的分布规律,称之为垂直地带性。它与纬度地带性和经度地带性合称为“三向地带性”。但山地垂直地带性规律是受水平地带性制约的。

山地各个垂直带由下而上按一定顺序排列形成的垂直带系列叫作垂直带谱。不同山地由于所处纬度与经度位置不同,具有不同的垂直带谱。一般是由低纬到高纬,山地垂直带的数目逐渐减少;相似垂直带分布的海拔高度逐渐降低。位于同一热量气候带内的山地,由于距离海洋远近不同,垂直带谱的结构也不同,有海洋型与大陆型之别;相同垂直带的海拔高度,大陆型比海洋型分布得高些。此外,山地垂直带谱的基带,其植被或生态系统的类型与该山地所在水平地带性类型一致。

在生态系统中植被往往是最显著的,以植被为基础划分的陆地生态系统主要类型有:热带雨林、热带稀树草原、亚热带常绿阔叶林、温带阔叶林、北方针叶林、温带草原、荒漠和冻原。

二、水域生态系统

地球表面海洋面积占 2/3 以上,陆地上到处还有江、河、湖、沼等水体。不论咸水或淡水,面积或大或小,其中都生活着大量的生物有机体,不停息地进行着能量和物质的转换,形成各种不同的水生生态系统。

水生生态系统的大多数第一性生产者是各种浮游藻类,它们的体积小而表面积大,适于浮游。由于其个体小,新陈代谢能力强,大部分能量用于维持生命和进行繁殖,所以海洋等水生生态系统的总生产量虽然较高,但净第一性产量较低,此外,浮游植物寿命短,一部分个体死亡后很快被微生物分解,另一部分被植食动物所滤食,因此积累的现存生物量很少,常出现颠倒的生物量金字塔，即较高营养级(如鱼类)的生物量大于生产者的生物量，这是陆地生态系统不曾出现的特征。

与陆地生态系统相比，水生生态系统的环境因水具有流动性，广大水域比较均一而较少变化，并且很少出现极端情况，使许多水生生物具有广泛的地理分布，系统的类型也因此比陆地少。根据水化学性质不同，水生生态系统可分为海洋生态系统和淡水生态系统。

(一) 淡水生态系统

淡水生态系统通常都具有明显的边界，根据水的运动分为流水与静水两个类型。

流水生态系统主要指陆地上的江河与溪流等。奔流于陆地上的长江大河犹如一条条巨大的动脉，具有很强的输导能力，是一类十分重要的水生生态系统。它不仅通过输入与输出把各个不同的陆地生态系统乃至与海洋生态系统联系起来，使自然界形成一个个自然整体(当然还有其他联系因素存在)，而且给人类提供了丰富的水源和舟楫渔虾之利，并把自然生态系统与人工生态系统(农田、城市等)联为一体。所以，自古以来河流受到人类的关注，许多城镇、聚落都是傍水而建，成为社会经济文化发展的中心地带。

静水生态系统是指陆地上的湖泊、沼泽、池塘和水库等的生态系统。所谓静水只是相对而言。以湖泊为例，静水生态系统大都在盆状洼地中积水而成。由边缘向中心，水深逐渐增大，形成生态特点不同的两个部分或亚系统。

沿岸带水层较浅，光照充足，营养物质丰富，生物种类多，尤以水生维管束植物和藻类最为繁盛，它们是有机物质的主要生产者。充足的食物资源养育着丰富的消费者动物种群。除浮游甲壳类外，还有螺、蚌以及大量脊椎动物如蛇、蛙、鱼、水鸟等。该带又因水深、光照等不同，常形成几个呈同心圆状排列的生物群落带或更小的生态系统。由沿岸带向内，水面开阔，深度加大，有机物和泥沙含量少，水层清澈。这里已没有根生的高等植物。第一性生产者全为浮游藻类。消费者以桡足类、枝角类、鱼类为主，水底淤泥中常有蚊类幼虫和水蚯蚓等。

(二) 海洋生态系统

在浩瀚的海洋中生活着大量的生物，既有以各种藻类为主的植物，也有从原生动物到脊椎动物的几乎所有的动物，约达25万种之多。它们构成了错综复杂的食物网，形成独特的海洋生态系统。广阔的海洋由于各部分的深度、光照、盐分和生物种群结构不同，可进一步划分为海岸带、浅海带和远洋带等，它们之中又包括许多次级生态系统。

海岸带位于陆地和海洋交界处，水深从几米到几十米，光照充足，含盐量、水温和地形变化较大，由河流带来的有机物质比较丰富。生物成分复杂多样，第一性生产者以浮游植物和大型固着生长的绿藻、褐藻与红树类植物为主；动物以近岸性浮游动物、鱼类和螺、蚌、牡蛎、蚶、贝、沙蚕等底栖生物为多。生物生产力较高，分布于海岸带的河口湾与红树林是两个独特的次级生态系统。

浅海带生态系统为水深不超过200 m的大陆架部分。水中的光照仍然比较充足，来自陆地的有机物质也较丰富，有利于生物的生存。主要生产者植物为浮游硅藻、裸甲藻等。消费者除桡足类外，大都为滤食性鱼类，如鳕、鲱等。由于水中营养物质丰富，藻类繁盛，鱼虾产量高，为世界上主要捕鱼区。

远洋带指浅海带往外的大洋区，水面开阔，水深超过200 m，最深达10 000 m以上，是生物圈内厚度最大、层次最多的生态系统。这带包括上涌带、珊瑚礁和水深最大的洋区等次级生态系统。

三、农业生态系统

农业生态系统是指在一定区域的气候、水文、地貌和土壤等环境条件下，以作物、家畜为基础，包括区域的林木、草地、益害虫、杂草和微生物共同构成的独特的能量转移和物质循环的系统。换句话说，农业生态系统就是在人类生产活动的干预下，农业生物群体与其周围自然和社会经济因素彼此联系、相互作用而共同建立起的固定、转化太阳能，获取一系列农副产品的人工生态系统。在这个系统中，人既是其组成成分，也是系统的调节者与控制者。因此，与自然生态系统相比，它有以下特点：

① 生物成分显著变化。在人工控制下，以农业生物为主的群体，包括农作物、蔬菜、家畜和家禽取代了原有的野生生物及其群体，使生态系统的生物成分发生了明显变化。

② 系统结构明显简化。在农业生态系统中，动植物成分明显减少，即生物种类的多样性大大降低；同时农作物种群的年龄基本相同、生活周期短促，害虫与天敌又常被同时消灭，所有这些使食物链变短，层次结构简化，缺乏自我调节能力。因此，生物群体抵御外界压力的能力变小，系统的稳定性减弱，容易出现生态平衡失调现象。所以农业生态系统是一种脆弱的系统，需要高度的管理和保护。

③ 能量和物质大量流通的开放系统。为了满足社会需要，人类经常要从农业生态系统中获取粮食、肉类、纤维素等农畜产品并运销外地，使一部分能量和物质传输于系统之外。为使系统保持平衡和具有一定的生产力水平，必须同时通过多种途径投入化肥、有机肥料、水，以及用于开动各种机械的化石燃料等物质和能量，以补偿产品输出后所出现的亏损。所以农业生态系统是一个能量和物质的输入与输出量大而且比较迅速的开放系统。

④ 生物生产量一般较高。农业生态系统的生产力，既是衡量系统的结构和功能是否合理与完善、农业生物群体与环境是否协调的指标，也是反映人类管理农业生态系统水平高低、衡量自然资源与社会资源被利用和转化为产品的效果的指标。可以说它是反映农业生态系统的一个综合指标。因此，这里所说的系统的生产力不同于农业生产上的只是作物的产量。它应包括第一性生产者的初级生产力和消费者家畜家禽的次级生产力，即整个系统的生产力。农业生态系统生产力的高低，在很大程度上取决于系统的能量和物质的转化特点与转化效率(输出与输入之比)。

⑤ 明显的地域性特点。不同地理地带都有各具特点的农业生态系统类型。它们从农业生物的种类组成、系统结构与功能特点到社会经济技术条件都会有差异。因此在建立合理的农业生态系统时，不能千篇一律，而应遵循因地制宜、扬长避短的原则。

⑥ 人是农业生态系统的重要组成成分和调控者。系统的生物成分和非生物成分，它们在时间和空间上的分布，它们之间的物质循环与能量转换，以及系统的稳定性与生产力高低等都受人类的强烈影响，只是在不同时期和地区调控的途径与效果各有不同。人类应当从生态系统的观点出发，根据各地的自然与社会经济条件，因地制宜地调整农业生产的结构和布局，控制和提高能量流动和物质循环的途径与效率，建立起高产、稳产、高效率的农业生产体系。

生态农业是按照生态学和生态经济学原理，应用系统工程等现代化科学技术，把传统农业技术和现代农业先进技术相结合而建立起来的一种多层次、多结构、多功能，具有良好经济效益、生态效益和社会效益的集约经营管理的综合农业生产体系。

具体地说，就是在一定区域有效地运用生态系统中生物的共生原理、生物的相克趋利避害原理、多种成分间的相互协调和互补原理以及物质循环再生与能量多层次多途径转化和利用原理，全面规划、总体协调，建立能合理利用自然和社会资源、保持生态稳定和持续高效的优化农业生态系统。所以生态农业是具有良好的经济、生态和社会三种效益的统一的农业生产体系。

四、城市生态系统

城市生态系统是在人类不断改造生存环境和促进能量与物质流通的过程中逐步形成的。人类从依赖自然生态系统到利用农业生态系统，最后建成了以人为主体，充分利用空间和集约人口、经济、科学技术与文化的地域大系统城市。因此，城市作为生物圈中独特的人工生态系统，便具有不同于自然生态系统和农业生态系统的许多特点。

① 以人为主体的生态系统。

② 食物链简化，生物量常具有倒金字结构。城市生态系统缺乏生物成分，特别是植被覆盖率一般很低，即使生存着少量绿色植物，也未给居民和某些动物提供有意义的生产量。动物种类也比较少，多为鼠类和蚊蝇。相反，消费者人口却非常集中。这种特征使城市生态系统中的食物链(网)变得比较简短，系统的稳定性差，并且还使其生物量常常具有倒金字塔结构。

③ 城市是一个高度耗能和需要大量物质输入并有产品输出的开放系统。由于缺乏绿色的第一性生产者植物，对太阳能的利用很不充分，土地又基本用于承载建筑物、道路或人类经济技术与文化活动的范围，很少能够给生产者提供有效的营养物质，以制造含能的有机物质，所以城市生态系统在能源与物质供应方面难以达到基本上自给自足的程度。为了满足城市居民在生活与生产活动中对能量和物质的需要，使系统继续正常运转并保持其供需平衡，必须从周围其他生态系统输入食物资源、动力资源和生产原料。然后通过人和各种经济技术系统，制造出大量产品，除满足城市需要外，其余部分输出到系统之外。由此可见，城市生态系统是一个能量和物质的流通量很大且贮存和转换时间短的非闭合系统。

④ 依赖性强，独立性弱，自我调节能力小。

⑤ 城市是人类对陆地自然生态系统影响最强烈的地方。它除了受大的气候特点和地貌形态影响外，几乎没有遗留下自然生态系统的任何重要特征。绿色植物很少，原生的自然景象完全被人工的建筑景观所代替。这样的下垫面性质加上空气的污染和人为热的释放，就使城市具有不同于郊外自然状态下的气候。

第五节　生物多样性及保护

一、生物多样性的概念

生物多样性(biological diversity)是指在一定时间和一定地区所有生物(动物、植物、微生物)物种及其遗传变异和生态系统的复杂性总称，包括遗传多样性、物种多样性和生态系统多样性三个层次。

遗传多样性是指存在于生物个体内、单个物种内以及物种之间的遗传变异的总和。遗传变异是生命进化中分化的基础，也是物种多样性的根本原因。

物种多样性是指某一区域内生物种类的丰富度或物种总数目。

生态系统多样性是指生物圈内生境、生物群落和生态学过程的多样性以及生态系统内生境差异和生态学过程变化的多样性。

二、生物多样性的价值

生物多样性的价值是指基因、物种和生态系统对人类生存现实的潜在意义，包括较易衡量和能够转化为经济效益的直接使用价值、难以用货币形式表现的间接使用价值和潜在价值三个方面。

① 生物多样性的直接使用价值是多方面的。人类的食物几乎完全取自于生物，历史上曾有约 3 000 种植物被用作食物，另有 7 500 种可食性植物，当前被人类种植的约有 150 余种，其中仅小麦、水稻、玉米三种作物就提供 70%以上的粮食。生物除直接为人类提供食物外，许多野生生物的遗传资源(例如抗病性、抗旱性等)还被用来改良农作物、家畜和家禽的品种，能够大幅度提高农业生产力水平。

在生物多样性丰富的地区，由于生物物种间的相互克制，任何一个物种的数量都不可能无限增长，一般不易发生灾难性病虫害现象，所以利用天敌既防治害虫，又可以减少或避免施用农药污染环境，这也是一种直接使用价值。生物多样性在医疗卫生方面的价值是巨大的。发展中国家有 80%的人口靠传统药物治疗疾病，发达国家也有 40%以上的药物源于野生植物。生物多样性还为人类提供多种工业原料，如木材、纤维、橡胶、造纸原料、天然淀粉等以及像煤、石油、天然气、薪柴等能源原料。

② 生物多样性的间接使用价值通常又叫作生态功能。虽然它难以用经济指标来衡量，但其作用是显著的。生物多样性在改善人类生存环境、维持自然界的生态平衡等方面的作用十分明显。它具有保持水土、涵养水源的作用，还能够减缓气温的剧烈变化、增加空气的湿度和减少旱涝灾害的发生，从而具有调节气候的作用；生物和生态系统还能够吸收和分解环境中的有机废物、农药和其他污染物，减少空气中的尘埃和细菌的数量，达到净化大气、改善环境的作用。

③ 潜在价值或选择价值，即为后代再利用生物多样性提供选择机会。如果这些物种遭到破坏，后代人就没有机会利用它们，因此必须注意保护。

三、生物多样性的现状

全球生物多样性极其丰富，以物种多样性为例。根据生物学家估计，当今生活在地球上的生物大约有 $5\times10^6\sim10\times10^6$ 种，还有人估计多达 $5\times10^7\sim5\times10^8$ 种。但在科学上进行了分类与命名的仅有 $140\times10^4\sim160\times10^4$ 种。除对高等植物和脊椎动物了解比较清楚外，对其他类群如昆虫、无脊椎动物和一些微生物等还不很了解。

水热条件的差异、地形的复杂性和地理隔离程度导致生物多样性在地球上的分布很不均匀。热带岛屿和其他一些陆地全年高温多雨、地理位置相对孤立，境内地形复杂，生存的生物种类最多。例如，全世界半数以上的物种生活在仅占全球陆地面积 7%的热带森林里，相反，广大的荒漠区和两极地区生物多样性却十分贫乏。

生物多样性局部分布的地区差异也很大。在厄瓜多尔西部 17 km^2 的里奥帕伦克研究站有 1 025 种植物；澳大利亚西海岸长为 260 km 的宁加卢珊瑚带发现有 170 种珊瑚、90 种棘皮动物、60 种软体动物和 480 种鱼类。这些都是生物物种多样性极高的地区。相反，冻原和荒漠地区，1.0 km^2 面积内仅有数十种生物或更少。

自地球上出现生命以来，由于各种自然原因已有难以计数的大量生物完全灭绝，现存的 $5\times10^6\sim10\times10^6$ 种生物仅是过去曾经生存过的几十亿个物种中的少数幸存者。据研究，脊椎动物种的生存期一般为 500×10^4 年，在过去 2×10^8 年中，自然灭绝速度平均每世纪约为 90 余种；高等植物在过去 4×10^8 年中，大约每 27 年灭绝 1 种。然而随着人口的逐渐增加，不合理的资源开发以及环境污染和生态破坏等，人类的活动使生物多样性受到严重损害，物种灭绝的速率也在不断加快。例如，20 世纪前的 300 年里，平均每 4 年有 1 种鸟类或哺乳类动物绝灭，20 世纪前半期每天约有 1～3 个物种消失。因此，科学家认为，人类的活动加剧了地球上物种灭绝的速度，现在生物物种消失的速度至少相当于自然灭绝速度的 1 000倍。

物种和生态系统的灭绝及因之造成的遗传多样性损失是不可逆的，也是不可弥补的。

四、生物多样性的保护

生物多样性是人类起源与进化的基础，生物等自然资源的永续利用是保障社会经济持续发展的重要条件。因此，保护生物多样性已成为十分紧迫的任务。生物多样性的保护是一项复杂的系统工程，除了要对公众进行宣传教育，制定有关法律法规，建立必要的机构和进行国内外合作与交流外，还必须在科学研究的基础上编辑出版国家或地区濒危动植物红皮书、红色名录，划分物质受威胁的等级，确定优先保护的物种和生态系统名录，分情况采取就地保护、迁地保护和离体保存等措施。

① 就地保护是在原地将有价值的自然生态系统、野生生物物种及其生境划出一定面积，建立自然保护区和保护点，借此保护生态系统内生物的繁衍与进化，维持生态系统的结构、物质能量流动与其他生态学过程的正常进行。因此，建立自然保护区是保护生物多样性最有效的措施。

② 迁地保护是将某些受到威胁处于严重濒危状态的动植物物种，在必须紧急拯救时可将其部分种群迁离原地，在动物园、植物园、水族馆、畜牧场、引种培育中心等人工保护中心进行驯养和繁育，使其种群数量有所扩大。待物种恢复到一定数量后再选择适合地区放归大自然，以利于其生存和繁衍。

③ 离体保存就是利用现代技术特别是低温技术，将农作物、家畜、家禽及其野生亲缘种等生物体的一部分进行长期储存以保存物种的种质。常用方法是建立植物种子库、动物细胞库等。

第六节　叠置分析在生态敏感性评价中的应用示例

一、基本原理

叠置分析(overlay analysis)就是把同一地区、同一投影、同一比例尺的两个或两个以上的图层重叠在一起，产生新的空间图形或空间位置上新的属性的方法。因此，叠置后产生的新的图形属性就是原叠置相应位置处的图形对应属性的函数，可用下述关系式表达：

$$U=f(A,B,C,\cdots)$$

式中，$A,B,C,\cdots$ 表示原叠置层图形的属性，f 函数取决于各层上的属性与用户需要之间的关系。

根据数据结构的不同，叠置分析主要包括矢量叠置分析和栅格叠置分析，它们分别针对矢量数据结构和栅格数据结构，两者都是求解两层或两层以上数据的某种集合。根据操作要素的不同，可以将矢量数据叠置分析分成点与多边形叠加、线与多边形叠加、多边形与多边形叠加，将栅格数据叠置分析分为单层与多层栅格数据叠置分析；根据操作形式的不同，叠置分析可以分为图层擦除、交集操作、图层合并等。

1. 矢量数据的叠置分析

点与多边形的叠置也称作点包含分析，它用于判别每个点的归属，确定一个点要素层中的哪些点落入基本图层中的哪些多边形中，这样就可以给相应的点增加新的属性内容。例如确定某一行政区域范围内的水井数。

线与多边形的叠置也称作线包含分析，把一个线数据层与一个多边形数据层叠加，判断哪一条线落在哪一个或哪些多边形内，由于一条线常常跨越多个多边形，还需要采用裁剪算法将线切割为两个或两个以上落入不同多边形的新弧段。然后重建线的属性表，表中既包含每条新弧段原来所属的线的所有属性，也包含新添加的、它所落入的多边形的某些附加属性。例如，统计某行政区范围内公路的密度，当道路层与行政区层叠置后，各条道路被行政区边界分割，并附上了行政区属性信息，由此可对各行政区内道路进行统计。

多边形叠置是GIS空间分析中最常用的功能之一，也是叠置分析中最经典的形式。它将两个或多个多边形图层进行叠加，产生一个新的多边形图层。新图层的多边形是原来各图层多边形相交分割的结果，每个多边形的属性含有原图层各个多边形的所有属性数据。由于多边形叠加时其边界在相交处是被分割的，因此通常把一个多边形分割成多个多边形，输出的多边形数目可能远大于输入多边形之和。根据叠加结果最后欲保留空间特征的不同要求，一般的GIS软件都提供了三种类型的多边形叠加操作：逻辑并(union)，叠置结果将输出不同范围的输入图层和叠置图层中所有多边形；逻辑交(intersection)，叠置结果将输出不同范围的输入图层和叠置图层中公共区域内的多边形；裁剪(clip)，叠置结果只输出叠置图层本身与输入图层中落入叠置图层范围内的部分。不同的叠置方式如图7-5所示。

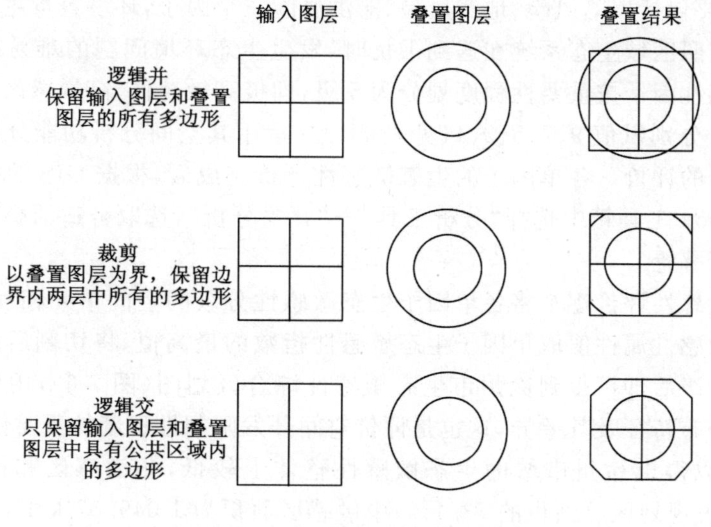

图7-5　多边形叠置的不同方式

2. 栅格数据的叠置分析

与矢量数据的叠置分析相比，栅格数据的叠置分析要简单得多。它可以对具有相同空间关系、相同栅格单元大小的多层数据进行数学、逻辑运算，以揭示某种空间现象或空间过程。

多个栅格数据层的数学运算，是利用数学函数对各栅格数据层中的对应栅格单元的属性值进行运算，以得到新的属性的一种叠置过程。例如，土壤的侵蚀能力与土壤抗蚀性、降雨量、地形坡度、坡长等因素有关，根据多年的统计可得到土壤侵蚀与这些因素的经验方程。把区域的土壤抗蚀性、降雨量、地形坡度、坡长作为栅格数据层输入，对这些因素的各栅格单元进行函数运算，就可得到土壤侵蚀强度分布图。这种作用于不同栅格数据层的叠置分析，在 GIS 中也称作地图代数。

二、应用案例

生态环境敏感性是指生态系统对区域自然和人类活动干扰的敏感程度，它反映区域生态系统在遇到干扰时，发生生态环境问题的难易程度和可能性的大小，即在同样干扰强度或外力作用下，各类生态系统出现区域生态环境问题可能性的大小。

生态环境敏感性评价是对多种生态环境问题进行综合分析，其实质就是评价具体生态过程在自然状况下潜在变化能力的大小，并用其来表征外界干扰可能造成的后果，并确定特定生态环境问题可能发生的地区范围与可能程度，从而用来划定区域开发的空间限制性界限。

影响区域生态敏感性的因子很多，如海拔、坡度、植被、土壤、地质等。评价过程首先针对特定生态环境问题进行评价，然后对多种生态环境问题的敏感性进行综合分析，明确区域生态环境敏感性的分布特征。

以徐州市为例，根据徐州市的环境本底特征，选用对区域开发建设影响较大的自然生态、生态服务、灾害风险、环境容量等作为生态敏感性分析的主要影响因素。每一方面的因素还包含具体的生态敏感性因子。自然生态因素主要包括坡度、水体、土壤与植被三个因子，灾害风险主要包括塌陷风险、地震风险、滞洪风险三个因子，环境容量主要通过污水排放因子来分析。按照区域生态系统在遇到干扰时，发生生态环境问题的难易程度和可能性的大小将 8 个敏感性因子按重要性程度划分为 5 级，即极高敏感区、高敏感区、中敏感区、低敏感区、非敏感区，分别赋值 9、7、5、3、1(见表 7-1)。运用其空间分析功能分别对这些限制性的因素作单因子的评价。各单因子的生态敏感性评价完成后，根据 GIS 的空间叠置分析原理，在 ArcToolbox 工具箱中选择“分析工具”→“叠置分析”，选取合适的叠置方式将各因子的评价结果进行叠置。

生态环境敏感性评价逐个将各单因子生态敏感性分级的空间单元相互切割，切割后的空间单元生态敏感性属性值取单因子生态敏感性指数的最高值，将切割后的空间单元按最大限制性属性分级后即可得到徐州市生态敏感性综合区划图(图 7-6)，用以表征生态敏感性等级的空间分布特征及其差异，这也是评价空间开发限制性程度的重要依据。

经统计，可以得出徐州市域的生态敏感性整体上较低，非敏感区和低敏感区面积为 8 092.83 km^2，占规划区总面积的 73.1%；中敏感区面积为 1 049.07 km^2，占规划区总面积的 9.3%；高敏感区面积为 1 691.95 km^2，占规划区总面积的 15.1%；极高敏感区面积为 387.79 km^2，占规划区总面积的 3.5%。分类结果如表 7-2 所示。

表 7-1　生态因子及其类别与等级体系

类型	生态因子	类别	等级值	生态敏感性
自然生态因子	水域	重要湖泊(微山湖、骆马湖)		
		1 000 m 核心区	9	极高
		1 000～2 000 m 缓冲区	7	高
		2 000～4 000 m 影响区	5	中
		一般湖泊(水库)		
		100 m 核心区	5	中
		100～200 m 缓冲区	3	低
		重要河流(故黄河、京杭运河、大沙河、沂河、沭河)		
		200 m 核心区	7	高
		200～500 m 缓冲区	5	中
		500～2 000 m 影响区	3	低
		一般河流(房亭河、徐洪河、奎河、复新河、丁万河、新沂河)		
		100 m 核心区	5	中
		100～200 m 缓冲区	3	低
	坡度	$>25°$	7	高
		$>15°, \leqslant 25°$	5	中
		$>5°, \leqslant 15°$	3	低
		$\leqslant 5°$	1	非
	土壤与植被	宜林宜牧类	7	高
		宜林类	5	中
		宜农限制类	3	低
		宜农无限制类	1	非
生态服务因子	自然保护区	省级	7	高
		市级	5	中
		县级	3	低
灾害风险因子	塌陷风险	积水采空区	9	极高
		未积水采空区	7	高
	地震风险	高风险活动断裂区	3	低
		低风险隐藏断裂区	1	非
	滞洪风险	极重灾区	7	高
		腹部重灾区	5	中
		边缘重灾区	3	底
环境容量因子	污水排放	距导流通道 20 km	1	非

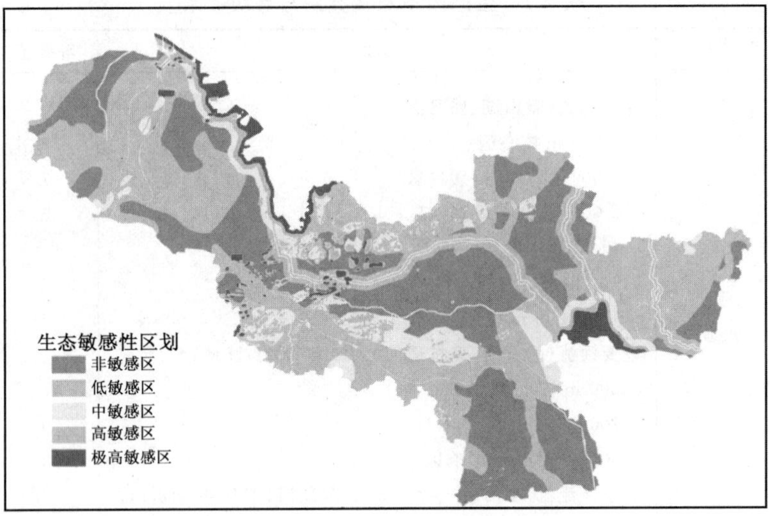

图 7-6　徐州市生态敏感性评价分布图

表 7-2　生态敏感性总分类结果

生态敏感性类别	生态敏感指数	面积/km^2	占规划区比重/%	开发类型	面积/km^2	占规划区比重/%
非敏感区	1	3 803.25	33.9	适宜发展区	8 092.83	73.1
低敏感区	3	4 289.58	39.2			
中敏感区	5	1 049.07	9.3	适度发展区	1 049.07	9.3
高敏感区	7	1 691.95	15.1	生态保育区	2 079.74	18.6
极高敏感区	9	387.79	3.5			

思　考　题

1. 简述生物之间的相互关系。
2. 简要回答群落的结构及其对环境的影响。
3. 简述生态系统的营养结构构成。
4. 生态系统是怎样维持其动态平衡的?
5. 简要回答城市生态系统的基本特点。
6. 简述对生物多样性的理解及保护措施。

主要参考文献

[1] 蔡晓明,尚玉昌. 普通生态学[M]. 北京:北京大学出版社,1995.
[2] 郭达志. 地理信息系统原理与应用[M]. 徐州:中国矿业大学出版社,2002.
[3] 华东师范大学. 动物生态学[M]. 北京:人民教育出版社,1981.

[4] 李茂林,闫庆武,仲晓雅,等.干旱半干旱地区植被覆盖度变化及主导因素分析:以锡林郭勒为例[J].生态与农村环境学报,2021,37(12):1548-1558.

[5] 毛明海.自然地理学[M].杭州:浙江大学出版社,2009.

[6] 宋永昌.植被生态学[M].上海:华东师范大学出版社,2001.

[7] 谭学玲,闫庆武,王瑾,等.榆神府矿区植被覆盖的动态变化及其影响因素[J].生态学杂志,2018,37(6):1645-1653.[8] 汤国安,杨昕.ArcGIS地理信息系统空间分析实验教程[M].2版.北京:科学出版社,2012.

[9] 伍光和,王乃昂,胡双熙.自然地理学[M].4版.北京:高等教育出版社,2008.

[10] 朱传耿,马晓冬,孟召宜,等.地域主体功能区划:理论·方法·实证[M].北京:科学出版社,2007.

第八章　自然地理环境的整体性与自然区划

自然地理环境是由大气、水、岩石、生物、土壤、地形等地理要素组成的。这些要素通过水循环、生物循环、岩石圈物质循环等过程，进行着物质迁移和能量交换，形成了一个互相渗透、互相制约和互相联系的整体。综合自然地理学是研究自然地理环境整体的综合自然特征的学科，是自然地理学的一个分支，是在部门地理学（地貌学、水文学、土壤地理学、生物地理学）研究的基础上，试图将各部门地理学研究对象结合为一个整体，从五个圈层联系角度出发抽象出的一门自然地理分支学科。在探讨了地壳、地貌、大气圈、海洋与陆地、水、土壤以及植物群落等的基本特征后，本章将着重阐明自然地理环境的整体特征、地域分异规律、自然区划等综合问题。

第一节　自然地理环境的整体性

一、自然地理环境的整体性

自然地理环境是一个由一些大小不同、等级有别、内部结构复杂程度参差不一的物质系统逐级镶嵌组合而成的。自然地理环境的组成要素有地貌、气候、水文、生物、土壤。各个要素的性质和功能，与自然地理环境整体性质、功能有巨大区别，即使某一要素对某一级自然地理环境的形成和特征有着重要影响，也不能取而代之。

自然地理环境的整体性规律，其实质就是自然地理环境的内部联系性，它是自然地理最基本的规律，与其他规律有不可分割的联系。所以，地理学界都把自然地理环境作为整体来研究。地理学界对自然地理环境整体性规律的认识有一个逐步深化的过程。

自然综合体观念的萌芽，最早可以追溯到 17 世纪，随着洪堡明确地把“认识多种多样的统一”，研究地球表面“各种现象的一般规律和内部联系”当作自然地理学的任务，以及道库恰耶夫预言将要出现一门研究各自然要素相互联系的学科，自然综合体观念就已变得十分清晰了。20 世纪中叶，地理学家已经开始运用地理学方法处理其他学科的材料，阐明各自然现象之间的联系，揭示地理过程复杂总体的结构（卡列斯尼克，1947）。索恰瓦提出了地理系统学说。所谓地理系统，是指各自然地理要素通过能量流、物质流和信息流的作用结合而成的、具有一定结构和功能的整体，即一个动态的多等级开放系统。按照伊萨钦科的表述方式，地理系统则是“在空间分布上相互联系，并作为整体的部分发展变化的各组成成分相互制约的动态系统”。

索恰瓦为地理系统学说确定了许多逻辑原则。这些原则不仅是正确而且是重要的，也非常有趣。例如：

① 地理系统各组成要素间的相互联系的自由度。这个原则提醒我们，地理系统各要素间不存在硬性的限定，一些要素的严格规定性不应成为另一些要素变化的障碍。通常情况下，正是要素间相互联系的自由度保证了整体地理系统的长期存在，又不致限制某些组成要

素的分布异常现象。

② 地形系统中各种过程或现象之间存在着不同程度的因果关系。某些过程或现象间因果关系是密切的、显而易见的，而另一些过程或现象间因果关系是间接的、不十分密切的。例如，当我们被问到亚马孙平原与撒哈拉沙漠有什么联系，或阿拉斯加海域渔产丰富与亚洲中部荒漠有何关联之类的问题时，最初的反应可能是两者无关，而实际情况却是东北信风每年从撒哈拉沙漠吹送一定量的矿物营养物质沉积于亚马孙平原，西风环流也从亚洲中部干旱区携带营养物质降入阿拉斯加海域。

③ 分异与整化相互补偿原则。即自然地理环境在外部因素影响和自身发展过程推动下，不断发生分异与整化，两种过程互有消长又相互补偿。同质化作用加强时有利于形成具有均质结构的地理系统，分异作用强盛时则有利于形成具有异质结构的地理系统。

④ 地理系统尺度理论。地理系统范围大小不同，因而应按长度、面积、体积、时间等划分行星尺度、区域尺度、局地尺度等地理系统。不同尺度地理系统的物质能量交换规模、时间、周期不同，年龄也不一样。高级系统年龄大，低级系统年龄小。

⑤ 地理系统中存在关键要素。组成地理系统的各个要素变化速度有快慢之分，变化程度也深浅不一，其中，最积极的和易变化的要素就是关键要素。例如，太阳辐射、水和生物既非常活跃，又决定地理系统基本的动态表现，因此应视为关键要素。

继地理系统学说倡导用系统论观点和方法研究地理环境之后，耗散结构理论也被许多学者应用于自然地理环境的综合研究。耗散结构理论的核心内容是，任何远离平衡的开放系统，都能在一定条件下通过与外界的物质、能量交换而发生非平衡相变，实现从无序向有序的转化，形成新的有序结构，即耗散结构。自然地理环境的基本特征决定了它是远离平衡状态的开放系统，因此应是地理耗散结构。地理耗散结构具有一定的抵抗外界干扰的能力，可吸收外界环境的一般性涨落。其结构水平愈高，涨落回归能力即保持系统稳定性的能力愈强。

地理环境整体性观念实际上经历了三个发展阶段，即自然综合体阶段、地理系统阶段和地理耗散结构阶段，并分别从要素相互联系、环境结构和功能以及非平衡开放系统角度认识自然地理环境的整体性。

二、自然地理环境的组成与能量基础

（一）物质组成

自然地理环境的物质组成可以从几个不同层次讨论，化学元素组成是最基本的层次。我们已经知道大气中氮（78.09%）、氧（20.95%）、二氧化碳（0.03%）和其他各元素的容积百分比，也已了解世界大洋水体的化学组成。经过几代科学家不断修正的克拉克值，可知岩石圈中氧的质量百分比为47.2%，硅为27.6%，铝、铁、钙、钠、钾、镁六种元素共占25%，其余元素不足1%。生物体的化学组成则以碳、氢、氧元素占优势。总之，水化学、地球化学等学科已经积累了这方面的丰富理论与知识。

但是，对于自然地理环境这种组织水平很高的复杂巨系统来说，仅仅停留在化学元素层次上是不够的。因为化学元素、化合物乃至各种盐类，都不是单独地参与地理环境组成的，而是形成某种物质体系。例如，以气体物质为主的大气圈，以液态物质为主的水圈，以固态物质为主的岩石圈，以有机物质为主的生物圈等均参与地理环境的组成。

三个无机圈层和一个有机圈层作为整体的动态变化和相互作用，使地理环境形成多种

成因、多种形态的地貌，复杂的气候、水文特征，丰富多彩的生物群落和类型众多的土壤。而地貌、气候、水文、植物、动物、土壤等，自然成为地理环境的组成要素。这些要素不同于某个单独的物质体系，而是若干物质体系在能量推动下相互作用的产物。例如，地貌由内外两类动力推动大气圈—水圈—岩石圈相互作用形成，土壤由无机圈层与有机圈层相互作用派生，水文系水圈物质在其他圈层影响下的动态变化现象等。

在化学元素组成、物质体系(圈层组成)、要素组成三个层次中，要素组成最适应自然地理环境复杂巨系统研究的需要。各要素都有自己的发展规律，但并非孤立存在于地理环境中，而是相互依存和相互制约，并力图相互适应的。正是自然地理要素间物质能量交换的相互作用，使自然地理环境获得了整体性特征，形成了自然综合体、地理系统或地理耗散结构。

(二) 能量基础

地理环境主要的和稳定的能量供给来自太阳辐射。自地球形成之时起，太阳辐射在地理环境的发展中始终占据主导地位，并且随着地球内部核转变能的衰减，辐射能的主导地位愈来愈牢固。太阳辐射能在地理环境中的分布因纬度而异，总辐射量自北半球回归线高压带向两极递减，即以赤道略偏北为轴线在南北两半球呈对称分布。辐射量等值线基本上沿纬线延伸，同一纬度带总辐射量相对一致。

进入地理环境的太阳辐射能，包括直接辐射和散射辐射两部分，合称总辐射。总辐射是绝大多数自然地理过程(如大气环流过程、洋流、地表径流、成土过程、绿色植物生产以及外力地貌过程)的动力学基础。太阳辐射进入地理环境后被大气、水、地面和土壤吸收转化为热能，并最终返回宇宙空间，所以地理环境始终保持能量收支平衡。

地理环境的次要能源包括宇宙射线，月球-太阳重力场引起的潮汐能，构造作用转化而成的势能，太阳辐射通过蒸发作用转化而成的势能等。它们或者占份额极低，或者释放速度较慢。进入地理环境的地球内部核转变能在地球形成初期曾经达到 1×10^{24} J/a 的数量级，几乎与进入地球的太阳辐射能相当，但经过长期衰减之后，目前只及地球形成初期的0.1%，且其影响主要在火山活动区和地热分布区。

物质交换是各自然地理要素间相互作用和相互联系的主要表现形式之一。物质是能量的载体，因此物质交换与能量传递总是同时进行的。

第二节　自然地理环境的地域分异规律

所谓地域分异规律，也称空间地理规律，是指自然地理环境整体及其组成要素在某个确定方向上保持特征的相对一致性，而在另一确定方向上表现出差异性，因而发生更替的规律。一般公认的地理分异规律包括(纬度)地带性和非(纬度)地带性两类。形成地域分异的基本因素有两种：一是太阳辐射，二是地球内能。它们在自然地理环境空间上或时间上的作用都是不平衡的，其作用呈现出显著的矛盾性。

一、自然地带学说

所谓地带性(亦称纬度地带性)，是指地球表层许多自然地理现象和过程由赤道向两极呈现出有规律的变化。道库恰耶夫在联系各种自然现象的基础上提出了自然地带学说。自然地带学说是地理学的经典理论之一，是用来表征空间地域分异规律的重要学说，也是自然地域系统研究的理论基础。

道库恰耶夫的地带学说可以概括为以下四个要点：① 太阳辐射能是自然带和自然地带形成的能量基础。② 由宇宙-行星因素（如日地距离、地球形状和黄赤交角等）引起的太阳辐射能在地表不同纬度区域的不均匀分布，是形成自然带和地带的动力学原因。③ 带和地带只在理想状况下呈东西方向延伸，并具有环球分布特点，同时沿南北方向发生更替；④ 地带性规律并非唯一的空间地理规律，客观上应存在另一种规律。由此可以看出，道库恰耶夫的地带和带实质上是纬度地带和纬度带。

地带性的典型表现是地球表面的热量分带。地球上的热量带有 7 个，即热带、南亚热带、北亚热带、南温带、北温带、南寒带、北寒带。热量的不同导致了各个地带的地表环境不同。当然有些热量带可进一步细分。纬度地带性规律是全球尺度的地域分异规律。

二、非地带性规律

所谓非地带性，是由地球内能作用而产生的海陆分布、地势起伏、构造活动等区域性分异。非地带性包括沿经度方向随距海远近所产生的变化和随海拔高度而产生的变化，非地带性分异主要包括海陆分异，陆地干湿度分带性与所谓“经度地带性”，具有构造-地貌成因的区域性分异，具有地方气候背景的地域分异和垂直带性分异。

地球的内能是非地带性地域分异的能量基础。这种核转变能导致海底增生、板块移动、碰撞和大陆漂移，形成地球表面海洋与陆地的随机分布，致使地壳断裂、褶皱、隆升或沉降，形成巨大的山系、高原和沉陷-断陷盆地。因此，海陆分异，海底地貌分异，陆地上大至沿海-内陆间的分异，小至区域地质、地貌、岩性分异，以及山地、高原的垂直分异，均属非地带性分异范畴。

（一）海陆分异

长期以来，人们较多地关注海陆分布而在相当程度上忽视了海陆分异。实际上，海陆分布乃是地球表面最大尺度的非地带性地域分异——海陆分异的外在表现形式。地壳大洋化既造成该部分地壳变薄，又使之下沉，而陆壳既厚又大多处于隆升状态，其结果是形成了地球表面两个最大的自然地域系统：海洋地域系统与陆地地域系统。

海洋与陆地的分化过程、海陆平面形态，海陆面积比、大陆瓣组合形式、海洋平均深度与大陆平均高度等，均与太阳辐射的纬度差异无关。因此毫无疑问这是纯粹的非地带性分异。

（二）陆地干湿度分带性与所谓“经度地带性”

陆地自然界的干湿度分带性，主要是指在热量背景相同或近似的各纬度区域内部，以年降水量由沿海向大陆腹地方向递减为契机所引发的区域自然景观及其各组成要素的变化。中纬度沿海地区多为森林地带，随着向内陆的深入，自然景观依次转变为森林草原地带、草原地带、荒漠草原地带和荒漠地带。

全球陆地年降水量的 89％来自海洋湿润气团，而海陆间的水分交换强度愈深入内陆愈弱，因此干湿度分带性与大陆广狭和海岸线走向有着极为密切的联系。当大陆足够广阔时，干湿度分带性应该表现为以海岸带为起点、以内陆荒漠为中心的多向辐合式变化。例如亚洲中部荒漠作为亚欧大陆中纬度区干湿度分异的辐合中心，应是北西—南东与南西—北东、北东—南西与南东—北西诸方向上，年降水量自沿海向内陆递减和干燥度递增的结果，与亚洲中部的经度位置完全无关。

干湿度分带性又叫省性或相性分异，是地域分异的一种表现形式。非地带性则包括干湿度分带和垂直带性。纬度地带性概念的科学性在于，由辐射平衡值和物质能量交换强度决定的地带性景观特征，尽管在这里或那里不免受到非地带性因素的干扰，但总体上仍与特定纬度值保持着确定性关系。例如，当人们提及北纬5°或65°时，自然就会联想到赤道雨林或苔原带。然而，地表自然界的干湿度分带性与任何经度值都没有这种确定性关系。当提到东经90°线时，面对割据经线的极地冰雪带、苔原、森林苔原、泰加林、温带草原、荒漠以及青藏高原上的高寒荒漠、高寒草原、高寒草甸等众多纬度和非纬度自然地带，经度对自然界的地域分异究竟起着什么作用就大可质疑了。

实际观察到的干湿度分带界线绝不与经线平行，却与海岸线轮廓有着某种近似；地带更替方向绝不与经线垂直，却或多或少与海岸线垂直。经度地带性概念不能反映地域分异的客观实际，不具备科学性，我们主张予以摈弃。

（三）具有构造-地貌成因的区域性分异

通常情况下，大地构造总是有其地貌表现的，一个大地构造单位总不免有其相应的地貌单元。例如，强烈隆升的地块表现为大高原，相对下沉的地块表现为盆地或平原，巨大的板块缝合带或地槽褶皱带表现为大山系，即一个大地构造单位首先形成一个地貌区。其发生统一性导致区域特征的相对一致性，于是进而形成一个自然区。天山山地、塔里木盆地、青藏高原、东欧平原、蒙古高原、科迪勒拉山地、密西西比平原、亚马孙平原、巴西高原等都是各自具有特殊构造-地貌分异背景的自然区。山地、高原和平原内部的次级构造-地貌分异，同样可以形成次级自然区。任何大高原或大平原都绝不可能具有几何平面性质，任何大山系也都不可能在其延伸的全部距离上保持相同的海拔、走向和其他山文结构特征，因此，发生次级分异并形成次级自然区乃是必然现象。

（四）具有地方气候背景的地域分异

近海岸区、湖区、森林区、灌区与城市都有其气候特点，这类地方气候造成的地域分异，涉及范围虽然较小，但其作用仍不可忽视。在有些地区，地方风也是一个重要的地域分异因素。除去东北信风作用下的非洲西海岸外，海岸带一般比较湿润，在海陆风影响下气温变幅也较小；湖区有湖陆风形成，除相对湿度较高外，热量特征更接近偏低纬度的地区；林区和灌区的地方气候和海岸带与湖区相似；城市气温比所在地区偏高，风速减小、温度较低而降水量偏多。近年的观测发现，干旱区的大绿洲晴天午后有吹向荒漠的绿洲风，高海拔山地的大冰川也有吹向冰川区外的冰川风。这些发现丰富了地方气候的内容，而所有地方气候都可导致特殊自然地理环境的形成。

地方风对地表自然界的地域分异有着特殊的影响。地方风塑造的地貌景观常常成为一个区域的标志性特征从而有别于另一区域。我国东北中部西风走廊坨子与甸子的排列，毛乌素沙地中沙带与洼地的分布，都是地方风作用的结果。一些著名风景区如我国西北的老风口、阿拉山口、达坂城、七角井、罗布泊、玉门镇、西柴达木等，均以多风为特色，其中的大部分地区还广泛发育风蚀地貌。撒哈拉沙漠的西蒙风、喀新风，中亚卡拉库姆沙漠的阿富汗风等，对当地的地域分异也有显著影响。

（五）垂直带性分异

这是山地特有的地域分异现象。当山地具有足够的海拔和相对高度时，随着地面高度的增加，气温递降，一定范围内降水量递增，不同高度层带水热组合特征各异，首先形成气候垂直带，进而导致其他自然地理要素发生相应变化，形成地貌、植被、土壤等垂直带和自然景观垂直带。

山麓所在的水平地带就是垂直带的基带。基带以上各垂直带按一定顺序排列，构成垂直带谱。垂直带谱的性质可概括为以下几点：

① 基带为海洋性纬度地带，垂直带谱也将具有海洋性特征，即各类森林带在带谱中占显著优势；反之，如基带为荒漠或半荒漠带，则垂直带谱呈大陆性特征，即森林带或完全缺失，或带幅十分狭窄。

② 垂直带谱中不出现比基带纬度和海拔偏低的带。因此，在山地海拔相同和其他条件相近的情况下，低纬区山地垂直带数量较多，高纬区山地垂直带数量较少；山麓海拔低、相对高差大的山地垂直带谱结构较山麓海拔高、相对高差小的山地更完备而复杂。亚热带高山通常有8～9个垂直带，高纬区高山若以泰加林或苔原为基带，则至多只有两个垂直带。例如，大雪山有8个垂直带，与之海拔相近，但山麓过高的唐古拉山北坡，通常不超过3个垂直带。

③ 垂直带谱上部是否出现高山冰雪带，取决于山地海拔是否突破当地雪线高度。雪线一方面受太阳辐射影响，因而总体上呈自赤道向极地降低的趋势；另一方面受降水量多寡的制约，因而事实上不是最热的山地而是最干旱的山地成为雪线位置最高的地方。所以，某些发育海洋性垂直带谱的山地，3 000～4 000 m以上即为高山冰雪带，而另一些极旱山地，超过50 000 m仍只有高山寒漠。

④ 山地垂直带在数千米高度内完成了水平地带需要数千千米才能完成的地带更替。但垂直带遵循自身的发育规律，并不是纬度地带的缩影。珠穆朗玛峰南坡垂直带几乎完全不能与其以北直到极地的纬度地带相对应即是一例。全球分布最广的苔原和泰加林两个地带，在任何中低纬山地中都不以垂直带出现又是一例。

⑤ 同一山地的不同地段和坡向，带谱组成或同一垂直带的分布高度都有很大差别。进行垂直带谱的比较研究就成为山地景观研究的重要途径之一。

三、地域分异的尺度

地带性与非地带性两种地域分异规律同时对地表自然界发生作用，但其表现形式和影响范围却非常不同。有的地域分异不分海陆、涵盖全球；有的分别涉及整个海洋或整个大陆；有的影响到一个广大的区域。所有这些都可视为大尺度地域分异。有的地域分异只在一个自然带或地带内部，一个山地、盆地或平原内部发生作用，可称为中尺度地域分异。还有一些仅表现在一个山谷地或丘陵内，一片绿洲或小沙漠内，一个洪积倾斜平原内，一个三角洲内，甚至一面山坡、一组河谷阶地间，则是小尺度地域分异。

（一）全球性地域分异

全球性地域分异的表现有两种：一是热量带及在其基础上形成的气候带，贯穿海洋和陆地。二是非地带性的海陆分异及海陆起伏。前者形成了地球表面两个最大的地域系统：由四大洋组成的海洋系统和由七个大陆组成的陆地系统；后者则导致海洋内部形成海沟、洋盆、洋中脊、大陆坡、大陆架，陆地表面形成平原、盆地、山地与高原。

（二）全海洋和全大陆地域分异

纬度地带性分异使海洋和陆地各自分化为若干自然带和地带，但海洋自然带并不延伸到陆地，陆地自然带总是在大陆东西边缘被海洋切断。因此，纬度地带性既是全海洋的，也是全大陆的地域分异，干湿度分带性在陆地最广的北半球中纬度地区表现最明显，在其他纬度区也有不同程度的表现，应属全大陆地域分异范畴。

（三）区域性地域分异

区域性大地构造-地貌分异、地带性区域内的非地带性分异、非地带性区域内的地带性分异，统属区域性地域分异。以区域性大地构造为背景，常常形成相应的地貌区，尽管两者的界线并不完全吻合，但通常不会相差太大，这个地貌区因其海拔、热量、水分特征等相对一致，最终形成一个自然区。如果其面积很广阔，就应归入区域性分异。青藏高原即是一个例证。地带性区域内的非地带性分异（省性分异）和非地带区域内的地带性分异一般也需要较大的空间才能充分表现，故都应视为区域性分异。

以上三种地域分异都是大尺度分异。

（四）中尺度地域分异

中尺度地域分异包括内高原、山地、平原内部地貌差异引起的地域分异，地方气候（如林区气候、灌区气候、海岸气候、湖区气候、城向气候）和地方风引起的地域分异，以及山地垂直带性分异等。高原上一部分突起为山脉，一部分下陷为盆地，一些地区被河流切割为深峡谷，一些地区发育成冲积平原，这类分异导致高原内部形成次级自然区，与造成整个高原的地域分异相比较，尺度应略小。地方气候影响范围有限，地方风通常也不可能涉及广大地区，所以都属于中尺度分异。

（五）小尺度地域分异

由局部地势起伏、小气候差异、岩性与土质差异、地表水与地下水的聚积和排水条件不同等引起的，通常只在小范围内发生作用的地域分异，均属小尺度地域分异，可看作非地带性分异的微观表现形式。

不同尺度的地域分异间具有从属关系。大尺度分异构成较小尺度分异的背景，小尺度分异则是较大尺度分异的基础。

四、地域分异规律的相互关系

地带性与非地带性地域分异规律虽然互不从属，却总是共同对一个区域起作用，并总是相互制约和相互干扰。因此，实际的地域分异现象非常复杂。

马克耶夫以亚欧大陆作为理想大陆，划分出 27 个自然地带，并对其相互关系进行了图解（图 8-1）。他认为自然地带的更替有以下 5 个特点：① 南北两半球地带谱基本对称。② 环球分布的自然地带只限于极地、高纬和赤道区域。其他纬度区则出现干湿度分带，即从沿海岸森林地带经草原地带到内陆荒漠的变化。③ 除寒洋流经过地外，大陆两岸基本上分布各种森林地带，并向极地过渡到苔原地带，从而形成海洋性地带谱。④ 大陆内部则为大陆性地带谱，即自荒漠地带开始，经草原、泰加和苔原最终过渡到极地冰雪长寒地带。泰加林是寒温带大陆性气候条件下的地带性森林，因此在西岸海洋性气候下发生尖灭，在东岸变窄。⑤ 在寒暖洋流发生分歧的沿岸区，出现一种特殊的海洋性地带——地中海地带，以具有发育典型褐土、冬湿夏干的地中海气候及与之相应的常绿-夏季落叶灌木混交林为特征。

布迪科与格里高里耶夫为了阐明自然地带分布与水热对比的关系，以辐射平衡值 R 为纵坐标，以辐射干燥指数 K 为横坐标，以两条曲线把某个辐射平衡幅度与干燥指数幅度勾画出来，清楚地显示了自然地带与水热条件的关系（图 8-2）。

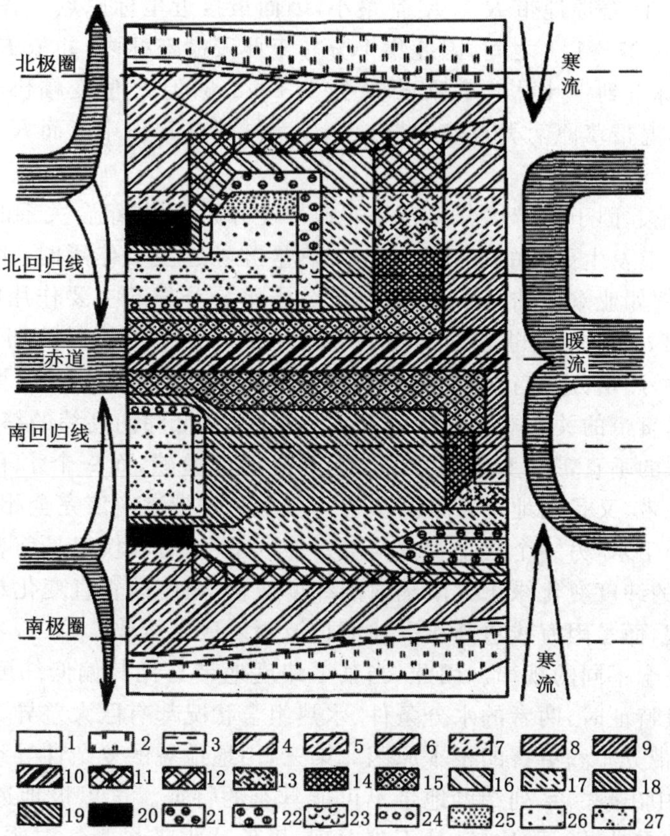

1—长寒地带；2—苔原地带；3—森林苔原地带；4—泰加林地带；5—混交林地带；
6—阔叶林地带；7—半亚热带林地带；8—亚热带林地带；9—热带林地带；10—赤道雨林地带；
11—桦树森林草原地带；12—栎树森林草原地带；13—半亚热带森林草原地带；14—亚热带森林草原地带；
15—热带森林草原地带；16—温带草原地带；17—半亚热带草原地带；
18—亚热带草原地带；19—热带草原地带；20—地中海地带；21—温带半荒漠地带；
22—半亚热带半荒漠地带；23—亚热带半荒漠地带；24—热带半荒漠地带；25—温带荒漠地带；
26—半亚热带荒漠地带；27—亚热带荒漠地带。

图 8-1　理想大陆上各自然地带相互关系图解（据 П. С. 马克耶夫）

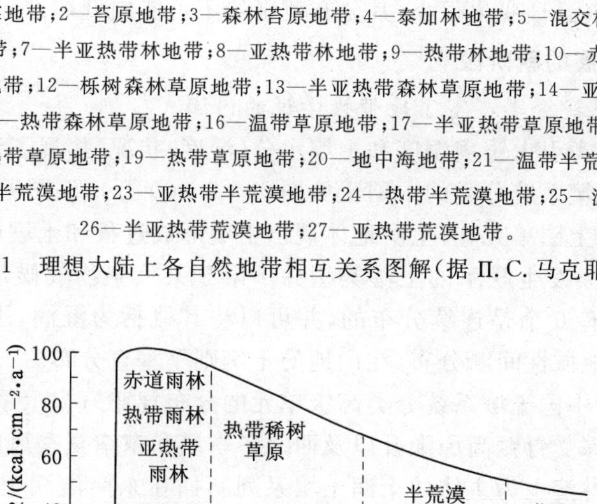

图 8-2　自然地带与水热条件的关系（据布迪科等）

从图中可以发现，苔原地带 R 与 K 都最小，因而最接近坐标原点。各类森林 R 值差别极大，K 值稳定于 0.35～1.1 之间，因此集中分布于此段横坐标内，并依 R 值大小顺序分为赤道雨林、热带雨林直到针叶林。草原 K 值为 1.1～2.3，但 R 值变幅仍较大，因此分别形成热带稀树草原和温带草原两类自然地带。半荒漠与荒漠 R 值中等而 K 值变化大，因此居于横坐标右端。

由此看来，无论起因于地带性分异还是非地带性分异，水热组合关系的变化都是促使自然地带在水平方向上发生更替的直接原因。当热量分异起主要作用时，水平地带强烈表现出纬度地带性质，例如亚欧大陆两岸的地带变化；当水分分异起主要作用时，水平地带实际上成为干湿度地带，如亚欧大陆东西两岸向亚洲中部的地带更替与美洲西部的地带更替。也有些呈过渡状态，热量分异与水分分异难分高下，自然地带偏离纬线而呈斜向分布。

水平地带与垂直带的关系非常复杂。表面上看来，从低纬向高纬的纬度地带性变化，或山地自下部向上部的垂直带性变化的主要原因都是温度递减，而一个水平地带既是由此向高纬更替的起始地带，又是山地垂直带的基带。似乎两类带谱应该完全相同，只是一个在南北方向上延伸数千千米，另一个在垂直方向上延伸数千米，后者仅仅是前者的浓缩。但事实不然。第一，温度的纬度变化缘于太阳辐射的纬度变化，温度的垂直变化却并非由太阳高度角大小不同所引起，而是因海拔愈高接受地面长波辐射愈少所致。第二，降水量的纬度分布与垂直分布遵循完全不同的规律。因此，当某个纬度地带与比其偏低纬度的某个山地垂直带具有相同的热量特征时，两者的水分条件、水热组合状况却有巨大差异。水热组合既是水平地带，又是垂直带分布和更替的根本原因。第三，山地地貌的复杂性导致气候特征趋向复杂化，使得垂直带中出现一系列纬度地带不可能具有的特征。试以极地冰雪带与我国海洋性气候下的高山冰雪带做一番比较，就不难发现，极地冰雪带尽管气温季节变化显著，但常年处于低温状态，且气温日变化很小，其分布范围绝不可能向低纬方向伸入其他地带。

五、地带学说发展的新阶段

（一）中国土壤系统分类丰富了地带性学说的内涵

中国土壤系统分类引入土壤温度和土壤水分（湿度）状况，拓展了地带性概念的内涵，进而编制了基于中国土壤系统分类的中国土壤图（1∶1 200 万），编图原则以土纲、亚纲及部分主要土类的组合为上图单元，有主次地体现出土壤形成过程和土壤属性的空间分布规律。结果发现，与生物气候发生联系的土壤类型并不限于某一生物气候带，而是有跨地带现象的。在 14 个土纲中有 6 个是连续分布的，并可以将其概括为湿润、干润、干旱 3 大土壤系列，其他 8 个土纲呈地域性间断分布，在山地的土纲则呈垂直分布。

据此，撰写出的《中国土壤系统分类高级单元的分布规律》，揭示了我国土壤分布不仅呈现出纬度地带性，还深受青藏高原隆升以及西北冬季风和东南夏季风的影响，主体呈一个东北—西南向延伸、以淋溶土为主体的干润土壤系列斜插在东南湿润土壤系列与西北干旱土壤系列之间的特征（图 8-3）。这一研究成果被编入中国自然地理系列专著《中国土壤地理》，更新了中国土壤地理分布规律和中国土壤分区的内容，深化了我们对地带性的认识。

（二）气候变迁（变化）与地带性

地带性规律的本质是景观、土壤等自然要素与气候、地形、地貌之间的（准）平衡状态。而气候本身并不是一成不变的，仅第四纪以来，北半球气候经历了至少四次冰期—间冰期循环。中国境内在第四纪冰期没有出现过大冰盖，而是以显著的永久冻土扩展与自然带南移、

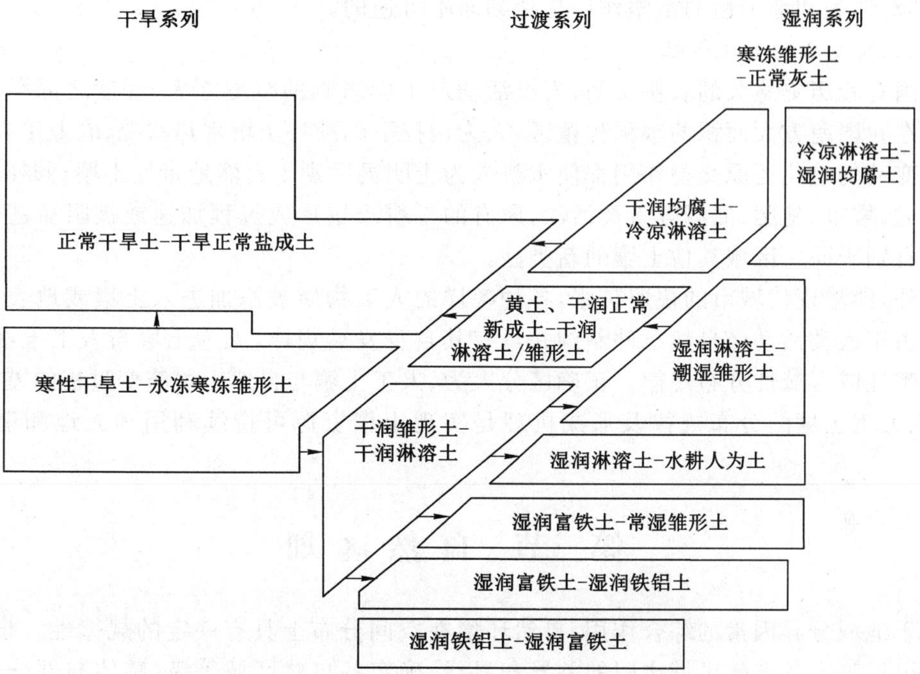

图 8-3　中国土壤系统分类主要土纲分布模式

山地冰川前进、海面下降、干旱区扩展与黄土堆积区扩大等现象为主要特征；间冰期则情况相反。土壤的变化往往具有滞后性与叠加效应，第四纪期间自然界的每一重大变化，都可能在土壤特征及空间分布上留下烙印。这一效应决定了在研究土壤地带性分布规律时，尤其对于有悖于现代气候-土壤关系的情况，需考虑气候变迁/古气候对现代土壤特征及土壤分布的影响。

当前全球气候变暖日趋明显，2015—2019 年，全球平均气温较工业化前时代升高了 1.1 ℃，是人类有纪录以来最热的五年。按目前碳排放趋势，预计到 2100 年，全球平均气温将比 1850 年至 1900 年的参考值升高 2 ℃至 7.8 ℃。在某些敏感地区（如青藏高原），甚至会更高。这一温差甚至可能超过全新世暖期盛期以及末次盛冰期与当前温度的差异。伴随全球平均温度升高的是全球降水量的增加、冰川消退、冻土融化、海平面上升，以及极端天气事件频发等。

气候的快速失衡必然导致自然地带与土壤地带的变迁。一个显著的案例是我国青藏高原和西北地区的暖湿化。20 世纪 80 年代，我国著名冰川学家施雅风先生就敏锐地注意到西北降雨量增多的情况，并提出西北气候可能正由暖干向暖湿转型的推断。近年来，西北大部分地区出现雪线上移、冰川融化加速、冻土融化、湖泊水位上升等现象。在暖湿气候的驱动下，自然植被发生明显变化，干旱区绿色植被扩张，高海拔区林线上移。这些自然景观带的变化必然会进一步改变土壤形成环境进而影响土壤过程与空间分布。

与此同时，气候变化也会直接带来地表的变化，原有的地带性特征势必出现变化。西藏地区近年来冻土泥流现象频发，这是由温度、降水量同时升高带来的地表不稳定性增加导致的，这些连锁反应或许预示着气候临界点（tipping point）的到来。而一旦气候临界点被广泛触发,其对地表和地带性的重塑作用是深刻而不可逆的。

(三)人类活动与地带性

我国有着历史悠久的农耕文明,人类活动对土壤影响的范围之大、程度之深举世无双。尤其是在我国南方大面积的水稻种植区,人为调控下的独特土壤水热状况、农业工程措施以及频繁变动的氧化还原交替作用都使水耕人为土明显区别于自然地带性土壤;同样地,由于人工搬运、堆垫、施肥、灌溉等人类活动,原有的旱耕土壤形成过程加速或被阻滞甚至逆转,形成了有别于同一区域其他土壤的新类型。

此外,伴随现代城市的快速扩张,各种各样的人工物质被添加进入土壤或地表,形成人工土。由于人类活动受自然条件制约并具有其自身发展规律,人为土壤与人工土壤同样表现出地带性或区域性分布规律。正确区分人为、人工土壤与自然土壤演变过程的差异,并识别人为、人工土壤的分布规律及形成机理是实现土壤资源可持续利用和人地和谐的重要前提。

第三节　自然区划

由于地域分异因素的综合作用,自然环境在空间分布上具有一定的规律性。根据这种规律性可以确定各自然区域之间的差异和界线,确定各自然区域等级(整体与部分)之间的从属关系,构成一个区域等级组合体系。自然区域的这种系统研究法,称为自然区划。

按照区划的对象,自然区划可以分为综合自然区划和部门自然区划。前者从环境的综合特征,即景观的一致性和差异性出发,进行地域划分;后者只考虑自然环境的某一部分,如大地构造、气候、水文、植被、地貌等。按照特定的目的,自然区划中出现了各种实用区划,如公路自然区划、建筑自然区划、农业自然区划等。实用区划的特点是自然、技术、经济三方面的有机结合,目标明确,实践用途大,因而其日益受到重视。

一、自然区划的原则

地理环境的地域分异规律是自然区划的理论基础。具体运用地域分异因素和地域分异规律去进行分区时,常遵循的区划原则有:发生统一性原则、相对一致性原则、空间连续性(区域共轭性)原则、综合分析原则和主导因素原则等。

发生统一性原则即必须保证每一个自然区具有发生上的统一性。任何区域都是在历史发展过程中形成的,因此,进行自然区划必须探讨区域分异产生的原因与过程,以形成该区域单位整体特性的发展史为区划的前提。

相对一致性原则意指必须保证每个自然区的自然地理特征具有相对一致性。在划分区划单位时,必须注意其内部特征的一致性,这种一致性是相对的一致性,而且不同等级的区域单位各有其一致性的标准。

区域共轭性原则要求所划分的自然区作为个体须保持空间连续性,不可分离,也不可重复。自然区划划分出来的必须是具有个性的、区域上完整的自然区域。

任何自然区有别于其他同级自然区,表现在地域分异因素及整体自然特征的差异上。进行区划时必须遵循综合分析原则和主导因素原则。主导因素原则和综合分析原则并不矛盾,这是因为地域分异因素固然非常复杂,但仍可以区分出主导分异因素。采用综合分析原则,挑选出具有分区意义的、相互联系的标志后,还可以再从中挑选出具有决定性意义的主导标志。

二、自然区划的基本方法

区划方法是贯彻区划原则的必要手段。因此，所有区划方法都与某一个或几个原则相联系。具体进行区划时，每一个自然地理区域都可以采用自上而下或自下而上的方法。前者是通过对地域分异各种因素的分析，在大的地域单位内从上至下或从大至小揭示其内在的差异，逐级进行划分。后者是通过连续的组合、聚类，把基层的较简单的自然地理区域合并成为比较复杂的较高级的地域。无论自上而下划分或自下而上合并，都必须按顺序进行。顺序划分法和顺序合并法是贯彻相对一致性原则与空间连续性原则的重要方法。

顺序划分法被广泛采用，这种方法按照区间差异和区内相对一致性原则，从高级区开始逐级向下划分中低级自然区。

按照顺序合并法，从确定基本土地类型开始，依据土地类型分布状况合并为低级自然区，而后按顺序合并为中高级自然区（图 8-4、图 8-5）。

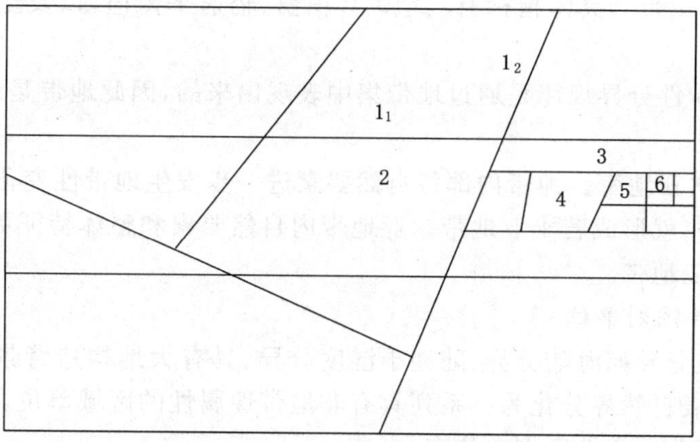

图 8-4　自然区划等级系统逐级划分

1. 根据最大尺度的地带性和非地带性分异划分热量带和大自然区（1_1. 热量带界线；1_2. 自然大界线）；
2. 热量带和大自然区互相叠置，得出地区级单位，地区也可视为热量带内的高级省性分异单位；
3. 根据地区里的带段性差异划分地带、亚地带；4. 根据地带、亚地带内的省性差异划分自然省；
5. 自然省划分为自然州；6. 自然州划分为自然地理区

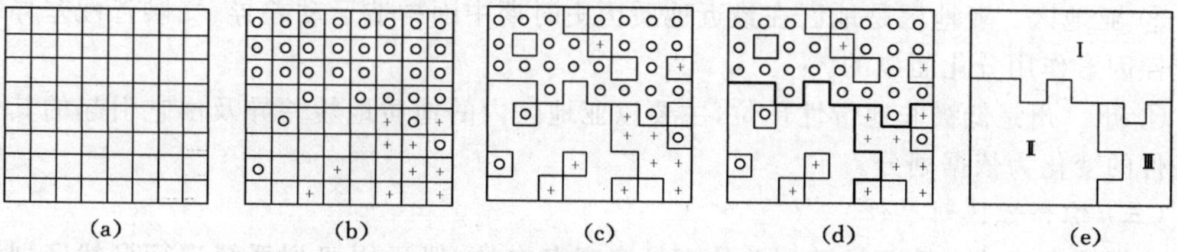

图 8-5　根据土地类型自下而上组合成自然区的方法

(a) 划分出各具体土地单位；(b) 对土地单位进行分类，区分出三种土地类型（□1 ⊡2 ⊞3）；
(c) 去掉土地单位的具体界线，即为表示土地类型分异的景观图；
(d) 根据土地类型组合成各个自然区（其中粗线条为自然区界线）；
(e) 去掉土地类型界线，即为自然区（Ⅰ、Ⅱ、Ⅲ）

部门区划叠置法采用重叠各部门区划(气候区划、地貌区划、土壤区划、植被区划图等)的方式来划分区域单位。

地理相关分析法是一种运用各种专门地图、文献资料以及统计资料对各种自然要素之间的相互关系做相关分析后进行区划的方法。

主导标志法是以往自然区划中使用最广的方法,强调选取反映地域分异主导因素的指标作为确定区界的主要依据。各种气候指标、地貌形态、土壤、植被分布界线都可能成为主导标志。

三、自然区划的等级单位系统

(一) 地带性区划单位

地带性分异因素决定了地带性区域单位及其等级系统的客观存在,因此,这类单位主要依据区域的地带性属性划分。主要的地带性区域单位包括:

① 带。带是最高级的地带性区划单位。在区划中,带是作为自然综合体的地理带或景观带而非单纯的热量带。具体指标有:≥10 ℃积温、辐射平衡值,以及土壤、植被所反映的气候特点等。

② 地带。地带性分异规律是通过地带集中表现出来的,因此地带是最基本的地带性区划单位。

③ 亚地带和次亚地带。地带内部各自然要素进一步发生地带性变化,而其中部分要素的变化属于质变时,就形成若干亚地带。亚地带内自然要素和整体特征更次级的、局部地带性变化,则形成次亚地带。

(二) 非地带性区划单位

非地带性地域分异如海陆分异、陆地干湿度分异、具有大地构造背景的地貌分异、垂直带性分异等,使地表自然界分化为一系列具有非地带性属性的区域单位,并构成另一个等级系统。目前常用的非地带性区划单位有:

① 大区。大区是与基本地质构造单元相关的,具有独特大气环流特征和纬度地带性结构的"大陆的巨大部分"。我国综合自然区划中的三个自然大区:东部季风区、内蒙古-新疆(西北)干旱区和青藏高原区。

② 地区。地区是"大陆的宽广部分"和大区的组成部分,其范围大致相当于二级地质构造单元。地区划分主要以地质基础与地貌特征为依据。

③ 亚地区。亚地区是地区在最近地质历史时期中因构造运动差异、气候省性差异等非地带性因素作用分化而成的。

④ 州。州是低级非地带性单位,主要以亚地区内的地质地貌差异及由它引起的其他自然条件的变化为依据划分。

(三) 综合性区划单位

地带性和非地带性两类区划单位都是客观存在的,但运用双列系统进行自然区划划分并非易事。于是,通过双列系统中等级相当的地带性区域与非地带性区域单位的叠置,建立完全综合的等级系统就成为必然趋势。具体做法为,带与大区重叠得到带段,带段与地区叠置得到所谓"自然国",国与地带叠置得到地带段,地带段与亚地区叠置得到"自然省",省内划分亚地带段,亚地带段内划分州,州与次亚地带叠置得到次亚地带段,最后直到划分出自然地理区,即狭义理解的景观,如图 8-6 所示。

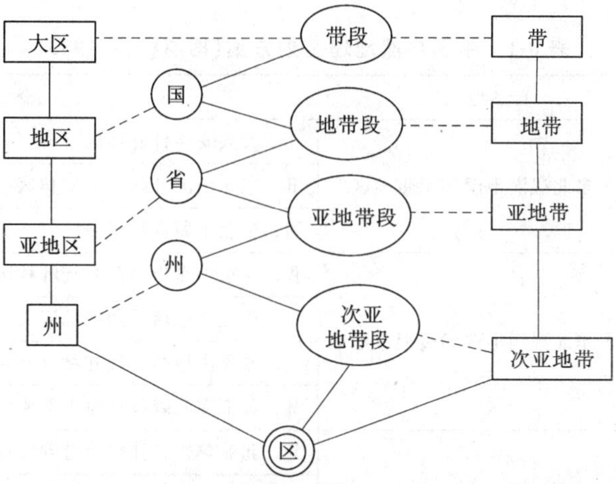

图 8-6　由双列系统获得单列系统的顺序示意图

景观是自然区划的下限单位，其地带性与非地带性属性已趋于一致。景观内部的地带性分异与非地带性分异都不显著，只存在地方性分异。景观界线与最小的地貌区、气候区、植被区、土壤区等界线大致吻合。作为区域而不是类型的景观是个体的和不可重复的，具有发生同一性、组成要素特征的相对一致性和结构的同一性特征。

由于景观具有自然区划下限单位的特殊地位，因此景观研究有着重要的理论和实践意义，它是“自下而上”进行区域合并的基础，也可为确定区域农业结构、合理利用和保护自然资源提供科学依据。

四、自然区划方案

至今，在全国比较重要的有 8 个综合自然区划，这些方案代表着我国学者在自然区划中的主要研究成就，集中反映了人们对自然地理规律性由现象到本质的认识过程，说明我国综合自然地理学的理论及研究逐步趋向完善化和系统化。

1983 年，赵松乔教授提出了一个新的区划方案。这个方案在中国自然地理专著《中国自然地理》总论中有着较详细的论述。

（一）区划的等级单位系统

该区划方案等级单位系统为五级：自然大区、自然地区、自然区、自然亚区、自然小区。方案制定的根据是我国地理环境中最主要的地域差异：一是纬度和海陆分布等地理位置的差异；二是地势轮廓及新构造运动的差异；三是气候主要特征的差异；四是自然历史演变的主要差异；五是人类活动及自然界的影响以及开发利用和改造自然的方向的差异。该区划方案将全国分为东部季风区、西北干旱区和青藏高寒区 3 大区。在上述 3 大区基础上，全国划分为 7 个自然地区。区划方案等级系统见表 8-1。

自然地区是温度条件和水分条件的组合大致相同，并在土壤、植被等方面的反映有一定共同性的广大区域。在具体划分上，以温度和水分的组合情况以及 3 大区各自的主要地域分异因素为划分指标。在命名上，采用地理位置、水分情况、温度带相联系的三名法，见表 8-2。

表 8-1　中国自然地理区划方案(据赵松乔,1983)

大区	自然地区	自然区
一、东部季风区	(一) 东北湿润半湿润温带地区	Ⅰ. 大兴安岭针叶林区
		Ⅱ. 东北山区针阔叶混交林区
		Ⅲ. 东北平原森林草原区
	(二) 华北湿润半湿润暖温带地区	Ⅳ. 辽东山东半岛落叶阔叶林区
		Ⅴ. 华北平原落叶阔叶林区
		Ⅵ. 晋冀山地落叶阔叶林森林草原区
		Ⅶ. 黄土高原森林草原干草原区
	(三) 华中华南湿润亚热带地区	Ⅷ. 北亚热带长江中下游谷地混交林区
		Ⅸ. 北热带秦岭大巴山混交林区
		Ⅹ. 中亚热带浙闽沿海山地常绿阔叶林区
		Ⅺ. 中亚热带长江南岸丘陵盆地常绿阔叶林区
		Ⅻ. 中亚热带四川盆地常绿阔叶林区
		XIII. 中亚热带贵州高原常绿阔叶林区
		XIV. 中亚热带云南高原常绿阔叶林区
		XV. 南亚岭南丘陵常绿阔叶林区
		XVI. 南亚热带台湾岛常绿阔叶林季雨林区
	(四) 华南湿润热带地区	XVII. 海南季风林区
		XVIII. 滇西南季风林区
		XIX. 南海诸岛季风林雨林区
二、西北干旱区	(五) 内蒙古温带草原地区	XX. 西辽河流干草原区
		XXI. 内蒙古高原干草原荒漠草原区
		XXII. 鄂尔多斯高原干草原荒漠草原区
	(六) 西北温带暖温带荒漠地区	XXIII. 阿拉善高原温带荒漠区
		XXIV. 准格尔盆地温带荒漠区
		XXV. 阿尔泰山地草原针叶林区
		XXVI. 天山山地草原针叶林区
		XXVII. 塔里木盆地暖温带荒漠区
三、青藏高寒区	(七) 青藏高原地区	XXVIII. 喜马拉雅山南翼热带亚热带山地森林区
		XXIX. 青藏高原东南部山地针叶林高山草甸区
		XXX. 藏南山地灌丛草原区
		XXXI. 青藏高原中部高寒草原山地草原区
		XXXII. 柴达木盆地-昆仑山北翼荒漠区
		XXXIII. 阿里-昆仑山地高山荒漠草原区

表 8-2　七个自然地区的主要气候指标(据赵松乔,1983)

大　区	自 然 地 区	活动积温/℃	干燥度	无霜期/d
东部季风区	东北湿润半湿润温带地区	1 400～3 200	0.5～1.2	<145
	华北湿润半湿润暖温带地区	3 200～4 500	0.5～1.5	150～200
	华中华南湿润亚热带地区	4 500～7 500	0.5～1.0	230～330
	华南湿润热带地区	>7 500	0.5～1.0	全年
西北干旱区	内蒙古温带草原地区	2 000～3 000	1.2～4.0	<180
	西北温带暖温带荒漠地区	3 200～4 500	>4.0	200 上下
青藏高寒地区	青藏高原地区	<3 000 垂直变化	0.5～4.0 垂直变化	<130

（二）区划方案特点

这个区划方案有以下几个特点：

① 区划的等级单位系统由五级单位组成。

② 区划的等级单位系统性质上属于统一单列系统，即各级区划单位都是综合性单位，没有地带性单位与非地带性单位之分。

③ 区划指标的选取采用同级单位同质异量指标法进行区划。例如，自然地区这一级单位，主要气候指标采用相同性质的指标(均选取活动积温、干燥度、无霜期)，但指标数量根据地区的不同做了适当变化。东北湿润半湿润温带地区干燥度选取 0.5～1.2 作为指标，而华北湿润半湿润温带地区干燥度指标是 0.5～1.5。其他指标也采用了类似的方法。

④ 区划等级单位名称均采用“区”，如自然大区、自然地区、自然区、自然亚区、自然小区。区域名称均以地理位置与区域自然地理特征联名命名。

这个区划方案吸收了以上几个方案的主要优点，深化了区划的理论，并使其更适于生产的需要。主要表现在以下几个方面：

① 强调任何区域都是地带性与非地带性统一的区域，没有不受非地带性影响的地带性区域，也没有不受地带性制约的非地带性区域。因此，任何区域都应是综合性区域，不同的区域也许由于其主导因素不同而有别，但区域综合性是区域的本质。从这一基本观点出发，区划中从高级单位起就把地带性与非地带性结合起来，这是这一方案突出的优点之一。

② 严格区分区划与类型两者的区别。在区域划分、区域名称的确定，以及其他方面都避免了两者的混淆。

③ 精简了区划等级，与 1959 年中国科学院的中国综合自然区划(初稿)相比，减少了等级，便于利用，避免繁琐。

④ 明确提出区划与土地类型是相互联系的，自然小区由第一级土地类型所组成。

⑤ 同级单位采用同质异量指标法，为综合指标与主导指标相结合的区划做出了范例。

⑥ 区域单位的命名既反映了区域性特征(包括区域位置、主要自然地理特征)，又较为精炼，这无论在理论上还是在应用上都是比较成功的。

同样，这个方案也存在着有待商榷之处：青藏高原幅宽面积大，南北差异甚明显，根据温度、水分不同是可以划分不同的自然地区的，将其归并在一个自然地区内，有些过于概括，不利于同全国区划中同级单位的平衡或对应。

五、山地自然区划界线的划定

山地自然区划界限的划定是困难的。在山地区，自然综合体的分布犬牙交错、相互镶嵌，自然综合体的界线具有渐变性质，在大比例尺图上也不易以一线定界。

对同一山地的不同界线划定，成为山地自然区划研究中争论的焦点。通常有三种不同的处理方法：一是以山脊为界，把山地两坡作为不同的自然区域；二是以山麓为界，把整个山地归属于某个自然区域；三是以山坡某一高度为界，把山地某一坡面下部垂直带和上部垂直带分属不同的自然区域。这几种划分方法本身并不存在矛盾。实际上，山地自然区划界线的划法不能强求一致，应该根据区域分异的实际，采取不同的方法处理。分歧的实质在于不同区划方法对山地区域分异的不同认识，根据不同的原则，选择不同的因素作为界线划定的主要依据。

例如天山，这座巨大的山系作为我国西北干旱区(新疆)暖温带与中温带荒漠的重要分野，多以天山主脊为界，反映出天山南北垂直自然带谱的明显差异。天山南坡垂直带谱的结构趋向简化，具强度荒漠化特点；而北坡则表现出较完整的和中生性较强的带谱结构，具有较宽的山地森林垂直带。但也有一些学者主张在自然区划中保持山地的完整性，把天山列为单独的自然区域，把暖温带与中温带的分界南推到天山的南麓。这实际上是把不同类型的垂直带谱组合在一起，甚把不同温度带的山地合并为一区。

我国亚热带与暖温带的分界，一般以秦岭—淮河一线为界。秦岭—伏牛山山势高峻，山脉以南的汉中盆地和南阳盆地与山脉以北的关中平原和豫中平原自然景观迥然不同，分野十分明显。但有学者对具体界线有着不同的看法。从带谱类型分析，秦岭南侧以落叶阔叶与常绿阔叶混交林—黄棕壤、黄褐土为基带，北侧以落叶阔叶林—褐色土为基带，南北坡分属不同的垂直带谱结构类型，当以山脊为界。但秦岭的分水岭脊偏北，北坡陡而短，南坡缓而长。因此，多主张沿秦岭北麓为界，即整个秦岭山地划入面积占优势一侧的华中区北部(凉亚热带)内。然而，也有人认为南坡 800 m 以上的垂直带谱与北坡的垂直带谱无本质区别，主张以南坡基带的上限，即含有常绿阔叶林的落叶阔叶林带与其上的落叶阔叶林或针阔混交林带的分界为界。

山地自然区划原则上应进行山地垂直自然带谱结构类型的分析，通过比较垂直带谱的结构、基带的性质以及优势垂直带的特点来确定山地的归属。通常，较大的山系由数列平行山脉组成，山体宽大，山地两侧垂直带谱有显著差异的，可以依主脊线划界，如天山、喜马拉雅山。而带谱特点相近或差异不大的可沿山麓线为界，或从基带顶部通过，如青藏高原北缘以昆仑山、祁连山北麓为界。秦岭的界线划在南侧下部也可作为一例，但尚存争议。虽然要在山地区域寻找整齐划一的自然地理界线是不现实的，即使以山脊线或分水岭为界也具有过渡和渐变的特点。然而，山地自然地理界线的存在是毋庸置疑的。

第四节　GIS 在综合自然地理中的应用

由于 GIS 基础软件的分析功能有限，而各种专业领域的应用要求多种多样，复杂程度不一，因此一般需要将 GIS 与专业模型相结合，以实现不同的应用目标。下面以徐州市区综合承载力的评价为例来说明 GIS 分析功能与专业模型结合的综合应用。

一、模型及指标的选取

城市综合承载力是指城市的资源禀赋、生态环境、基础设施和公共服务对人口及经济社会活动的承载能力。从其内涵出发，城市综合承载力受自然要素、人口经济发展水平及城市建设与管理三方面影响，基于此选取了支撑力-压力-调控力的概念模型，将综合承载力 F 定义为支撑力 S、压力 P 和调控力 A 的函数，表达式如下：

$$F = S \times e^{-P} + \ln(A+1)$$

其中，F 与 P 间设为指数的倒数关系，即 F 随 P 的增大呈指数减小，且随 P 的增大其对 F 的影响力逐渐强化；将 F 与 A 间设为对数关系，即 F 随 A 的增加呈对数增加，且随 A 的增长其对 F 的影响力逐渐减弱。压力增大使综合承载力加速减小，而人类的适应性调控则不断增强承载能力，当调控达到一定程度后便不再起明显作用，使承载力维持在某一特定水平，当压力和调控力为零，即不考虑人类社会发展的影响时，综合承载力即为原始的支撑力 S，这符合承载力的内涵。

在综合自然地理中，问题会涉及地理要素中的各个方面。城市综合承载力是多种因素综合作用的体现，其综合性不仅体现在模型上，也反映在评价因子的选取上。从指标体系选取的科学性、完备性和可操作性等原则出发，基于资源的供给和需求角度，选取了 7 个二级指标和 26 个具体指标构成指标体系(图 8-7)，不仅涉及生态、环境、资源等自然因素，也涵盖了社会、经济、人口等人文因素。

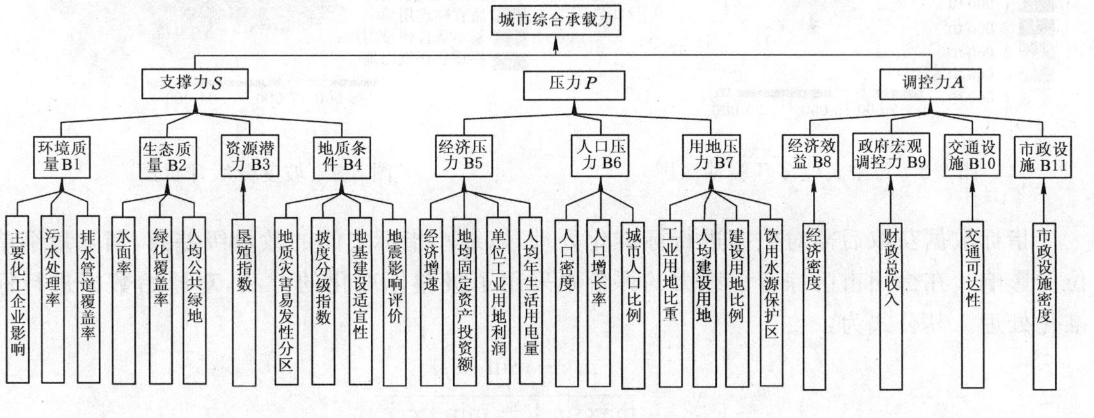

图 8-7　城市综合承载力指标体系

二、数据处理过程

指标体系中既包括统计数据类型，也包括非统计数据类型。统计数据来源于统计年鉴，非统计数据的获取结合了 GIS 的缓冲区分析、叠置分析、数字地形模型分析等空间分析方法。例如：主要化工企业影响、地震影响评价采用了缓冲区分析的方法。主要化工企业影响是以主要化工污染企业为目标，根据距化工企业的距离做不同扩散等级的多环缓冲区，按缓冲区覆盖范围进行评价赋分(图 8-8)。评价过程中以 1 km、2 km、3 km、5 km、7 km 为间断距离做 5 级缓冲区，考虑到化工企业聚集规模不同对环境的影响程度和范围不同，在进行评价赋分时做了分类处理(表 8-3)。地震影响评价是以徐州市区的地震烈度分界线和易发地震断裂带为空间线状要素，创建缓冲区，评价过程与主要化工企业影响类似。坡度分析（图8-9）利用 ArcGIS 的数字地形模型分析方法来衡量坡度对城市建设的影响。叠置分析是在评价结果的基础上对市区范围内的生态环境脆弱区、塌陷区及河流进行叠加，对其进行空间上的定性分析，不以综合承载指数的高低定量评价其承载力的高低。

表 8-3　化工企业影响赋分表

污染企业	分值				
	2 分	4 分	6 分	8 分	10 分
聚集区	≤1 km	1～2 km	2～5 km	5～7 km	≥7 km
分散区	无	≤1 km	1～3 km	3～5 km	≥5 km

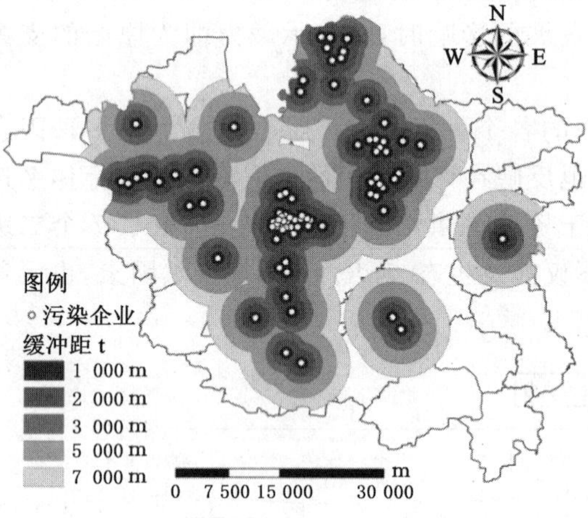

图 8-8　污染企业多环缓冲区图

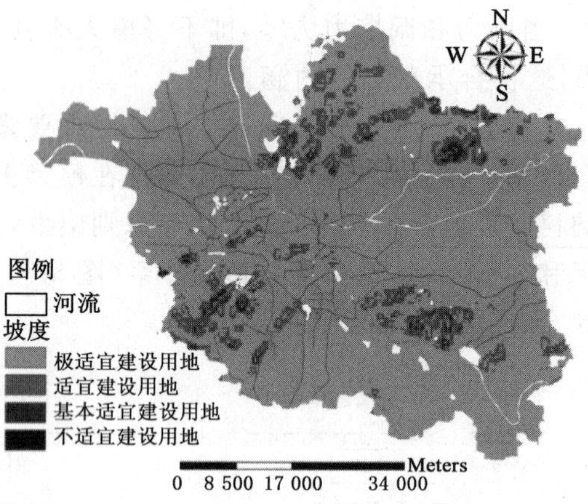

图 8-9　坡度分级评价图

指标数据获取后需对数据进行标准化处理，以缩小指标之间的数量级差异，消除量纲单位的影响。在徐州市区综合承载力的评价中采用了极差标准化的方法，对原始数据进行标准化处理。其公式为：

$$y_i = \frac{x_i - \min\limits_{1\leqslant j\leqslant n}\{x_j\}}{\max\limits_{1\leqslant j\leqslant n}\{x_j\} - \min\limits_{1\leqslant j\leqslant n}\{x_j\}}$$

对序列 $x_1, x_2, \cdots, x_n$ 进行线性变换，则新序列 $y_1, y_2, \cdots, y_n \in [0,1]$ 且无量纲。

鉴于城市综合承载力评价指标体系衡量的侧重点不同，对综合承载力的高低所起的作用也不同，所以需要确定指标体系的权重。评价中采用了层次分析法，利用 Yaahp 软件构建层次模型结构，构造判断矩阵，确定指标体系的权重（表 8-4）。

将标准化后的指标体系逐层加权求和，即可得到相应的 S、P、A 评价值。将分层加权求得的 S、P、A 值代入综合承载力模型中即可计算出综合承载力 F。F 值为城市综合承载力相对高低的分级依据，F 值越大表示城市综合承载力越高。指标的标准化以及模型的计算均可通过 ArcGIS 软件对属性表的管理直接完成。

表 8-4　徐州市区综合承载力评价指标及权重

一级指标	二级指标	二级权重	三级指标	三级权重
支撑力(S)	环境质量 B1	0.27	主要化工企业影响 C1	0.3
			污水处理率(%)C2	0.25
			排水管道覆盖率(%)C3	0.45
	生态环境 B2	0.21	水面率(%)C4	0.12
			绿化覆盖率(%)C5	0.31
			人均公共绿地(m^2)C6	0.57
	资源潜力 B3	0.13	垦殖指数(%)C7	1
	地质条件 B4	0.39	地震影响评价 C8	0.2
			地质灾害易发性分区 C9	0.3
			坡度分级指数 C10	0.2
			地基建设适宜性 C11	0.3
压力(P)	经济压力 B5	0.31	经济增速(%)C12	0.3
			地均固定资产投资额(万元/km^2)C13	0.25
			单位工业用地利润总额(元/m^2)C14	0.25
			人均年生活用电量(度)C15	0.2
	人口压力 B6	0.2	人口密度(人/km^2)C16	0.35
			人口增长率(%)C17	0.3
			城市人口比例(%)C18	0.35
	用地压力 B7	0.49	工业用地比重(%)C19	0.2
			人均建设用地(m^2)C20	0.25
			建设用地比例(%)C21	0.3
			饮用水源保护区 C22	0.25
调控力(A)	0.17		经济密度(元/m^2)C23	1
	0.34		财政总收入(元)C24	1
	0.29		交通可达性 C25	1
	0.2		市政设施密度 C26	1

* 无单位的指标为综合评价分值。

三、评价结果

通过对徐州市区综合承载指数的计算，得到徐州市区 3 127 km^2 内的综合承载力空间差异分布，如图 8-10 所示。评价结果显示：

① 徐州市区综合承载力呈现出大范围集中、小区域分散、高中低承载区渐变分布的特点。从总体上看，中东部承载力高于中西部，西南部大于东北部，西北部大于东南部。

② 高承载区主要位于主城区外围，面积约 913 km^2，占研究区面积的 29.2%，在中东部和南部地区成片分布，北部则相对比较零散，且被塌陷区和生态保护区隔断；中承载区面积较大，约 1 288 km^2，占市区面积的 41.2%，位于主城区和高承载区外围，比较适应城市开

发。主城区由调控力弥补了经济、人口及用地压力，但不适宜继续高强度开发，城市发展应向外扩展；低承载区 F 值小于 0.5，具有“大集中，小分散”的分布特点，主要分布在东南部故黄河两侧、不老河以北及微山湖周围，东南部故黄河两侧及不老河以北地区有大片的低承载区，主要是由于这些地区位于地震断裂带附近和地质灾害易发区，不适宜城市建设。微山湖周围的大片低承载区，是由于该区生态环境脆弱且污染企业相对密集，环境质量较差。在老城区外围及市区边缘地带存在少量低承载区，多是由于压力相对较大，但城市建设又相对薄弱所致。因此，地质条件和生态环境是造成徐州市区内低承载区分布的主要因素。

③ 评价结果与城市规划确定的城市主要发展方向基本一致，部分地区存在差异，但不影响城市规划的整体指导性。东南部在城市规划的主要发展方向之内，但被大面积的低承载区隔断，且位于地震断裂带和地质灾害易发区，属于限制发展区域。

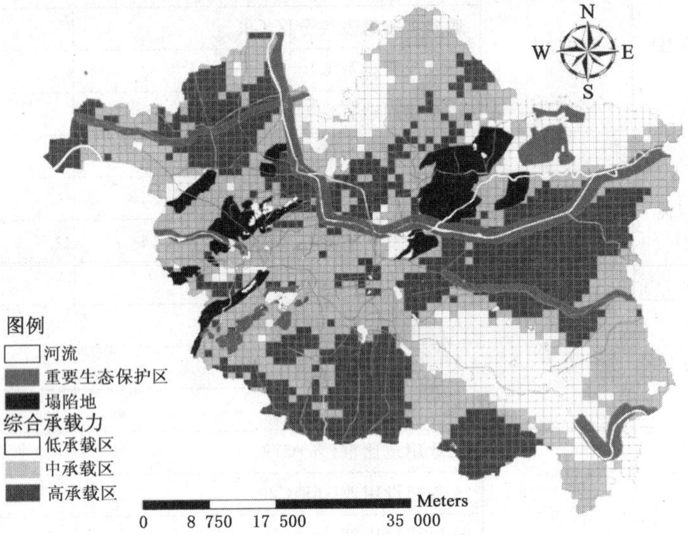

图 8-10　徐州市区综合承载力空间差异评价图

思　考　题

1. 怎样理解自然地理环境的整体性？
2. 自然地理环境的地域分异规律包括哪些？
3. 简述地域分异规律之间的关系。
4. 简述我国的自然区划方案的特点。
5. 简述自然区划的原则和方法。

主要参考文献

[1] 蔡运龙. 综合自然地理学[M]. 3 版. 北京：高等教育出版社，2019.

[2] 耿珊珊. 基于 GIS 的凤县综合自然区划方法研究[D]. 西安：西安科技大学，2018.

[3] 龚子同，陈鸿昭，杨飞，等. 地带性学说的建立及其在中国土壤科学中的实践和发展[J]. 土壤通报，

2020,51(6):1267-1274.

[4] 郭达志.地理信息系统原理与应用[M].徐州:中国矿业大学出版社,2002.

[5] 郭力宇.自然地理学应用案例[M].徐州:中国矿业大学出版社,2018.

[6] 黄珊,闫庆武,李玲,等.资源型城市综合承载力评价研究:以徐州都市区为例[J].资源与产业,2014,16(2):1-7.

[7] 李继红,宁静,梅晓丹,等.自然地理学原理与实践[M].北京:科学出版社,2016.

[8] 刘敏.现代自然地理学理论、方法与进展[M].北京:科学出版社,2019.

[9] 毛明海.自然地理学[M].杭州:浙江大学出版社,2009.

[10] 蒙吉军.综合自然地理学[M].3版.北京:北京大学出版社,2020.

[11] 孙莉,吕斌,胡军.中原城市群城市承载力评价研究[J].地域研究与开发,2008,27(3):16-20.

[12] 王丹,陈爽,高群,等.城市承载力空间差异分析方法:以常州市为例[J].生态学报,2011,31(5):1419-1429.

[13] 伍光和,王乃昂,胡双熙.自然地理学[M].4版.北京:高等教育出版社,2008.

[14] 张海燕,樊江文,黄麟,等.中国自然资源综合区划理论研究与技术方案[J].资源科学,2020,42(10):1870-1882.

[15] 赵松乔,孙惠南,黄荣金,等.现代自然地理[M].北京:科学出版社,1988.